8° Le 1 85 2

Paris
1881

Gambetta, léon

Discours et plaidoyers politiques

11 vol

DISCOURS

ET

PLAIDOYERS POLITIQUES

DE

M. GAMBETTA

II

PARIS

TYPOGRAPHIE GEORGES CHAMEROT

19, RUE DES SAINTS-PÈRES, 19

DISCOURS

ET

PLAIDOYERS POLITIQUES

DE

M. GAMBETTA

PUBLIÉS PAR M. JOSEPH REINACH

II

DEUXIÈME PARTIE

(19 Février 1871 — 24 Juillet 1872)

8'02

ÉDITION COMPLÈTE

PARIS

G. CHARPENTIER, ÉDITEUR

13, RUE DE GRENELLE-SAINT-GERMAIN, 13

1881

DISCOURS

Prononcés le 19 février 1871

A L'ASSEMBLÉE NATIONALE

(Proposition de M. Jules Favre, tendant à la nomination d'une commission
pour assister M. Thiers dans les négociations)

et le 26 juin 1871

A LA RÉUNION DES DÉLÉGUÉS DES COMITÉS RÉPUBLICAINS
DE LA GIRONDE, A BORDEAUX

L'Assemblée nationale, élue le 5 février, s'était réunie
le 13 à Bordeaux. Elle se constitua en trois jours. Le 16,
M. Grévy fut élu président de l'Assemblée et, le 17, M. Thiers
fut nommé, à la presque-unanimité, chef du pouvoir exécutif de la République.

Au début de la séance du 17, M. Keller était monté à la
tribune pour donner lecture de la déclaration suivante des
députés d'Alsace-Lorraine.

M. KELLER. — Je suis convaincu, Messieurs, que la
proposition que je viens déposer sur le bureau de la
Chambre, et que vous me permettrez de vous lire, aura
votre assentiment unanime; car il s'agit ici de notre
honneur, de notre unité nationale, et, sur ce point, il

ne saurait y avoir de dissidence dans une Assemblée française. (*Mouvement.*) La voici :

« Les soussignés, représentants à l'Assemblée nationale, déposent sur le bureau de la Chambre la proposition suivante :

« L'Assemblée nationale prend en considération la déclaration unanime des députés du Bas-Rhin, du Haut-Rhin, de la Moselle et de la Meurthe. »

La proposition, ainsi que la déclaration que je vais avoir l'honneur de vous lire, est signée par MM. Léon Gambetta, Humbert, Küss, Saglio, Varroy, Titot, André, Labbé, Tachard, Rhem, Edouard Teutsch, Dornès, Hartmann, Ostermann, La Flize, Deschange, Billy, Bardou, Viox, Albrecht, Alfred Kœchlin, Charles Bœrsch, Grandpierre, Chauffour, Benker, Melsheim, Brice, Grosjean, Berlet, Schneegans, Scheurer-Kestner, Ed. Bamberger, Noblot, A. Bœll, Ancelon et Keller.

Voici maintenant, Messieurs, la déclaration qui nous est dictée par le vote unanime de nos électeurs, et que nous vous demandons de prendre en sérieuse considération. Elle est un élément sérieux des négociations qui vont s'ouvrir, puisqu'elle est l'expression de la volonté des populations, et qu'au temps où nous sommes, en pleine civilisation, il ne saurait être question de disposer des peuples sans leur assentiment. (*Très bien! très bien! Applaudissements.*)

« Nous soussignés, citoyens français, choisis et députés par les départements du Bas-Rhin, du Haut-Rhin, de la Moselle et de la Meurthe, pour apporter à l'Assemblée nationale de France l'expression de la volonté unanime des populations de l'Alsace et de la Lorraine, après nous être réunis et en avoir délibéré, avons résolu d'exposer dans une déclaration solennelle leurs droits sacrés et inaliénables, afin que l'Assemblée nationale, la France et l'Europe, ayant sous les yeux les vœux et les résolutions de nos commettants, ne puissent consommer ni laisser consom-

mer aucun acte de nature à porter atteinte aux droits
dont un mandat ferme nous a confié la garde et la
défense. »

En effet, Messieurs, nous ne sommes ici que pour
cela ; nos électeurs ne nous ont envoyés ici que pour
attester que nous sommes et que nous resterons à
jamais Français. (*Nouveau mouvement.*)

DÉCLARATION

« I. — L'Alsace et la Lorraine ne veulent pas être
aliénées.

« Associées depuis plus de deux siècles à la France,
dans la bonne comme dans la mauvaise fortune, ces
deux provinces, sans cesse exposées aux coups de
l'ennemi, se sont constamment sacrifiées pour la
grandeur nationale ; elles ont scellé de leur sang l'indissoluble pacte qui les rattache à l'unité française.
Mises aujourd'hui en question par les prétentions
étrangères, elles affirment à travers les obstacles et
tous les dangers, sous le joug même de l'envahisseur,
leur inébranlable fidélité.

« Tous unanimes, les concitoyens demeurés dans
leurs foyers comme les soldats accourus sous les drapeaux, les uns en votant, les autres en combattant,
signifient à l'Allemagne et au monde l'immuable
volonté de l'Alsace et de la Lorraine de rester françaises. (*Bravo! bravo! à la gauche et dans plusieurs
autres parties de la salle.*)

« II. — La France ne peut consentir ni signer la
cession de la Lorraine et de l'Alsace. (*Très bien!*) Elle
ne peut pas, sans mettre en péril la continuité de son
existence nationale, porter elle-même un coup mortel
à sa propre unité, en abandonnant ceux qui ont conquis, par deux cents ans de dévouement patriotique,
le droit d'être défendus par le pays tout entier contre
les entreprises de la force victorieuse.

« Une assemblée, même issue du suffrage universel, ne pourrait invoquer sa souveraineté pour couvrir ou ratifier des exigences destructives de l'intégrité nationale. (*Approbation à gauche.*) Elle s'arrogerait un droit qui n'appartient même pas au peuple réuni dans ses comices. (*Même mouvement.*) Un pareil excès de pouvoir, qui aurait pour effet de mutiler la mère commune, dénoncerait aux justes sévérités de l'histoire ceux qui s'en rendraient coupables.

« La France peut subir les coups de la force, elle ne peut sanctionner ses arrêts. (*Applaudissements à gauche.*)

« III. — L'Europe ne peut permettre ni ratifier l'abandon de l'Alsace et de la Lorraine.

« Gardiennes des règles de la justice et du droit des gens, les nations civilisées ne sauraient rester plus longtemps insensibles au sort de leurs voisins, sous peine d'être à leur tour victimes des attentats qu'elles auraient tolérés. L'Europe moderne ne peut laisser saisir un peuple comme un vil troupeau, elle ne peut rester sourde aux protestations répétées des populations menacées; elle doit à sa propre conservation d'interdire de pareils abus de la force. Elle sait d'ailleurs que l'unité de la France est, aujourd'hui comme dans le passé, une garantie de l'ordre général du monde, une barrière contre l'esprit de conquête et d'invasion.

« La paix faite au prix d'une cession de territoire ne serait qu'une trêve ruineuse et non une paix définitive. Elle serait pour tous une cause d'agitation intestine, une provocation légitime et permanente à la guerre. Et quant à nous, Alsaciens et Lorrains, nous serions prêts à recommencer la guerre aujourd'hui, demain, à toute heure, à tout instant. (*Très bien! sur plusieurs bancs.*)

« En résumé, l'Alsace et la Lorraine protestent hautement contre toute cession ; la France ne peut la consentir, l'Europe ne peut la sanctionner.

« En foi de quoi, nous prenons nos concitoyens de France, les gouvernements et les peuples du monde entier à témoin que nous tenons d'avance pour nuls et non avenus, tous actes et traités, vote ou plébiscite, qui consentiraient abandon, en faveur de l'étranger, de tout ou partie de nos provinces de l'Alsace et de la Lorraine. (*Bravos à gauche.*)

« Nous proclamons par les présentes à jamais inviolable le droit des Alsaciens et des Lorrains de rester membres de la nation française. (*Très bien!*) Et nous jurons, tant pour nous que pour nos commettants, nos enfants et leurs descendants, de le revendiquer éternellement et par toutes les voies, envers et contre tous usurpateurs. » (*Bravo! bravo! Applaudissements redoublés à gauche.*)

L'Assemblée, après cette déclaration, se réunit dans les bureaux. A la reprise de la séance, M. Beulé, nommé rapporteur, vint déclarer qu'à l'unanimité moins une voix, la commission élue pour examiner la motion des députés de l'Alsace et de la Lorraine proposait la résolution suivante :

« L'Assemblée nationale, accueillant avec la plus vive sympathie la déclaration de M. Keller et de ses collègues, s'en remet à la sagesse et au patriotisme des négociateurs. »

M. Grévy consulta l'Assemblée.

On lit au *Journal officiel* :

« L'Assemblée, consultée par assis et levé, se prononce avec un grand ensemble pour la proposition, qui n'est contestée, à la contre-épreuve, que par un petit nombre de représentants. »

Le 19 février, l'Assemblée tint deux séances. Dans la première, M. Thiers annonça à l'Assemblée la constitution définitive du cabinet, composé de MM. Dufaure, Jules Favre, Ernest Picard, Jules Simon, de Larcy, Lambrecht, général Le Flô et amiral Pothuau. M. Jules Favre, ministre des affaires étrangères, déposa la proposition suivante :

« L'Assemblée nationale, considérant qu'il importe de donner aux négociations qui vont s'ouvrir la force de l'autorité du contrôle des mandataires du pays,

« Arrête :

« Une commission de 15 membres sera nommée par les bureaux de l'Assemblée. Cette commission assistera les négociateurs, recevra d'eux les communications qui pourront l'éclairer, donnera son avis et fera ensuite son rapport à l'Assemblée. »

L'Assemblée, après une courte discussion, adopte la proposition de M. Jules Favre.

La séance, suspendue à trois heures et demie, est reprise à cinq heures.

REPRISE DE LA SÉANCE

A cinq heures, M. le président remonte au fauteuil et l'Assemblée rentre en séance.

M. LE PRÉSIDENT. — Voici les noms des quinze commissaires nommés par les bureaux, dans les termes de la proposition de M. le ministre des affaires étrangères :

MM. Benoist d'Azy, Teisserenc de Bort, de Mérode, Desseilligny, Victor Lefranc, Laurenceau, baron Lespérut, Saint-Marc Girardin, Barthélemy Saint-Hilaire, le général d'Aurelle de Paladines, l'amiral La Roncière, Pouyer-Quertier, Vitet, Batbie, l'amiral Saisset.

M. GAMBETTA. — Je demande la parole.

M. LE PRÉSIDENT. — Sur quel sujet?

M. GAMBETTA. — Sur la nomination des commissaires.

M. LE PRÉSIDENT. — Vous avez la parole.

M. GAMBETTA, *de sa place.* — Je n'ai pas l'intention de revenir sur la discussion de la proposition qui a été soumise à l'Assemblée nationale et qu'elle a adoptée, qu'elle me permette de le lui dire, avec une précipitation qui n'a pas permis, au moins à une fraction de cette Assemblée, de bien se rendre compte de la portée du vote. Car pour ma part, et je suis sûr que j'émets une opinion partagée par plusieurs de

mes collègues, je croyais voter sur une question de
forme et non point sur une question de fond.

Plusieurs membres autour de l'orateur. — C'est vrai!

M. GAMBETTA. — Toutefois, l'Assemblée ayant procédé à l'élection de ses commissaires, il me paraît opportun de demander, non seulement au gouvernement, mais à l'un des honorables membres de cette
commission, quelle portée doit être attribuée au mandat qui lui est confiée. (*Interruptions sur quelques
bancs.*)

Je suis convaincu que ceux qui m'interrompent
prématurément ne savent pas à quel point je suis
l'interprète des inquiétudes et des angoisses de ceux-
là mêmes à qui vous venez de décerner une si cruelle
mission. (*Mouvements divers.*)

Il n'est indifférent ni pour eux ni pour l'Assemblée,
de savoir quel est précisément le rôle dont ils sont
investis; il n'est pas indifférent de savoir si leur participation est purement et simplement d'observation,
ou si, au contraire, elle peut arriver, par une pente
insensible, et que pour moi je crois fatale, à être une
véritable collaboration aux préliminaires du traité, et
par conséquent à engager d'une façon peut-être irrémédiable le droit de discussion de l'Assemblée qui
doit rester souveraine. (*Mouvements divers.*)

Si nous avions discuté au préalable la constitution
même de cette commission, plus d'un de nos collègues, je le sais, se serait levé pour vous faire observer
qu'il était peut-être dangereux, au point de vue des
principes, de donner au pouvoir exécutif l'assistance et
la coopération d'une commission parlementaire pour
l'accomplissement d'un acte aussi grave, aussi redoutable que celui dont il va s'agir pour le gouvernement,
et que c'était peut-être là une manière, plus habile
que politique, de partager d'avance la responsabilité.
(*Approbation autour de l'orateur.* — *Rumeurs sur quelques bancs.*)

Saisissez donc, Messieurs, toute l'opportunité et toute la gravité de cette interrogation : Qu'iront faire à Paris les honorables membres de cette commission? quelle sera, d'une façon précise, leur conduite, tant en regard des plénipotentiaires français qu'au regard de l'étranger? Pourront-ils, à un moment quelconque, entrer en conversation avec les négociateurs étrangers? (*Mais non! mais non!*)

Je suis enchanté d'entendre dire non. Si ceux qui disent non ont qualité pour l'affirmer, qu'ils se lèvent! (*Très bien! autour de l'orateur.*)

Il est nécessaire que le gouvernement nous explique quelle est la nature du secours, du profit, de l'utilité réelle, incontestable, qu'il entend retirer de la présence auprès de lui de cette émanation de l'autorité souveraine. Pour ma part, tant que je ne saurai pas, d'une façon nette, quelle est l'opinion du gouvernement sur le rôle de nos commissaires, et quelle est en même temps l'appréciation que chacun d'eux fait de sa mission, il me sera impossible de donner mon assentiment et mon vote à cette proposition. (*Mouvements divers.*)

Plusieurs voix à droite. — Mais elle a été votée.

M. GAMBETTA. — Je crois que la Chambre voudra, par un ordre du jour que je lui proposerai tout à l'heure au nom de certains de mes collègues, réserver dans tous les cas sa souveraineté. (*Interruption.*)

M. DE TILLANCOURT. — Il va sans dire que sa souveraineté est toujours réservée.

Un autre membre. — L'ordre du jour motivé serait superflu.

M. GAMBETTA. — Il me semble que lorsque je parle de réserver les droits de votre souveraineté, j'ai le droit d'être écouté. (*Interruption.*)

Plusieurs voix. — Mais ils sont réservés!

M. COCHERY. — Il serait un peu tard pour faire des réserves.

M. LE COMTE DE RESSÉGUIER. — M. Thiers les a réservés dans son manifeste.

M. GAMBETTA. — Je ne demande pas mieux que de reconnaître qu'ils ont été réservés, mais je demande que cette réserve soit formulée d'une manière précise. (*Bruit.*)

Je reprends et je me résume.

Je demande d'abord l'explication du gouvernement sur la constitution de cette commission et sur son rôle. Je demande, en second lieu, une explication, de la part des commissaires, sur la manière dont ils comprennent le mandat qu'il leur confie. Et, en troisième lieu, je propose à l'Assemblée de déclarer d'une façon non équivoque que, quel que soit le caractère de la commission, elle retient par-devers elle la suprême appréciation des stipulations qui lui seront soumises. (*Applaudissements autour de l'orateur.*)

Plusieurs membres. — Cela ne peut faire doute.

M. JULES SIMON, *ministre de l'instruction publique.* — Messieurs, je n'éprouve aucune difficulté à répondre à la question qui est posée, et qui est utile, puisqu'elle servira à déterminer très exactement le mandat des commissaires.

Le gouvernement n'entend à aucun degré que la commission soit mêlée aux négociations qui vont avoir lieu. Il accepte la responsabilité des négociations auxquelles il va se livrer jusqu'au moment où la Chambre en sera saisie. Par conséquent, ce n'est pas pour diminuer sa responsabilité qu'il a demandé la nomination de la commission ; il entend qu'elle lui incombe tout entière, à lui seul.

J'ajoute que, quel que soit le mode d'action de la commission que vous venez de nommer, la souveraineté de l'Assemblée nationale ne peut pas être engagée par ses commissaires. Cette souveraineté reste pleine et entière pour le jour où le gouvernement viendra vous rendre compte de ce qu'il aura préparé. (*Approbation.*)

Si l'on a demandé la présence d'une commission, c'est que dans cette circonstance, Messieurs, comme dans beaucoup d'autres, il ne faut pas oublier la situation exceptionnelle où nous mettent les malheurs du pays. Le gouvernement va négocier au-delà des lignes prussiennes; il veut être toujours sous les yeux de l'Assemblée nationale et contrôlé par elle. C'est pour cela que, ne pouvant pas être en relations immédiates, journalières, de tous les instants, avec l'Assemblée, il a prié l'Assemblée d'avoir à Paris une délégation à laquelle il fera constamment les rapports qu'il ne pourra pas faire à l'Assemblée elle-même dans la minute. (*Très bien! très bien!*)

Voilà là but de cette commission : elle contrôlera et elle rendra compte à l'Assemblée. C'est une commission de surveillance demandée par le gouvernement pour lui-même, mais elle ne partage ni ne diminue la responsabilité du gouvernement. Le gouvernement n'a nullement pensé en cela à entraver l'exercice de votre souveraineté, et il n'y pensera en aucune manière. (*Vives marques d'approbation.*)

M. GAMBETTA. — Il vient d'être répondu, je m'empresse de le déclarer, à ma pleine satisfaction, par le gouvernement; mais vous me permettrez de retenir de la déclaration du ministre, que le gouvernement prend seul la responsabilité des négociations qui vont s'ouvrir, et qu'il n'appelle à Paris une délégation parlementaire que pour établir une communication incessante entre lui, elle et nous.

M. JULES SIMON, *ministre de l'instruction publique.* — C'est parfaitement cela.

M. GAMBETTA. — Je remercie le gouvernement de cette déclaration.

A gauche. — Très bien !

Sur la proposition de M. Grévy, l'Assemblée décide qu'elle

confie à son président le soin de la convoquer à domicile, quand il y aura lieu à une séance publique.

M. Thiers partit pour Versailles.

Le 28 février, au retour des négociateurs, l'Assemblée nationale reprit ses séances. M. Thiers monta aussitôt à la tribune et lut un projet de loi commençant par ces mots : « L'Assemblée nationale, subissant les conséquences des faits dont elle n'est pas l'auteur, ratifie les préliminaires de paix dont le texte est ci-annexé, etc. » M. Barthélemy Saint-Hilaire donna lecture des articles du traité préparé à Versailles.

L'Assemblée, après avoir entendu M. Tolain, M. Thiers, M. Millière, M. Langlois et M. Turquet, vota l'urgence sur le projet de loi déposé par le chef du pouvoir exécutif.

M. Thiers monte pour la troisième fois à la tribune. Il demande que l'examen dans les bureaux commence immédiatement.

L'Assemblée décide qu'elle se réunira dans les bureaux à neuf heures du soir, et que la séance publique aura lieu le lendemain 1er mars, à midi.

Au début de la séance, M. Gambetta, élu dans les départements du Bas-Rhin, des Bouches-du-Rhône, du Var, de la Moselle, de la Meurthe, du Haut-Rhin, de la Seine, de Seine-et-Oise et en Algérie, avait déclaré opter pour le Bas-Rhin.

L'Assemblée se réunit le 1er mars. M. Victor Lefranc, rapporteur de la commission, monte à la tribune : la commission propose à l'Assemblée d'adopter le projet de loi.

La discussion fut brève. MM. Bamberger, Edgar Quinet, Victor Hugo, Louis Blanc, George, Brunet, Millière, Emmanuel Arago, Keller et Langlois parlèrent contre le traité. M. Thiers, M. Vacherot et le général Changarnier soutinrent que la France et l'Assemblée se trouvaient placées en face d'une inéluctable nécessité. M. Buffet déclara que quatre députés des Vosges, MM. de Ravinel, Coulaux, Aubry et lui-même, se séparant avec douleur de leurs collègues d'Alsace-Lorraine, s'abstiendraient. On connait l'incident dramatique qui interrompit un instant cette douloureuse discussion, le vote, à la presque-unanimité, de la proposition qui confirmait la déchéance de Napoléon III et de sa dynastie, et la déclarait responsable de la ruine, de l'invasion et du démembrement de la France.

L'Assemblée alla aux voix. Par 546 contre 107, elle adopta le projet de traité.

M. Jules Grosjean. — Je demande la parole pour un fait personnel.

M. le président. — Vous avez la parole.

M. Jules Grosjean. Messieurs, je suis chargé par tous mes collègues des départements de la Moselle, du Bas-Rhin et du Haut-Rhin, présents à Bordeaux, de déposer sur le bureau, après en avoir donné lecture, la déclaration suivante :

« Les représentants de l'Alsace et de la Lorraine ont déposé, avant toute négociation de paix, sur le bureau de l'Assemblée nationale, une déclaration affirmant de la manière la plus formelle, au nom de ces provinces, leur volonté et leur droit de rester françaises,

« Livrés, au mépris de toute justice et par un odieux abus de la force, à la domination de l'étranger, nous avons un dernier devoir à remplir.

« Nous déclarons encore une fois nul et non avenu un pacte qui dispose de nous sans notre consentement. (*Très bien! très bien!*)

« La revendication de nos droits reste à jamais ouverte à tous et à chacun dans la forme et dans la mesure que notre conscience nous dictera.

« Au moment de quitter cette enceinte où notre dignité ne nous permet plus de siéger, et malgré l'amertume de notre douleur, la pensée suprême que nous trouvons au fond de nos cœurs, est une pensée de reconnaissance pour ceux qui, pendant six mois, n'ont pas cessé de nous défendre, et d'inaltérable attachement à la patrie dont nous sommes violemment arrachés. (*Marques d'émotion et applaudissements.*)

« Nous vous suivrons de nos vœux et nous attendrons, avec une confiance entière dans l'avenir, que la France régénérée reprenne le cours de sa grande destinée.

« Vos frères d'Alsace et de Lorraine, séparés en ce moment de la famille commune, conserveront à la France, absente de leurs foyers, une affection filiale jusqu'au jour où elle viendra y reprendre sa place. (*Nouveaux applaudissements.*)

Bordeaux, le 1er mars 1871.

« Signé : L. Chauffour, E. Teutsch, Pr. André, Ostermann, Schneegans, E. Keller, Kablé, Melsheim, Ball, Titot, Albrecht, Alfred Kœchlin, A. Saglio, Humbert, Kuss, Rencker, Deschange, Bœrsch, A. Tachard, Th. Noblot, Dornès, Ed. Bamberger, Bardon, Léon Gambetta, Frédéric Hartmann, Jules Grosjean. »

Les députés de l'Alsace-Lorraine quittèrent la salle des séances.

Le soir même, à minuit, M. Küss, maire de Strasbourg, député du Bas-Rhin, doyen du parti républicain en Alsace, mourait à Bordeaux, à quelques pas du théâtre où l'Assemblée venait de voter le traité de paix.

La *Gironde* du 4 mars 1871 publiait l'article suivant :

« Nous venons d'assister aux obsèques de M. Küss, maire de Strasbourg, député de l'Assemblée nationale. Nous sommes brisés par la douleur.

« Dans la dernière séance de l'Assemblée, M. Keller annonçait, en termes émus, que l'ancien maire de Strasbourg assiégé et martyrisé se mourait. M. Küss est mort hier, à l'établissement hydrothérapique de Longchamps. Il a succombé aux fatigues et au désespoir. Sa mort a suivi de près la conclusion de cet horrible traité qui sanctionne le démembrement du territoire. — Il n'a pu survivre à sa douleur!

« Une foule nombreuse a suivi jusqu'à la gare d'Orléans la dépouille mortelle de cet honnête homme, victime vaincue et désolée de son attachement à la patrie française.

« Les cordons du poêle étaient tenus par MM. Gambetta, Tachard et Bethmont, députés; Fourcand, maire de Bordeaux; Barckausen, préfet de la Gironde.

« M. Küss fils, au bras du pasteur Pélissier, conduisait le deuil, suivi de la députation du Bas-Rhin. Le conseil municipal de Bordeaux venait immédiatement ensuite; en arrière, on remarquait une foule nombreuse de députés, parmi lesquels nous avons pu distinguer M. Keller, dont la tristesse accusait les poignantes émotions ; M. Jules Simon, ministre de l'instruction publique. On s'étonnait qu'aucune députation officielle de l'Assemblée ne figurât dans le cortège.

« La garde nationale et les sapeurs-pompiers formaient la haie.

« Une allocution éloquente du pasteur, M. Pélissier, a profondément impressionné l'assemblée, et nous avons pu voir des larmes couler sur le visage des assistants au moment où, prenant Dieu à témoin des violences impies dont M. Küss a été la victime, le ministre a attesté l'inaliénable liberté des peuples et de la conscience humaine.

« A la gare d'Orléans, plusieurs discours ont été prononcés, le premier par M. Leblond, procureur général près la Cour d'appel de Paris, député de l'Assemblée nationale. Ses paroles, malheureusement, n'ont pu arriver jusqu'à nous.

« M. Gambetta, dans une improvisation admirable, a rendu un hommage éloquent au dévouement et à l'héroïsme de la ville de Strasbourg.

« La force, a-t-il dit, nous sépare, mais pour un temps seulement, de l'Alsace, berceau traditionnel du patriotisme français. Nos frères de ces contrées malheureuses ont fait dignement leur devoir, et, eux du moins, ils l'ont fait jusqu'au bout. Eh bien! qu'ils se consolent en pensant que la France, désormais, ne saurait avoir d'autre politique que leur délivrance ; pour atteindre ce résultat, il faut que les républicains, jurant à nouveau une haine implacable aux dynasties et aux Césars qui ont amené tous nos désastres, oublient leurs divisions et s'unissent étroitement dans la pensée patriotique d'une revanche qui sera la protestation du droit et de la justice contre la force et l'infamie. »

« L'assistance, entraînée par ce langage enflammé, n'a pu maîtriser ses émotions, et les cris de : « Vive l'Alsace! » ont couvert les derniers mots de l'ancien ministre de la guerre. Ne sont-ce pas là, pour l'âme du patriote dont on pleurait la mort, l'hommage et la consolation qu'il aurait pu lui-même envier pour son martyre?

« M. Fourcand a prononcé quelques paroles pleines de cœur et d'ardente sympathie pour le collègue éminent dont on suivait le deuil. Au nom de la ville de Bordeaux, il a re-

vendiqué pour elle l'honneur de payer les frais funéraires
de cette triste cérémonie.

« Le cortège, grossi d'une foule nombreuse accourue de
toutes parts, s'est ensuite retiré. Hélas ! que de larmes n'a-
vons-nous pas surprises dans les yeux de cette foule attristée! »

Nous n'avons pas à donner ici le triste historique des évé-
nements de mars, avril et mai 1871. L'insurrection communaliste, commencée le 18 mars, avait pris fin le 28 mai. On
sait quel fut, pendant cette lugubre période, le rôle de l'Assemblée nationale.

A la suite d'élections doubles et de démissions, les collèges
électoraux de quarante-quatre départements furent convo-
qués pour le 27 juillet. M. Gambetta, qui s'était rendu à
Saint-Sébastien au lendemain des obsèques de Küss, accepta,
par une lettre datée du 23 juin, la candidature qui lui était
offerte dans le département de la Seine.

Trois jours après, M. Gambetta rentrait en France et prononçait le discours suivant, dans une réunion des délégués
des comités républicains de la Gironde à Bordeaux :

MESSIEURS ET CHERS CONCITOYENS,

Je n'ai pas voulu remettre le pied sur le sol d'où
j'étais parti, après les fatigues que vous savez; je n'ai
pas voulu rentrer en France pour y prendre ma part
de responsabilité et d'efforts dans les travaux du parti
républicain, sans m'arrêter à Bordeaux.

Je devais vous exprimer, à vous qui représentez
l'union faite dans le parti républicain, tout ce que, de
loin comme de près, je vous garde de sympathie et
de reconnaissance pour les sentiments que vous m'a-
vez toujours témoignés, et aussi, pourquoi ne le dirais-
je pas ? j'ai voulu, à propos des élections, à propos
de la situation si grave où se trouve le pays, vous
dire, sans aucune arrière-pensée personnelle, puisque je ne suis pas candidat dans ce département, ce
que j'espère, ce que désirerais accomplir. (*Ici l'orateur
est interrompu par les applaudissements ; il reprend :*)

N'applaudissez pas, Messieurs! L'heure est beaucoup trop solennelle pour que nous ayons, les uns et
les autres, d'autres paroles que celles de l'estime et
de la confiance réciproque. (*Très bien !*)

La situation actuelle de la France, quand on l'examine de très près, quand on est animé, pour cet examen, de la passion de la justice et de la vérité, c'est-
à-dire que l'on a, pour se garantir des illusions du
cœur, les règles de la raison, est bien faite pour nous
inspirer les plus profondes tristesses, mais elle nous
invite aux mesures les plus viriles et elle nous interdit
le découragement ; étudions-la, et nous arriverons
à cette conclusion que, si le parti républicain veut, il
peut, et que, s'il sait, il parviendra à régénérer ce pays
et à y fonder un gouvernement libre, à l'abri des surprises, des réactions et des défaillances.

C'est cette démonstration qu'il est utile de faire aujourd'hui, et qu'il importe surtout de faire en face des
compétitions des partis monarchiques, non seulement
pour amener le triomphe des principes auxquels nous
sommes attachés, mais surtout, il ne faut pas cesser
une minute de le répéter, pour donner à la France
son salut.

A l'heure où nous sommes, que voit-on dans le pays?
On voit les hommes qui, dans tous les temps, ont
médit de la démocratie, qui l'ont eue en haine, ou par
ignorance ou par intérêt personnel, exploiter à leur
profit la crédulité et la panique, défigurer systématiquement les hommes et les choses, et s'efforcer d'attribuer les excès des derniers mois à la République,
à laquelle ils doivent cependant de n'avoir pas été
emportés.

Et je trouve qu'il y a, entre la situation actuelle et
la situation qui se déroulait au mois de mai 1870, une
analogie pleine d'enseignements.

Au mois de mai 1870, la France a été interrogée;
vous savez par qui et comment. Mais il n'en est pas

moins vrai qu'elle était investie du droit de prononcer sur ses destinées. A l'aide de la coalition de toutes les peurs, surexcitée par une presse stipendiée, à l'aide de la coalition des intérêts les plus bas, — intérêts dynastiques, intérêts de parasites, — on a surpris la France, on a surpris son vote ; mais elle n'en a pas moins prononcé son arrêt, et, avec une rapidité foudroyante, trois mois après, l'arrêt s'accomplissait, et elle était punie, châtiée au-delà de toute justice, pour s'être abandonnée aux mains criminelles d'un empereur.

On lui pose aujourd'hui, sous des noms divers, la même question : veut-elle, une fois encore, abdiquer et verser dans l'ornière des dynasties ?

De quelque nom qu'on déguise les choses, vous le voyez, c'est toujours la question de savoir si la France veut se gouverner librement, ou si elle veut se livrer, et si la terrible expérience d'où elle est sortie saignante et mutilée lui a enfin appris à se conduire seule et par elle-même.

Chose consolante, malgré les excès qui ont été commis et les crimes qui ont marqué la chute de la Commune à Paris, malgré le courant de calomnies qui avait été déchaîné contre le parti républicain, en pleine guerre civile le pays a conservé son sang-froid ; les élections municipales ont attesté qu'au lendemain de cette effroyable crise, le pays ne se laissait pas aller à la réaction. Il y a là une espérance qui doit nous inspirer la patience et la sagesse dans l'action politique. Je crois que, grâce à l'union faite entre les diverses nuances de l'opinion républicaine, nous pouvons donner à la France le spectacle d'un parti discipliné, ferme en ses principes, laborieux, vigilant et résolu à tout pour arriver à convaincre la France de ses facultés gouvernementales. En un mot, un parti acceptant la formule : Le pouvoir au plus sage et au plus digne.

Il faut donc être les plus sages. Eh bien ! cela ne

nous coûtera pas, par cette excellente raison qu'il n'y
a de politique vraiment sage, vraiment féconde, que
celle du parti républicain. (*Très bien!*)

Il faut ne nous laisser détourner du droit chemin
ni par les calomnies ni par les injures ; et j'ai la conviction que, si nous voulons tenir bon et rester au
poste, si nous voulons incessamment, sur toutes les
questions posées, produire les solutions républicaines,
nous arriverons à démontrer bientôt, par voie de comparaison et de contradition, aux prétentieux qui nous
dédaignent ou nous ignorent, que nous valons mieux
que les injures, que nous sommes un parti de gouvernement capable de diriger les affaires, le parti
de l'intelligence et de la raison, et que c'est parmi
les hommes se réclamant de nos principes qu'on
trouvera vraiment les garanties de science, de désintéressement et d'ordre, sans lesquelles un gouvernement n'est qu'une affaire au profit de quelques-uns.

Il faut donc maintenir et appuyer notre gouvernement, la République, en fait et en droit. Sans discuter
sur les nuances puériles, permettez-moi de vous dire
qu'un gouvernement au nom duquel on fait des lois,
on fait la paix, on lève des milliards, on rend la justice, on dompte des émeutes qui auraient suffi à em-
porter dix monarchies, est un gouvernement établi et
légitime, qui prouve sa force et son droit par ses actes
mêmes. Ce gouvernement s'impose au respect de tous,
et quiconque le menace est un factieux. (*Bravo!
bravo!*)

Aux plus sages ! aux plus dignes ! Parfaitement !
C'est une gageure qu'on doit accepter. Ce n'est pas
une formule nouvelle pour des républicains ; c'est
leur dogme, de ne voir attribuer les fonctions publiques qu'au mérite et à la vertu. C'est à ce respect du
mérite et de la moralité que nous avons vainement
rappelé l'Empire ; c'était même parce que la morale
s'oppose à toute transaction avec un pouvoir fondé

sur le crime et maintenu par la corruption, que notre opposition était alors irréconciliable et révolutionnaire.

Aujourd'hui, l'opposition, sous le gouvernement républicain, change de caractère et modifie sa nature et ses plans de conduite ; elle doit presser et contrôler, et non détruire. Oui, nous serons respectueux de votre autorité, respectueux de votre légalité, respectueux de vos choix, mais nous n'abandonnerons pas le droit de critique et de réforme ; et, comme nous n'avons jamais demandé de faveurs à personne, nous laisserons le suffrage universel prononcer entre ceux qui nous dédaignent et ceux qui ont eu la patience et la constance de lutter pour la République et la liberté. (*Vifs applaudissements.*)

Cette conception du rôle de l'opposition sous la République tient à des différences d'âge et de temps. Il est certain que l'âge, je dirai héroïque, chevaleresque du parti, est passé depuis la réalisation d'une partie de ses espérances. Et nous avons, aujourd'hui qu'il s'agit de développer l'application de nos principes, le devoir d'être aussi froids, aussi patients, aussi mesurés, aussi habiles, que nous avons été enthousiastes, véhéments, alors qu'il s'agissait de rejeter dans le néant les contrefaçons du Bas-Empire. (*Très bien ! très bien !*)

Oui, sous un gouvernement qui, pour maintenir l'ordre, a été obligé de se réclamer de la légalité de la République, il faut savoir patienter, s'attacher à une chose ; il faut que cette chose soit immédiatement réalisable, et se tenir à elle jusqu'à ce qu'elle soit réalisée.

Et, Messieurs, permettez-moi de vous le dire, plus nous spécialiserons, plus nous centraliserons nos efforts sur un point donné, plus promptement nous susciterons des auxiliaires dévoués dans les rangs du suffrage universel, qui prononce en dernier lieu, et plus nous abrégerons les délais qui nous séparent du succès. L'unité, la simplicité du but, tel doit être le mot d'ordre ; mais il ne suffit pas d'avoir le ferme propos de faire du parti républicain un parti à la fois de principes et pratique, un parti de gouvernement ; il faut à ce parti un programme net, précis, ennemi des utopies, ennemi des chimères ; surtout il ne faut se laisser détourner par rien de sa réalisation, et ne jamais se rebuter ni se lasser dans la lutte entreprise pour refaire le pays, refaire ses mœurs, et, en le ravissant aux intrigants, l'empêcher d'être constamment ballotté entre le despotisme et l'émeute provoquée. Il faut faire disparaître le mal, cause de tous les maux : l'ignorance, d'où sortent alternativement le despotisme et la démagogie. Pour combattre ce mal, de tous les remèdes qui peuvent solliciter l'attention des hommes politiques, il en est un qui les domine et les résume tous : c'est l'éducation de tous. Il faut savoir à l'aide de quelles mesures, de quels procédés, au lendemain de nos désastres qui sont imputables non seulement au gouvernement que nous avons subi, mais encore à la dégénérescence de l'esprit public, nous pourrons nous garantir des chutes, des surprises, des erreurs, des infériorités qui nous ont tant coûté. Étudions nos malheurs, remontons aux causes, à la première de toutes : nous nous sommes laissé distancer par d'autres peuples, moins bien doués que nous-mêmes, mais qui ont marché pendant que nous restions stationnaires.

Oui, on peut établir, preuves en main, que c'est l'infériorité de notre éducation nationale qui nous a conduits aux revers. Nous avons été battus par des adversaires qui avaient mis de leur côté la prévoyance, a discipline et la science : ce qui prouve, en dernière analyse, que, même dans les conflits de la force matérielle, c'est l'intelligence qui reste maître. Et à l'intérieur, n'est-ce pas l'ignorance dans laquelle on a

laissé croupir les masses qui engendre, presque à époque fixe, ces crises, ces explosions effroyables qui
apparaissent dans le cours de notre histoire comme
une sorte de mal chronique, à ce point qu'on pourrait
annoncer à l'avance l'arrivée de ces vastes tempêtes
sociales?

« Oh ! il faut nous débarrasser du passé. Il faut
refaire la France. » Hélas ! tel fut le cri qui, au lendemain de nos désastres, est sorti de toutes les poi-
trines. Pendant trois mois on a entendu ce cri sacré,
illumination subite d'un peuple qui ne voulait pas
périr. Ce cri, on ne l'entend plus. On n'entend plus
parler aujourd'hui que de complots et d'intrigues
dynastiques ; il n'est plus question que de savoir quel
prétendant s'attribuera les débris de la patrie en péril.
Il faut que cela cesse ; il faut écarter résolument ces
scandaleuses convoitises et ne plus penser qu'à la
France. Il faut se retourner vers les ignorants et les
déshérités, et faire du suffrage universel, qui est la
force par le nombre, le pouvoir éclairé par la raison.
Il faut achever la Révolution.

Oui, quelque calomniés que soient aujourd'hui les
hommes et les principes de la Révolution française,
nous devons hautement les revendiquer, poursuivre
notre œuvre, qui ne sera terminée que lorsque la
Révolution sera accomplie (*Applaudissements*) ; mais
j'entends, Messieurs, par ce mot : la Révolution, la
diffusion des principes de justice et de raison qui l'inspiraient, et je repousse de toutes mes forces l'assimilation perfide, calculée, de nos adversaires avec les
entreprises de la violence. La Révolution a voulu garantir à tous la justice, l'égalité, la liberté ; elle pro-
clamait le règne du travail, et voulait en assurer à
tous les légitimes fruits ; mais elle a subi des retards,
presque des éclipses. Les conquêtes matérielles nous
sont restées en partie, mais les conséquences morales
et politiques sont encore à venir pour les plus nom-

breux : les ouvriers et les paysans ; ces derniers, surtout, n'en ont retiré que des bénéfices matériels,
précieux assurément, dignes de tous nos respects et
de toute notre sollicitude, mais insuffisants toutefois
à en faire de libres et complets citoyens.

Aussi, rien de plus logique, de plus naturel que les
votes et les actes des paysans dont on se plaint quelquefois, sans vouloir tenir compte de l'état d'inferio-
rité intellectuelle où la société les maintient. Ces
plaintes sont injustes, elles sont mal fondées. elles se
retournent contre ceux qui les profèrent : elles sont
le fait de l'organisation d'une société imprévoyante.
Les paysans sont intellectuellement en arrière de
quelques siècles sur la partie éclairée du pays. Oui,
la distance est énorme, entre eux et nous qui avons
reçu l'éducation classique et scientifique, même im-
parfaite, de nos jours; qui avons appris à lire dans
notre histoire ; nous qui parlons notre langue, tandis
que, chose cruelle à dire, tant de nos compatriotes ne
font encore que la balbutier. Ah ! ce paysan voué au
travail de la terre, qui porte si courageusement le
poids du jour, sans autre consolation que de laisser
à ses enfants le champ paternel allongé d'un arpent,
toutes ses passions, ses joies, ses craintes sont con-
centrées sur le sort de ce patrimoine. Il ne perçoit du
monde extérieur, de la société où il vit, que des rumeurs, des légendes ; il est la proie des trompeurs et
des habiles ; il frappe sans le savoir le sein de la Révolution sa bienfaitrice ; il donne loyalement son
impôt et son sang à une société pour laquelle il
éprouve autant de crainte que de respect. Mais là se
borne son rôle, et, si vous lui parlez principe, il ignore,
et naturellement il vous répond intérêt ! C'est justice !
C'est donc aux paysans qu'il faut s'adresser sans relâche, c'est eux qu'il faut relever et instruire. Les mots,
que les partis ont échangés, de *ruralité*, de Chambre
rurale, il faut les relever et ne pas en faire une injure.

Ah! il faudrait désirer qu'il y eût une Chambre
rurale dans le sens profond et vrai de ce mot, car ce
n'est pas avec des hobereaux que l'on fait une
Chambre rurale, c'est avec des paysans éclairés et
libres, aptes à se représenter eux-mêmes; et alors,
au lieu d'être une raillerie, cette qualification de
Chambre rurale serait un hommage rendu aux progrès de la civilisation dans les masses. Cette nouvelle
force sociale serait utilisée pour le bonheur général.
Malheureusement, nous n'en sommes pas là, et ce
progrès nous sera refusé aussi longtemps que la
démocratie française ne sera pas arrivée à démontrer,
à démontrer jusqu'à l'évidence, que l'intérêt vital des
classes supérieures, si l'on veut refaire la patrie, si on
veut lui rendre sa grandeur, sa puissance et son génie,
c'est précisément d'élever, d'émanciper au moral ce
peuple de travailleurs qui tient en réserve une sève
encore vierge et des trésors inépuisables d'activité et
d'aptitudes. Il faut apprendre et enseigner aux paysans ce qu'ils doivent à la société et ce qu'ils peuvent
exiger d'elle. (*Applaudissements.*)

Le jour où il sera bien entendu que nous n'avons
pas d'œuvre plus grande et plus pressante à faire, que
nous devons laisser de côté, ajourner toutes les autres
réformes, que nous n'avons qu'une tâche, instruire le
peuple, répandre l'éducation et la science à flots, ce
jour, une grande étape sera marquée vers notre régénération. Mais il faut que notre action soit double,
qu'elle porte sur le développement de l'esprit et du
corps; il faut, selon une exacte définition, que dans
chaque homme elle nous donne une intelligence
réellement servie par des organes. Je ne veux pas
seulement que cet homme pense, lise et raisonne, je
veux qu'il puisse agir et combattre. Il faut mettre
partout, à côté de l'instituteur, le gymnaste et le
militaire, afin que nos enfants, nos soldats, nos concitoyens, soient tous aptes à tenir une épée, à manier

un fusil, à faire de longues marches, à passer les nuits
à la belle étoile, à supporter vaillamment toutes les
épreuves pour la patrie. (*Mouvement.*) Il faut pousser
de front ces deux éducations, car autrement vous ferez
une œuvre de lettrés, vous ne ferez pas une œuvre
de patriotes.

Oui, Messieurs, si l'on nous a devancés, oui, si nous
avons subi cette suprême injure de voir la France de
Kléber et de Hoche perdre ses deux plus patriotiques
provinces, celles qui contenaient à la fois le plus d'esprit militaire, commercial, industriel, démocratique,
nous ne devons en accuser que notre infériorité physique et morale. Aujourd'hui, l'intérêt de la patrie
nous commande de ne pas prononcer de mots imprudents, de clore nos lèvres et de refouler au fond du
cœur nos ressentiments, de reprendre à pied-d'œuvre
ce grand ouvrage de la régénération nationale, d'y
mettre tout le temps nécessaire, afin de faire œuvre
qui dure. S'il faut dix ans, s'il faut vingt ans, il faudra
mettre les dix années, les vingt années ; mais il faut
commencer tout de suite ; il faut que chaque année on
voie s'avancer dans la vie une génération nouvelle,
forte, intelligente, aussi amoureuse de la science que
de la patrie, ayant au cœur ce double sentiment qu'on
ne sert bien son pays qu'en le servant de son bras et
de sa raison.

Nous avons été élevés à une rude école ; nous devons, si cela est possible, nous guérir du mal vani-
teux qui nous a causé tant de désastres.

Nous devons prendre aussi conscience de ce qui
nous revient à tous de responsabilité, et, voyant le
remède, nous devons tout sacrifier à ce but immédiat : nous refaire, nous reconstituer ; et pour cela,
rien, rien ne doit nous coûter ; nous ne produirons
aucune réclamation avant celle-là : l'éducation la
plus complète de la base au sommet des connaissances humaines.

Naturellement, il faut que ce soit le mérite reconnu,
l'aptitude révélée, éprouvée, qui monte cette échelle ;
des juges intègres et impartiaux, choisis librement
par leurs concitoyens, en décideront publiquement,
de telle sorte que le mérite seul ouvrira les portes.
Rejetons comme les auteurs néfastes de tous nos
maux ceux qui ont mis la parole à la place de l'action,
tous ceux qui ont mis le favoritisme à la place du mérite, tous ceux qui se sont fait du métier des armes
non un moyen de protéger la France, mais un moyen
de servir les caprices du maître et quelquefois de se
faire les complices de ses crimes. (*Applaudissements.*)

En un mot, rentrons dans la vérité, et que, pour
tout le monde, il soit bien entendu que, lorsqu'en
France un citoyen est né, il est né un soldat ; et que
quiconque se dérobe à ce double devoir d'instruction
civile et militaire, soit impitoyablement privé de ses
droits de citoyen et d'électeur. Faisons entrer dans
l'âme des générations actuelles et de celles qui vont
naître la pensée que quiconque, dans une société
démocratique, n'est pas apte à prendre sa part de ses
douleurs et de ses épreuves, n'est pas digne de prendre part à son gouvernement. (*Applaudissements.*)

Par là, Messieurs, je le répète, vous rentrez dans
la vérité des principes démocratiques, qui est d'honorer le travail, qui est de faire du travail et de la
science les deux éléments constitutifs de toute société
libre. Ah! quelle nation on ferait avec une telle discipline, religieusement suivie pendant des années, avec
les admirables aptitudes de notre race à produire des
penseurs, des savants, des héros et de libres esprits !
C'est en pensant à ce grand sujet qu'on s'élève vite
au-dessus des tristesses du présent pour envisager
l'avenir avec confiance.

Messieurs, je le dis avec orgueil, sur le terrain de
la science, la France peut soutenir la rivalité avec le
monde entier ; et, malgré l'affaiblissement du niveau

de l'esprit public que j'ai dû constater tout à l'heure,
il est constamment, grâce au ciel, resté dans notre
pays une élite d'hommes qui, tous les jours, ont reculé
les limites de la science, qui, tous les jours, ont avancé
les progrès de l'esprit humain; et c'est par là que la
France, quels que soient, quels qu'aient été les désastres qui ont accablé le pays, reste le guide du
monde. (*Sensation.*)

Savez-vous ce qu'on disait, pendant la guerre, à
l'étranger? « Il n'y a plus de livres! » Et, en effet, tout
entière occupée à sa défense, la France ne produisait
plus rien pour l'intelligence des peuples. (*Mouvement.*)

Mais, Messieurs, ce que je demande, c'est que de
la science sortent des livres, des bibliothèques, des
académies et des instituts; je demande que ceux qui
la détiennent la prodiguent à ceux qui en ont besoin;
je veux que la science descende sur la place publique,
qu'elle soit donnée dans les plus humbles écoles.

Oui, faisons appel aux savants; qu'ils prennent
l'initiative : c'est eux qui doivent hâter le plus puissamment notre restauration morale et nationale. Mais,
si nous voulons que la régénération soit rapide, il
faut ne plus se défier des intelligences à peine éveil-
lées; il faut ne point craindre de distribuer dans les
collèges et dans les écoles toute la vérité; il faut résolument savoir et résolument pratiquer que ce sont
les vérités supérieures de la science et de la raison
qui saisissent le mieux les jeunes intelligences; et
c'est pour cela qu'un des grands penseurs de ce siècle,
Auguste Comte, faisait commencer l'instruction par
les sciences exactes. Il a été fait des expériences nombreuses à cet égard, qui ont donné toujours le même
résultat, à savoir que les intelligences les plus jeunes
ont toujours le mieux recueilli les enseignements
même les plus élevés qui s'offraient à elles : elles n'é-
taient pas encore faussées par des habitudes de pa-
resse ou d'erreur!

Mais vous comprenez que ce n'est pas ici que nous allons discuter un programme d'éducation. J'ai dit ce que je tenais surtout à dire devant vous, parce que ces questions nous ont un instant arrachés aux difficultés et aux amertumes de la situation présente. Je voulais vous entretenir de l'avenir. J'ai la conviction que le parti démocratique, ayant la sagesse et la résolution de ne pas demander autre chose, mais de l'exiger infatigablement, arriverait bientôt à montrer au paysan, qui le considère comme hostile, qu'il est son plus sincère ami; oui, nous arriverions vite à lui faire comprendre et retenir que nous avons conscience de nos devoirs envers lui. Nous sommes des frères aînés, et nous serions des frères ingrats si nous quittions la vie sans avoir assuré son émancipation matérielle et morale. (*Vifs applaudissements.*)

Messieurs, ces idées ne m'appartiennent point. Elles sont familières à tous les penseurs, à tous les patriotes. Le propre de la politique est de s'emparer de ces idées essentiellement justes et de les fixer dans les lois. Oh! les politiques qui inventeraient, qui auraient la prétention de faire des choses inopinées, imprévues, ne seraient pas des politiques! Qu'il y a d'années que l'ignorance est combattue, et qu'elle est encore épaisse et terrible! Nous offrons au monde ce spectacle d'avoir été le peuple qui a le premier revendiqué les droits de la raison, et d'être encore réduits à ne les point pratiquer et enseigner pour notre propre compte. (*Vive sensation.*)

Nous ne pouvons cependant rester plus longtemps insensibles à ce qui s'accomplit sous nos yeux, et ne pas avouer que toutes nos crises sociales viennent de l'ignorance. Comment admettre que des hommes qui ne connaissent la société que par le côté qui les irrite, que par la peine et que par le travail, un travail sans lucre suffisant, sans récompense légitime, ne s'aigrissent pas dans les misères, et n'apparaissent pas à un jour donné sur la place publique avec des passions effroyables? Aussi, je déclare qu'il n'y aura de paix, de repos et d'ordre qu'alors que toutes les classes sociales auront été amenées à la participation des bienfaits de la civilisation et de la science, et considéreront leur gouvernement comme une émanation légitime de leur souveraineté et non plus comme un maître jaloux et avide. Jusque-là, en persévérant dans la voie funeste où nous sommes, vous ferez, des ignorants, tantôt les soutiens des coups d'État, et tantôt les auxiliaires des violences de la rue, et nous resterons exposés aux fureurs impies de multitudes inconscientes et égarées, portant la main sur tout ce qui environne, sans respect même pour les choses de leur tradition, parce qu'elles ne peuvent arriver à la satisfaction d'appétits impossibles, et qui cherchent à se venger en accumulant les ruines. Alors, il est bon de se rappeler le mot de l'Américain Channing : « Les sociétés sont responsables des catastrophes qui éclatent dans leur sein, comme les villes mal administrées où on laisse pourrir les charognes au soleil, sont responsables de la peste. » (*Mouvement.*)

Eh bien! c'est mon sentiment.

Il faut, par conséquent, que l'homme politique, dans l'accomplissement de sa tâche, s'attaque vivement à celui de tous nos maux qui engendre les autres, à l'ignorance, sans laquelle il serait établi qu'il n'existe pas de gouvernement qui convienne plus à la nature, à la dignité, au bonheur de l'homme, que la République. Et quant à l'erreur politique chez le paysan, elle a la même origine que celle de l'ouvrier : toujours l'ignorance. Qu'est-ce qui fait que le paysan est comme incliné aujourd'hui, par exemple, vers le parti bonapartiste? Et pourquoi, aujourd'hui que la lutte est ouverte entre les partis monarchiques, voit-on les partis bourboniens se tourner vers les paysans,

déguiser leur monarchie et leurs prétendants, tandis
que les autres ne craignent pas d'avouer qu'ils veulent le retour de l'empereur? Cela tient, je crois,
Messieurs, à un état mental particulier au paysan.
On lui a dit, on lui a répété que sa propriété avait été
instituée et maintenue par Napoléon. Le paysan n'est
pas un homme à fines nuances, à fines distinctions;
il mêle et confond Bonaparte et la Révolution; il n'a
pas l'esprit de distinction et de critique; mais il a la
perception des gros résultats, et il sait que cette terre
que son grand-père avait acquise, il l'a gardée sous
Napoléon Ier, et qu'à la suite de l'invasion on a menacé cette terre, pour la défense de laquelle, sous la
République, il a versé héroïquement son sang, sau-
vant du même coup son bien et la patrie.

Le paysan sait ces choses. Il voit même, toutes les
fois que la Restauration, l'ancien régime reparaît,
que la Restauration menace sinon la détention immédiate de la terre, du moins son morcellement. Il y a
quelques jours à peine, — et nous ne sommes pas
encore sous les fleurs de lis, — une proposition a été
introduite à l'Assemblée pour rétablir le droit d'aî-
nesse et ses conséquences. Vous pouvez être certains
que le paysan, qui est à l'affût, a parfaitement reconnu l'ennemi impitoyable et traditionnel, et qu'il
sait non moins parfaitement qu'il n'a rien de bon à
attendre de pareils restaurateurs et de pareils sau-
veurs de société.

D'un autre côté, grâce à une équivoque et à une
altération perfide des principes de la Révolution,
Bonaparte lui apparaît comme le protecteur naturel
de ses intérêts. C'est ainsi, je vous le disais tout à
l'heure, qu'il attribue à Napoléon le Code civil, qui
est le bouclier, l'arche sainte où il a trouvé la garantie de son domaine.

Il n'est pas loin de croire, sinon de dire, avec ma-
dame de Staël, que Napoléon c'est « Robespierre à

cheval! » Eh bien! il faut démonter ce cavalier, Il
ne faut pas permettre à Napoléon, ni dans son passé,
ni dans sa descendance, de bénéficier de cette admirable conquête du sol que nous devons à la Révolution. Il faut rompre cette tradition. Prouvons, au
contraire, au paysan que c'est à la démocratie, à la
République, que c'est à nos devanciers qu'il doit non
seulement la terre, mais le droit; que, par la Révolution seule, il est devenu propriétaire et citoyen. Son
esprit ne s'élève pas encore au-dessus de la propriété
matérielle, qui doit devenir le moyen de son progrès
moral. La Révolution et la justice ne séparent pas ces
deux progrès.

Il faut que cette propriété qu'il possède soit mora-
lisatrice; qu'à l'aide de cette indépendance acquise
par le travail et la possession, il puisse arriver à une
autre indépendance : l'indépendance de l'esprit. La
société le lui doit; et alors, quand il saura d'où lui
vient son accroissement de bien-être et de dignité, il
pourra être visité et fréquenté par les gens qui veulent créer de lourds impôts, fonder des majorats et
rétablir des noblesses : il ne se laissera plus ni séduire
ni tenter.

Présentons-nous donc à lui comme ayant subi sans
amertume les coups qu'il nous a portés, l'aimant
dans la bonne comme dans la mauvaise fortune, soucieux de son avenir, soucieux de son bien-être. (*Très
bien! très bien!*)

Aussi bien, pour ma part, je ne me défie nullement
de ce qu'on a appelé l'antagonisme des villes et des campagnes. Et vous le voyez bien, puisque, loin de croire
à la prétendue perpétuité de cet antagonisme, je ne m'attache jamais dans mon esprit qu'à le faire disparaître.
Je dis qu'il n'existe pas d'hostilité ni d'antagonisme;
il existe seulement des hommes qui exploitent l'ignorance de ceux-ci et les passions de ceux-là. L'antagonisme, il est la création des partis dynastiques, il

est une invention, une spéculation de nos ennemis;
l'antagonisme, il disparaîtra devant une opération
d'arithmétique loyalement faite. Il suffirait qu'à côté
du dénombrement électoral on voulût faire la place
des personnalités urbaines, et leur assurer leur juste
part d'influence et de représentation.

Nous pourrions rentrer ici dans l'examen du programme de la décentralisation. Et quoique la question soit brûlante, elle pourrait être traitée sans inconvénient et avec modération par des esprits qui
savent toujours s'élever et maintenir les principes
au-dessus des excès des hommes; mais, pour aujour-
d'hui, je crois avoir suffisamment indiqué la tâche à
poursuivre par le parti républicain, soit dans les assemblées, soit dans la presse, soit dans les réunions
publiques et privées, par les correspondances et les
livres, par tous ces mille moyens de propagande et
d'éducation qui sont ouverts, dans un pays libre, à la
libre initiative des citoyens.

Je voudrais, dis-je, pour me résumer, que notre
opposition fût une opposition de gouvernement; je
voudrais n'y apporter d'autre préoccupation que celle
de faire le bien ou de forcer les autres à le faire (*Bruyants
applaudissements*); car je connais une passion plus
vive que celle d'exercer le pouvoir : c'est de surveiller
avec équité, avec fermeté, avec bon sens, un pouvoir
loyal (*Applaudissements*), et, sous la simple pression
des idées et de l'esprit public, de voir accomplir par
d'autres mains que les siennes les réformes les plus
éclatantes. (*Applaudissements.*)

Quant à moi, je m'emploierais parfaitement, je
l'avoue, à cette tâche, sous un état politique dans
lequel la République serait acceptée comme le gouvernement de droit; car, contre le droit, il ne saurait
surgir que des prétentions illégitimes, et il ne peut
pas se faire qu'on nous oppose, pour l'abattre et le
fouler aux pieds, ni un consentement surpris à l'igno-

rance et à la faiblesse, ni un coup d'État de prince,
ni un complot de la rue.

C'est en ce sens qu'on a pu dire du droit républicain qu'il est au-dessus des attentats de la force et
des caprices de la multitude. Si la République est le
gouvernement de droit par excellence, est-ce que tous
les partis ne peuvent pas s'y donner rendez-vous ?
Est-ce que ce n'est pas le seul gouvernement où
l'accès du pouvoir soit ouvert à tous ceux qui, sous
l'œil de l'opinion publique, ont le mieux affirmé leurs
talents et leurs vertus ? (*Applaudissements.*) Et dès lors,
est-ce que nous ne pouvons pas nous tourner vers
ceux qui ont professé des opinions contraires à la
République, et leur dire : Ah ! vous voulez gouverner
la République, vous voulez la fonder, eh bien ! nous
ne vous demandons qu'une chose, c'est d'abord de la
reconnaître. Mais une fois que vous l'aurez reconnue,
nous admettrons parfaitement votre passage aux
affaires. Car nous voulons présenter au pays ce spectacle de républicains de naissance qui restent dans
l'opposition, en face de monarchistes convertis, et
forcés, par la cohésion du parti républicain et la légitimité de la République, d'accomplir les réformes
qu'elle demande. (*Applaudissements.*)

Ce ne serait pas là, Messieurs, un médiocre triomphe, et, dans tous les cas, la chose, puisque nous en
sommes aux essais, mérite d'être tentée. Le jour où
on entrerait dans cette méthode politique, la République ne serait pas en péril, même avec des hommes
qui ne lui auraient pas toujours été dans leur passé
des amants bien fidèles.

Mais il faut pour cela que le parti républicain soit
d'une absolue sévérité sur les principes; et nous le
déclarons ici : oui, nous serons indulgents pour les
personnes; oui, nous nous montrerons faciles à ouvrir la porte, mais nous demeurerons implacables sur
les principes. Nous admettrons que des hommes se

trouvent éclairés ; nous admettrons que d'autres, sans être encore tout à fait convaincus, mais à cause des nécessités d'une situation sociale exceptionnelle, acceptent de bonne foi les conséquences du principe de la République. Sur le devoir seul nous ne transigerons point.

Toutes ces choses sont possibles, si toutes ces choses sont loyalement pratiquées. Je dis seulement qu'en pareille matière il ne faut pas s'en tenir aux déclarations ; et, au jour et à l'heure où la contradiction se produit entre les actes du pouvoir et ses déclarations publiques, il faut la relever et en faire le pays juge.

Si on fait cette garde sévère autour des institutions, soyez convaincus que nous maintiendrons la République beaucoup mieux avec une minorité républicaine ferme, énergique, vigilante sur les actes de la majorité, qu'avec une majorité d'hommes inconsistants et tièdes, qui serait exclusive des personnes, et facile aux compromis sur les principes.

Après cette première ligne de conduite, je voudrais qu'on démontrât, par les raisons que j'indiquais tout à l'heure, au pays tout entier, qu'on lui démontrât qu'il n'y a pas possibilité de tenter aujourd'hui autre chose, en fait de réforme, que l'éducation et l'armement national.

En voyant accomplir cette double réforme : élever et armer la nation, je prendrai patience de ne pas voir légiférer sur d'importantes questions qui peuvent attendre, qui ne sont que des questions latérales, subordonnées à la réalisation de ces premières et capitales nécessités.

Il s'agit de refaire le sang, les os, la moelle de la France, entendez-le bien. Il faut tout donner, le temps et l'argent, à cet intérêt suprême. Le peuple, soyez-en sûrs, ne marchandera pas les millions pour l'éducation de ceux qui souffrent et qui ignorent ; il les marchanderait pour ceux dont les desseins ne tendent jamais qu'aux restaurations monarchiques, aux dépenses fastueuses et à l'écrasement du pays; et, en passant, voilà, Messieurs, une des raisons qui démontrent qu'il n'est plus possible de relever la monarchie parmi nous : nous ne sommes plus assez riches pour la payer. (*Très-vifs applaudissements.*)

En conséquence, nous aurions résolu, par là, le plus vital de tous les problèmes, que je résume ainsi : égaliser les classes, dissiper le prétendu antagonisme entre les villes et les campagnes, supprimer le parasitisme, et, par la diffusion de la science pour tous, rendre au pays sa vigueur morale et politique.

Et ainsi vous mettriez à une double caisse d'assurances : l'une, contre les crimes de droit commun, par l'élévation du niveau de la moralité; l'autre, contre les risques de révolution, en donnant satisfaction et sécurité aux droits acquis des uns, aux aspirations légitimes des autres. (*Applaudissements.*)

Tel est le programme à la fois radical et conservateur que la République seule peut accomplir. Et alors, dans le monde entier, les amis de la France pourront se rassurer : elle sortira régénérée de ses grandes épreuves, et, sous les coups mêmes de la mauvaise fortune, elle apparaîtra plus grande, plus prospère, plus fière que jamais. (*Triple salve d'applaudissements.*)

L'assemblée se sépare aux cris de : Vive la République!

Les élections du 2 juillet donnèrent la majorité au parti républicain dans les départements de l'Ain, de l'Aisne, des Alpes-Maritimes, de l'Aude, des Bouches-du-Rhône, de la Charente-Inférieure, de la Côte-d'Or, du Doubs, de la Drôme, du Finistère, du Gard, de la Gironde, de la Haute-Loire, de l'Hérault, de l'Indre-et-Loire, de l'Isère, de Loir-et-Cher, de Lot-et-Garonne, de la Mayenne, du Nord, de l'Orne, du Pas-de-Calais, des Pyrénées-Orientales, du Rhône, de Saône-et-

Loire, de Seine-et-Oise, de la Somme, du Tarn, du Var et de Vaucluse.

Les royalistes ne remportèrent de succès que dans la Charente, le Cher, la Dordogne, le Morbihan et la Seine-Inférieure.

Dans le département de la Seine, *l'Union de la Presse* ne réussit qu'à faire passer seize de ses candidats. MM. Corbon, Gambetta, Scheurer-Kestner, Laurent Pichat et Brelay, portés par la Ligue des droits de Paris, furent nommés. Parmi les élus de l'*Union de la Presse*, MM. Wolowski, Paul Morin, de Pressensé, Dietz-Monin, Krantz et Laboulaye se firent inscrire au centre gauche et soutinrent énergiquement la politique de M. Thiers. MM. Pernolet, André, Denormandie et Sébert, votèrent quelquefois avec la gauche. La réaction pure n'eut donc à compter à son avoir que MM. Louvet, de Plœuc, Leféhure, Drouin et Moreau. (A. RANC, *De Bordeaux à Versailles*, p. 38.)

M. Gambetta était élu dans trois départements : la Seine, le Var et les Bouches-du-Rhône. Il opta pour le département de la Seine.

DISCOURS

L'ORDRE DU JOUR PRÉSENTÉ PAR M. MARCEL BARTHE

SUR LES PÉTITIONS DES ÉVÊQUES

Prononcé le 22 juillet 1871

A L'ASSEMBLÉE NATIONALE

Les archevêques de Rouen, de Cambrai, de Tours, de Toulouse, d'Auch, de Chambéry, de Rennes, de Sens, d'Aix, de Bourges, de Bordeaux, les évêques d'Alger, de Séez, de Coutances, de Bayeux, d'Évreux, d'Arras, du Mans, de Laval, d'Angers, de Nantes, de Carcassonne, de Pamiers, de Bayonne, de Tarbes, d'Aires, de Maurienne, d'Annecy, de Tarentaise, de Quimper, de Saint-Brieuc, de Vannes, de Moulins, de Nevers, de Troyes, de Digne, de Fréjus et Toulon, de Nice, de Marseille, de Gap, de Limoges, de Clermont, de Saint-Flour et du Puy, avaient adressé à l'Assemblée nationale des pétitions demandant à l'Assemblée d'inviter le gouvernement à se concerter avec les puissances étrangères, afin de rétablir le souverain pontife dans les conditions nécessaires à sa liberté d'action et au gouvernement de l'Église catholique.

Le 22 juillet 1871, MM. Pajot et de Tarteron présentèrent, au nom de la commission des pétitions, deux rapports, également violents, sur les pétitions des évêques. « La France ne saurait oublier, disait M. Pajot, qu'elle a toujours trouvé sa grandeur morale dans le soutien de la papauté, de l'Église et des opprimés... Nous ne saurions faire appel aux armes dans la situation où nous sommes; mais nous pouvons faire un appel à l'Europe entière pour un intérêt universel. C'est à notre diplomatie qu'il faut confier la question, puisque nous ne pouvons faire autrement; mais, selon notre droit, nous réservons l'avenir. »

MM. Pajot et de Tarteron concluaient en demandant le renvoi des pétitions au ministre des affaires étrangères, « par respect pour la liberté des consciences et la foi des traités ».

M. Thiers répondit aux rapporteurs avec autant d'habileté que de patriotisme : « Il y a un fait accompli, dit le chef du pouvoir exécutif, l'Italie est une; je ne suis pas l'auteur de cette unité, et moins que personne je puis être mis encore en cause. Il y a aujourd'hui un royaume d'Italie qui compte dans les grandes puissances européennes. Que voulez-vous y faire? Il ne faut pas nous imposer une diplomatie qui aboutirait à ce que vous désavouez, la guerre. Ne nous imposez pas, sous des termes couverts, une tâche que vous n'accepteriez pas vous-mêmes... Quand toute l'Europe compte avec l'Italie, voulez-vous que je prépare avec elle des rapports compromettants pour l'avenir? Je ne puis le faire. Vous ne voulez pas la guerre, dites-vous? Ne me demandez pas alors une politique qui serait inconséquente si je ne la poussais jusqu'au bout. »

M. Dupanloup répondit à M. Thiers par une longue homélie. La gauche demande l'ordre du jour pur et simple. M. Target dépose l'ordre du jour suivant : « L'Assemblée, s'associant aux nobles et patriotiques sentiments exprimés par M. le chef du pouvoir exécutif, renvoie les pétitions à M. le ministre des affaires étrangères. » M. Marcel Barthe dépose un autre ordre du jour : « L'Assemblée nationale, confiante dans le patriotisme et la prudence du chef du pouvoir exécutif de la République, passe à l'ordre du jour. »

M. Thiers demande la parole :

M. LE CHEF DU POUVOIR EXÉCUTIF. — Messieurs, je vous demande pardon de reparaître à cette tribune, mais une explication est nécessaire. Je ne veux pas rouvrir la discussion qui est close; mais on vient de vous lire plusieurs résolutions.

Quant à moi, je le répète, après vous l'avoir dit tout à l'heure, que chacun vote suivant ses instincts, ses sentiments, ses convictions; je respecterai le vote de chacun, et en cela je ne remplirai qu'un devoir bien simple. Je n'attache d'importance qu'à ceci : c'est que la politique du gouvernement ne soit engagée que dans la limite que j'ai tracée tout à l'heure. .

De divers côtés. — Oui! oui! — C'est évident!

M. LE CHEF DU POUVOIR EXÉCUTIF. — Je ne cherche à échapper à aucune difficulté. Pour nous, pour nos personnes qui ne sont rien dans ce grand débat, il n'y a pas de difficultés. Vous voulez bien nous dire que nous possédons votre confiance. Il ne s'agit pas de nous; je ne cherche pas à éluder les difficultés qui ne nous touchent pas personnellement, je cherche à éclairer la question devant vous, devant la France, devant le monde. (*Très bien! très bien!*)

Je vous le dis franchement, je ne commettrai pas d'imprudence. (*Nouvelle approbation.*) Je ne compromettrai pas la politique du pays... (*Applaudissements*;) fiez-vous-en à mon patriotisme. Je défendrai les intérêts de la religion. Mon devoir incontestable est d'assurer le plus possible, seul ou accompagné des puissances catholiques, la complète indépendance du saint-siége. (*Bravo! bravo!*)

Maintenant, quant aux résolutions proposées, je n'ai pas de choix à faire. Si j'en avais un, je demanderais les expressions qui se trouvent dans cet ordre du jour motivé, que le hasard me met sous la main et que je ne connaissais point; celui où il est dit : « Confiante dans le patriotisme et la prudence du chef du pouvoir exécutif, l'Assemblée passe à l'ordre du jour. »

Vous pouvez m'en coire, ce n'est pas un éloge que je demande; je demande que cette recommadation de prudence qui se trouve ici, je n'ose pas dire de patriotisme, — vous l'attendez de moi, — se trouve consignée dans votre vote.

Je ne demande aucun ordre du jour, je n'en con-

seille aucun; seulement, je crois que celui-là répond
à la réalité des choses et à vos sentiments mieux
qu'aucun autre. (*Très bien! très bien!*)

Maintenant, je descends de cette tribune, car vous
n'avez plus de doute sur l'engagement que je prends.
Votre vote, quel qu'il soit, ne signifiera pour moi que
ce que je viens de vous dire. (*Applaudissements.*)

M. GAMBETTA. — Je demande la parole. (*Mouvement
général. — Écoutez! écoutez!*) Messieurs, ce que j'ai à
dire...

M. LE PRÉSIDENT. — Veuillez le venir dire à la tribune.

Sur un grand nombre de bancs. — Oui! oui! à la tribune!

M. GAMBETTA, *à la tribune.* — Messieurs, je n'ai absolument que deux mots à dire à l'Assemblée, et
c'est pour cela que je prenais la liberté de les dire de
ma place pour ménager ses instants.

Nous avions, avant le discours du chef du pouvoir
exécutif, déposé une demande de scrutin et une demande d'ordre du jour pur et simple sur les conclusions de la commission, ou des commissions qui avaient
rapporté les pétitions, mises en délibération aujour-
d'hui devant vous.

Cette demande d'ordre du jour, après les déclarations si nettes, si précises, si fermes sur la politique
de nos relations extérieures avec l'Italie et le saint-
siège, qui ménagent à la fois leurs libertés, les droits
de la conscience et la paix européenne, nous la reti-
rons et nous nous rallions à l'ordre du jour même
auquel s'est rallié le chef du pouvoir exécutif. (*Applaudissements à gauche. — Mouvements divers.*)

M. DE TARTERON, *rapporteur.* — Messieurs, un seul
mot : la commission accepte cet ordre du jour (*Bravo!
Bravo! à droite*), l'ordre du jour de M. Target....
(*Bruits et agitation.*)

M. LE PRÉSIDENT. — Messieurs, la délibération n'est

pas finie. Je vous demande du calme et du silence.

On vient de me remettre un nouvel ordre du jour. (*Exclamations*).

Je vais vous faire connaître cet ordre du jour, accompagné, comme l'autre, d'une demande de scrutin. Je vous consulterai sur la priorité et vous voterez ensuite. (*Bruits divers.*)

Mais veuillez, je vous en supplie, rester en place.

MM. de la Rochette, vicomte de Rodez-Bénévent, du Temple, comte de Tréville, baron de Vinols, de Colombet, vicomte de Lorgeril, comte de Bois-Boissel, Combier, de Carayon-Latour, de Belcastel, Ferdinand Boyer, vicomte d'Aboville, comte de Cornulier-Lucinière, marquis de Lur-Saluces, marquis de Franclieu, comte de Cintré, Dezanneau, vicomte de Kermenguy, de Gavardie, Adnet et Dumon ont déposé un ordre du jour motivé, accompagné d'une demande de scrutin.

En voici les termes :

« L'Assemblée nationale, fidèle aux traditions de la France à l'égard de l'Église et de la papauté, s'associe aux protestations formulées par les éloquents rapporteurs... (*Rumeur*), renvoie la pétition au chef du pouvoir exécutif, et passe à l'ordre du jour. » (*Exclamations diverses. — Mouvement prolongé.*)

Je ferai remarquer aux auteurs de la résolution que je viens de lire, que ce n'est point là un ordre du jour. (*C'est évident!*)

Ils reprennent les conclusions de la commission et, demandent le renvoi au ministre des affaires étrangères. C'est en vain qu'ils ajoutent « et passe à l'ordre du jour », la résolution est un renvoi. Conséquemment, on ne fait que reprendre purement et simplement les conclusions de la commission dans cette résolution. (*Marques générales d'approbation.*)

Plusieurs voix à droite. — C'est ce que nous demandons!

M. LE PRÉSIDENT. — Vous avez donc, Messieurs, l'une ou l'autre de ces deux résolutions à prendre : ou l'adoption des conclusions des commissions, ou l'ordre du jour motivé, qui est exclusif de ces conclusions, auquel M. le chef du pouvoir exécutif se rallie.

Une voix. — Et accepté par la commission.

Autres voix. — C'est une erreur !

M. LE PRÉSIDENT. — Et qu'un des rapporteurs, par erreur, a déclaré adopter, car ce n'est pas l'ordre du jour de M. Marcel Barthe, mais celui de M. Target que la commission entendait accepter.

M. DE TARTERON, *rapporteur.* — Oui ! Oui ! C'est cela !

M. LE PRÉSIDENT. — La chose étant bien entendue, je vais consulter l'Assemblée sur l'ordre du jour qui doit avoir la priorité.

L'ordre du jour de M. Barthe n'est accompagné d'aucune demande de scrutin public.

Un membre à gauche. — Nous demandons qu'on y applique notre première demande de scrutin.

M. LÉONCE DE GUIRAUD. — Il est trop tard, l'épreuve est commencée. (*Non! non! — Si! si!*)

M. LE PRÉSIDENT. — Il ne faut pas qu'on puisse remettre au bureau des demandes générales de scrutin public, préparées d'avance. Il faut que la demande s'applique expressément à la question qu'il s'agit de résoudre.

M. CYPRIEN GIRERD. — C'était notre intention.

M. LE PRÉSIDENT. — Voici donc une demande de scrutin public qui s'applique à l'ordre du jour proposé par M. Barthe. Elle est signée de MM. Berlet, Grandpierre, Edmond Turquet, Claude (Meurthe), Cyprien Girerd, Contaut, Viox, La Flize, Ancelon, Deschange, Joigneaux, M. A. Brice, Bamberger, Tirard, Godin, Gambetta, Boysset, Martin Bernard, Fernier.

Plusieurs membres. — Mais nous ne connaissons pas cet ordre du jour ! (*Allons donc!*)

M. LE CHEF DU POUVOIR EXÉCUTIF. — Relisez-le, Monsieur le président.

M. DUCUING. — Relisez l'ordre du jour auquel se rallie M. Thiers.

M. LE PRÉSIDENT. — Puisque vous le désirez, je relis encore une fois l'ordre du jour de M. Marcel Barthe, et je répète que c'est celui qui a été accepté par M. le chef du pouvoir exécutif.

Voix diverses. — Non! non! — Si! si!

Un membre. — Il a dit qu'il le préférait, et non qu'il l'acceptait.

M. LE PRÉSIDENT. — L'Assemblée a entendu les paroles de M. le chef du pouvoir exécutif : il a dit que c'était celui qui lui agréait le plus. (*Oui! oui!*)

M. LE COMTE DE JUIGNÉ. — M. Thiers a dit qu'on pourrait prendre celui qu'on voudrait.

M. LE PRÉSIDENT. — Je vais consulter l'Assemblée.

M. KELLER. — Je demande la parole pour expliquer mon vote. (*Aux voix! aux voix!*)

M. LE PRÉSIDENT. — Je ne puis pas vous donner la parole : la discussion a été close.

M. BARAGNON. — M. Gambetta a bien parlé depuis!

M. KELLER. — Je vous demande la parole sur la position de la question.

M. LE PRÉSIDENT. — Permettez! Quand vous me demandez la parole pour expliquer votre vote, je n'ai pas pu vous l'accorder, attendu que la discussion est close..... (*Rumeurs.*) Je vous l'accorde sur la position de la question, mais à la condition que vous y resterez et que vous n'en profiterez pas pour expliquer votre vote.

M. LE COMTE DE JUIGNÉ. — M. Gambetta a bien expliqué le sien!

M. KELLER. — Je n'ai qu'un mot à dire sur la position de la question.

Nous sommes en présence d'un ordre du jour qui est accepté par M. le chef du pouvoir exécutif; mais, du moment que cet ordre du jour est également accepté par M. Gambetta, il change de signification... (*Vives exclamations à gauche. — Applaudissements et agitation à droite et au centre.*)

M. GAMBETTA. — Je demande la parole.

M. KELLER, *au milieu du bruit.* — Je maintiens ma confiance à M. le chef du pouvoir exécutif, mais je ne veux point d'équivoque, et je demande le renvoi au ministère.

M. LE PRÉSIDENT, *à M. Keller, qui est descendu de la tribune.* Je proteste contre cette manière d'usurper la parole et de rentrer dans le débat malgré le président et malgré le règlement.

M. GAMBETTA. — Je connais cette tactique... (*Bruit. — Parlez! parlez!*)

Je ne répondrai qu'un mot, c'est que je connais cette tactique qui consiste, quand on veut surprendre un vote ou tromper le pays, à jeter des personnalités dans le débat... (*Exclamations à droite!*) Cela s'appelle..... (*Interruptions.*)

Eh bien! je ne veux pas vous laisser le bénéfice de cette manœuvre. Je suis attaqué, critiqué, suspecté, soit! Nous prendrons jour si vous voulez pour vider nos querelles... Jusque-là je ne me laisserai détourner par rien de mon devoir, et quand il s'agit des destinées de la patrie et de la paix européenne, que vous voulez follement compromettre... (*Nouvelles et vives exclamations à droite*), je ne me laisserai pas attirer sur ce terrain qu'il vous plait de choisir en ce moment : la discussion de ma personne. Je ne me défends pas aujourd'hui, mais je dis à M. Keller qu'il n'a pas le droit de faire des catégories. (*Bruit.*)

M. KELLER. — Je demande à répondre un mot à l'observation que M. Gambetta vient de faire.

M. LE PRÉSIDENT. — Je ne puis vous donner la parole.

M. KELLER. — Je constate que vous me refusez la parole.

M. LE PRÉSIDENT. — Oui, Monsieur, je vous la refuse. Vous n'avez pas la prétention de faire violence au président et au règlement? (*Agitation.*)

(Au milieu du bruit s'échangent et se croisent des interpellations impossibles à saisir. Des groupes se forment des deux côtés de la tribune et devant le banc de M. le chef du pouvoir exécutif.)

M. LE PRÉSIDENT. — J'engage MM. les représentants qui se tiennent au pied de la tribune à reprendre leurs places. et je déclare que si ce désordre continue, je vais suspendre la séance... (*Oui! oui! — Très bien! très bien!*)

(Messieurs les représentants regagnent leurs places et le silence se rétablit peu à peu.)

M. LE PRÉSIDENT. — M. Pajot, rapporteur d'une des deux commissions, vient, Messieurs, de monter au bureau pour me dire qu'il demandait la priorité pour les conclusions de la commission. Je lui ai fait remarquer que c'était formellement contraire au règlement, qui accorde la priorité à l'ordre du jour. Il m'a chargé de dire à l'Assemblée qu'il persistait dans les conclusions de la commission.

D'un autre côté les auteurs de l'ordre du jour qui m'a été remis en dernier lieu, et que j'ai lu, déclarent que, dans leur pensée, cet ordre du jour n'est autre chose que la reprise pure et simple des conclusions de la commission. Je vais mettre aux voix l'ordre du jour...

Un membre. — L'ordre du jour pur et simple?

M. LE PRÉSIDENT. — Non pas l'ordre du jour pur et simple, mais l'ordre du jour déposé par M. Marcel Barthe, et dont je donne une nouvelle et dernière lecture.

« L'Assemblée nationale...

M. LE CHEF DU POUVOIR EXÉCUTIF. — Je demande la parole.

M. LE PRÉSIDENT. — M. le chef du pouvoir exécutif a la parole.

M. LE CHEF DU POUVOIR EXÉCUTIF. — Messieurs, si je n'étais mû par un sentiment irrésistible, je fuirais la difficulté, et je ne monterais pas encore une fois à cette tribune. Mais je vous en supplie, au nom des plus grands principes, au nom des plus chers intérêts de notre pays, permettez-moi de dire ce que je vais dire ici... Ne m'interrompez pas, veuillez écouter ma dernière parole pour me juger.

Je n'ai point recherché l'ordre du jour de M. Marcel Barthe.

M. MARCEL BARTHE. — Non ! C'est vrai !

M. LE CHEF DU POUVOIR EXÉCUTIF. — Je ne connais point M. Marcel Barthe; je ne suis à aucun degré l'auteur de cette rédaction; je l'ai acceptée, non pas parce qu'elle contenait un éloge pour ma malheureuse personne... (*Interruption.*)

De grâce, écoutez-moi, ne m'interrompez pas !

Je l'ai acceptée parce que le mot de prudence indiquait la mesure dans laquelle je pouvais m'associer à vos désirs. Ce mot était si indiqué d'ailleurs, que les rapporteurs de vos deux commissions l'ont accepté.

Maintenant, M. Gambetta est venu et a dit qu'il l'acceptait aussi. Eh bien, Messieurs, moi, je ne recherche l'accord avec personne, mais je ne le fuis pas quand il vient à moi. (*Applaudissements à gauche. — Rumeurs à droite.*)

Et permettez-moi de vous le dire, et de vous le dire en vous suppliant, vous donneriez un exemple désastreux, et qui serait le signal de la désunion éternelle du pays, si vous pouviez venir faire une déclaration pareille à celle-ci : « Puisque tel ou tel collègue, dont « les sentiments ne sont pas les nôtres aujourd'hui, « accepte la même rédaction que nous, nous n'en « voulons plus ! » (*Très bien ! très bien ! — Vifs applaudissements à gauche.*)

Nous étions prêts d'arriver à l'union. Je ne dis pas que vous admettiez les opinions de ce côté de l'Assemblée (*la gauche*), ni que ce côté de l'Assemblée admettre les vôtres; non! mais, sur ce point, nous arrivions à nous entendre, sur ce point seulement. (*Bruit à droite.*)

Eh bien, c'est à ce moment que l'honorable M. Keller, dont j'estime et j'honore le patriotisme et la sincérité, — je lui en demande pardon, qu'il me permette dans cette situation solennelle et grave de lui dire la vérité,—c'est à ce moment que M. Keller a laissé échapper une parole malheureuse. (*Oui! oui! — Non! non!*)

Messieurs, écoutez-moi de grâce! Quoi, dans une situation comme celle où nous sommes, dans un temps où nous ne pouvons nous sauver que par l'accord, — je ne dis pas l'accord impossible des extrêmes, — mais l'union qui doit être notre inspiration continuelle, vous venez prononcer les paroles de la discorde elle-même, car si la discorde avait une voix, elle n'en prononcerait pas d'autres. (*Mouvement. — Très bien! très bien! — Applaudissements à gauche.*)

Je n'ai pas les opinions de M. Gambetta : la France le sait depuis six mois et depuis longtemps; il n'a pas les miennes, et nous ne sommes pas appelés à nous rencontrer.....(*Interruptions à droite*); mais, Messieurs, jamais je ne prononcerai de telles paroles qui, je le répète, sont celles de la discorde elle-même; jamais je ne dirai : Parce que tel de mes collègues, sur un point, s'est rencontré avec moi, je fuis l'opinion que j'ai exprimée tout à l'heure. (*Approbation sur divers bancs.*)

M. LE MINISTRE DES AFFAIRES ÉTRANGÈRES. — Très bien! très bien!

M. LE CHEF DU POUVOIR EXÉCUTIF. — De grâce, en m'invitant à abandonner cet ordre du jour, dont je ne suis pas l'auteur, mais auquel je m'étais rallié, auquel vous vous étiez ralliés vous-mêmes.....

Sur plusieurs bancs à droite et au centre. — Oui! mais entendu dans un certain sens!

M. LE CHEF DU POUVOIR EXÉCUTIF. — Ne me faites pas commettre une inconvenance souveraine. Votez comme vous voudrez; mais, quant à moi, je ne retirerai pas l'adhésion que j'avais donnée, je ne la retirerai pas, parce que tel ou tel de mes collègues y est venu ajouter son approbation. (*Bravos et applaudissements à gauche. — Rumeurs sur plusieurs bancs à droite et au centre.*)

Ainsi, Messieurs, nous allions trouver l'union sur un des points les plus capitaux de la politique contemporaine; nous allions la trouver pour un moment, et voilà qu'elle va nous échapper!

Quant à moi je résume mon opinion par ces mots que je répète : Je ne cherche l'accord avec personne; mais, quand il arrive, je ne le fuis point. (*Applaudissements prolongés à gauche.*)

M. KELLER. — Je demande la parole.

A gauche. — Aux voix! aux voix!

M. KELLER. — Messieurs, je fais appel, je ne dirai pas à votre bienveillance, mais à votre justice pendant un instant seulement.

A droite et au centre. — Parlez! parlez!

M. KELLER. — Il m'est impossible de rester sous le coup des paroles que M. le chef du pouvoir exécutif m'a adressées directement, en me disant que j'étais ici la voix de la discorde.

A gauche. — Oui! oui!

A droite et au centre. — Mais laissez donc parler!

M. KELLER. — En d'autres temps, le jour où le pays a été en danger, j'ai mis ma main... (*Bruyantes exclamations à gauche*) j'ai mis ma main dans la main de l'honorable député dont j'ai prononcé le nom à cette tribune; je l'ai secondé de mes faibles efforts.

M. DE SAISY. — C'est vrai; l'Alsace en est le témoin; vous avez vaillamment défendu les frontières de la patrie!

M. KELLER. — J'ai rendu justice à ceux qu'il a faits

lui-même pour la défense du pays. (*Nouvelles exclamations sur les mêmes bancs.*)

Ce que je veux éviter ici, en ce moment, ce n'est
pas l'union, c'est l'équivoque.

A gauche. — Allons donc ! allons donc !

M. KELLER. — Si j'étais d'accord avec l'honorable
M. Gambetta, je serais heureux de le constater; mais
il est certain que, sur la question qui s'agite, nous
n'avons pas le même sentiment, et que nous n'atten-
dons pas les mêmes résultats de la prudence et de la
sagesse de M. le chef du pouvoir exécutif.

Un membre à gauche. — Qu'en savez-vous ?

M. KELLER. — Aussi, tout en maintenant à M. le chef
du pouvoir exécutif l'expression de ma confiance, je
demande à exprimer cette confiance par le renvoi au
ministre des affaires étrangères, qui avait été accepté
par M. Thiers au début de cette discussion. (*Aux voix!
aux voix!*)

M. DUPANLOUP monte à la tribune, et sa présence
y est accueillie par les applaudissements prolongés
des membres siégeant au centre et à droite.

Un membre à gauche. — Le débat est clos! Aux
termes du règlement on ne peut plus prendre la
parole.

Au centre et à droite. — Laissez parler! laissez parler!

M. SCHŒLCHER et quelques membres à gauche, tenant en mains des exemplaires du règlement, demandent la parole avec une grande vivacité; mais le bruit
ne permet pas de saisir quel est le sens précis de leurs
réclamations.

M. LE PRÉSIDENT. — Je voudrais savoir qui a la prétention de diriger le débat; je voudrais que ceux qui
troublent systématiquement le débat se levassent, afin
que je pusse les distinguer.

J'ai accordé la parole à Mgr l'évêque d'Orléans, personne n'a le droit de l'empêcher de parler.

M. Dupanloup. — Messieurs, je suis peu, très peu même au courant des mouvements et, si je puis me servir de ce mot, des agissements de la stratégique parlementaire : de sorte que, dans ma simplicité, je suis étonné de l'agitation qui nous émeut tous.

Dans le sentiment qui m'inspire, je dirai simplement : L'ordre du jour motivé qui vous a été proposé me convient parfaitement.....

A gauche. — Eh bien?

A droite et au centre. — Mais laissez donc parler l'orateur !

M. Dupanloup. —... Et les paroles contenues dans cet ordre du jour, celles qui s'adressent à M. le président du conseil, chef du pouvoir exécutif, expriment exactement mes sentiments et mes pensées pour lui. Je n'ai donc aucune objection à faire à cet égard.

Mais.....

Quelques voix. — Ah! il y a un « mais ».

M. Dupanloup. — Mais on dit, — permettez-moi de répéter ces paroles, — mais on dit : Il y a là un piège, une équivoque !

A gauche. — Ah! ah!

M. Dupanloup. — Permettez, Messieurs... Je ne dis pas que ce soit, — je ne suis pas assez connaisseur pour cela (*On rit*), mais, en tout cas, je trouve qu'il est très facile de dissiper l'équivoque s'il y en a une.

Le nom de M. Gambetta n'est pas à lui seul un épouvantail : si M. Gambetta admet, dans le sens de M. Thiers, les sentiments et les pensées que M. Thiers a exprimés et auxquels on rend hommage en insérant, si je ne me trompe, dans l'ordre du jour, les mots « patriotisme, dévouement à l'indépendance du saint-siège... »

A gauche. — Mais non! mais non!

A droite. — Ah! ah!

Un membre à gauche. — L'ordre du jour dit seulement « prudence et patriotisme », il ne parle pas de dévouement au saint-siège.

M. Dupanloup. — Soit! j'admets ces deux mots; mais je les entends dans le sens que M. Thiers les a expliqués plusieurs fois. (*Vifs applaudissements à droite et au centre.*)

Si vous les entendez comme lui, vous, monsieur Gambetta et vos amis, je n'ai rien à dire, et je suis heureux que tous nous n'ayons qu'une pensée sur le point très grave qui nous occupe... (*Applaudissements*) et que ce soient la pensée et le sentiment de M. le président du conseil. Quelles que soient les explications, et, si l'on veut, les habiletés, peu m'importe : dans ma droiture, je m'en tiens avec précision et fermeté à ce qui a été développé par M. le président du conseil; et, pour vous dire simplement ma pensée, le reste m'importe peu. (*Très bien! très bien! Vive agitation.*)

M. Langlois se précipite vers la tribune. (*Aux voix! aux voix!*)

A gauche. — Laissez parler M. Gambetta!

M. Gambetta. — Messieurs, ce n'est pas une réponse que je viens faire à l'éminent prélat qui descend de cette tribune. Seulement, je tiens à dire, afin d'apporter de mon côté aussi une égale sincérité et une égale précision dans le vote, qu'il est certain que, lorsque nous nous sommes ralliés à l'ordre du jour de M. Marcel Barthe, et que nous avons eu cette bonne fortune de le voir choisi, entre tous, par le chef du pouvoir exécutif de la République française, nous avions fait un pas dans le débat. En effet, — et c'est le dernier mot que je dis, — je me rappelle que vous avez consacré la journée à demander le renvoi au ministre des affaires étrangères et que l'ordre du jour le repousse. (*Vive adhésion à gauche. — Bruit prolongé.*)

Sur plusieurs bancs. — La clôture! la clôture!

M. le président. — Je vais mettre aux voix la clôture.

M. Dupanloup reparaît à la tribune. (*Parlez! parlez!*)

M. Ducuing. — Et le règlement?

A gauche. —La clôture! Nous demandons la clôture!

M. le président. — Vous persistez à demander la clôture?...

A gauche. — Oui! oui!

M. le président. — Je mets aux voix la clôture de la discussion, ou plutôt de l'incident qui s'est élevé depuis la discussion.

(L'Assemblée, consultée, repousse la clôture.)

M. le président. — Maintenant, je vous en supplie, Messieurs! je pense que l'Assemblée voudra bien faire silence, puisqu'elle a décidé la continuation du débat.

M. Dupanloup. — Messieurs, puisque je me trouve engagé plus que je ne le voudrais dans ce grave incident, j'ajouterai quelques paroles à celles que vous venez d'accueillir avec tant de bienveillance.

Je remercie l'honorable M. Gambetta d'avoir bien voulu venir, à cette tribune, dire une parole qui lève une équivoque, laquelle demeurait au fond des choses et n'était digne ni de lui ni de nous. (*Très bien!*) On entendait que, dans cet ordre du jour, le renvoi au ministre des affaires étrangères était repoussé. Nul de nous ne l'entendait ainsi. (*Rumeurs à gauche.* — *C'est vrai! c'est vrai! à droite et au centre.*)

Je demande donc simplement qu'à l'ordre du jour, qu'aux paroles si justes exprimant la confiance que nous avons tous dans la prudence et dans le patriotisme de M. Thiers, on ajoute : le renvoi au ministre des affaires étrangères. (*Assentiment au centre et à droite. Aux voix! aux voix!*)

M. le président. — La parole est à M. le chef du pouvoir exécutif.

M. le chef du pouvoir exécutif. — Messieurs, hélas! tandis que nous cherchons l'union et que nous croyons l'avoir trouvée, elle nous fuit! (*Légère interruption.*)

M⁄ˢʳ l'évêque d'Orléans venait de dire qu'il acceptait

l'ordre du jour, et il l'avait fait dans des termes dont, assurément, l'honorable M. Gambetta n'avait point à se plaindre.

Maintenant, M. Gambetta a fait une remarque qui était dans son droit, dont je ne le blâme pas, mais qui fait naître nécessairement un dissentiment avec la majorité de cette Assemblée.

Quelques voix à gauche. — Comment! la majorité?

Autres voix au centre et à droite. — C'est éviden'!

M. LE CHEF DU POUVOIR EXÉCUTIF. — Je suis loin de blâmer M. Gambetta. J'ai protesté tout à l'heure contre la pensée de se refuser à un vote parce qu'un personnage d'un nom livré, comme tous nos noms le sont aujourd'hui, aux violences des partis, venait s'ajouter à un vote. J'ai protesté contre une pareille manière de raisonner. Mais maintenant M. Gambetta semble, par les paroles qu'il vient de prononcer, se séparer profondément de ce que je que regarde, sur cette question, comme la majorité de l'Assemblée. (*Mouvement.*)

Eh bien, quant à moi, je vous l'ai dit, le renvoi, je ne l'ai pas repoussé, je l'accepte. Mais, prenez garde! Je dois le dire aussi sincèrement que l'honorable évêque d'Orléans et que M. Gambetta, je ne puis l'accepter que suivant ma pensée. (*Oui! oui! c'est cela!*) Je ne puis pas adhérer, tout en les respectant, à toutes les paroles que les rapporteurs des deux commissions ont apportées à cette tribune. (*C'est juste!*)

Il ne suffit pas de ne pas vouloir la guerre, il ne faut pas suivre une politique qui compromettrait les relations du pays. (*Approbation à gauche.*)

J'accepte le renvoi, avec le sens qui le précise : patriotisme et prudence. (*Très bien! — Applaudissements sur un grand nombre de bancs.*)

(M. Gambetta monte à la tribune.)

Plusieurs membres. — Vous ne pouvez pas prendre la parole

A droite et au centre. — Aux voix! aux voix! La clôture.

M. GAMBETTA. — On a toujours le droit de répondre à un ministre. C'est un droit inviolable. (*Assez! assez!*)

Un membre à M. Gambetta. — Voilà cinq fois que vous parlez.

M. DE TARTERON. — Il n'y a pas de dictateurs ici!

M. DE LESTOURGIE. — Non! pas de dictature ici! Nous ne sommes pas à Bordeaux!

M. LE MARQUIS DE VOGUÉ. — M. le président du conseil n'a pas fait un discours ; il a donné une simple explication. Vous n'avez pas à lui répondre.

Voix nombreuses. — La clôture! la clôture!

M. GAMBETTA. — Il y avait deux propositions... (*Interruptions.*)

A droite. — Non! non! La clôture! la clôture!

M. LE COMTE DE JUIGNÉ. — On n'a pas le droit de s'imposer à l'Assemblée. Nous avons demandé la clôture; elle doit être mise aux voix.

M. GAMBETTA. — A la suite... (*Interruptions et bruit*).

M. LE COMTE DE JUIGNÉ. — Il faut consulter l'Assemblée pour savoir si elle veut entendre M. Gambetta. (*Bruit.*)

M. LE PRÉSIDENT. — Veuillez faire silence, Messieurs. Avez-vous la prétention de diriger la discussion à ma place?

M. LE COMTE DE JUIGNÉ. — Je désire qu'on consulte l'Assemblée.

M. LE PRÉSIDENT. — Je désire que vous gardiez le silence, comme c'est votre devoir. (*Le bruit continue.*)

M. GAMBETTA. — En vérité, Messieurs, nous donnons un spectacle affligeant, si nous n'avons pas le droit d'exprimer nos opinions. J'aurais déjà fini. (*Bruit croissant.*)

A droite. — Aux voix! aux voix!

Sur quelques bancs. — Écoutez! écoutez!

M. LE PRÉSIDENT. — M. Gambetta ayant demandé

et obtenu plusieurs fois la parole dans le débat, je serais en droit, aux termes du règlement, de la lui refuser, s'il ne devait pas répondre à M. le chef du pouvoir exécutif. C'est à ce titre que je lui donne la parole, et je vous prie de l'entendre.

M. Gambetta. — Je serai d'ailleurs excessivement bref. (*Bruyantes interruptions à droite.*)

Vous me répondrez, Messieurs! Cela vaudra mieux que de m'interrompre.

M. le marquis de Vogué. — On ne nous laissera pas vous répondre.

M. le président. — Comment! Et à qui donc a-t-on refusé la parole?

M. le marquis de Vogué. — Puisque la clôture a été prononcée, on ne devra plus obtenir le droit de parler.

M. Gambetta. — A la suite d'une discussion... (*Nouvelles et bruyantes interruptions à droite.*)

M. le président. — Je rappellerai à l'ordre quiconque élèvera la voix. Il faut en finir, Messieurs! Il est sept heures un quart. Il y a une heure que nous sommes à discuter sur la position de la question. Cela n'est pas digne de l'Assemblée.

Un membre à droite. — La faute n'en est pas à nous!

M. Gambetta. — C'est sur la position de la question que je veux parler. (*Le silence se rétablit.*)

A la suite de la discussion qui avait eu lieu devant vous, on vous avait placés en présence de deux solutions, car l'ordre du jour pur et simple avait été retiré. Quelles étaient-elles? L'une était l'adoption pure et simple des conclusions de vos honorables rapporteurs, et le renvoi, car c'était le point même de ces conclusions, au ministre des affaires étrangères.

C'était la solution demandée par les rapporteurs, par les honorables pétitionnaires, par l'éloquent évêque d'Orléans. C'était donc là la manifestation précise...

(*Interruptions. — Écoutez!*), la manifestation catégorique de vœux que je reconnais parfaitement respectables et dont vous ne pouvez pas une minute négliger de vous faire les défenseurs. (*Rumeur à droite.*)

Qu'il se nomme, celui qui doute de la sincérité de ma conscience... (*Vives et bruyantes exclamations à droite.*) Vos cris collectifs restent impersonnels. Si vous voulez faire des interpellations individuelles, vos noms seront demain au compte rendu du *Journal officiel;* vous y trouverez une réponse et la mienne personnellement, s'il vous la faut.

A droite. — A l'ordre ! à l'ordre !

M. LE COMTE DE JUIGNÉ. — C'est une provocation à l'Assemblée ! A l'ordre !

M. GAMBETTA. — Eh bien, en face de cette demande parfaitement claire et précise, le chef du pouvoir exécutif s'est levé, et, dans un langage que nous avons tous applaudi, il a réservé complètement son action, il a déclaré qu'il serait imprudent, — c'est le mot dont il s'est servi, — qu'il serait anti-patriotique, qu'il serait compromettant pour la paix européenne d'accéder à cette demande. (*Exclamations à droite.*)

Plusieurs membres. — Il n'a pas dit cela !

M. LE COMTE DE JUIGNÉ. — Il n'a pas dit un mot de cela !

M. GAMBETTA. — Et alors un homme de cette Assemblée, M. Marcel Barthe s'est levé et a proposé un ordre du jour, qui n'était, permettez-moi de le dire, que le décalque du discours de M. le chef du pouvoir exécutif. (*Dénégations à droite.*)

Quel qu'il soit, voilà comment je l'ai compris et comme je le maintiens. Il y était dit, — faites-y attention, — en face de rapports demandant le renvoi au ministre des affaires étrangères, que nous nous en rapportions à la prudence du chef du pouvoir exécutif. (*Exclamations à droite.*)

M. LE MARQUIS DE CASTELLANE. — Vous faites un discours; vous ne parlez pas sur la position de la question.

M. GAMBETTA. — A l'instant même on revient sur le chemin qu'on avait fait, et, au lieu de s'en tenir à cet ordre du jour de M. Marcel Barthe, que nous maintenons dans son fond et dans sa forme, on le rectifie et on revient aux conclusions du rapport. Nous voterons l'ordre du jour en rejetant complètement l'addition qu'on veut y faire (*Mouvements divers.*)

Un membre à droite. — C'est bien! on sait à quoi s'en tenir.

Voix nombreuses. — Aux voix! aux voix!

M. LANGLOIS, *dans l'hémicycle.* — Ah! c'est la guerre avec l'Italie que vous voulez! (*Vive agitation.*)

(M. Langlois s'élance à la tribune, de vives exclamations et de nombreux cris : *Aux voix!* partent de diverses parties de la salle.)

M. LE PRÉSIDENT. — Monsieur Langlois, je vous prie de descendre de la tribune.

(M. Langlois descend de la tribune. Une longue agitation empêche M. le président de se faire entendre. Le silence ne se rétablit qu'au bout de quelques instants.)

M. LE PRÉSIDENT. — L'Assemblée se trouve en présence de trois résolutions qui lui sont proposées.

Il y a, par ordre de date, les conclusions du rapport, qui tendent au renvoi pur et simple des pétitions rapportées au ministre des affaires étrangères ; en second lieu, un ordre du jour motivé, déposé par M. Marcel Barthe ; et, en troisième lieu, il a été déposé, par MM. de Guiraud, Target, Delille, une résolution qui, — l'Assemblée va en juger, — n'est autre chose que la reprise, avec des motifs, des conclusions des commissions.

« L'Assemblée, confiante dans les déclarations patriotiques et la prudence de M. le chef du pouvoir exécutif, renvoie les pétitions au ministre des affaires étrangères. » (*Très bien! très bien! à droite et au centre.*)

Une voix. — La priorité pour cette résolution.

M. LE PRÉSIDENT. — La priorité est toute tracée; elle se détermine par le règlement.

L'Assemblée va être appelée à voter sur l'ordre du jour motivé, proposé par M. Marcel Barthe. Ensuite, si l'ordre du jour n'est pas adopté, elle aura à déterminer la priorité entre les deux résolutions, celle des commissions et celle de M. Target. (*Interruptions et bruits divers.*)

Il va être procédé au vote par scrutin public sur l'ordre du jour de M. Marcel Barthe.

(Le scrutin est ouvert et les votes sont recueillis.)

M. LE PRÉSIDENT. — Voici le résultat du dépouillement du scrutin :

> Nombre des votants. 648
> Majorité absolue. 325
>   Pour l'adoption. . . . 273
>   Contre. 375

L'Assemblée n'a pas adopté.

M. RAOUL DUVAL, monte à la tribune. (Exclamations et cris : *Aux voix! aux voix!*)

Un membre. — Quel est l'ordre du jour que le gouvernement accepte?

M. LE PRÉSIDENT. — Il n'y en a plus, puisque l'ordre du jour motivé vient d'être repoussé.

Je mets aux voix la résolution proposée par MM. de Guiraud, Target et Delille.

Les deux rapporteurs des commissions viennent de me déclarer qu'ils s'y rallient. (*Très bien!*)

Je n'ai donc plus que cette résolution à soumettre au vote de l'Assemblée.

Je la relis :

« L'Assemblée, confiante dans les déclarations patriotiques et la prudence de M. le chef du pouvoir exécutif, renvoie la pétition au ministre des affaires étrangères. »

Il a été déposé une demande de scrutin.

(Le scrutin est ouvert et les votes sont recueillis.)

M. LE PRÉSIDENT. — Le dépouillement qui vient d'être fait du scrutin donne le résultat suivant :

Nombre des votants. 513

Majorité absolue. 257

Pour l'adoption. . . . 431

Contre. 82

L'Assemblée a adopté.

DISCOURS

LE PROJET DE LOI

RELATIF A L'ANNULATION D'UN DÉCRET ÉMANÉ DE LA DÉLÉGATION

DE TOURS

Prononcé le 8 août 1871

A L'ASSEMBLÉE NATIONALE

———

La délégation du gouvernement de la Défense nationale en province avait rendu, le 13 octobre 1870, un décret suspendant pour la durée de la guerre les lois réglant les nominations et l'avancement dans l'armée. Un décret complémentaire, du 3 novembre suivant, avait décidé que les commissions délivrées par le ministre de la guerre ou par les généraux commandant les corps d'armée ou les divisions territoriales, aux officiers et sous-officiers de l'armée régulière, seraient établies « à titre provisoire », toutes les fois que les titulaires ne se trouveraient pas dans les conditions requises pour l'avancement ; que ces commissions pourraient être rendues définitives pendant la guerre, par suite d'actions d'éclat ou de services exceptionnels ; qu'à la fin de la guerre, les commissions provisoires seraient classées d'après le mérite des titulaires, et que toutes celles qui s'appuieraient sur des services suffisants seraient rendues définitives.

Le ministre de la guerre, M. de Cissey, déposa, dans la séance du 14 juillet 1871, un projet de loi portant annulation du décret du 13 octobre 1870 sur l'avancement dans l'armée. L'Assemblée prononça l'urgence. La commission, nommée dans les bureaux, entendit M. Thiers et le général de Cissey. Elle décida, d'accord avec le chef du pouvoir exécutif, qu'il n'y avait pas lieu, comme M. Thiers et M. de Cissey l'avaient demandé à l'origine, d'annuler les décrets et actes réglementaires auxquels le gouvernement de la Défense nationale et les chefs militaires avaient dû recourir pendant la guerre, mais qu'il était indispensable d'en soumettre les effets à une attentive et équitable révision. En conséquence, la commission proposait, à l'unanimité des voix, un projet de loi en cinq articles, dont le général Trochu fut nommé rapporteur et que l'Assemblée nationale mit à son ordre du jour du 8 août.

M. le président Grévy. — L'ordre du jour appelle la discussion du projet de loi relatif à l'annulation d'un décret émané de la délégation de Tours, le 13 octobre 1870, sur l'avancement dans l'armée.

Personne ne demandant la parole sur l'ensemble du projet, je consulte l'Assemblée sur la question de savoir si elle entend passer à la discussion des articles.

(L'assemblée, consultée, décide qu'elle passe à la discussion des articles.)

« Article premier. — Les décrets spéciaux et toutes les dispositions réglementaires, intervenus pendant la guerre pour constituer le commandement dans l'armée, cessent d'être en vigueur. (*L'article est mis aux voix et adopté.*)

« Art. 2. — Le ministre de la guerre, par la voie de l'inspection générale et par les divers moyens que les règlements autorisent, est chargé d'étudier les titres de ceux des officiers dont la situation particulière dans l'armée, au point de vue des services qu'ils ont rendus et des grades qui leur ont été conférés, devra être soumise à une révision.

« Les rapports et documents de toute sorte réunis au cours de cette enquête, seront centralisés et complétés par le ministre de la guerre, qui les transmettra à la commission instituée par l'article 3 ci-après. (*Adopté.*)

« ART. 3. — Une commission de quinze membres nommée par l'Assemblée nationale, examinera ces documents et statuera souverainement, après avoir entendu le ministre de la guerre, sur la position des officiers qu'ils concernent. (*Adopté.*)

« ART. 4. — Cette commission pourra réclamer le concours de toutes les personnes qui, par leur position dans l'armée et hors de l'armée, seront en mesure d'éclairer son jugement. » (*Adopté.*)

M. LE PRÉSIDENT. — MM. Turquet, Girerd, Villain, Berlet, d'Osmoy, Flotard, Ricard, P. Jozon, Bardoux, de Combarieu, Renaud (Félix), Émile Lenoël, Warnier (Marne), proposent d'ajouter à l'article 4 un paragraphe ainsi conçu :

« Les généraux qui ont commandé en chef devant l'ennemi pourront toujours, sur leur demande, être entendus par la commission, relativement aux révisions intéressant les officiers ayant été sous leurs ordres. »

M. LE GÉNÉRAL TROCHU, *rapporteur.* — Messieurs, la commission est bien loin de s'opposer au principe qui a inspiré l'amendement, puisqu'elle a inscrit dans son article 4 cette disposition : Que les personnes appartenant à l'armée ou étrangères à l'armée qui pourraient éclairer le jugement de la commission seraient entendues.

Il s'agit à présent de constituer un droit pour les officiers généraux ayant commandé en chef. En principe encore, la commission ne s'y oppose pas; mais elle fait les observations que voici :

Indépendamment des généraux qui ont commandé en chef, les commandants des places assiégées ont exercé en réalité le même pouvoir et ont rencontré les mêmes responsabilités.

Faudra-t-il aussi conserver pour ces officiers le droit d'être entendus par la commission? (*Mouvements divers.*)

Il y a encore une catégorie d'officiers supérieurs dont les renseignements seront infiniment précieux : ce sont les chefs de corps, qui sont tout à la fois les directeurs et les tuteurs de leurs sous-ordres. Faudra-t-il aussi créer le droit pour les chefs de corps? La commission avait cru que l'article qui vous a été lu créait le droit pour tout le monde. (*Oui! oui! Très bien!*)

M. GAMBETTA, *de sa place.* — Messieurs... (*A la tribune! à la tribune!*)

Je n'ai qu'un mot à dire... (*Bruit.*)

M. LE PRÉSIDENT. — Je prie l'Assemblée de vouloir bien faire silence. M. Gambetta n'a qu'un mot à dire et il demande à le dire de sa place. Je l'y autorise. (*Très bien.*)

M. GAMBETTA. — Il me semble, Messieurs, que, à raison même des incommodités du local, lorsque nous n'avons que quelques observations à présenter à l'Assemblée, nous devons pouvoir les présenter de notre place. (*Oui! oui!*) Cela se pratique dans toutes les Assemblées du monde. Je reconnais qu'il faut toujours en obtenir l'autorisation de celui qui préside à nos séances; mais quand cette autorisation est accordée, je crois que l'Assemblée gagnerait à s'y conformer. (*Oui! oui! c'est entendu!*)

Les quelques mots que j'ai à soumettre à l'Assemblée n'ont qu'un but : c'est de reconnaître le caractère parfaitement libéral de la loi substituée par la commission de l'Assemblée au projet de loi du ministre de la guerre.

Je demande en outre à M. le rapporteur de la commission de faire un pas de plus dans la voie dans laquelle il s'est engagé tout à l'heure.

Il ne suffit pas, en effet, Messieurs, de reconnaître que la commission n'est pas en dissentiment avec les auteurs de l'amendement, lorsque ces derniers demandent une faculté qui do't être un droit pour des officiers ayant commandé devant l'ennemi, et ayant à défendre les officiers placés sous leurs ordres, qui ont obtenu d'eux des grades, un rang militaire noblement gagné sur le champ de bataille; je savais bien qu'il n'y avait pas de dissentiment là-dessus. Mais les lois sont les lois... (*Exclamations*), et, quand on veut les exécuter plus tard, il est nécessaire d'y rencontrer des dispositions précises. (*Murmures à droite.*)

Il m'est difficile de deviner les causes de ces protestations : aussi je ne m'y arrête pas.

Je poursuis, et je demande que la disposition formelle réclamée par les auteurs de l'amendement, — disposition dont la commission reconnaît la légitimité et à laquelle on souscrit, — reçoive la véritable consécration législative, c'est-à-dire soit écrite dans la loi, et cela dans l'intérêt de la vérité, dans l'intérêt du commandement supérieur, et de droits précieux qu'il faut faire respecter. (*Bruit.*)

M. LE GÉNÉRAL DUCROT. — La commission a été au-devant de l'amendement. Elle a voulu que tous ceux qui pouvaient donner des renseignements utiles pussent être entendus.

Mais comment les auteurs de l'amendement entendent-ils définir les commandants d'armée? Est-ce tel, par exemple, qui s'intitulerait commandant de l'armée de la Nièvre? Il y a des commandants de corps de quatre divisions, et des commandants de place qui ont joué un rôle plus important que certains commandants d'armée.

Je propose, au lieu de « la commission *pourra* réclamer », de dire « la commission *devra* réclamer ». De cette manière, tous ceux qui voudront être entendus le seront. Il me semble que cela suffirait. (*Très bien! très bien! — Aux voix!*)

M. GAMBETTA. — (*Aux voix! aux voix!*) Messieurs, je demande que l'amendement, sous une forme quel-

conque, ait sa place écrite dans la loi. La discussion
était nécessaire, puisque nous avons gagné quelque
chose encore, comme le prouvent les dernières paroles du général Ducrot. Au lieu d'une simple déclaration, il suffirait d'enregistrer purement et simplement,
dans un article additionnel, une disposition nette et
précise.

M. le général Ducrot propose de modifier les termes
de l'article, et il propose une rédaction. Nous sommes
prêts à nous entendre..... (*Bruit.*)

Il m'est impossible pour mon compte....

(Le reste des paroles de l'orateur se perd dans le
bruit et ne peut être saisi.)

Plusieurs voix. — On n'entend pas! — A la tribune!

M. GAMBETTA. — Écoutez, Messieurs, et vous enten-
drez! (*Nouvelles exclamations.*)

M. DAHIREL. — Il n'y a pas de dictateur ici! (*Mouvement général et prolongé.*)

M. LE GÉNÉRAL CHANGARNIER se dirige vers la tribune.
(*Bruit croissant.*)

M. LE PRÉSIDENT. — Je ferai observer à M. Gambetta
que ni les sténographes, ni le président.....

M. LE GARDE DES SCEAUX. — Ni le gouvernement.....

M. LE PRÉSIDENT. — Ne peuvent saisir ses paroles, et,
si ses observations devaient durer, je l'engagerais à
venir à la tribune.

M. GAMBETTA, *à la tribune.* — Sans nous arrêter à
cet incident sans valeur, voici les deux phrases que
j'ai eu l'honneur de prononcer de ma place.

Nous sommes d'accord avec l'honorable général
Ducrot sur la modification à apporter à un article qui
vous est soumis en substituant aux mots « pourra
convoquer » ceux-ci « devra convoquer ».

Mais j'ajoute que cette concession, qui va prendre
corps dans la loi, et qu'il était nécessaire de réclamer,
n'est pas suffisante, et je demande, ou que, prenant le
texte de l'amendement et le fondant dans l'article, ou

que, s'inspirant purement de son esprit, on veuille bien reconnaître qu'à côté des personnes appartenant à l'armée ou hors de l'armée, dont la commission doit s'entourer pour s'éclairer sur la grave et délicate mission dont elle sera investie par votre confiance, — il y a dans l'armée des officiers qui ont un caractère spécial et pour lesquels il doit y avoir dans la loi, non pas une faculté, une possibilité, mais la garantie d'un droit. C'est pour ces personnes que l'amendement proposait d'ajouter : « Les généraux qui ont commandé en chef devant l'ennemi », et à ce sujet il ne saurait y avoir d'équivoque, car ce ne sont pas des corps de volontaires ou d'isolés qu'on entendait désigner ainsi; on prenait le classement légal, tel qu'il a figuré au *Journal officiel de la République française...*

M. LE DUC DE LA ROCHEFOUCAULD-BISACCIA. — Au *Journal officiel* du gouvernement de la Défense nationale! (*Bruit.*)

M. GAMBETTA. — Si mon interrupteur avait pris la patience d'écouter ma phrase, il saurait que, quand je cite le titre du *Journal officiel de la République française,* je ne peux l'altérer pour lui faire plaisir. Ce n'est pas ma faute s'il ne l'a pas lu correctement. (*Rumeurs. — Très bien! à gauche.*)

J'ajoute qu'à cette catégorie des officiers supérieurs qui ont commandé en chef devant l'ennemi, il est nécessaire d'adjoindre, par une mention spéciale, les défenseurs qui ont commandé en chef à Bitche, à Phalsbourg, à Belfort, et qui en cette qualité ont dû prendre sur eux de pourvoir aux mêmes nécessités militaires que les généraux qui commandaient en chef devant l'ennemi.

Pour ces deux ordres d'officiers, il est indispensable d'insérer dans la loi la mention spéciale d'une faculté, d'un droit, et non pas d'une complaisance. (*Réclamations diverses. — Assentiment à gauche.*)

M. METTETAL. — Mais il s'agit de reviser leurs actes!

Le général Trochu répondit à M. Gambetta et déclara que l'amendement proposé ne pouvant rien ajouter à la loi au point de vue de la justice, de la loyauté et de l'impartialité, la commission en demandait le rejet à l'Assemblée nationale.

L'article additionnel fut rejeté.

L'Assemblée adopta ensuite l'article 5 ainsi conçu :

« La commission réglera toutes les questions qui pourront lui être soumises par le ministre de la guerre, relativement à la situation faite à certaine catégorie d'officiers par suite des évènements de la guerre de 1870-1871. »

Après le rejet d'un amendement de MM. Chaper et baron Decazes tendant à faire nommer ladite commission au scrutin de liste, l'ensemble du projet est adopté par l'Assemblée.

DISCOURS

SUR

LA PROPOSITION DE M. RIVET

(Paragraphe premier du préambule de la Commission)

Prononcé le 30 août 1871

A L'ASSEMBLÉE NATIONALE

Les élections partielles du 2 juillet 1871 avaient produit dans tout le pays un immense effet moral. Si la majorité de l'Assemblée nationale continuait à rêver de restauration monarchique, il devenait évident que le corps électoral, dans sa grande majorité, se prononçait avec une force toute nouvelle pour l'établissement définitif du gouvernement républicain. Moins de cinq semaines après ces élections, dans la séance du 12 août, M. Rivet, ami personnel de M. Thiers, déposait, au nom de ses amis du centre gauche, la proposition suivante :

« L'Assemblée nationale, considérant qu'il importe, pour répondre au vœu du pays et pour satisfaire aux intérêts les plus pressants du travail et du crédit, de donner des garanties nouvelles de durée et de stabilité au gouvernement établi,

« Décrète :

« ARTICLE PREMIER. — M. Thiers exercera, sous le titre de Président de la République, les fonctions qui lui ont été dévolues par le décret du 17 février dernier.

« ART. 2. — Ses pouvoirs sont prorogés de trois ans.

« Toutefois, si, dans cet intervalle, l'Assemblée nationale jugeait à propos de se dissoudre, les pouvoirs de M. Thiers, liés à ceux de l'Assemblée, ne dureraient que le temps nécessaire pour la constitution d'une Assemblée nouvelle, laquelle, à son tour, aurait à statuer sur le pouvoir exécutif. »

Les articles 3, 4, 5 et 6 déterminaient les pouvoirs du Président de la République.

Après avoir donné lecture de la proposition, M. Rivet demanda l'urgence. Aussitôt M. Adnet, membre de la droite, déposa la contre-proposition suivante, qui était le maintien pur et simple du *statu quo* :

« L'Assemblée, confiante dans la sagesse et le patriotisme de M. Thiers, lui continue son concours et, au nom du pays reconnaissant, lui confirme les pouvoirs qu'elle lui a confiés à Bordeaux. »

M. Thiers, dans une courte allocution, réclama l'urgence pour les deux propositions. L'Assemblée suspendit la séance et, à la reprise, vota à la presque-unanimité l'urgence demandée pour les propositions de M. Rivet et de M. Adnet. Elle ne l'accorda pas à une proposition de M. de Belcastel, portant que l'Assemblée se refusait à préjuger, avant le vote formel d'une constitution définitive, la forme du gouvernement, mais qu'elle ne se dissoudrait pas avant d'avoir proclamé cette forme définitive.

La commission élue par les bureaux comprit six membres favorables à la proposition : MM. de Maleville, de Goulard, Moreau, Ricard, Rivet et Bertauld; et neuf *plus ou moins* hostiles : MM. Benoist-d'Azy, Vitet, Callet, Bottieau, Beulé, Saint-Marc Girardin, Perrot et Delacour.

M. Gambetta, dans le 13e bureau, s'était prononcé contre la proposition de M. Rivet. Il avait établi qu'à son avis la cause du malaise dont souffrait le pays était non pas dans l'instabilité du pouvoir, mais dans la composition, dans la division de l'Assemblée. Le vrai remède à la situation, c'était donc la dissolution de l'Assemblée et la nomination d'une Constituante.

L'Assemblée nationale n'avait pas encore trouvé l'occasion de se déclarer constituante. La proposition de M. Rivet lui offrait cette occasion. L'octroi à M. Thiers du titre de Président de la République valait-il la prise de possession par l'Assemblée du pouvoir constituant? Telle était la question qui se posait.

Le 28 août, M. Vitet, rapporteur de la commission, monta la tribune au milieu d'un profond silence et déposa, après un court discours, le projet de loi sorti des délibérations de la commission. Ce projet, dont les considérants étaient fort graves, était ainsi conçu :

« L'Assemblée nationale ;

« Considérant qu'elle a *le droit d'user du pouvoir constituant*, attribut essentiel de la *souveraineté* dont elle est investie, et que les devoirs impérieux qu'elle a dû s'imposer, et qui sont *encore loin d'être accomplis*, l'ont seuls empêchée jusqu'ici d'user de ce pouvoir ;

« Considérant que, jusqu'à l'établissement des institutions définitives du pays, il importe aux besoins du travail, aux intérêts du commerce, au développement de l'industrie, que *nos institutions provisoires* prennent aux yeux de tous, sinon cette stabilité qui est l'œuvre du temps, du moins celles qui peuvent amener l'accord des volontés et l'apaisement des partis ;

« Considérant qu'un nouveau titre, une appellation plus précise, *sans rien changer au fond des choses*, peut avoir cet effet de mettre mieux en évidence l'intention de l'Assemblée de continuer franchement *l'essai loyal* commencé à Bordeaux ;

« Que la prorogation des fonctions confiées au chef du pouvoir exécutif, limitée désormais à la durée des travaux de l'Assemblée, dégage ces fonctions de ce qu'elles semblent avoir d'instable et de précaire, sans que *les droits souverains de l'Assemblée en souffrent la moindre atteinte*, puisque dans tous les cas la décision suprême appartient à l'Assemblée, et qu'un ensemble de garanties nouvelles vient assurer le maintien de ses principes parlementaires, tout à la fois la sauvegarde et l'honneur du pays,

Décrète :

« ARTICLE PREMIER. — Le chef du pouvoir exécutif prendra *le titre de Président de la République française* et continuera d'exercer, *sous l'autorité de l'Assemblée nationale*, tant qu'elle n'aura pas terminé ses travaux, les fonctions qui lui ont été déléguées par décret du 17 février 1871,

« ART. 2. — Le Président de la République promulgue les lois dès qu'elles lui sont transmises par le président de l'Assemblée nationale.

« Il assure et surveille l'exécution des lois.

« Il réside au lieu où siège l'Assemblée.

« *Il est entendu par l'Assemblée nationale toutes les fois*

*qu'il le croit nécessaire et après avoir informé de son intention
le Président de l'Assemblée.*

« Il nomme et révoque les ministres. Le conseil des ministres et les ministres sont responsables devant l'Assemblée.

« Chacun des actes du Président de la République doit
être contre-signé par un ministre.

« ART. 3. — *Le Président de la République est responsable
devant l'Assemblée.* »

Après la lecture du rapport de M. Vitet, M. Dufaure, ministre de la justice, prit la parole et demanda l'addition aux
considérants de la proposition d'un paragraphe ainsi conçu :

« *L'Assemblée nationale, prenant d'ailleurs en considération
les services éminents rendus au pays par M. Thiers depuis six
mois et les garanties que présente la durée des pouvoirs qu'il
tient de l'Assemblée...* »

La discussion s'ouvrit le mercredi 30 août. M. Léonce de
Lavergne prit le premier la parole et présenta, au nom de la
minorité de la commission, deux amendements. Le premier
supprimait ces mots de l'article premier : « tant que l'Assemblée n'aura pas terminé ses travaux. » Le second portait
que M. Thiers ne pourrait être entendu par l'Assemblée
« qu'après l'en avoir avertie par un message ».

M. Dufaure, garde des sceaux, répondit à M. de Lavergne
en priant l'Assemblée d'accepter en entier, comme le faisait
le gouvernement, la proposition de la commission.

L'Assemblée vota la clôture de la discussion générale.

M. Pascal Duprat monte à la tribune pour combattre le
premier considérant du projet de la commission, celui qui
attribuait à l'Assemblée le pouvoir constituant, et pour développer un amendement ainsi conçu : « L'Assemblée, considérant que les devoirs pressants et impérieux qu'il lui reste
à remplir ne lui permettent pas encore de céder la place à
une autre Assemblée qui aura pour mission de constituer définitivement la France... »

Après une discussion orageuse à laquelle prirent part,
après M. Pascal Duprat, le général Ducrot, M. Saint-Marc
Girardin, M. Lamy, M. Pagès-Duport, M. Langlois, M. Audren
de Kerdrel, M. Ordinaire et M. Baragnon, l'Assemblée rejeta l'amendement de M. Duprat et reprit la discussion du
paragraphe premier du préambule de la commission.

Le président Grévy donna la parole à M. Gambetta.

M. LE PRÉSIDENT. — M. Gambetta a la parole contre
ce paragraphe.

M. GAMBETTA. — Messieurs, l'Assémblée a déjà entendu des arguments, des objections graves contre
l'affirmation du pouvoir constituant que contient un
paragraphe du préambule proposé par votre commission. Mais, cependant, je voudrais qu'elle me permît de
lui demander le rejet de ce considérant dans le projet de loi qui est soumis à ses délibérations.

Je voudrais demander le rejet de ce considérant
pour trois motifs :

Le premier, parce qu'il est inutile ;

Le second, parce que, tout au moins, il implique,
sans en donner les motifs suffisants au pays, un empiétement que le patriotisme de l'Assemblée devrait,
si elle voulait examiner de plus près la question,
écarter résolument ;

Et enfin, le troisième, parce que l'introduction
de cette affirmation dans le projet de loi est une véritable pomme de discorde jetée dans le pays, et que
c'est au moment même où vous vous dites tous animés d'une pensée de concorde et d'apaisement, que
vous détruisez la valeur de vos déclarations. (*Très bien!
très bien! à gauche.*)

Cette triple démonstration exige de ma part, je le
sais d'avance, une grande circonspection de langage ;
mais elle m'autorise à croire aussi que je rencontrerai
chez vous un grand libéralisme d'attention ; et comme
le disait tout à l'heure l'honorable M. Saint-Marc Girardin, quand de pareilles questions sont soumises
aux Assemblées, il est de leur dignité de les laisser
traiter à fond, quelque susceptibilité qu'elles puissent
soulever chez quelques-uns. (*Parlez! parlez!*)

Je dis que la proposition est inutile. En effet, Messieurs, il y a à peu près trois semaines, vous viviez
dans une trêve certainement fragile, mais du moins
respectée. On n'avait pas soulevé ces questions irri-

tantes..... (*Marques d'assentiment sur divers bancs.*)
et le pays pouvait espérer que cette Assemblée, née
dans des circonstances cruellement exceptionnelles,
se trouvant, par conséquent, composée d'hommes
appartenant à des prétentions et à des opinions rivales, à des opinions de principes qui ne se cèdent
rien par cela même qu'elles se rencontrent, la trêve
durerait autant que durerait l'Assemblée, c'est-à-dire
le temps strictement nécessaire pour parer aux exigences du traité de paix et aux services immédiats
qu'il entraîne. (*Mouvements divers.*)

Je ne sais pas si je traduis d'une façon fidèle les
sentiments du public. Je ne dis pas que ces sentiments soient unanimes; je ne m'accorde pas plus
que je ne le reconnais à mes adversaires, le droit de
dire : l'opinion publique tout entière est avec nous.
Mais ce que j'affirme, ce que nul ici ne pourrait dénier
avec quelque loyauté, c'est que le pays est au moins
profondément troublé et divisé, parce qu'on a jeté
dans la conscience nationale cette inquiétude qu'une
manifestation constitutionnelle de l'Assemblée allait
attenter à ses prérogatives souveraines.

La question n'est pas de savoir si cette susceptibilité
est exagérée; la question est de savoir si les entreprises parlementaires qui se sont produites parmi
nous autorisent une pareille suspicion. (*Mouvements
en sens divers.*)

M. LE COMTE BENOIST D'AZY. — Je demande la parole.
(*Mouvement.*)

M. GAMBETTA. — Eh bien, cela est incontestable,
et de même que le pays, les yeux fixés sur l'Assemblée, à Bordeaux comme à Versailles, avait, selon moi,
ce sentiment qu'on ne pouvait ici fonder rien de définitif, oui, rien de définitif, Messieurs, je le déclare.....

Sur plusieurs bancs. — N'interrompez pas ! — Parlez ! parlez !

M. GAMBETTA. — Je dis : rien de définitif, et cela ne

saurait avoir une intention blessante pour l'Assemblée (*Non! non!*), puisque la question est précisément
de savoir quelle est notre compétence au point de
vue du définitif comme au point de vue du provisoire.
Eh bien, le pays accordait à cette Assemblée toute
souveraineté pour le gérer provisoirement, et vous
étiez tous entrés dans cette voie à la suite de l'homme
éminent qui gouvernait le pays et qui avait reçu de la
France cette désignation éclatante qu'il était trente
fois désigné comme le plus digne pour être votre chef.
(*Mouvement.*) Mais pourquoi cette situation a-t-elle
changé, et pourquoi ce genre d'existence politique
et, pour me servir d'un mot qui a cours depuis quelque temps dans les couloirs, ce *modus vivendi* a-t-il été
troublé et altéré, et pourquoi ne l'a-t-il été qu'à un
certain moment, pourquoi ne l'a-t-il pas été plus tôt?
pourquoi surtout a-t-il abouti à la transformation,
peu importante, si on n'envisage que le dispositif
qu'on vous propose aujourd'hui, énorme si l'on considère les motifs qui le précèdent? (*Assentiment à l'extrême gauche.*)

Je crois que l'origine de cette première rupture de
ce qu'on a appelé le pacte de Bordeaux tient à des
illusions puériles ou à de coupables intrigues.

On a cru que l'on pouvait décréter la stabilité, que
l'on pouvait décréter la confiance et la certitude en
décrétant des appellations et, comme on l'a dit, des
protocoles. (*Mouvements divers.*)

Eh bien, c'est là un leurre des esprits, parfaitement
loyaux d'ailleurs, qui ont été les instigateurs de cette
mesure, et c'est probablement sur l'effet magique
qu'allait produire sur certains hommes dont je m'honore d'être le collègue et l'ami, le titre de Président
de la République, que l'on a compté pour grouper autour de cette proposition première un plus grand
nombre d'adhérents.

De là est venue une confusion qui ne pouvait manquer d'aboutir au spectacle que nous fournissons aujourd'hui à la France.

Une voix. — Et à l'Europe!

M. Gambetta. — Car, croyez-vous que cette sorte de transaction et de capitulation générale, qui a ouvert votre séance, où chacun venait tour à tour de droite et de gauche retirer ses amendements, ses motions, ses propositions, croyez-vous qu'elle a fait la majorité gouvernementale dont vous avez besoin? Non, non, cela prolonge une équivoque : voilà tout.

Sur plusieurs bancs. — C'est vrai! c'est vrai!

M. Gambetta. — La situation dure à peine l'espace d'une séance, car vous avez vu à quels tristes détails nous sommes descendus tout à l'heure et à quels genres de preuves, à quels genres d'altercations on est descendu de tous les côtés de l'Assemblée. (*Réclamations à droite.*)

Cela montre qu'il n'y a pas dans l'Assemblée un parti assez compact, assez résolu, assez uni, pour donner au mécanisme gouvernemental cet élément essentiel sans lequel, quel que soit le prestige de ceux qui détiennent le pouvoir, on ne l'exerce pas avec sécurité et avec éclat. (*Mouvements divers.*)

Je dis, Messieurs, que c'est là le vice irrémédiable de votre composition intérieure. Et alors on a cru qu'en vous disant : Faites un chapitre de constitution, écrivez le chapitre par excellence des constitutions, comme vous le disait tout à l'heure l'honorable M. Saint-Marc Girardin, on a cru qu'on allait constituer quelque chose.

Mais pas du tout; nous nous retrouverons demain dans la même situation que nous avions hier.....

Sur quelques bancs à droite. — C'est vrai!

M. Gambetta. — Avec une Assemblée également divisée, également aux prises, avec des partis impénétrables les uns aux autres. Pourquoi? Parce qu'ils ont été créés et envoyés dans cette Assemblée par un

mouvement unique du pays, le désir d'en finir avec
l'étranger, sous une forme quelconque. (*Approbation
à l'extrême gauche. — Mouvement prolongé.*)

M. LÉONCE DE GUIRAUD. — Je demande la parole.

M. GAMBETTA. — Ah! si la France avait pu délibérer, si elle avait pu choisir des hommes pour faire la
monarchie ou pour faire la République; s'il y avait eu
dans le pays cet examen, ce crible, ce choix incontestable et incontesté qui fait qu'on reconnaît la solennelle volonté du pays, alors il ne se trouverait
personne ici pour se lever et oser contester une pareille Assemblée... (*Oh! oh! à droite*) et vous n'écou-
teriez pas la discussion. (*Interruptions diverses.*)

Le fait même de discuter à cette tribune l'existence
ou l'inexistence du pouvoir constituant prouve qu'il
n'a pas été délégué. (*Exclamations à droite et au centre.*)

Un membre. — Et la liberté de la tribune?

M. GAMBETTA. — Écoutez: lorsqu'on a nommé cette
Assemblée, on a rappelé l'article 20 de la loi de 1849,
qui fixe à 750 le nombre des membres des Assemblées
législatives, tandis que la même loi fixe à 900 le
nombre des membres des Assemblées constituantes...
(*Nouvelles exclamations sur les mêmes bancs.*) Messieurs,
il ne faut pas dédaigner les arguments légaux, rien
que parce qu'ils sont des arguments légaux.

Un membre. — Ce n'est pas pour cela que le chiffre
a été ainsi fixé!

M. GAMBETTA. — C'est pour cela.

M. GASLONDE. — Ils ne sont pas légaux du tout, vos
arguments!

M. GAMBETTA. — Ils sont parfaitement légaux. Vous
me contredirez, la loi de 1849 à la main, quand vous
me répondrez; jusque-là, je maintiens ce que j'ai dit.
(*Interruptions.*)

M. JOHNSTON. — Ne venez pas nous parler de lois!

M. LE PRÉSIDENT. — N'interrompez pas, Messieurs!
vous éterniseriez la discussion.

M. Schœlcher. — Je constate qu'on interrompt l'orateur à chaque phrase.

M. Gambetta. —Ce qu'il importe d'établir, c'est que ce contrat doit être interprété de la façon la plus rigoureuse.

Il est certain qu'au moment où nous avons contracté avec nos électeurs, il n'a été posé ni question de République... (*Interruptions diverses.*)

M. Johnston. — Vous vouliez amener tous les républicains à l'Assemblée.

M. Gambetta. — Le contrat d'où nous tenons notre mandat est exclusif du droit d'organiser, par une constitution, une forme donnée de gouvernement.

L'autre jour, quand j'entendais l'honorable M. Royer dire, à propos de la question qui était incidemment introduite par la proposition Rivet : « Nous ne voulons pas entrer dans la République par la petite porte, » j'applaudissais à ces paroles ; car, en effet, de qui dépend-il ici, non pas de nous faire changer le fond de nos convictions, mais de nous faire subir une forme de gouvernement ? Est-ce que vous croyez qu'un pareil résultat puisse sortir d'une Assemblée dont le caractère compétent serait contesté par le pays ? (*Exclamations et protestations à droite.*)

M. Anisson-Duperron. — C'est vous qui le contestez, ce n'est pas le pays.

M. Pagès-Duport. — Vous vous êtes maintenu au pouvoir malgré le pays.

M. le duc de Marmier. — Après avoir, le 4 septembre, décrété la République sans aucun mandat du pays !

M. de Belcastel. — Le pays a protesté contre vous !

Quelques membres. — N'interrompez pas !

M. le président. — Je ne donnerai la parole à aucun de ceux qui auront interrompu. (*On rit. — Très bien !*)

M. Gambetta. — Oui, vous avez raison de dire que vous avez besoin d'une décision solennelle de la

France, pour abjurer le culte traditionnel de votre monarchie; oui, vous avez raison de ne pas vouloir être réduits au silence par une voie détournée et oblique. Ce que vous voulez, si vous êtes réduits à accepter la République, c'est une décision prise à la majorité, c'est une décision irrévocable, indéniable du moins de la France, et, pour cela, il faut qu'il y ait un débat au grand jour, un débat contradictoire, il faut qu'il soit tenu de grandes assises devant lesquelles nous comparaîtrons tous contradictoirement; alors, alors seulement vous vous inclinerez. (*Exclamations diverses. — Applaudissements à gauche.*)

Et qu'est-ce que vous disiez ce jour-là? Ce jour-là vous disiez d'une façon implicite que vous n'aviez pas le pouvoir constituant.

Ce jour-là vous reconnaissiez que, pour vous imposer un tel sacrifice, ou pour nous faire subir la loi contraire, il fallait qu'elle passât par la seule volonté devant laquelle on puisse s'incliner, la volonté du peuple. (*Bruit et interruptions.*)

M. LE MARQUIS DE JUIGNÉ. — C'est nous le peuple, puisque nous sommes ses mandataires.

M. LE MARQUIS DE FRANCLIEU. — Vous n'avez pas le droit d'interpréter la volonté du pays, vous dont les actes ont eu pour but de la dominer.

M. LE PRÉSIDENT. — Laissez parler l'orateur, Messieurs! Il n'est pas nécessaire que vous l'interrompiez pour qu'on sache qu'il n'exprime pas votre opinion. (*Rires d'approbation. — Applaudissements.*)

M. GAMBETTA. — Je remercie M. le président du concours tout à fait sincère qu'il m'apporte. Seulement je ferai remarquer qu'il est nécessaire de ne pas être interrompu pour être entendu.

Je poursuis :

Le point du débat auquel nous étions parvenus, c'était l'analyse du contrat intervenu entre le député et le souverain. La conclusion était que ce mandat, qui

est le plus délicat de tous, dans le respect duquel est
engagée la conscience de chacun de nous, devait être
rendu dans son intégralité même au maître qui vous
l'avait confié, c'est-à-dire à la nation. Or il est certain
que, depuis sept mois que vous êtes réunis, vous avez
évité avec soin et vous avez écarté avec sagesse toute
tentative de porter atteinte à ce mandat et de vous
faire pouvoir constituant. (*Rumeurs.*) Et aujourd'hui,
— car je ne voudrais pas discuter une vaine thèse de
métaphysique politique, — et aujourd'hui, si vous le
revendiquez **avec** cet éclat, avec cette **hauteur**, permettez-moi de vous le dire, c'est par un pur sentiment
de contradiction avec l'opinion publique, qui vous le
dénie énergiquement... (*Dénégations.*)

M. Pagès-Duport. — Et votre signature?

M. Gambetta. — Et vous le dites vous-mêmes, lorsque vous déclarez que c'est parce qu'on vous conteste
le pouvoir constituant que vous vous l'arrogez, sans
en donner d'ailleurs d'autres bonnes raisons. (*Exclamations bruyantes.*)

M. Pagès-Duport, *avec vivacité*. — Voici votre signature sur cet exemplaire du *Bulletin des lois*. Vous avez
signé le décret pour une constituante. Le décret est
signé : « Gambetta ». Ne laissez pas protester votre signature! Défendez-vous! (*Vive agitation.*)

M. Gambetta. — Un de mes nombreux interrup-
teurs, M. Pagès-Duport, me passe le *Bulletin des lois*
de la République française, n° 22, et me dit d'un air
triomphant : « Défendez-vous! » Qu'il m'écoute!
(*Oh! oh!*)

Permettez! quand je suis attaqué j'ai le droit de
demander qu'on écoute la défense. (*Oui! parlez!*)

M. Pagès-Duport ajoute même, dans un langage tout
à fait commercial qui lui est familier : (*Rumeurs.*) « Ne
laissez pas protester votre signature! »

Je n'en ai pas l'habitude, je vais le lui prouver, à
lui qui doit connaître la valeur de ces mots. Le 8 sep-

tembre, treize jours avant l'investissement de Paris, le gouvernement de la Défense nationale a en effet convoqué les électeurs, et comme il convoquait les électeurs dans la plénitude de sa liberté... (*Vives réclamations à droite.*)

M. GASLONDE. — Allons donc ! (*Bruit.*) Toujours la même chose !

Quis tulerit Gracchos de seditione querentes?

M. GAMBETTA. — Je dis dans la plénitude de sa liberté, car je ne connais aucun de vous, Messieurs, qui soit venu lui faire violence. (*Applaudissements à gauche. — Nouvelles exclamations à droite.*)

M. DE GAVARDIE. — Parce que les Prussiens étaient là, je suppose !

Un membre à droite. — Nous avons été élus malgré vous !

Un autre membre. — Vous avez confisqué toutes les libertés du pays !

M. LE COMTE DE RESSÉGUIER. — Nous avons tous protesté contre la dictature !

M. GAMBETTA. — Paris n'étant pas assiégé et étant en communication avec le reste de la France, le temps, dont on a l'air de faire ici facilement le sacrifice et qui est un des éléments nécessaires de toute loyale période électorale, le temps ne nous étant pas mesuré par la main de l'étranger, on convoquait, en effet, une Assemblée constituante. (*Ah! ah! — Interruption prolongée.*) L'argument dont on voulait s'emparer s'évanouit par le rapprochement des dates, puisque c'est parce qu'au 6 février les conditions et de temps et de communications étaient toutes différentes, qu'au lieu de pouvoir convoquer une Assemblée constituante véritablement... (*Exclamations*), ayant véritablement le mandat de fixer la forme du gouvernement...

M. LÉONCE DE GUIRAUD. — Cette Assemblée n'avait-elle que 750 membres ?

M. Depeyre. — Oui, c'est cela! Combien y avait-il de députés à cette Constituante?

M. Pagès-Duport. — Le chiffre des députés était le même.

M. Gambetta... Et c'est pour cela, dis-je, que le décret du 2 février, dont on ne pourra faire suspecter le texte par la lecture d'une circulaire ministérielle mal interprétée (*Oh! oh!*), c'est pour cela que le décret du 2 février que vous avez négligé de comprendre dans vos nombreuses citations, est formel sur ce point... (*Nouvelles interruptions.*)

M. Pagès-Duport. — Qui vous avait donné le droit de le faire?

M. Johnston. — Et les indignes!

M. Gambetta. — Et il est tellement vrai qu'en ce moment-là il n'était point question de choisir des représentants pour fixer une forme politique du pays et l'organiser d'une manière constitutionnelle, que l'on voit figurer sur une même liste des républicains avérés et honorés, avec des monarchistes également honorés, également éprouvés : ce qui impliquerait que les mêmes électeurs les envoyaient ici, voulant à la la fois la république et la monarchie. (*Exclamations et rires sur divers bancs.*)

Quelques membres. — C'était de la conciliation!

M. Ancel. — L'accord se faisait sur une idée, celle de votre remplacement.

M. Gambetta. — Depuis lors, rien n'est venu jusqu'aujourd'hui infirmer cette volonté du pays; au contraire, à deux reprises, soit par les élections des conseils municipaux, qui ont été une manifestation politique dont vous n'avez pas oublié le caractère décisif, soit par le scrutin du 2 juillet, la France a hautement manifesté, par le choix caractéristique de ses élus, qu'elle entendait retenir le pouvoir constituant et vous le dénier.

M. Dufaure, *garde des sceaux.* — Pas du tout!

M. Gambetta. — Et en effet, Messieurs, sans la malencontreuse proposition Rivet, nul de vous, — je mets de côté certaines exceptions, et quand je dis nul de vous j'entends la majorité de cette Assemblée, — n'aurait formulé la proposition de s'en saisir. J'irai plus loin, et je n'hésite pas à prononcer ces paroles quelque graves qu'elles soient : je suis convaincu que vous affectez aujourd'hui le pouvoir constituant, que vous le ramassez dans vos mains et que vous n'en userez pas une seule fois, parce que vous savez que vous soulèveriez une contre-opinion dans le pays. Et puis, je dis qu'il y en a qui le demandent et dont le dessein est de le retenir pour empêcher la France d'en user. (*Rumeurs diverses.*)

M. Léonce de Guiraud. — Je ne comprends pas !

M. Gambetta. — Ah ! vous ne comprenez pas ? Ceci est suffisamment clair, je n'ajouterai pas un mot.

D'ailleurs, Messieurs, si vous aviez été élus dans des conditions ordinaires, c'est-à-dire dans les conditions où on nomme et où on nommera à l'avenir toutes les Assemblées de ce pays-ci, veuillez bien croire que vous ne me trouveriez pas comme adversaire de la distinction toujours délicate du législatif et du constituant. Non ; mais je vous prie de retenir cette considération que, lorsqu'on traverse une période où tous les éléments de crise à la fois sont déchaînés, on doit religieusement s'abstenir d'entreprendre sur ce qui est considéré comme l'autorité même de la nation... (*Vives réclamations. — Allons donc ! allons donc !*)

Cris nombreux. — Et vous ? et vous ?

M. Johnston. — Vous n'avez pas fait autre chose !

M. de la Rochefoucauld, duc de Bisaccia. — Vous l'avez pris sans droit, le pouvoir, et vous avez perdu le pays !

M. Gambetta. — Eh bien, cela doit vous faire plaisir ! Enregistrez l'arrêt. Mais cela n'est pas la question,

nous la viderons quand vous voudrez. Je vous y ai
déjà provoqué. Mais je ne me laisserai pas détourner
de ma thèse, qui est de démontrer que si vous n'exer-
cez pas le pouvoir constituant, et vous ne l'exercerez
pas, j'en suis sûr d'avance... (*Interruptions à droite. —
Ce n'est pas la question!*) Vous ne l'exercerez pas...
(*Nouvelles interruptions. — Pourquoi? pourquoi?*)

Vous n'exercerez pas le pouvoir constituant, parce
que ce serait amener un péril public, et alors la déclaration que vous en faites dans le préambule est une
déclaration inutile et dangereuse, et je dis que cette
considération devrait vous toucher. Messieurs, si vous
avez l'ambition de sortir de ce rôle de réserve et
d'exercer le pouvoir constituant, permettez-moi de
vous dire que vous êtes des téméraires. (*Bruyantes
exclamations.*)

A droite. — Vous l'avez fait seul! — Vous l'avez
pris, vous!

M. GAMBETTA. — Quand je l'ai pris, vous n'étiez pas
là pour me le disputer. (*Agitation.*)

Je disais, pour prouver que ce n'était pas une pure
considération de théorie politique qui dictait mes paroles, que, si vous voulez user du pouvoir constituant
pour organiser soit la république, soit la monarchie,
vous feriez à la fois une œuvre téméraire et impolitique, parce que, lorsqu'on crée un gouvernement
par voie de constitution, il faut que les mains qui l'é-
difient aient été véritablement reconnues capables et
dignes de l'édifice.

Et savez-vous pourquoi? C'est parce que je ne voudrais pas à ce prix d'une république créée par une
Assemblée incompétente... (*Interruptions.*)

M. JOHNSTON. — Vous avez créé la république à vous
tout seul!

M. LEFÈVRE-PONTALIS (AMÉDÉE). — Quelle était donc
votre compétence au 4 septembre?

M. GAMBETTA. — Parce que cela ouvrirait au bénéfice des partis opposés le droit de l'attaquer et de la renverser (*Ah! ah!*), et je ne le veux point. (*Nouvelles interruptions.*)

Plusieurs voix à droite. — Et qu'avez-vous fait le 4 septembre?

M. GAMBETTA. — Le 4 septembre, nous avons renversé l'Empire, dont vous avez proclamé la déchéance; le 4 septembre, nous vous avons sauvé de la honte; le 4 septembre nous vous avons sauvé de la peur et de l'anarchie; nous avons rendu à la France et à la République le service que nous leur devions. (*Applaudissements à gauche.* — *Protestations à droite.*)

M. LE COMTE DE RESSÉGUIER. — Vous avez proclamé la République le 4 septembre, quand on ne devait songer qu'à chasser l'ennemi. Voilà ce que vous avez fait.

M. DE BELCASTEL. — Le 4 septembre, vous avez commis un crime de lèse-nation!

M. LE MARQUIS DE FRANCLIEU, *au pied de la tribune.* — Oh! vous ne nous ferez pas peur, monsieur Gambetta!

M. LE PRÉSIDENT, *aux représentants qui sont au pied de la tribune.* — Veuillez reprendre vos places, Messieurs! ·

M. GAMBETTA. — Oui, je dois émettre une pensée politique devant les représentants de mon pays, et je m'étonne de rencontrer ici ces oppositions et ces murmures incessants. Quand je dis que, pour faire une constitution durable, il faut faire une constitution qui ait d'avance l'autorité de ceux qui y travaillent, une autorité qui s'impose à la conscience de tous et qui permette... (*Nouvelles interruptions.*)

Un membre à gauche. — Nous n'entendons rien!

M. LE PRÉSIDENT. — J'invite l'Assemblée au silence.

Le même membre. — C'est la droite qu'il faut rappeler au silence.

M. LE PRÉSIDENT. — Je n'ai aucune indication, aucune observation à recevoir de vous. J'invite l'Assemblée au silence. Je ne permets à personne de me donner des leçons. (*Très bien! très bien!*)

Ce tumulte fait perdre à l'Assemblée son calme et sa dignité, et nuit d'une façon sérieuse à la délibération; je rappelle encore une fois mes collègues au calme et au silence. (*Très bien! très bien!*)

M. GAMBETTA. — Messieurs, je savais d'avance les difficultés que j'aurais à exprimer ma pensée, et cependant je ne croyais pas qu'en évitant scrupuleusement, comme je l'ai fait jusqu'ici, toutes les occasions de soulever vos passions... (*Exclamations ironiques à droite.*)

M. LE PRÉSIDENT. — Voyons, Messieurs, il n'est donc pas possible à l'orateur de dire un mot sans être interrompu!...

A gauche. — A l'ordre!

M. LE PRÉSIDENT. — Veuillez faire silence vous-mêmes, Messieurs; vous n'êtes pas chargés de réprimer le tumulte, ni les interruptions; c'est mon devoir. (*Très bien! très bien!*)

M. GAMBETTA. — Je disais que le premier intérêt d'un gouvernement comme d'une Assemblée lorsqu'on voulait fonder une œuvre constitutionnelle, c'était de s'assurer, par la nature même du pouvoir, si elle serait respectée et durable, par suite du crédit qu'elle rencontrerait dans le pays. Je dis, Messieurs, que dans l'état où nous sommes, dans l'état de division où est le pays, quand une grande fraction du suffrage universel dénie ce caractère à l'Assemblée nationale, il serait téméraire d'en user.

J'ajoute que cela serait souverainement impolitique. Pourquoi? J'émettais une idée fort simple, banale, qui ne devrait pas surexciter à ce point vos interruptions.

Je disais que, lorsqu'on veut fonder un gouvernement, que ce soit une monarchie ou que ce soit une république, ce qui doit préoccuper ceux qui fondent cette œuvre, c'est de créer une forteresse qu'on puisse défendre contre les factieux qui l'attaquent... (*Oui!*

oui! à droite,) et non une tente ou un hangar ouvert à tous les vents et que tout le monde peut renverser en passant. C'est là ce que vous feriez si vous délibériez une constitution dans l'état d'incompétence ou d'impuissance où vous vous trouvez.

Je le dis au point de vue monarchique comme au point de vue républicain. S'il sortait d'ici une constitution républicaine, je ne me trouverais pas assez puissamment armé, je le déclare en conscience, pour frapper ceux qui oseraient y porter la main. (*Oh! oh!*) Il en est de même pour vous, je pense, si vous voulez être sincères.

Et cependant, il faut des institutions définitives à ce pays !

Tout à l'heure, l'honorable M. Saint-Marc Girardin a prononcé une parole que je me permettrai de lui rappeler, qui très certainement a dû lui échapper. Il a dit : Nous avons repris possession, — singulière expression pour des gens qui se croient sûrs de leur droit depuis l'origine ! — nous avons repris possession du mandat constituant ; nous avons aujourd'hui écrit un chapitre, nous réservant d'achever le volume ; mais nous ne sommes pas pressés.

Comment ! Vous n'êtes pas pressés ! Vous n'avez pas hâte de donner à la France un avenir et une certitude, de lui faire un toit sous lequel elle puisse reposer ? (*Rumeurs à droite.*) Vous n'êtes pas pressés d'en finir avec l'inquiétude générale ? Est-ce qu'il serait vrai que vous voudriez perpétuer ce malaise pour perdre jusqu'au nom de la République ? (*Vives réclamations sur un grand nombre de bancs. — Applaudissements prolongés à gauche.*) Quoi ! quand nous venons vous dire : Tracez-vous une tâche, délimitez les œuvres vraiment nécessaires et urgentes que le pays attend de vous ; quand, avec cette discrétion, on s'en remet à votre décision, qu'on vous dit : Sur le fond des choses, sur cette grave question de savoir quel doit être le gouvernement dé-

finitif de la France, hâtez-vous, hâtez-vous, le temps
presse, l'étranger campe sur votre territoire et l'Europe vous regarde presque avec insolence et mépris.
C'est au nom de la patrie qu'il faut se hâter de venir devant le suffrage universel, qui nous attend et
nous devance.

M. LE BARON ESCHASSÉRIAUX. — Avec ou sans exclusion de candidats?

M. TARGET. — Il fallait y aller plus tôt.

M. LANGLOIS. — Ce n'est pas une raison pour ne pas
y aller plus tard!

Un membre. — L'Assemblée ne vous demande pas
de conseils.

M. GAMBETTA. — Ce ne sont pas des conseils, c'est
la revendication d'un droit. (*Interruptions.*)

Messieurs, il faut être sérieux. (*Oh! oh!*)

M. TARGET. — Donnez-nous l'exemple.

M. LE COMTE DE CHAMBRUN. — Il fallait l'être dans vos
bulletins.

M. BUISSON (de l'Aude), *à M. Gambetta.* — Quand on
est sérieux, on garde de ce qu'on a fait la mémoire,
et vous la perdez, Monsieur!

M. GAMBETTA. — Messieurs, mes forces sont positivement épuisées. Il m'est impossible d'entrer en colloque général avec tout le monde.

Je me résume; et puisque je ne puis achever mon
discours... (*Parlez! parlez!*), je vous dis : Il y a quelqu'un qui vous surveille, c'est le pays, et la dissolution, vous serez obligés de la subir, si vous n'avez pas
le patriotisme et le courage d'aller au-devant de cette
mesure suprême, que le pays saura vous imposer si
vous ne voulez pas y recourir. La dissolution est
l'arrêt déjà prononcé par le pays sur vos prétentions
et vos usurpations. (*Applaudissements à gauche. — Vives et nombreuses réclamations.*)

M. Benoist d'Azy, président de la commission, répondit,

d'un ton d'extrême violence, à M. Gambetta. L'Assemblée, par 434 voix contre 225, adopta le premier paragraphe de la proposition par laquelle l'Assemblée se déclarait constituante.

Dès que M. Grévy eut proclamé le résultat du scrutin, M. Edgar Quinet déposa une proposition de dissolution, signée de lui-même et de MM. Gambetta, Louis Blanc, Charles Boysset, Corbon, Laurier, Daumas, Dréo, Brousses, Dupuy, Boucault, Escarguel, Millaud, Loustalot, Ferrouillat, Ganault, Naquet, Greppo, Tardieu, Tiersot, Joignaux, Rouvier, Lherminier, Ordinaire, Testelin, Rathier, Farcy, Peyrat, Lepère, Henri Brisson, Laurent Pichat, Edmond Adam, H. Lefèvre, Taberlet, Tolain, Gent, Lacretelle, Cazot, Allemand, Schœlcher, Scheurer-Kestner, Brelay, Martin Bernard, Langlois, Colas, Castelnau, Arrazat, Chavassieu, Sansas, Godin, Vuillermoz, Dufay, Rollin, Bloncourt et Tirard.

L'Assemblée refusa l'urgence.

Le lendemain, 31 août, l'Assemblée vota le reste du projet et le paragraphe additionnel présenté par M. Dufaure.

L'ensemble du projet relatif à l'organisation du pouvoir exécutif fut adopté par 491 voix contre 94.

L'Assemblée se sépara le 17 septembre, à une heure du matin, pour ne reprendre ses séances que le 4 décembre suivant.

DÉPOSITION

DEVANT LA COMMISSION D'ENQUÊTE PARLEMENTAIRE

SUR LES ACTES
DU GOUVERNEMENT DE LA DÉFENSE NATIONALE

Le 7 septembre 1871

———

Dans la séance du 13 juin 1871, l'Assemblée nationale avait adopté, sans discussion, la proposition suivante présentée par M. de Lorgeril et par plusieurs de ses collègues :

« ARTICLE PREMIER. — Une commission de trente membres sera nommée par l'Assemblée nationale pour examiner les actes de la délégation de Bordeaux, au triple point de vue civil, militaire et financier. Elle se fera communiquer les rapports et procès-verbaux des diverses commissions d'enquête déjà nommées par l'Assemblée nationale, et aura pleins pouvoirs pour recueillir tous les témoignages et prendre connaissance de tous les documents propres à éclairer son jugement.

« ART. 2. — Un rapport sera fait à l'Assemblée du résultat de cette enquête. »

Le lendemain 14 juin, après avoir entendu M. Antonin Lefèvre-Pontalis, rapporteur, le général Trochu, M. Louis Blanc, le général Chanzy, M. Jean Brunet, M. de Castellane et M. Lenoël, l'Assemblée complétait sa résolution de la veille en adoptant la proposition suivante, présentée à Bordeaux dans la séance du 6 mars par MM. Louis Blanc, Victor Hugo, Edgar Quinet et quatorze autres députés de Paris, retirée par eux au cours de l'insurrection communaliste et reprise aussitôt par M. Toupet des Vignes :

« Les procès-verbaux des délibérations du gouvernement

de la Défense nationale siégeant à Paris et toutes les pièces, documents et témoignages propres à éclairer le jugement de l'Assemblée nationale, seront soumis à la commission d'enquête de trente membres, qui sera chargée d'examiner les actes de la délégation de Tours et de Bordeaux. »

La commission d'enquête, nommée le 19 juin dans les bureaux, fut ainsi composée : MM. Saint-Marc Girardin, président; Daru, vice-président; de Rainneville, Antonin Lefèvre-Pontalis, secrétaires; Perrot, Boreau-Lajanadie, de Pioger, de la Sicotière, général d'Aurelle de Paladines, de Sugny, de Rességuier, Dezanneau, de Rodez-Bénavent, Albert Grévy, Duchâtel, Bertauld, Delsol, de Juigné, Durfort de Civrac, Mallevergne, de Vinols, Lallié, Bardoux, Maurice, Chaper, Vinoy, de Bois-Boissel, de Maillé, de la Borderie, Callet.

MM. Albert Grévy, Bardoux, Duchâtel et Bertauld, seuls commissaires de gauche, cessèrent, après quelques jours, d'assister aux séances de la commission. « M. Saint-Marc Girardin présida les premières séances, mais l'état de sa santé le força à s'abstenir, et c'est M. le comte Daru qui le remplaça. Il y avait quelque cynisme à faire présider par un ancien ministre de l'empire une commission appelée à juger les actes du gouvernement républicain. Quand M. Gambetta fut appelé à donner son témoignage devant la commission, il écrivit à M. Saint-Marc Girardin, pour le prier de venir présider la séance où il serait entendu, car il n'accepterait pas d'être interrogé par M. le comte Daru. M. Saint-Marc Girardin comprit et vint. » (A. Ranc, *de Bordeaux à Versailles, l'Assemblée de 1871 et la République, page* 381.)

Voici la déposition de M. Gambetta (*Enquête sur les actes du gouvernement de la Défense nationale*, tome V, p. 248 et suivantes) :

M. SAINT-MARC GIRARDIN, *président* — Monsieur Gambetta, la commission a naturellement désiré réunir votre déposition aux témoignages qu'elle a déjà entendus. Préférez-vous répondre à des questions? Aimez-vous mieux faire un récit des faits?

M. GAMBETTA. — Je dois vous dire d'abord, Messieurs, dans quel esprit je me présente et viens déposer devant vous. C'est, à mon avis, le meilleur moyen pour nous tous d'être économes de votre temps comme du mien.

Voici dans quelle disposition d'esprit je vous apporte mon témoignage. Suivant moi, en présence de l'ensemble des faits et des évènements qui se sont accomplis, après l'enquête à laquelle vous vous êtes livrés, et en face de tous les témoignages et documents dont vous vous êtes entourés, ma position particulière m'oblige à faire en sorte que le témoignage que j'apporte devant vous vise principalement les principes directeurs de ma conduite avant, pendant et après la révolution du 4 septembre, tant au point de vue intérieur qu'au point de vue extérieur, c'est-à-dire tant au point de vue de la politique et de l'administration générale du pays qu'au point de vue de la guerre. Aller au delà et entrer dans le détail des actes qui se sont succédé me serait absolument impossible par plusieurs motifs, mais surtout par une raison principale, que j'appellerai raison de gouvernement. Ayant présidé à une grande série d'actions qui allaient aussi vite que la pensée, il m'est impossible de les discuter avec vous. D'ailleurs, je n'ai pas à scruter tel ou tel détail; j'ai donné des instructions, elles ont été remplies; c'est là un domaine absolument réservé au gouvernement.

Maintenant, sur les principes qui ont dirigé ma conduite, tant au point de vue intérieur qu'au point de vue extérieur, voici ce que j'ai à vous dire :

Bien avant le 4 septembre je voyais venir la guerre; je la voyais venir avec crainte, parce que je redoutais beaucoup l'état de nos armements. Je n'avais jamais été de ceux qui attaquent les armées permanentes, et j'étais désireux autant qu'on pouvait l'être de voir la France reprendre sa situation en Europe, mais j'avais de grandes appréhensions, parce que la politique avait fait de l'armée une sorte d'institution creuse qui pouvait manquer le jour où l'on voudrait s'en servir.

Je croyais que le plébiscite aboutirait à la guerre, c'est du plébiscite que vient tout le mal.

Lors de la discussion du plébiscite à la Chambre, je m'en expliquai à la tribune. Conférer au pouvoir le droit de paix et de guerre, c'était courir à la guerre. En telle sorte que j'étais convaincu, lorsque la guerre fut déclarée, que nous aboutirions à un désastre et je l'ai encore dit alors : « Nous roulons en aveugles vers l'abîme, et la France ne s'en doute pas. »

Par conséquent, j'étais fort peu porté à voir avec satisfaction le parti auquel je me fais honneur d'appartenir, hériter d'une situation semblable. Je redoutais un tel héritage, une pareille succession. Je dis ceci pour que vous aperceviez bien quel rôle j'ai joué le 4 septembre.

J'ai cherché dans la Chambre, et nous avons été sur le point de réussir, j'ai cherché à constituer un gouvernement collectif anonyme, qui héritât de cette situation au jour de la défaite, car j'ai annoncé la défaite quinze jours ou trois semaines avant qu'elle se déclarât. La Chambre, par vice d'origine, par défaut d'indépendance et d'énergie, a hésité, tâtonné, et s'est laissé conduire au bord du fossé. Pendant vingt-quatre heures j'ai fait des efforts énormes pour qu'elle proclamât devant le pays la déchéance de la dynastie et la constitution d'un gouvernement parlementaire prenant en main la direction de la situation. Cette combinaison a avorté, parce qu'on avait affaire à des hommes timides et hésitants. Alors, spontanément, au sein de la population parisienne, se produisit un mouvement. Messieurs, je dis *spontanément*, parce qu'en définitive, il faut bien le dire, on ne fait pas des révolutions par ordre, — on fait ainsi des tentatives, des échauffourées, des émeutes, mais cela n'aboutit pas; j'ai vu sous l'Empire de prétendues tentatives faites pour aboutir à un changement, je les ai toutes vues échouer, elles manquaient parce que le sentiment général n'y était pas. — Le 4 septembre, au contraire, j'ai vu une explosion spontanée à Paris, et en dehors de Paris. On peut dire que tel était bien le sentiment général du pays, car nous étions encore à la Chambre, n'ayant pas pris de dispositions sur le résultat de la journée, quand nous avons reçu des départements des dépêches annonçant la proclamation de la République. Cette journée du 4 septembre ne fut donc pas due le moins du monde à un concert, à une préparation antérieure. Jamais peut-être un grand mouvement révolutionnaire ne se fit avec autant d'unanimité et, pour tout dire, avec autant d'autorité. Tout le monde se résigna : je vis ce jour-là les principaux familiers et serviteurs de l'Empire ; ils avaient certainement en main de quoi tenter une résistance ; ils n'ont pensé tous qu'à se retirer et à mettre leurs personnes à l'abri. C'était un courant irrésistible, et toutes les parties de la population parisienne s'y sont associées.

Le Corps législatif, sous prétexte qu'il avait prêté serment à l'Empereur, qui, lui, avait autrefois tenu le sien d'une si singulière manière, le Corps législatif, ayant refusé de prendre en main la direction des affaires, et perdu cette occasion de se manifester qu'on ne retrouve plus dans les révolutions lorsqu'on la laisse passer, le Corps législatif fut envahi ; une fois l'envahissement de la Chambre accompli, il était certain qu'on allait proclamer la République et la charger d'un bien lourd fardeau.

La République une fois proclamée, la question de savoir quelles mesures devaient être prises se posa d'elle-même. Je dois dire que la préoccupation, qui avait amené le mouvement du 4 septembre, était tellement dominante qu'on n'a pensé qu'à une seule chose : défendre Paris, et cette idée devint tellement exclusive, qu'on ne pensa plus qu'à Paris ; j'ai même trouvé qu'on oubliait quelque peu le reste du pays.

On croyait, — c'était certainement une exagération, — on croyait que Paris à lui tout seul suffirait, non seulement pour se délivrer, mais pour chasser l'étranger. Et alors de tous côtés on se mit à réclamer des préparatifs militaires, c'est là ce qui explique l'entrée du général Trochu dans le gouvernement. On fit appel à lui, à cause de la grande popularité dont il jouissait dans la population parisienne, et puis, aussi, à cause de cette préoccupation qui dominait toutes les autres : la résistance militaire dans Paris, — de sorte que le gouvernement s'est posé dès l'origine comme un gouvernement militaire, et aussi comme un gouvernement qui, avant d'entreprendre la guerre ou plutôt avant de la continuer, voulait savoir à quoi s'en tenir sur la situation qui lui serait faite par l'étranger. C'est alors que le voyage de Ferrières fut entrepris. On eut alors devant soi la triste réalité dont, pour mon compte, je n'avais jamais douté, bien certain que j'étais que les Prussiens sont le peuple le plus atroce de l'Europe. Ils font de la politique d'une manière imperturbable, avec une persévérance implacable. Ils étaient les maîtres, ils voulaient se mettre à l'abri d'un retour de la fortune par la mutilation de la France, par la cession des provinces prétendues germaniques.

Tel fut le résultat de l'entrevue de Ferrières, et M. Jules Favre revint sans avoir rien obtenu d'eux. Vous savez quel rapport il fit à son retour au gouvernement de la Défense nationale. Paris, qui avait consacré les jours écoulés depuis le 4 septembre rien qu'à son armement et à son outillage militaire, se trouva prêt le jour de l'investissement.

On avait résolu de convoquer une Assemblée constituante ; mais, en présence de Paris menacé, investi, en présence des propositions insolentes de M. de Bismarck, il n'y eut qu'un cri : « Il n'y a plus qu'une chose à faire, c'est de courir aux armes ! » Alors on ne pensa plus à l'application du décret qui convoquait les électeurs et on se prépara à la résistance.

Cette résistance à Paris ne me sembla pouvoir être efficace qu'à la condition que la province s'y associerait. J'entendais tous les jours dire au Conseil qu'il fallait une armée de secours, et je n'apercevais pas d'où elle pouvait sortir.

J'avais réclamé dès le début que le gouvernement tout entier sortît de Paris; je ne comprenais pas qu'une ville, qui allait être assiégée et bloquée, et par conséquent réduite à un rôle purement militaire et stratégique, conservât le gouvernement dans son sein; je demandais que tout au moins le ministre des finances, le ministre de l'intérieur, le ministre de la guerre, le ministre des affaires étrangères surtout, sortissent de Paris et allassent constituer le gouvernement en province.

Je crois que parmi les faiblesses que l'on a pu avoir, celle-là est capitale; et je suis convaincu que les choses auraient tout autrement tourné, si le gouvernemement, au lieu d'être bloqué, avait été un gouvernement agissant au dehors.

A la place de ce gouvernement, on envoya une délégation en province, et nous apprîmes par une voie tout à fait irrégulière que les élections, qui avaient été suspendues, allaient être faites en province. La nouvelle de cette décision, prise sans nous consulter, causa dans les conseils du gouvernement une émotion extrême et telle, que l'on résolut d'envoyer immédiatement à Tours un décret pour empêcher cette convocation; ce décret a été rendu, je l'ai en ma possession, et il a été publié en partie. Le plus difficile était de le faire parvenir. On me demanda si, comme ministre de l'intérieur, j'avais un moyen d'envoyer cette communication en province. A ce moment, j'avais déjà envoyé beaucoup d'émissaires, ils étaient invariablement arrêtés, et je lisais ensuite, dans les

journaux allemands, la publication des dépêches dont
je les avais chargés. M. de Bismarck les arrêtait tous
avec une police très bien faite.

Je repris alors mon idée première, qui avait été
d'aller en province, pour tâcher d'organiser la défense ;
j'étais convaincu, quant à moi, et je le suis encore,
que la France avait encore des ressources immenses,
matérielles et morales. Le coup de foudre qui l'avait
frappée à Sedan était bien fait pour la consterner,
mais ne suffisait pas pour l'abattre d'une façon définitive. Je dis à mes collègues : « Je m'offre d'aller porter ce décret en province, mais je veux vous expliquer
dans quel but je partirai. » Cela fut approuvé et je
partis.

J'arrivai en province. Mon objectif n'avait pas changé,
ni les vues principales qui me dirigeaient ; c'était,
autant que possible, de maintenir l'ordre à l'intérieur
sans porter atteinte à aucune liberté publique, et
surtout de pousser à la guerre contre l'étranger.

Quand je m'installai à Tours, je trouvai, il faut l'a-
vouer, le pays dans un état de véritable sécession ; il
y avait au Midi, au Sud-Ouest, dans l'Ouest, des tendances véritablement singulières et alarmantes pour
l'unité de la France. En même temps, ce qui avait été
prévu se réalisait ; l'action du gouvernement était très
faible ; il était peu obéi. Au fond il a été parfaitement
reconnu que, si les membres de la délégation avaient
songé à faire des élections, c'était pour eux un moyen
d'en finir avec une situation qui leur semblait grave,
et ils s'étaient résolus à cette détermination, malgré
les ordres du gouvernement de Paris, et malgré les
résolutions auxquelles ils avaient pris part eux-mêmes
à l'Hôtel de Ville.

J'entrai dans la délégation de Tours avec la résolution de rétablir l'ordre compromis sur beaucoup de
points du territoire ; je fus assez heureux dans un
espace de temps fort restreint, quinze à dix-huit jours,

pour pouvoir remettre l'ordre partout, et faire mettre en liberté toutes les personnes appartenant à l'ancien régime qui avaient été incarcérées, dont l'arrestation pouvait s'expliquer par des émotions populaires insurmontables et inséparables d'une crise semblable, mais dont la détention prolongée n'était pas possible sous un gouvernement régulier.

Je n'ai pas besoin d'insister sur la façon dont j'ai agi, soit à Marseille, soit à Saint-Étienne, soit à Lyon, soit à Toulouse; ce que je constate, c'est qu'au bout de très peu de temps, l'autorité du gouvernement était partout reconnue, respectée, obéie, que le programme séparatiste était anéanti, et qu'on ne parlait plus de ligue, ni du Midi, ni d'ailleurs; cet ordre parfait s'est maintenu jusqu'à ma démission, c'est-à-dire jusqu'au 30 janvier.

Une fois cette unité rétablie, ma préoccupation unique fut d'appeler aux armes, sans distinction de partis ni d'opinions, ni d'antécédents politiques, tous les hommes de cœur et de bonne volonté, tous ceux qui, sans qu'on s'informât de leurs convictions ni de leur origine, avaient bien le droit de réclamer leur part dans la défense de la patrie; c'est pour cela qu'à côté des éléments révolutionnaires les plus ardents, on vit être l'objet d'une faveur et d'une sollicitude particulière de ma part les représentants les plus autorisés du parti légitimiste. Je ne reculai même pas devant l'emploi d'hommes qui avaient été liés au régime impérial, mais en la loyauté et en la bravoure desquels j'avais absolument foi.

Nous organisâmes une armée, plusieurs armées; on en a beaucoup médit, mais il y a eu des efforts énormes dont je peux parler sans vanité, car ils ont été le fruit de la collaboration assidue du pays tout entier: je ne partage pas le moins du monde cette opinion qui nous abaisse devant l'étranger et à nos propres yeux, et qui consiste à dire que la France était dans un état de décadence morale et matérielle si grand, qu'elle n'a pas fait ce qu'elle devait faire. Au contraire, le pays a tout donné, et les hommes et l'argent, sans compter; on s'est bien battu, aussi bien que pouvaient le faire des troupes inexpérimentées, qui n'avaient à leur tête que le petit nombre d'officiers qui nous restaient, et quand il était si difficile de s'en procurer. A ce point de vue donc, la guerre a été ce qu'elle pouvait être, et aucun peuple dans l'Europe ni dans le monde n'aurait été capable d'un pareil effort, alors qu'on l'avait systématiquement tenu à l'écart de toute institution militaire, et que son armée permanente, que depuis cinquante ans on lui avait présentée comme la condition nécessaire de son salut, était tout entière aux mains de l'ennemi.

Je suis convaincu que ces efforts, auxquels on avait associé les représentants de tous les partis, auxquels la France tout entière se consacrait de plus en plus, allaient devenir efficaces par le seul effet de la persistance et de la durée, et qu'à ce prix on aurait sauvé ce qu'il importait avant tout de sauver : l'intégrité du territoire. Cette conviction, Messieurs, ne m'est pas exclusivement personnelle, et, au moment où nous sommes, il y a des gens qui avouent, qui reconnaissent, qui écrivent toutes ces choses, ce sont les Allemands. Il sera facile d'établir dans quelques jours d'ici, en prenant la collection déjà nombreuse des critiques, des études, des monographies faites par les Allemands sur la guerre, de montrer que ce qu'ils redoutaient le plus, c'était la persistance de l'effort militaire; c'est qu'ils sentaient fort bien qu'ils étaient arrivés à cette limite où leurs institutions militaires étaient sur le point de s'épuiser; c'est pourquoi je pensais et je pense encore qu'il fallait persister. Ma conviction à cet égard s'était formée, Messieurs, en face d'un pays qui, absolument surpris, absolument

désarmé, avait trouvé, en quatre mois, moyen de mettre sur pied huit cent mille hommes !...

Enfin, c'est fini, le succès malheureusement nous a échappé ; je n'insiste pas, j'aurais l'air de plaider une cause personnelle ; mais je veux montrer seulement quelles dispositions m'animaient, quelles étaient les vues qui présidaient exclusivement à ma conduite, et qui me soutenaient dans les efforts incessants et de nuit, et de jour, que j'ai faits pour ce que je croyais et ce que je crois encore le salut de mon pays.

Voilà les deux points de vue particuliers qui me sont personnels après les évènements du 4 septembre : c'était premièrement cette conviction que le gouvernement, dans sa période révolutionnaire, même sous le feu de l'étranger, devait agir sans employer la terreur, sans violer aucune loi, et sans commettre aucun excès de pouvoir ; secondement, que l'on devait tout subordonner à la guerre, et que toute minute distraite du soin de la défense était une minute employée d'une manière sacrilège. Maintenant, Messieurs, que vous dirai-je? Je sais très-bien qu'il s'est élevé des critiques très acerbes sur certains actes qui ont été ce qu'on peut appeler les actes suprêmes de mon passage aux affaires. Il en a été trop souvent question pour que je n'aille pas au-devant de vos préoccupations et que je ne vous en parle pas immédiatement.

On m'a surtout reproché deux choses : d'avoir, d'accord avec mes collègues de la délégation de Tours et de Bordeaux, rendu un décret qui créait une catégorie d'inéligibles, et d'avoir dissous les conseils généraux.

J'ai poussé mes collègues à la dissolution des conseils généraux, c'est vrai, et je l'ai obtenue tardivement.

Je crois que, lorsqu'arrive une révolution comme celle du 4 septembre, quand cette révolution est une protestation de la moralité publique contre le 2 décembre, contre les pratiques administratives du second Empire, quand le Sénat, le Corps législatif et le Conseil d'État étaient déclarés dissous, le même jour, à la même heure, on devait mettre fin à l'existence des conseils généraux, parce qu'ils avaient la même origine que les grands corps de l'État, parce que, à part quelques exceptions, — et il y en avait partout, même au Conseil d'État et au Corps législatif, — le caractère général de l'institution était d'être le fruit de manœuvres électorales auxquelles la nation voulait mettre un terme. Par conséquent, au point de vue du droit particulier qui ressort des révolutions, — et il en ressort un, soyez-en sûrs, — la dissolution des grands corps de l'État impliquait nécessairement celle des conseils généraux.

Mes collègues paraissaient partager d'une manière implicite cette opinion, puisqu'ils rendaient un arrêté par lequel les préfets étaient autorisés à dresser le budget de leurs départements pour l'exercice de 1872. La dissolution a été décrétée à la fin de décembre ; au point de vue de ce droit particulier des révolutions dont je vous parlais tout à l'heure, elle était tardive ; au point de vue simplement administratif, on pourrait comprendre qu'on ne voulût pas que les conseils généraux de l'Empire entrassent de nouveau en fonctions dans l'année qui allait s'ouvrir.

Allant plus loin, je vous dirai que j'avais encore une autre préoccupation à l'endroit des conseils généraux ; M. de Bismarck s'était imaginé, — et peut-être point tout à fait à tort, — qu'il y avait dans les conseils généraux de France suffisamment de créatures de l'Empire pour pouvoir, à un moment donné, en faire un instrument favorable à la fois et à ses desseins et à une restauration bonapartiste ; car il a eu cette visée constante, et il ne l'a peut-être pas tout à fait perdue à l'heure actuelle, de placer la France,

— que ce soit la France du 4 septembre ou la France d'aujourd'hui, — en face de cette terrible alternative, ou bien qu'elle obéira à ses volontés et qu'elle exécutera ce qu'il demande, ou bien qu'il participera à une restauration de l'homme de Sedan ; je ne crois même pas qu'à l'heure qu'il est, nous soyons tout à fait hors de ce danger.

Toujours est-il que j'éprouvai le besoin d'enlever à M. de Bismarck cette espérance et ce moyen politique, et que ce fut un des motifs que je fis valoir auprès de mes collègues pour appuyer le décret de dissolution des conseils généraux. Voilà ce que j'ai à dire sur ce sujet.

Quant au décret relatif aux inéligibles, permettez-moi de vous dire qu'au point de vue de la politique pure et des principes les plus larges, ce décret peut certainement soulever des objections graves ; mais je vous prie de considérer dans quel état particulier se trouvait et se trouve encore ce pays-ci au point de vue des intrigues bonapartistes.

Voilà un homme, Napoléon III, qui a pris le pouvoir, dans des conditions que je n'ai pas besoin de vous rappeler ni de stigmatiser ; l'ère des invectives contre l'Empire est close, c'est une chose finie. Mais ce pouvoir, Napoléon l'a gardé vingt ans ; vingt ans durant, il s'est créé une grande clientèle, dans l'armée, dans les finances, dans l'administration, dans la police, dans l'État, dans toutes les classes, dans tous les rangs. Il a, comme inspirateur de cette politique, excité des convoitises de restauration qui dureront autant que la race ; il a pour lui des hommes considérables, habiles, ardents, audacieux. Eh bien, ces hommes ne reculeront devant rien pour arriver à leur but, ils ont été pendant leur carrière comblés par l'Empire et par l'Empereur ; ils veulent reprendre ce qu'ils ont perdu ; ils se sont associés, ils sont devenus les complaisants, ou, si vous aimez mieux, les

complices de ce gouvernement qui est le véritable
auteur de nos désastres, qui nous a perdus : et, je
crois, quant à moi, que l'on ne fera rien de sérieux
que lorsqu'on aura coupé court à toutes leurs espérances. Pour cela il n'y a qu'un moyen, c'est de leur
interdire la politique, et surtout il fallait la leur interdire, c'était et c'est encore mon sentiment, en face
d'un étranger qui était sans cesse en collusion avec
eux.

C'est pour cela qu'imitant un exemple donné par
les peuples les plus libres, les Anglais, les Américains, nous avons frappé d'exclusion momentanée,
et d'une indignité passagère au point de vue de
l'exercice du mandat souverain de député, les
hommes qui avaient été les instruments du régime
impérial.

Je dis que, comme les complices de l'Empire ne
forment pas une couche sociale, et ne constituent
pas une classe de citoyens, les reproches adressés
au décret de mutiler la représentation nationale,
d'attenter au droit souverain du suffrage universel
sont mal fondés. C'est une série nominative de personnes, d'individus ayant pris part à un ensemble
d'actes politiques que l'on frappait au nom et dans
l'intérêt du pays. Voilà les motifs qui ont dicté le
décret sur l'exclusion des bonapartistes. Je le défends ;
je comprends ce que cela peut avoir de choquant
pour nos habitudes françaises, mais, après les affaires
de la sécession en Amérique, après les agitations
chartistes en Angleterre, on en a fait tout autant ; ce
sont des décisions graves, importantes, suprêmes.
Quand il faut les prendre, un gouvernement se doit
de ne pas reculer ; c'est ce que j'ai cru devoir faire,
d'accord avec mes collègues ; et Dieu veuille qu'un
jour le gouvernement actuel n'ait pas à se repentir,
aux élections prochaines, de n'avoir pas pris un pareil décret pour son propre compte!

Voilà à peu près tout ce que j'ai à dire sur les actes qui ont terminé mon administration.

Lorsque j'ai vu les préliminaires de paix et l'armistice; lorsque j'ai vu que cet armistice, dicté par la perfidie de M. de Moltke et de M. de Bismarck, au mépris de toutes les lois de la guerre et de tous les précédents diplomatiques, excluait une armée tout entière de ses conditions, et qu'ainsi les plus belles espérances de la France s'évanouissaient; alors qu'on nous trompait sur le texte même de la convention d'armistice à laquelle nous obéissions, alors j'ai donné ma démission. Au 30 janvier, j'ai voulu me retirer, mes collègues m'ont supplié de rester; mais, en présence des dissentiments qui se sont élevés avec le gouvernement de Paris, et sur lesquels je ne veux pas m'expliquer, parce que ce sont des questions personnelles irritantes, inutiles à soulever en ce moment-ci, en présence de tout cela, j'ai persisté et je me suis retiré.

Il est inutile que je vous dise que tous les bruits, toutes les calomnies qui ont couru au sujet d'un acte de force rêvé ou préparé par moi ou mes amis, sont dénués de tout fondement. C'est là une calomnie qui ne peut pas m'atteindre. Je méprise l'emploi de la force et jamais je ne me suis mis, ni ne me mettrai en rébellion contre l'ordre légal dans mon pays.

M. LE PRÉSIDENT. — La commission vient d'entendre les explications données par M. Gambetta; il y a sans doute plusieurs questions que la commission désirera adresser à M. Gambetta.

Je veux seulement lui faire une observation; il a dit, en commençant ses explications, qu'il voulait défendre le système qu'il avait pratiqué.

M. GAMBETTA. — L'exposer seulement.

M. LE PRÉSIDENT. — Soit, exposer le système qu'il avait pratiqué, étant au pouvoir; mais il a dit qu'il y avait beaucoup de détails, qu'il ne comptait pas donner d'explications sur ces détails, attendu que c'était là un domaine absolument réservé au gouvernement.

Sur ce point se porteront nécessairement les questions, car c'est par les détails de ses actes qu'un gouvernement se caractérise. Les questions seront posées et vous serez parfaitement libre sur les réponses que vous voudrez faire. Les questions posées, dussent-elles rester sans réponse, constateront le droit que la commission doit exercer. Elle a le droit de chercher tous les moyens d'arriver à la constatation de la vérité.

M. GAMBETTA. — Cela est parfaitement certain.

M. LE PRÉSIDENT. — La commission doit chercher tous les moyens de faire une appréciation exacte des évènements qui se sont passés. C'est donc sur ces points que je crois que des questions seront posées, toute réserve faite de vos droits.

Ainsi, un des premiers points sur lequel on m'a prié de vous interroger, se rapporte à la convocation de l'Assemblée constituante, après le 4 septembre.

Nous trouvons dans des procès-verbaux, et d'autres pièces qui ont été mises sous les yeux de la commission, que, au début, vous aviez consenti vous-même, avec beaucoup de peine, à l'ajournement de ces élections.

M. GAMBETTA. — J'étais pour la constitution d'une Assemblée tant que Paris n'était pas investi.

M. LE PRÉSIDENT. — C'est précisément l'investissement de Paris qui a modifié votre opinion?

M. GAMBETTA. — Il était impossible de faire des élections dans les conditions où nous étions alors, sans que les gens de l'Hôtel de Ville fussent immédiatement exposés aux plus graves périls. Personnellement, j'aurais été parfaitement tranquille, parce que je crois qu'il y a moyen de mener ces affaires-là; mais, lorsque j'ai apporté au gouvernement la nouvelle du décret de convocation des électeurs par la délégation de Tours, il a causé un véritable mouve-

ment de stupeur. C'était un secret : si ce secret avait
été répandu, si l'on avait dit à Paris bloqué : « On fait
des élections en province ! » personne n'aurait voulu
croire que le gouvernement de Paris ne les avait
pas ordonnées, et il serait certainement sorti de cette
révélation une agitation très vive ; c'était le sentiment
des personnes qui se trouvaient là.

Quand je suis parti pour Tours, personne ne se
doutait à Paris qu'il dût y avoir des élections en province. Je dois vous dire que c'est un secret qui a été
bien gardé ; ce qui n'est pas arrivé à tous les secrets
de l'Hôtel de Ville.

Je le répète, Paris ne pouvait pas admettre que l'on
fît des élections en France, une fois qu'il était aux
prises avec l'ennemi. Je peux me tromper, je ne sais
pas ce que vous ont dit mes collègues, et je ne veux
pas avoir l'air de les attaquer, et c'est pour cela que
je ne veux pas entrer dans des détails ; mais je suis
convaincu que si, à la fin de septembre ou au commencement d'octobre, on avait su que des élections
allaient avoir lieu, le Gouvernement de l'Hôtel de Ville
aurait sombré.

M. LE PRÉSIDENT. — Sur ce point, comme premier
fait à constater, je remarque que, dès le commencement, vous étiez frappé des périls qui entouraient le
Gouvernement de l'Hôtel de Ville ; périls qui venaient
de la violence des opinions qui lui étaient opposées
tout en le côtoyant.

M. GAMBETTA. — Je suis persuadé que le gouvernement n'aurait couru aucun péril, s'il avait gouverné
d'une certaine manière ; ce qui faisait le danger du
gouvernement, c'était sa mollesse. Je crois, au contraire, que l'état de Paris aurait été très favorable et
très profitable aux desseins qui étaient à poursuivre ;
seulement il y avait pour cela des mesures décisives
à prendre ; le gouvernement ne les a pas prises. Il est
impossible de discuter ces questions ; vous le com-

prenez, je suis dans une situation particulière à cet
égard. Ce n'est pas le moins du monde pour décliner
votre droit ; je n'oublie pas que je suis avec des collègues, et je ne demanderais pas mieux, moi aussi, que
de faire de l'histoire ; mais je ne crois pas que l'on
fasse de l'histoire à six mois des évènements ; par conséquent je veux me maintenir sur le terrain que j'ai
choisi, je vous donne l'explication des principes directeurs de la politique que j'ai suivie ; mais je vous demande la permission de ne pas entrer dans les détails ;
il pourrait sortir de cette discussion des dissentiments
qu'il vaut mieux apaiser.

M. LE COMTE DE RESSÉGUIER. — Voulez-vous me permettre une observation, Monsieur Gambetta? Le gouvernement du 4 septembre a gouverné la France sans
représentation nationale ; pour la première fois, ce
gouvernement se trouve en présence des mandataires
du pays; et son devoir aujourd'hui est de nous rendre
compte de tous ses actes, comme il l'eût fait, au jour
le jour, s'il avait gouverné sous le contrôle d'une
Assemblée.

M. GAMBETTA. — La théorie n'est pas contestable ; et
ces comptes, dont vous parlez, je les donne.

Les explications sont faciles à donner pour tout ce
qui est du domaine représentatif dans le gouvernement; mais il y a un côté délicat à expliquer pour
tout gouvernement collectif où il y a, entendez-le bien,
une majorité et une minorité, des dissidences, des vues
différentes, des conflits intérieurs : toutes ces choses
sont souvent la clef de la politique, mais on ne les
doit ni à l'Assemblée ni à personne, puisqu'elles n'ont
pas abouti, puisque c'est cela qui constitue à vrai
dire ce que l'on appelle les secrets du gouvernement
et de l'État.

M. LE COMTE DARU. — M. Gambetta veut respecter
le secret que les membres du gouvernement se doivent
les uns aux autres ; mais, pour le rassurer, nous de--

vons lui dire que nous avons les procès-verbaux des
séances du gouvernement de la Défense nationale,
avec les noms des personnes qui ont pris part aux
débats, et même avec les noms des votants; il est donc
plus libre qu'il ne le supposait.

M. Dréo, d'accord bien entendu avec les membres
du gouvernement, nous a communiqué les procès-
verbaux de ces séances; le secret que l'on désire garder vis-à-vis de collègues n'est pas aussi nécessaire,
et peut n'être pas aussi absolu qu'on le prétend.

M. GAMBETTA. — Eh bien! si vous connaissez par
les procès-verbaux ce qui s'est passé au sein du gouvernement, je n'ai plus besoin de vous l'apprendre.

Vous n'avez qu'à lire avec attention les procès-
verbaux; et, quant à moi, j'aime mieux que vous les
lisiez que de les réciter.

M. LE PRÉSIDENT. — Vous répondrez ce que vous
voudrez, et personne n'a envie de vous pousser à des
explications par des questions qui vous seraient désa-
gréables.

Mais il y a un point sur lequel je vous demande la
permission de vous interroger. Vous pensez que les
élections ont été suspendues parce qu'il y aurait eu
un cri général dans Paris, si on avait fait des élections
pendant que Paris était investi?

M. GAMBETTA. — Je crois que c'est une des raisons;
il y en a d'autres.

M. LE PRÉSIDENT. — Et ce qui aurait fait pousser ce
cri dans Paris, c'eût été que les élections auraient eu
lieu dans Paris investi? Mais permettez-moi de vous
dire que tout à l'heure nous vous avons entendu dire
que, quant à vous, vous trouviez que c'était une grande
faute de la part du gouvernement de la Défense nationale, de n'être pas sorti de Paris et de s'être laissé
investir. Je crois que, sur ce point, vous trouverez un
assentiment presque général; eh bien! il y a ici quelque chose que je dois faire remarquer : si Paris était

investi, et si le gouvernement avait tort d'y rester, quel était le remède ? C'était évidemment qu'il y eût des élections hors de Paris, car ces élections auraient créé un gouvernement, auraient rendu à la province cette vitalité qu'elle devait avoir et qu'elle pouvait employer à la libération même de Paris, selon votre intention ; de telle sorte qu'il pourrait bien se faire qu'il n'y eût pas d'autre cri contre ces élections que celui de l'opinion violente et exagérée de Paris, et qu'au contraire, si l'on avait su que des élections avaient lieu, — vous avez dit que le secret avait été parfaitement gardé, — cela eût, toujours en suivant la pensée que vous avez exprimée, cela eût été une espérance pour Paris, une idée qui lui aurait donné du courage que de savoir la province se ranimant pour venir à son secours.

M. GAMBETTA. — Je crois que l'idée qui dominait à ce moment-là, non seulement dans le gouvernement, mais dans la population de Paris et d'une grande partie de la France, était que toute opération électorale, tout débat impliquait une distraction de l'effort militaire, et que, dès lors, il valait mieux ajourner les élections. La pensée d'ajournement était combinée de ces deux éléments : l'urgence militaire, et l'exclusion de Paris. C'est là mon sentiment.

M. LE PRÉSIDENT. — On a pu penser qu'en procédant aux élections, on avait voulu ne pas détourner l'attention qui devait se porter sur la guerre ; mais on a pu penser aussi que l'on a voulu exclure par là toute idée d'un gouvernement qui aurait pu contrarier le gouvernement de Paris, ou d'un parti qui aurait pu être en opposition avec le parti qui régnait à Paris.

M. GAMBETTA. — Il n'y avait pas de parti qui régnait à Paris ; c'était à mon avis le vice de la situation, car on ne gouverne qu'avec des partis, avec des partis qui ont le droit d'existence bien entendu. Ce qui, à mon sens, a été la condition même de la faiblesse du gou-

vernement, c'est qu'il n'était pas un gouvernement
de parti. La préoccupation de voir un gouvernement
provincial, opposé à un gouvernement parisien, n'a
pas apparu ; ce n'est pas évidemment la question qui
a pu agiter l'esprit des membres du gouvernement,
c'est purement et simplement ces deux idées : Paris
ne veut pas de ces élections, et puis, la guerre en
souffrira, l'effort de résistance en sera attiédi. On ne
peut pas faire d'élections sans armistice ; l'armistice
aurait pour effet de détendre la défense. Voilà les idées
qui avaient cours.

M. LE PRÉSIDENT. — A Tours, la délégation voulait
les élections?

M. GAMBETTA. — J'ai parcouru un grand nombre
de départements à cette époque, et si vous voulez mon
sentiment exact, comme j'ai l'habitude de le donner,
je vous dirai ceci : j'ai parfaitement noté deux pério-
des dans l'état du pays : la période où je crois que la
majorité du pays ne voulait pas des élections, cette
période va jusqu'au milieu de décembre ; et, au contraire, à partir de ce moment, mon sentiment est que
la majorité du pays voulait des élections parce qu'on
avait été battu.

Un membre de la commission. — Est-ce que ces appréciations de M. Gambetta ne tiennent pas à ce qu'il ne
ne voyait qu'une certaine catégorie de personnes?

M. GAMBETTA. — Je ne voyais qu'au hasard ; permettez-moi de vous dire que lorsque j'allais dans le pays,
je ne me préoccupais pas d'y voir telles ou telles personnes ; vous avez l'air d'être dans cette opinion que
je voyageais dans un cercle, dans une coterie, et que
je me préoccupais d'abord de l'opinion de mes amis.
Soyez convaincu que j'approuve cette maxime de Vol-
taire : « Dieu me garde de mes amis ! » C'est de mes
adversaires que je m'occupe, ou de ceux qui veulent
passer pour tels ; ce qui m'inquiète dans mes interrogations, dans mes observations, dans la politique, que

ce soit hier, aujourd'hui ou demain, c'est de savoir ce
que pensent ceux qui ne sont pas du même avis que
moi. Vous me demandez mon sentiment, et je vous
dis que, depuis le moment où j'ai touché le sol jusque
vers le milieu de décembre, le pays, dans sa majorité,
ne voulait point faire d'élections, et qu'à partir de ce
moment, il était d'un avis contraire.

Vous ne pouvez pas dire avec plus d'autorité que
moi : « Voilà quelle était l'opinion du pays; » parce
que nous n'avons pas encore inventé en politique un
baromètre qui nous autorise à dire avec quelque certitude : « Voilà ce que veut le pays. » Quant à moi, je
ne puis que vous rendre compte de mes observations,
et vous donner mon appréciation.

M. CALLET. — En l'absence de moyens plus régu-
liers de constater l'opinion publique, il y a un moyen
employé dans tous les pays libres, sous tous les gouvernements, c'est de consulter la presse : elle est
aussi un des interprètes de l'opinion.

M. GAMBETTA. — Eh bien, voyez ce qu'elle disait.

M. CALLET. — La presse se divisait, comme le pays,
en deux grands partis, le parti de l'ordre...

M. GAMBETTA. — C'est une mauvaise dénomination.

M. CALLET. — Soit; disons la presse conservatrice.
Elle était unanime à demander les élections.

M. GAMBETTA. — C'est une erreur; et permettez-moi
de vous en donner une preuve qu'il vous sera facile
de vérifier. On fait tous les jours au ministère de l'intérieur le relevé des opinions des journaux : prenez
ce relevé, vous y trouverez évidemment les journaux
de toutes les opinions.

Il y a des journaux qui, dès l'origine, ont demandé
les élections, et dont l'opinion n'a pas varié, et
d'autres qui ont toujours été de l'avis contraire; mais
ce n'est pas là la question qu'il s'agit de résoudre : la
question est de savoir si, par ce moyen de vérification, dont parle notre honorable collègue, on pouvait

préjuger l'opinion du pays. Eh bien, faites-vous remettre ces analyses, et vous verrez si, jusqu'à la période dont je parle, les journaux n'étaient pas en
majorité pour l'action militaire et non pour les élections. Je lisais tous les soirs ce résumé, et c'est un de
mes éléments d'appréciation.

Un membre de la Commission. — Ce résumé a toujours été fait dans le sens de l'opinion du gouvernement.

M. Gambetta. — Permettez-moi de vous dire que
vous vous trompez fort en le supposant. Il y a deux
résumés : le résumé que l'on faisait pour mettre dans
les journaux de province, institution que j'ai d'ailleurs
supprimée, — je ne sais pas si on l'a rétablie, — et il
y a un résumé purement matériel qui consiste à dire :
« Tel journal a dit telle chose ; » je vous prie de croire,
qu'à moins de prêter à celui qui rédige ce travail
assez d'imagination pour composer ce qu'il y a dans
ces journaux, il est à supposer qu'il les copie purement et simplement.

M. le comte de Bois-Boissel. — Permettez-moi de
vous dire que, dans l'Ouest, nous ne vous étions pas
le moins du monde hostiles, et que la révocation du
décret pour les élections nous a cassé les bras au
point de vue de la défense.

M. Gambetta. — Je ne sais pas au juste ce que vous
entendez par là. Vous n'étiez pas organisés au point
de vue de la défense.

M. le comte Daru. — Il ne faut pas discuter en ce
moment.

M. le président. — M. Gambetta veut bien nous
donner des renseignements. Les réponses de M. Gambetta nous donneront sa pensée et ses impressions,
et nous n'avons pas en ce moment à nous livrer à des
appréciations.

Le gouvernement central est resté prisonnier à
Paris, et, pendant bien longtemps, il a été privé de

toute communication avec la délégation de Tours.
Cette privation de communications a-t-elle été seulement l'effet des évènements, ou bien a-t-elle été l'effet d'une volonté particulière ? La délégation pensait-
elle qu'il valait mieux interdire toute communication
entre Paris et Tours ?

M. GAMBETTA. — C'est une erreur; la délégation a
fait tout ce qu'il était humainement possible de faire
pour rester en relation et en correspondance avec
Paris; on a multiplié pour cela les tentatives; on n'a
épargné ni les émissaires, ni les pigeons, ni les boules
lancées dans l'eau ; on s'est livré à une série de moyens
qui, d'ailleurs, étaient plus imparfaits les uns que les
autres, car il n'y a de moyen de communiquer avec
une ville assiégée d'une façon régulière qu'une bonne
armée qui franchisse les lignes.

M. LE PRÉSIDENT. — Par conséquent, le gouvernement de Paris n'a pas pu communiquer avec Tours?

M. GAMBETTA. — Il pouvait communiquer, au contraire, parce qu'il avait à peu près la certitude que
toutes les fois qu'il envoyait un ballon, nous en recevions le contenu; mais nous ne jouissions pas du
même avantage; nous avons tenté deux ou trois fois
d'envoyer un ballon à Paris, mais il est toujours
tombé tout près de l'endroit où il avait été lancé.

M. LE PRÉSIDENT. — C'est au moment où a été signé
l'armistice que vous avez donné votre démission.
Vous pensiez, qu'à ce moment encore, l'état militaire
de la France était tel que la résistance était possible?

M. GAMBETTA. — Ah! certes, oui, Monsieur le Président, et je le crois encore. Je suis convaincu que si
le gouvernement de Paris, qui était un gouvernement
prisonnier, n'avait capitulé que pour Paris, ce qui était
tout son droit, et s'il n'avait pas engagé le pays, en
stipulant la reddition de la France entière ; je suis convaincu qu'avec les ressources dont on disposait, qu'on
pouvait accroître et qui s'accroissaient effectivement

tous les jours, le pays aurait fini par se débarrasser de l'invasion. Il n'y a pas de peuple en Europe, qui n'ait eu, à un moment donné, l'étranger sur son sol, qui ne l'ait gardé longtemps, et qui n'ait fini par l'expulser, et à force de quoi? A force de génie et de combinaisons militaires? Non; par le courage, la ténacité, la persévérance dans la lutte. Cela est arrivé aux Autrichiens, aux Russes, aux Espagnols, aux Anglais; nous, nous avons voulu en être débarrassés subitement, en quarante jours, à échéance fixe, comme s'il s'était agi d'un effet de commerce.

Les gens de Paris, en capitulant, ont capitulé pour le reste de la France, contrairement à leurs engagements les plus solennels et les plus multipliés. On m'écrivait encore, au moment où on traitait avec M. de Bismarck, qu'on ne traiterait que pour Paris. Je suis convaincu qu'avec les soldats qu'on avait, avec les armées qu'on pouvait faire et celles dont on disposait, adossé au littoral, avec les ressources de la marine et du crédit, la France, qui n'était pas prise tout entière, — on pouvait occuper le Cotentin, l'Auvergne, les Cévennes, la vallée du Rhône, — la France serait arrivée à épuiser l'ennemi, à forcer l'Europe à un concours effectif; on aurait sauvé ce qu'il fallait sauver au prix des sacrifices les plus surhumains, l'intégrité de la France. On aurait payé ce qu'il aurait fallu, mais qu'est-ce que cela aurait été, en comparaison de l'indépendance et de l'honneur!

M. LE PRÉSIDENT. — Nous ne discutons pas cette opinion. Lorsque vous avez été envoyé à Tours, vous étiez porteur d'un décret?

M. GAMBETTA. — J'en avais même plusieurs.

M. LE PRÉSIDENT. — Il vous conférait la prépondérance?

M. GAMBETTA. — Oui; j'avais double voix; mais, par respect pour mes collègues, je n'en ai jamais usé, et, surtout, je ne l'ai pas publié.

M. LE PRÉSIDENT. — Vous vous êtes contenté de l'influence qui s'attachait à votre personne, et vous n'avez jamais produit ce décret?

M. GAMBETTA. — Je leur en ai parlé, parce qu'il le fallait, mais je n'en ai jamais fait usage.

M. DE RAINNEVILLE. — D'après une déclaration qui nous a été faite, il y aurait eu cependant un cas important où vous auriez usé de cette voix prépondérante; c'est lorsque vous avez réclamé le portefeuille de la guerre.

M. GAMBETTA. — C'est une erreur absolue.

M. DE RAINNEVILLE. — Vous auriez eu la voix de l'amiral Fourichon et la vôtre, ce qui aurait fait la majorité contre celles de MM. Crémieux et Glais-Bizoin.

M. GAMBETTA. — Il n'a jamais été question de cela. Et voilà bien pourquoi je ne veux pas entrer dans les questions de détail; c'est que je ne veux pas me mettre en contradiction avec mes collègues sur des choses sans valeur. J'ai offert à l'amiral Fourichon de rester à la Guerre; il ne l'a pas voulu, il en avait assez, disait-il.

M. LE PRÉSIDENT. — Vous avez parlé de ligues démagogiques...

M. GAMBETTA. — Je ne me suis pas servi de cette expression; les ligues du Midi affectaient un caractère de désordre, de mépris de la loi, que, pour moi, je n'admets pas.

M. LE PRÉSIDENT. — C'étaient des ligues séparatistes.

M. GAMBETTA. — Séparatistes, au point de vue de l'action militaire du pouvoir central.

M. LE PRÉSIDENT. — Et vous vous êtes applaudi de ce qu'au bout de 15 ou 18 jours, vous les aviez détruites à peu près.

M. GAMBETTA. — Complètement! Il n'en a plus été question.

M. LE PRÉSIDENT. — Nous avons des renseignements

sur ces ligues qui ont tenté de se former: elles paraissaient exercer en effet une assez grande pression sur l'administration.

M. Gambetta. — Elles exerçaient une influence considérable, parce qu'il y a beaucoup de gens faibles : c'était un désordre. Mais, au fond, croyez bien que tout cela n'est pas très sérieux; ce sont des fantômes sans épaisseur.

M. le président. — Vous avez combattu les tendances sécessionnistes à votre arrivée à Tours.

M. Gambetta. — *Sécessionnistes,* c'est un gros mot; c'était de l'anarchie, et cela n'avait pas le caractère de sécession. Je ne voudrais pas que l'étranger pût croire qu'il y a eu, à un moment quelconque, une sorte de ligue pour briser l'unité de la France. Non : c'était du désordre, voilà tout!

M. le comte Daru. — Nous avons des dépositions de MM. Gent et Esquiros, sur le caractère même de la ligue du Midi. Ils nous ont déclaré qu'ils se sont toujours mis aux ordres du gouvernement et qu'en constituant des forces militaires, ils les constituaient pour la défense de l'État, en avertissant le gouvernement qu'ils tiendraient à sa disposition les forces qu'ils allaient constituer. Est-ce exact?

M. Gambetta. — Cela se passait avant mon arrivée à Tours.

M. le comte Daru. — Vous avez envoyé M. Gent à Marseille pour dissoudre la ligue du Midi.

M. Gambetta. — Elle était dissoute auparavant; c'est pour un acte d'administration centrale que j'ai envoyé M. Gent à Marseille.

M. le comte Daru. — La ligue n'était pas encore dissoute.

M. Gambetta. — Ce que l'on vient de dire me paraît exact, quoique je ne le sache que par ouï-dire. Je crois qu'en effet, avant mon arrivée, on s'était entendu et on avait présenté cela comme une question militaire ; je suis même persuadé que la généralité des gens, qui étaient engagés là-dedans, étaient de braves gens, qui voulaient faire de la défense ; mais il ne faut pas abandonner ces éléments à eux-mêmes, d'abord, parce que cela peut amener des déviations dans la conduite des mouvements, et, enfin, parce que, très rapidement, cela ôte de la force au gouvernement.

Je crois que les gens qui se mettaient en avant voulaient faire une espèce d'armée régionale de volontaires, et que c'était très sincère ; mais je suis convaincu que cela aurait mal tourné.

M. LE COMTE DARU. — Vous avez raison. N'avez-vous pas dit à M. Laurier : « Maintenant, je vois clair, je je ne supporterai pas la ligue du Midi? » M. Laurier était complètement de votre avis ; déjà, à cette époque, la ligue du Midi commençait à tourner mal ; elle avait son budget à part, son commandement à part.

M. GAMBETTA. — Je ne suis pas descendu dans l'étude des détails, mais il m'a suffi de savoir ce que cela voulait être, pour ne pas l'accepter et m'en débarrasser. Je ne connais pas leur constitution intérieure ; je sais qu'il devait y avoir des délégués au siège du gouvernement : il y avait toute une organisation. Mais, comme je considérais l'institution en elle-même comme funeste, je n'ai discuté quoi que ce soit.

M. DE SUGNY. — M. Laurier nous a dit qu'à son arrivée à Tours, il avait trouvé la ligue du Midi installée à côté du gouvernement ; que cette ligue inspirait des inquiétudes fort grandes, qu'on avait même demandé à l'amiral Fourichon des marins pour garder le gouvernement, qui se croyait menacé.

M. GAMBETTA. — Je n'ai pas eu connaissance de ce fait.

M. DE SUGNY. — C'est dans cette situation que M. Gent, qui était un des chefs de la ligue du Midi, aurait été envoyé à Marseille.

M. Gambetta. — Pas du tout, il y a une confusion capitale.

M. de Sugny. — Quel était le but de l'envoi de M. Gent?

M. Gambetta. — C'était de désarmer la garde civique, et de faire rentrer dans l'ordre une administration départementale qui ne voulait pas reconnaître le pouvoir central.

J'ai envoyé M. Gent à Marseille pour y rétablir l'autorité du gouvernement, non pas sur la ligue du Midi, entendez-le bien, mais sur des éléments locaux, marseillais, servis dans leur insurrection contre la loi par la complicité des autorités. Il fallait briser cela; il n'y avait qu'un homme, à côté de moi, qui pût le faire avec autorité et avec justice, dans le Midi surtout, sans aboutir à des collisions horribles, que je voulais éviter à tout prix; c'était M. Gent.

M. de Sugny. — Soit; mais comment se fait-il que, pendant que vous rétablissiez à Marseille l'autorité du gouvernement central, le drapeau rouge soit resté sur l'Hôtel de Ville de Lyon?

M. Gambetta. — C'est une erreur; ce n'est pas le drapeau rouge, c'est le drapeau de la ville de Lyon qui flottait sur l'Hôtel de Ville; sur les autres monuments et au balcon même de la préfecture de l'Hôtel de Ville, c'était le drapeau tricolore. Le 24 septembre, le conseil municipal élu de la ville de Lyon avait, dans une délibération, décidé que le drapeau de la ville de Lyon, qui est le drapeau rouge, flotterait sur la maison commune de la ville, tant que durerait la guerre.

M. de Sugny. — Ce n'est pas ainsi qu'on le jugeait à Lyon, on l'a toujours tenu pour un simple drapeau rouge.

M. Gambetta. — Lorsque je suis allé à Lyon, j'ai rassemblé tous les chefs de bataillon, sans distinction, ceux qui appartenaient aux bataillons dits de l'ordre, aussi bien que ceux des bataillons populaires, et je leur ai demandé s'ils voulaient enlever ce drapeau. Ils ont refusé. Le conseil municipal et les membres de la garde nationale m'ont déclaré, et m'ont même apporté des pièces de leur municipalité, établissant ce fait, que le drapeau qui flottait sur l'Hôtel municipal de Lyon, était le drapeau de la ville, et que, partout ailleurs, c'était le drapeau tricolore.

M. DE SUGNY. — Ce n'était pas l'avis de tout le monde, c'est bien le drapeau rouge en tête qu'on a porté en terre le commandant Arnaud.

M. GAMBETTA. — Non, je vous demande pardon.

M. DE SUGNY. — Les journaux de Lyon l'ont dit.

M. GAMBETTA. — Je vous demande bien pardon; moi, j'ai suivi le cortège, et je vous prie de croire que je ne l'aurais pas toléré.

M. DE SUGNY. — Je vous en félicite.

M. GAMBETTA. — Il ne faut pas m'en féliciter, c'est la vérité, c'est moi qui ai mené le commandant au cimetière.

M. LE PRÉSIDENT. — Alors, l'assertion est complètement démentie?

M. GAMBETTA. — Absolument; il n'y avait pas de drapeau d'abord! Pour moi, permettez-moi de vous le dire, Messieurs, je crois qu'il faut s'arrêter là; je ne veux pas descendre dans la discussion de pareilles affaires.

M. MAURICE. — Cependant il faut arriver à constater les faits.

M. GAMBETTA. — Vous comprenez que, si vous en arrivez là et si je suis obligé de vous dire que je n'ai pas été au cimetière derrière un drapeau rouge, il n'y a plus de raison pour s'arrêter!

M. LE PRÉSIDENT. — Permettez-moi une observation: de collègue à collègue, quel inconvénient trouvez-vous à ce que par exemple nous constations....?

M. GAMBETTA. — Je trouve cela misérable, indigne de nous occuper.

M. LE PRÉSIDENT. — Permettez..... Ce qui est digne de nous occuper, c'est d'arriver à la constatation ou à la négation. Cela est fort honorable.

M. GAMBETTA. — Vous pouvez comme cela me poser une série de questions plus ridicules les unes que les autres.

M. DE SUGNY. — Pardon; vous avez exercé un pouvoir dont vous devez compte.

M. GAMBETTA. — Je ne refuse pas des comptes! Là-dessus n'ayez aucune inquiétude.

M. LE PRÉSIDENT. — Mais il est certain que, sur ce point, la question pouvait être faite. Il y avait là un acte de notoriété publique.....

M. GAMBETTA. — Le drapeau rouge sur l'Hôtel de Ville, oui; mais, en tête du cortège, je nie formellement.

M. LE COMTE DE RESSÉGUIER. — M. Gambetta ne conteste assurément pas aux députés le droit d'interpeller les ministres sur leurs actes. C'est à ce titre que nous croyons avoir le droit de l'interroger.

M. GAMBETTA. — Je ne me refuse nullement à répondre aux interpellations. Mais cependant il y a un certain domaine sur lequel il ne faut pas entrer, parce que, alors, vous n'avez qu'à prendre la collection des journaux, qui m'ont attaqué, et qu'à me dire : « Nous avons le droit de vous interroger sur tout cela! » A l'endroit des journaux, je dois vous dire que je suis d'une insensibilité parfaite, et, si vous voulez me poser la série des questions qui résulteront des attaques de ces journaux, permettez-moi de vous dire que ce ne sont pas là des interpellations.

M. LE PRÉSIDENT. — Cependant permettez-moi de maintenir les droits de la commission, et de vous dire que, lorsqu'il y a un fait, qui a été de notoriété publique, qui a été imprimé dans les journaux, il est bon que nous sachions si ce fait est vrai ou faux. Vous avez raison d'être d'une parfaite insensibilité à l'égard de tout ce qui se dit dans la presse; et chacun de nous, de ce côté, est arrivé à la même insensibilité. Mais, enfin, vous avez été attaqué; il y avait là un fait, et il est évidemment bon que nous sachions, de votre bouche, s'il est vrai ou faux, afin que nous puissions déclarer, avec une pleine confiance, que ce fait qui a causé un scandale est complètement faux. C'est une bonne chose pour nous et pour tout le monde.

Il ne faut pas avoir une susceptibilité excessive, quand l'intention n'est pas le moins du monde injurieuse, ni offensive pour vous.

Maintenant, si vous désirez que notre conversation s'arrête là?...

M. GAMBETTA. — Du tout!

M. LE PRÉSIDENT. — Très bien; alors, la conversation pouvant continuer, il y a plusieurs choses sur lesquelles je vous demanderai la permission de vous faire quelques questions. C'est, par exemple, ce qui a rapport à l'organisation du ministère de la guerre.

On s'est étonné que, au ministère de la guerre, ce fût un ingénieur civil qui eût été chargé en quelque sorte d'être — je cherche le mot, — votre chef d'état-major...

M. GAMBETTA. — Un ingénieur civil?

M. LE PRÉSIDENT. — Je veux vous parler de M. de Freycinet.

M. GAMBETTA. — Du tout; c'est un des plus distingués élèves de l'École polytechnique, c'est un homme qui a dirigé l'administration des mines et des chemins de fer.

M. CHAPER. — Enfin, il n'est pas militaire; c'est là le sens des paroles de M. le président.

M. GAMBETTA. — Oui, il n'y a pas là de quoi s'étonner. C'est un homme parfaitement capable, tout à fait à la hauteur des fonctions dont il a été chargé, qui les a admirablement remplies, et véritablement je ne vois pas qui aurait pu le remplacer.

M. LE PRÉSIDENT. —Maintenant, dans les dépositions des généraux, qui ont été successivement chargés de plusieurs opérations, nous avons entendu et recueilli beaucoup de plaintes. Vous me permettez de vous les communiquer?

M. GAMBETTA. — Parfaitement.

M. LE PRÉSIDENT. — Ainsi, la plupart des généraux, qui ont été entendus ici, sont unanimes pour déclarer qu'ils recevaient du ministère de la guerre des ordres qu'ils appelaient les plus déraisonnables du monde, auxquels ils étaient souvent obligés de refuser d'obéir pour ne pas compromettre leur armée, et que, quand le succès ne couronnait pas leurs efforts, si mal dirigés, c'était sur eux qu'on faisait retomber le blâme aux yeux de l'opinion publique, alors que les plans venaient du ministère de la guerre. Veuillez nous donner quelques explications sur ce point.

M. GAMBETTA. — Je ne sais pas ce que cela veut dire. Pour moi, ces allégations n'ont aucun sens, et rien ne pourrait en établir la justification. On n'a jamais donné aux généraux que des ordres qui avaient été délibérés avec eux, que des ordres d'exécution. Quant à des ordres et des plans d'ensemble, ce sont toujours eux qui les ont donnés ou choisis. Je ne vois pas à quel genre d'ordres ils se seraient dérobés; je ne sais pas à quel genre de prescriptions on fait ici allusion.

M. LE PRÉSIDENT. — Mais les plans de campagne arrivaient précisément de votre ministère de la guerre, je crois?

M. GAMBETTA. — Cela dépend. Il n'y a eu, à proprement parler, que deux plans de campagne, parce que MM. les généraux Faidherbe et Chanzy ont toujours fait leurs affaires eux-mêmes. On a toujours demandé aux généraux des plans : ils n'en envoyaient pas. Quand on leur en demandait, ils ne répondaient rien, ou ils répondaient qu'ils n'avaient pas de plans.

La première campagne de la Loire a été délibérée devant moi par tous les généraux qui y ont pris part; par conséquent ce n'est pas à ce plan-là qu'on fait allusion. Quant au second plan, celui de l'Est, il a été délibéré et arrêté à Bourges, entre MM. les généraux Bourbaki et Clinchant, et le représentant du ministère de la guerre. Par conséquent, il a été parfaitement accepté. Il n'a même été accepté, celui-là, qu'après le rejet d'un autre plan proposé par le ministère de la guerre, de telle sorte que j'ai la réponse écrite des généraux à ce sujet, et on peut établir qu'il y avait là parfaitement concert et adhésion. Quant à cette accusation, qu'on faisait retomber sur eux la responsabilité de l'exécution malheureuse d'ordres mal donnés, cela n'est pas exact. Rien n'est moins fondé que cette prétention; elle n'a aucune valeur.

M. LE PRÉSIDENT. — Dans la déposition du général Bourbaki, nous avons recueilli des plaintes sur les ordres qui lui avaient été envoyés de Tours quand il était chargé du commandement d'un corps d'armée, ordres qui auraient amené la destruction presque inévitable de ce corps s'il les eût exécutés. Le général Fierreck nous a signalé aussi un ordre auquel il aurait été obligé de résister.

M. GAMBETTA. — Le général Fierreck? Je ne le connais pas: il n'est pas de mon administration.

M. LE COMTE DARU. — Vous ne l'avez pas connu, mais il a commandé sous vos ordres.

M. GAMBETTA. — Ah! oui, tout à fait au début et fort peu de temps. Mais, quant au général Bourbaki, je ne sais pas à quoi on fait allusion. Est-ce l'affaire de Gien?

M. LE PRÉSIDENT. — Non, c'est l'affaire de Blois.

M. GAMBETTA. — Eh bien! pour l'affaire de Blois, je puis vous faire voir les dépêches. C'est une série de demandes instantes du général Chanzy appelant Bourbaki à son aide. Je me suis borné, et voilà tout le travail que j'ai fait, à les présenter à celui-ci, et comme je voyais que le général Chanzy attachait un grand prix à l'exécution de cette opération, je suis allé voir le général Bourbaki à son quartier général, porteur de ces dépêches et porteur de la lettre du général Chanzy, pour lui demander s'il pouvait exécuter ce mouvement. Il m'a dit : « Je ne puis pas, j'y périrais! » Et alors de son quartier général j'ai envoyé une dépêche au général Chanzy, lui expliquant pourquoi ce mouvement ne pouvait pas se faire et ne se ferait pas.

M. LE COMTE DE RESSÉGUIER. — L'ordre d'aller à Melun, sur lequel le général Bourbaki s'est expliqué, aurait pu amener des désastres irréparables.

M. GAMBETTA. — A Melun?

M. LE COMTE DE RESSÉGUIER. — Oui, le plan qui consistait...

M. GAMBETTA. — Oh! je vois ce à quoi vous faites allusion, mais vous confondez tout.

Après l'affaire du mois de décembre, la funeste affaire d'Orléans, il y a eu un plan élaboré au ministère de la guerre et auquel on avait associé non-seulement l'armée du général Bourbaki, mais encore l'armée qui était de l'autre côté de la Loire. Dans ce plan on proposait, en effet, une marche de Gien sur Montargis et Fontainebleau. Est-ce cela dont vous voulez parler?

M. LE COMTE DE RESSÉGUIER. — Oui.

M. GAMBETTA. — Voici l'origine de ce projet. A ce moment-là nous avions reçu de Paris la nouvelle que Paris ne pouvait guère aller plus loin que le 15 ou le 20 décembre, ce qui ne s'est pas trouvé justifié. Il faut que je vous dise qu'une des conditions difficiles, malheureuses, dans lesquelles nous étions placés, c'était d'avoir pour objectif Paris, ce qui était un objectif excentrique, ce qui nous obligeait à hâter nos préparatifs, nos efforts, et en même temps ce qui nous indiquait une ligne d'opération fatale.

Eh bien! à ce moment-là nous estimions, d'après les données que nous recevions, et qui, malheureusement, n'ont pas été toujours exactes, que Paris ne pouvait tenir bien longtemps. On nous annonçait au mois d'octobre qu'on n'avait de vivres que jusqu'au mois de novembre; au mois de novembre, qu'on n'en avait que jusqu'au 15 décembre; au 15 décembre, qu'on périrait à la fin de l'année, et vous comprenez par là dans quelle situation ces doutes nous plaçaient au point de vue des opérations militaires; nous n'étions pas libres de nos mouvements. Eh bien! autant que j'en ai souvenance, c'est en effet vers le 15 décembre que, à raison de l'état de Paris et d'un suprême effort qu'il fallait tenter, nous avons proposé au général Bourbaki de monter vers Montargis et Fontainebleau. Et si je me rappelle bien, ce plan n'a point été élaboré au ministère de la guerre. Je me trompe, il a été élaboré au ministère de la guerre, mais il a été communiqué aux généraux, et, dans l'état-major du général Bourbaki, parmi au moins ses divisionnaires, il y en avait qui étaient de cette opinion et qui regrettent, encore aujourd'hui, qu'au lieu de se prononcer pour la pointe de l'Est, on n'ait pas suivi cette première idée. Mais lui, au contraire, avec une très grande énergie...

M. LE PRÉSIDENT. — Le général Bourbaki?

M. GAMBETTA. — Oui, lui, au contraire, avec une très grande énergie, me dit, — vous allez voir comme c'est bizarre : — « Nous ne pouvons pas aller là, parce que si je remonte, si je m'engage dans la direction de Gien, de Fontainebleau, de Pithiviers, le prince Frédéric-Charles lâchera Chanzy, reviendra sur moi et je serai absolument coupé. »

Quand un général en chef ne voulait pas accepter une affaire, j'y renonçais. Je renonçai en effet à ce plan, et c'est alors qu'on adopta le projet d'aller dans l'Est. Je dois le dire, j'ai la plus grande confiance dans le général Bourbaki, je l'ai défendu avec acharnement contre toutes les attaques dont il a été l'objet; c'est un très brave soldat et un loyal patriote. Sa sortie de Metz est restée une énigme pour beaucoup de personnes; mais enfin, il m'a fait l'honneur de me confier la vérité là-dessus et je l'ai supplié de rester avec nous. Il voulait rentrer dans Metz, et il se considérait même comme déshonoré vis-à-vis de ses camarades de n'y pas retourner.

J'ai en lui, et en sa loyauté, une absolue confiance. Mais il faut que je vous dise qu'il était très ébranlé, malheureusement, dans sa confiance de soldat. Il avait vu fondre, en quelque sorte, ce qu'il appelait la plus belle armée de l'Europe, et il avait une sorte de désespoir noir dans l'âme, une inquiétude, et puis la peur que, à la première défaite, on ne fît porter tout le tort sur lui. Ce n'est pas sa bravoure que j'attaque, c'est certainement le plus brave soldat qui soit au monde; c'est son moral. En sorte que toutes les fois qu'il pouvait refuser la bataille, il ne résistait pas à son découragement, et, évidemment, placé entre deux plans, ou marcher de Gien ou Cosne sur Pithiviers, ou au contraire incliner fortement sur sa droite, s'en aller par Bourges, Chalon-sur-Saône et Besançon, faire une pointe sur Belfort, évidemment de ces deux opérations, celle qui correspondait le plus à l'état de son esprit, de son âme, à la médiocre confiance qu'il avait dans ses troupes, c'était le plan le plus éloigné, c'était la marche dans l'Est, et c'est pour cela qu'il l'a préféré, car c'est lui qui l'a agréé. Voilà la vérité pure.

M. LE COMTE DE RESSÉGUIER. — M. Gambetta pourrait-il nous dire ce qu'il y a de vrai dans l'assertion suivante?

On a dit que, par suite d'une erreur grave, il avait confondu Épinay près Longjumeau avec Épinay près

Saint-Denis, et que cette méprise avait eu pour conséquence des ordres regrettables donnés par lui aux
généraux?

M. GAMBETTA. — Du tout, je ne suis pas fâché de
trouver l'occasion de m'expliquer là-dessus. C'est une
erreur absolument matérielle qui a été commise, qui
vient purement et simplement de la dépêche que
nous avons reçue, mais qui n'a, je vous en donne ma
parole, pesé en rien sur nos déterminations. C'est
même la première fois que j'entends dire qu'on a pu
partir de cette donnée pour aboutir à un ordre quelconque.

J'ai, en effet, commis une erreur matérielle. Voici
comment : Je recevais par ballon des dépêches sur
les évènements accomplis à Paris ; seulement elles
étaient de deux genres : ou bien c'étaient des dépêches
sur la politique, qui étaient fort longues, des géné-
ralités ; ou bien c'étaient des dépêches Havas, mais faites par l'administration et très rapidement, et par
conséquent souvent fort mal composées. Le jour où
Paris avait fait une tentative de sortie sur presque
tout son périmètre...

M. LE COMTE DE RESSÉGUIER. — La sortie par les val-
lées de la Marne et de la Seine.

M. GAMBETTA. — Eh bien, le texte de la dépêche,
arrivé à cet endroit, était parfaitement confus : c'était
un compte rendu fait en style télégraphique, et il était
ainsi rédigé : On nous disait qu'on avait enlevé la
Gare aux Bœufs, Chevilly, l'Hay, et puis immédiatement après, sans changer de côté dans la dépêche, sans
dire le moins du monde que c'était l'effort tenté par un
autre corps du côté de Saint-Denis, on ajoutait qu'on
avait enlevé Épinay : et on ne disait pas Épinay près
Longjumeau, ni Épinay près Saint-Denis. Non, il n'y
avait aucune espèce de désignation. De telle sorte que
nous avons étudié cette dépêche comme un logogriphe
et en nous servant de la carte. Nous nous sommes dit :

« Mais enfin, s'ils ont eu ces succès, s'ils ont enlevé successivement la Gare aux Bœufs, l'Hay, Chevilly, Épinay!...» remarquez que cela se suit dans la dépêche, — « ma foi, c'est bien possible après tout! Il n'y a que 8 kilomètres entre Épinay et Longjumeau : ils sont arrivés près de Longjumeau! »

Nous avons discuté la question, parce que nous avons dit : Il y a deux Épinay. Il y a Épinay-Saint-Denis. Mais si c'était Épinay-Saint-Denis, on nous annoncerait ce qu'on a fait devant Saint-Denis, avant d'enlever Épinay. Or, on ne nous annonce rien. Et remarquez que Épinay se trouvait venir à la suite de cette énumération sur la rive gauche de la Seine. Vous pourriez encore avoir, si M. Dalloz a conservé mon manuscrit, la transcription de la dépêche, et vous verriez qu'elle était raturée à deux reprises différentes. Mais enfin on m'a dit : Évidemment, si c'était Épinay-Saint-Denis, la dépêche l'indiquerait. Ainsi nous avons commis, ou plutôt on nous a fait commettre une erreur matérielle. Mais cela n'a eu aucune espèce de conséquences, au point de vue des ordres donnés.

M. LE COMTE DE RESSÉGUIER. — Alors, ce rendez-vous donné dans la forêt de Fontainebleau n'était pas la conséquence de cette erreur?

M. GAMBETTA. — Du tout. Car, remarquez que, lorsque nous avons conçu le plan d'aller vers la forêt de Fontainebleau, c'était un moyen pour nous de sortir de la ligne d'Orléans, de ne pas rester en tête de ponts adossés à la Loire et de faire une marche sur Paris par ce que, relativement, on peut appeler la haute Seine. Mais nous n'étions pas mûs, dans cette détermination, par cette confusion d'Épinay-Saint-Denis avec Épinay près Longjumeau. Personne n'y a pensé.

M. LE PRÉSIDENT. — Pourriez-vous donner à la Commission quelques renseignements sur ce qui s'est passé au camp de Conlie?

M. Gambetta. — Cela m'est bien difficile, je vous dirai même que cela m'est impossible, car je n'ai pas les rapports. J'ai nommé le général Hacca, un inspecteur aux finances et un intendant militaire, pour faire une enquête ; ils ont fait l'enquête et déposé un rapport. Tout cela a été au ministère de la guerre.

M. le président. — Alors il y a, au **ministère de la guerre**, un rapport du **général Hacca** et d'un intendant divisionnaire ?

M. Gambetta. — Oui, je l'ai vu ou examiné, tout cela au point de vue du service. Je n'ai que des indications très vagues sur la question elle-même.

M. le président. — Ces malheureux réunis au camp de Conlie étaient dans un état tellement déplorable qu'un général, je crois, avait refusé de les faire marcher, parce qu'il ne pensait pas que ces troupes pussent apporter un concours efficace à la défense.

M. Gambetta. — Je vois tout de suite ce dont il s'agit. En effet, ce général n'a pas voulu faire partir ses troupes, et c'est pour cela qu'il n'est pas resté au camp de Conlie. Mais il s'est trouvé par bonheur un homme plus vigoureux, un brave Breton, un nom qu'il faut se rappeler, Gougeard, capitaine de frégate, et qui a pris le commandement de ces hommes. Il a eu cet honneur d'en faire une des parties les plus solides et les plus vigoureuses de l'armée du général Chanzy. C'étaient cependant les mêmes hommes.

M. le comte Daru. — Ce sont des faits et des époques différentes, vous confondez.

M. Gambetta. — Du tout, je ne confonds pas. Vous voulez parler de M. de Kératry qui n'a pas voulu mener ses hommes au feu.

M. le comte Daru. — Non, au début, les douze premiers mille hommes, formés au camp de Conlie, et qui ont été envoyés à l'armée de l'Ouest se sont bien battus, mais sous les ordres de M. Gougeard. Mais ceux qui sont restés dans le camp, au nombre de 48,000 hommes, ont beaucoup souffert et ont été fort maltraités.

M. Gambetta. — Je le crois bien, je suis allé voir ce camp : il était très mal choisi.

M. le comte Daru. — Le camp était mal choisi, mais les hommes manquaient d'armes, de chefs, d'objets de campement, d'habillement. Ils étaient dans un état déplorable.

M. Gambetta. — Déplorable, c'est exagéré. Le grand reproche, le reproche fondé, c'est d'avoir choisi l'emplacement dans un lieu qui n'était pas nivelé, dont les terres étaient très fortes et où il n'y avait pas d'écoulement pour les eaux; or, comme la saison était très pluvieuse, il y avait une boue horrible, dans laquelle les hommes pataugeaient.

M. le président. — A ce moment-là, on a fait un rapport déshonorant pour les mobilisés bretons...

M. Gambetta. — Pour les mobilisés bretons? pas du tout : car les mobilisés bretons se sont admirablement battus. Il y a eu, sous le commandement d'un officier, que le général en chef a voulu faire passer en conseil de guerre, il y a eu, de la part d'une fraction de 4 à 5,000 hommes, pas plus, à un endroit qu'on appelle Pontlieue, un acte de mauvaise conduite militaire, mais que je crois bien plutôt imputable à l'absence de tout chef capable, qu'aux troupes elles-mêmes. Et vous vous rappelez dans quels termes fort vifs un chef s'était expliqué sur leur compte, tellement vifs que j'avais été obligé d'en modérer l'expression au *Moniteur*.

Un membre. — Il y a eu, avant votre départ de Paris, un plan pour la province, qui consistait à s'appuyer sur le Cotentin et la Normandie. Je croyais que vous aviez même été en relation avec le général Trochu à l'occasion de ce plan. Il avait l'intention de faire une sortie du côté de la basse Seine et il comptait sur un mouvement de l'armée de la Loire qui, au lieu de se faire par Orléans et Étampes, devait se faire par la presqu'île du Cotentin et par la Normandie. Je vous demande si vous avez eu connaisance de ces projets?

M. Gambetta. — Je n'ai jamais eu connaissance de cela, et ce qui m'a le plus étonné, c'est que, lorsque je suis parti pour la province, personne dans le gouvernement, ni le général Trochu, ni le général Le Flô, personne enfin ne m'a levé la langue, je ne dis pas d'un plan, mais d'une opération militaire quelconque. Un jour, — c'était déjà vers le milieu d'octobre, — M. Ranc est arrivé de Paris. Il avait eu, avant de partir, verbalement, avec le général Trochu, une conversation qu'il était chargé de transmettre à l'amiral Fourichon. Cette conversation, autant que je m'en souviens, car je ne puis pas prendre cela pour un plan, portait sur deux choses : il y était dit qu'on tenterait vers la fin d'octobre un immense effort à Paris. D'abord on ne croyait pas à la province et on ne pensait pas qu'on pût y lever, y trouver un homme, ni un fusil. Il était question en effet dans cette conversation d'opérer une sortie par les petits plateaux. Cela s'appelle comme cela. Et puis, si en province on avait des forces, on devait les faire remonter du Havre vers Paris. Et je me le rappelle : Bourbaki venait de sortir de Metz, il était à Lille, l'amiral Fourichon lui écrivit une lettre, dans laquelle il lui rapporta cette conversation, et dans laquelle il lui demandait son opinion sur la possibilité de faire remonter les troupes, dont nous pouvions disposer, vers Rouen, pour les faire remonter ensuite vers Paris; l'amiral Fourichon m'a délivré copie de la réponse du général Bourbaki, qui trouvait l'opération impossible.

Un membre. — Il nous l'a donnée.

M. Gambetta. — C'est tout ce que je sais en fait de plans d'opérations de Paris vers la province. Ainsi, quand on a fait cette fameuse sortie du 1er au 2 décembre, on m'annonçait par un ballon, un seul, — ce qui était déjà une grave imprudence, —qu'on sortirait le 29 novembre. Ce ballon est allé à Christiania, il me fut signalé par une dépêche télégraphique, et j'écrivis au consul de vouloir bien m'envoyer la dépêche qu'il devait contenir. Je reçus seulement le 29 cette dépêche qui m'annonçait la sortie, c'est-à-dire qu'elle était faite ou allait se faire; c'est ce qui explique la précipitation que nous avons mise à agir à Orléans, pour inquiéter et retenir un certain nombre de troupes prussiennes, puisque cette sortie devait avoir lieu dans la direction de Champigny. Et pour tout vous dire, dans cette dépêche, il n'est question que de la sortie de Paris, et quant à nous demander quelque chose, nous engager dans un concert quelconque, il n'en est pas question le moins du monde.

M. DE SUGNY. — Il a été donné des renseignements contradictoires à ce sujet. Maintenant, pourriez-vous nous éclairer sur un autre point? Saviez-vous, en partant de Paris, jusqu'à quelle époque on pouvait tenir, en raison des vivres accumulés?

M. GAMBETTA. — Nullement. Je dirai que je n'ai jamais pu obtenir, ni à Paris ni en province, non pas des réponses, car j'en ai eu trop, mais une certitude approximative. Cependant rien n'était plus simple que de procéder à une statistique exacte. Eh bien, en sortant de Paris je n'ai pu l'obtenir. J'estimais que Paris pouvait aller jusqu'au 15 décembre, au maximum, c'était mon sentiment; je m'étais trompé, puisqu'il pouvait aller, d'après certaines personnes, jusqu'au mois de mars, et qu'il est allé certainement jusqu'au 15 février, puisque ce n'est qu'à cette époque qu'a eu lieu le ravitaillement.

M. CALLET. — Permettez-moi de préciser deux questions relatives au camp de Conlie.

La première se rapporte au temps où M. de Kératry exerçait le commandement.

Il attendait depuis longtemps des armes pour instruire ou occuper, du moins, ses hommes qui pataugeaient dans la boue...

M. GAMBETTA. — C'est sa faute : il ne fallait pas qu'il choisît cet emplacement.

M. CALLET. — Enfin, il fut officiellement avisé que 75,000 fusils, à lui destinés, arrivaient à Brest; il part pour en prendre livraison, et, au moment de son arrivée, on lui signifie que ces fusils seront dirigés sur Toulon.

M. GAMBETTA. — Et les bateaux ont levé l'ancre ?

M. CALLET. — Oui. Qui avait donné cet ordre? Qui avait changé la destination de ces armes? Voilà ma première question ; et maintenant voici la seconde.

Un peu avant la bataille du Mans, il restait au camp de Conlie 10,000 hommes environ, qu'on voulut mettre sous les ordres du général Chanzy; le général de Marivault, qui les commandait, ne fut pas d'avis qu'on disposât de ces hommes qui n'étaient point exercés, qui n'avaient que des armes en très-mauvais état, dont ils ne pourraient se servir, et à l'exercice desquelles, je le répète, ils n'étaient nullement façonnés. On insista; il donna sa démission qui fut acceptée. Le général Lalande lui succéda dans le commandement, et, après avoir étudié et constaté l'état des choses, il déclara à son tour qu'envoyer ces jeunes gens à l'ennemi, c'était les envoyer à une mort certaine ou à une humiliation certaine. Il se rendit même à l'état-major de Chanzy pour faire cette déclaration. Néanmoins ces jeunes gens inexpérimentés et mal armés furent conduits au feu, et mis, je crois, à l'avant-garde. Aussi arriva-t-il ce qui devait naturellement arriver : ils lâchèrent pied, et c'est à propos de ce fait prévu et inévitable que parut un ordre du jour qui a offensé toute la Bretagne.

M. DE LA BORDERIE. — On a eu soin de publier partout l'ordre du jour signalant «la panique des Bretons à la Tuilerie comme étant le signal de la débandade». Cet ordre du jour a été répandu à profusion dans toute la Bretagne; mais, quant à l'ordre du jour du général

Chanzy sur la manière dont les Bretons avaient tenu les positions d'Auvert, il n'en est pas question. Cette dépêche n'est pas parvenue dans la Bretagne pour effacer le blâme qui lui avait été infligé par la première dépêche.

M. GAMBETTA. — Elle a été mise au *Moniteur*.

M. DE LA BORDERIE. — Je vous demande pardon, j'en ai fait la vérification.

M. GAMBETTA. — Je suis certain qu'elle y a été mise.

M. DE LA BORDERIE. — Elle n'a pas été publiée en province.

M. GAMBETTA. — Je me rappelle très bien que je disais : « Il ne faut pas faire supporter à des gens qui se sont bien conduits la responsabilité d'une défaillance particulière. » Cela a été inséré au *Moniteur*. Maintenant, si on ne l'a pas publié en province, que voulez-vous que j'y fasse? Je n'en sais rien. Il faut faire une enquête; je ne puis pas répondre à des faits particuliers que je ne connais point. Il en est ainsi de cette histoire de fusils, dont vous venez de me parler.

M. CALLET. — C'est M. de Kératry qui en a déposé.

M. GAMBETTA. — Il faudrait interroger les agents chargés de ces services. Il n'y a sur ce point que deux personnes qui pourraient vous renseigner : le général Thoumas et M. Lecesne. Quant à moi, je ne puis pas vous répondre, et, jusqu'à preuve, je n'en crois rien.

M. LE COMTE DE RESSÉGUIER. — Mais vous pouvez répondre sur l'envoi de troupes qui n'étaient point organisées, qui n'avaient que des armes défectueuses?

M. GAMBETTA. — C'est une erreur. Deux mois avant on avait fait partir une partie de ces mêmes hommes, et ceux-là se sont bien battus. C'est une question d'officiers, voilà tout!

M. LE COMTE DE RESSÉGUIER. — Tous les officiers qui ont déposé sont unanimes pour nous dire que non seulement ces hommes n'étaient pas exercés, mais que leurs armes étaient hors de service; le gouvernement

en a été prévenu, on lui a déclaré que c'était un
crime de mener ces recrues devant l'ennemi, et il a
passé outre.

M. LE COMTE DARU. — Vous n'avez pas connu ces
faits?

M. GAMBETTA. — Il faut bien se garder de croire que,
pour faire bonne contenance devant l'ennemi, il ne
faille que des armes de premier choix. Il fallait bien
se résigner à faire la guerre avec les armes que nous
possédions.

M. LE COMTE DE RESSÉGUIER. — Oui, mais avec des
armes dont la lumière n'est pas percée?

M. GAMBETTA. — Je voudrais voir cela pour le
croire!

M. LE COMTE DE RESSÉGUIER. — On nous l'a déclaré.

M. GAMBETTA. — Je ne le crois pas.

Un membre. — Croiriez-vous le témoignage de l'a-
miral Jauréguiberry?

M. GAMBETTA. — Certainement.

M. LE COMTE DE RESSÉGUIER. — Eh bien, des officiers
très-compétents nous ont déclaré qu'après vérification
faite des armes, il s'en est trouvé beaucoup qui ne
pouvaient faire feu; que les hommes n'avaient point
de cartouches, et qu'arrivés au Mans, on leur en avait
distribué qui n'étaient point du calibre des fusils qu'ils
portaient.

M. GAMBETTA. — C'est une enquête à faire.

Un membre. — On nous a donné encore un autre
détail : c'est qu'on était obligé de mettre plusieurs
hommes pour tirer la baguette du fusil du canon
qu'elle occupait.

M. DE SUGNY. — Il y a eu là une sinistre incurie!

M. GAMBETTA. — Je ne croirai à ces faits qu'après
une enquête, et je suis frappé de cette circonstance.
Du camp de Conlie sont sortis, sous les ordres de
deux officiers, les mêmes hommes, on n'a pas fait de
choix ni pour les hommes, ni pour les armes, et ce-

pendant les uns se sont bien conduits et les autres mal. Voilà ce qui est certain. Je ne dis pas qu'il n'y ait pas eu des irrégularités graves, dont il faille rechercher les auteurs ; mais, quant à ce fait général que les troupes dont vous parlez aient eu à subir ce détriment, je ne le crois pas.

M. Perrot. — Il y a une partie de ces hommes qui n'ont jamais reçu d'armes.

M. Gambetta. — Ces hommes-là, aussi, n'ont point été menés au feu. Il y a beaucoup d'hommes en France qui n'ont point eu d'armes ; cela tient à ce que nous n'en avions pas ; aussi, on ne les menait pas devant l'ennemi sans armes. Quant à ce fait de 75,000 fusils partis de Brest pour Toulon, c'est la première fois que j'en entends parler, je n'y répondrai donc pas. Je n'étais pas au courant des arrivages des bateaux ; si vous voulez vous éclairer parfaitement sur ce fait, il y a deux hommes que vous pouvez consulter, ceux qui étaient chargés de l'arrivage et de l'armement : M. Lecesne aux travaux publics, et celui qui était préposé à la distribution des armes, le commandant de la section d'artillerie au ministère de la guerre.

M. le président. — Ne venez-vous pas de nous dire que, sur les faits du camp de Conlie, il y a un rapport adressé au ministre de la guerre ?

M. Gambetta. — Oui.

M. le président. — Croyez-vous que le fait relatif aux 75,000 fusils soit consigné dans ce rapport ?

M. Gambetta. — Je ne le crois pas. J'ai parcouru ce rapport et je ne me rappelle pas ce fait.

Un membre. — M. de Kératry en a parlé.

M. Gambetta. — Cela mérite examen.

M. le comte Daru. — Trois personnes en ont déposé.

Un membre. — Est-il dans vos souvenirs qu'à Tours trois ou quatre Américains soient venus vous trouver, porteurs de l'annonce de l'arrivée de ces 75,000 fusils ?

M. Gambetta. — Je n'ai jamais vu quatre Américains ensemble.

Le même membre. — Ils sont venus deux par deux. Je les ai rencontrés dans le parcours de Brest à Tours, et ils m'ont dit qu'ils venaient vous apporter des offres de services pour des armes et même pour une légion française venant d'Amérique.

M. Gambetta. — Oh! les Américains auraient traité avec moi non seulement pour des armes, mais pour des armées et même pour une victoire à forfait, si on avait voulu!

M. Perrot. — Permettez-moi de revenir sur un fait qui n'a été qu'effleuré, et qui a exercé une grande impression sur l'opinion publique : c'est que la direction des opérations militaires, des plans militaires, la direction donnée aux généraux, ait été confiée exclusivement à des ingénieurs civils.

M. Gambetta. — C'est une erreur!

M. Perrot. — Le grand directeur était M. de Freycinet? Où était l'élément militaire?

M. Gambetta. — Mais les généraux eux-mêmes! On discutait, on délibérait avec les généraux qui devaient exécuter les opérations. Ce n'est qu'à la suite de ces délibérations, et avec l'agrément des généraux, que les opérations leur étaient confiées. M. de Freycinet n'a jamais mis un général dans cette situation : « Voici un plan, vous allez l'exécuter. »

M. Perrot. — Vous vous inscrivez en faux contre l'assertion de tous les généraux que nous avons entendus. Ils nous ont dit : « Nous avons été obligés d'exécuter les plans de M. de Freycinet. » Tous les généraux, je le répète, nous ont fait cette déclaration de la manière la plus positive.

M. Gambetta. — Je n'aurais qu'à vous montrer leurs lettres et leurs dépêches pour vous prouver le contraire.

M. Perrot. — C'est avec des dépêches en mains qu'ils nous ont fait cette déclaration.

M. Gambetta. — C'est qu'ils ne les ont pas fait voir toutes.

M. le président. — Je dois ajouter que la plupart des généraux que nous avons entendus disaient que, lorsque vous interveniez, ils trouvaient une meilleure audience auprès de vous qu'auprès de M. de Freycinet. Quand ils avaient affaire à vous, ils trouvaient quelqu'un qui écoutait leurs observations et qui, de plus, y déférait; et pour M. de Freycinet, c'était le contraire.

M. Gambetta. — Je ne sais ce qui a pu se passer entre M. de Freycinet et les généraux. Quant à moi, entendez-le bien, je n'avais qu'une préoccupation, un but : leur fournir, à force d'activité, d'énergie, de volonté, les moyens de faire ce qu'ils pourraient; je n'ai jamais joué d'autre rôle vis-à-vis d'eux, et toutes les fois qu'ils avaient besoin de quelque chose, je le leur fournissais. Ils sont obligés d'en convenir. Maintenant je n'ai vu, de mes yeux, que les deux principaux plans d'opérations militaires. C'étaient des plans voulus, concertés, débattus avec eux. Que voulez-vous que je vous dise de plus? C'est un fait. Ainsi pour l'opération militaire qui a amené la bataille de Coulmiers, il y a eu deux conseils de guerre. Je n'ai assisté qu'à un seul, dans lequel il y avait le général Borel, le général d'Aurelle de Paladines, un général revenu d'Afrique, dont le nom m'échappe, un autre général divisionnaire et M. de Freycinet. C'est là qu'on a résolu cette affaire qui s'est terminée un mois et demi après.

Il en a été de même pour l'affaire de l'Est. Maintenant, je ne connais pas les autres opérations; celles du général Chanzy, lequel a toujours été son maître, et celle du général Faidherbe, qui n'a jamais reçu d'ordres. Je sais encore qu'il y avait des corps isolés, disséminés soit à Tours, soit à Blois, soit au Havre, qu'on pourrait appeler des sporades, lesquels relevaient du ministère de la guerre, qui n'avaient aucun plan, aucune opération de longue haleine à exécuter, mais purement et simplement des opérations faciles, immédiates et momentanées.

M. LE PRÉSIDENT. — Et vous n'avez jamais eu aucune communication du plan du général Trochu?

M. GAMBETTA. — Je n'ai jamais eu aucune communication de ce genre, en dehors, cependant, de ce que je vous ai exposé tout à l'heure.

M. LE PRÉSIDENT. — Oui. La conversation avec M. Ranc.

M. GAMBETTA. — Oui ; j'ai du reste toutes les lettres qu'il m'a adressées, il y est question de tout, excepté d'un plan.

M. LE PRÉSIDENT. — La commission est renseignée sur cette question.

M. LE COMTE DARU. — Vos souvenirs ne vous servent pas bien au sujet des opérations militaires que vous avez dirigées. Vous ne nous avez parlé que de l'affaire de Coulmiers et de l'affaire de l'Est. Mais il en est d'autres qui ont été dirigées de votre cabinet. Je vous rappellerai celle de Beaune-la-Rolande, le mouvement de Nevers sur Gien.

M. GAMBETTA. — En effet, il y a le mouvement de Nevers sur Gien, et de Gien sur Beaune-la-Rolande; il y a eu effectivement un temps intermédiaire où les 18e et 20e corps ont été dirigés par le cabinet; mais à partir du 30 novembre, ces corps ont été rattachés à l'armée de la Loire, placés sous les ordres du général d'Aurelle de Paladines.

M. LE COMTE DARU. — Ils y étaient déjà.

M. GAMBETTA. — Non.

M. LE COMTE DARU. — Je crois pouvoir vous affirmer que les deux corps qui ont été dirigés, l'un sur Beaune-la-Rolande, l'autre sur Pithiviers, faisaient partie de l'armée du général d'Aurelle.

M. GAMBETTA. — Je vous demande pardon. Comment voulez-vous qu'il en soit ainsi, puisque l'un de ces corps venait de l'armée de Lyon, et l'autre de l'armée de Bourges?

M. LE COMTE DARU. — La déposition du général d'Aurelle est, si je ne me trompe, contraire à ce que vous avancez.

M. GAMBETTA. — C'est un fait matériel; il est donc facile à vérifier. Il y a une dépêche qui dit : « A dater d'aujourd'hui ces corps, qui étaient isolés, sont placés sous votre commandement », et on résume : « Votre commandement se compose donc de tel, tel, tel corps. » Je me rappelle parfaitement cette dépêche.

M. LE COMTE DARU. — Je ne poursuivrai pas ce débat. Je crois que, dans plus d'une circonstance, en dehors et indépendamment des généraux commandant en chef l'armée, des ordres ont été donnés à des corps particuliers.

M. GAMBETTA. — Dans quel cas?

M. LE COMTE DARU. — M. de Freycinet, interrogé sur ce point, l'a reconnu lui-même.

M. GAMBETTA. — C'est pour cela que je vous demande dans quel cas, pour savoir si cela est ou n'est pas à ma connaissance.

M. LE COMTE DARU. — Il y a deux faits déjà cités. En outre, le général Chanzy, après la défaite du Mans, vous a demandé de porter l'armée de Bourbaki sur Orléans par la Haute-Loire?

M. GAMBETTA. — Non, pas sur Orléans, mais sur Blois, et c'est à ce moment que le général Bourbaki s'y opposa, en me disant que je voulais lui faire perdre le reste de son armée. Le général Chanzy était à Marchenoir, et me disait : « Faites marcher Bourbaki vers moi... »

M. LE COMTE DARU. — Nous confondons. Après la défaite du Mans vous avez reçu, plus tard, un plan du général Chanzy, lorsque vous étiez à Lyon?

M. GAMBETTA. — C'est une autre question, et c'est

vous qui confondez; quand le général Chanzy appelait le général Bourbaki, c'était après la perte de la
bataille d'Orléans.

M. LE COMTE DARU. — Ce n'est pas de cela que je
vous parle en ce moment.

M. GAMBETTA. — La question que vous me posez
maintenant est de savoir si le général Chanzy m'a envoyé un plan à Lyon. Eh bien, voici : en effet le général Chanzy m'a envoyé un plan à Lyon. Comme je lui
avais dit : « Faites ce que vous voudrez, vous êtes le
maître, j'ai absolument confiance en vous, décidez,
seulement n'allez pas trop loin : prenez Paris pour
objectif et tablez là-dessus; » il m'envoya à Lyon un
plan; il me demandait certains approvisionnements
en chaussures, vêtements, armes, et me disait qu'il
avait besoin d'être appuyé par un certain contingent
qu'on formait alors sous le nom de 19e corps du côté
de Flers. J'approuvai le plan qu'il m'envoyait et le lui
retournai par la voie la plus directe, c'est-à-dire par
son aide-camp, qui prit le chemin de fer, et, aussitôt
qu'il put, il commença. Je pourrais vous montrer des
lettres desquelles il résulterait pour vous que ce n'est
que par une sorte de contrainte qu'on arrivait à presser les généraux; ce n'était que lorsqu'il n'y avait pas
moyen de faire autrement qu'ils se décidaient à agir.
On leur disait: « Faites par vous-mêmes, » on les
tournait et retournait de mille manières afin qu'ils
agissent eux-mêmes et fissent preuve d'initiative.

M. LE PRÉSIDENT. — Je crois que si vous aviez la
complaisance d'ajouter quelques-unes de ces lettres à
votre déposition, nous y trouverions des renseignements utiles.

M. GAMBETTA. — Il y a dedans des choses très dures
pour certaines personnes.

Un membre. — Cela ferait contrepoids.

M. LE PRÉSIDENT. — Quoique vous pensiez que l'histoire de ces faits ne puisse s'écrire que plus tard, il

serait bon de lui préparer des matériaux ; et c'est dans
les contradictions entre les divers récits que les pauvres historiens de l'avenir pourront se démêler.

M. Gambetta. — Ces matériaux ne sont pas perdus.

M. de la Sicotière. — Permettez-moi de vous adresser une question, sur laquelle vous pouvez, je crois,
parfaitement nous éclairer.

M. Gambetta. — J'essaierai.

M. de la Sicotière. — Je vous demanderai quels
étaient les pouvoirs militaires des préfets? Les préfets,
dans certains départements envahis, se sont arrogé
un commandement qui a amené des conflits entre
eux et les commandants militaires. Dans nos départements, nous n'avons jamais su quelle était la nature
et quel était le vrai caractère de ce commandement
exercé par les préfets : pouvez-vous nous renseigner à
cet égard?

M. Gambetta. — Ils exerçaient un commandement?

M. de la Sicotière. — Parfaitement; ils disaient
même : « Mon armée », « les troupes qui sont à ma
disposition ».

M. Gambetta. — Voici, à peu près, dans quelle ligne
de conduite je me suis maintenu: donner le moins
possible de pouvoirs, — le mot est bien étendu, — de
pouvoirs *militaires* aux préfets, que je considère comme
des fonctionnaires essentiellement civils. Cependant,
dans certains départements comme ceux de l'Aisne,
l'Oise, la Côte-d'Or, qui étaient plus directement placés sous le coup de l'ennemi et qu'on pouvait défendre, nous avions conféré aux préfets une certaine in-
gérence militaire ; ce n'étaient pas des pouvoirs, parce
qu'il était impossible d'en définir le caractère, la limite, l'étendue ; seulement, en raison de cette circonstance qu'ils pouvaient avoir à faire face du jour au
lendemain à une attaque de l'ennemi, et par conséquent prendre sur eux d'organiser certains efforts de
résistance, on leur accordait exceptionnellement, tran-

sitoirement, le droit de prendre les mesures que comportait la situation. Cela n'a pas été plus loin: si quelques préfets ont dépassé cette limite, ils ont abusé; voilà mon sentiment.

M. DE LA SICOTIÈRE. — Une autre question encore.

On vous a prêté, à tort ou à raison, une grande part de responsabilité dans les mesures qui ont amené l'annulation des décisions de conseils de révision, en ce qui concerne la désignation des soutiens de famille. Cela a été une grosse affaire dans certains départements. Je serais bien aise que vous disiez aujourd'hui si vous assumez une part de responsabilité dans ces mesures. Les conseils de révision régulièrement formés ont régulièrement exempté, comme soutiens de famille, un certain nombre d'individus. Pourquoi n'avoir pas respecté leurs décisions?

M. GAMBETTA. — Il y avait beaucoup d'abus, la proportion d'exemptés était excessive en présence de la détresse où se trouvait la France; il y avait des privilèges, et nous ne sommes venus à prendre ces mesures que poussés par le cri public.

M. DE LA SICOTIÈRE. — Vous agissiez contre une décision régulière, et la révision a été plus funeste que n'eût été l'exécution.

M. MAURICE. — Permettez-moi de revenir un peu en arrière, à ce que disait M. Gambetta à propos de l'armée de la Loire après l'évacuation d'Orléans.

J'ai présent le souvenir de diverses dépositions, et l'une d'elles déclare qu'après l'évacuation d'Orléans, le général d'Aurelle avait placé son armée dans des conditions qu'il considérait comme très fortes...

M. GAMBETTA. — Il n'avait rien placé du tout!

M. MAURICE. — Permettez! Avant la division de l'armée entre Chanzy et Bourbaki, le général d'Aurelle avait placé son armée dans des positions qu'il jugeait très fortes, qu'il nous a même indiquées sur la carte, et il comptait tenir là contre le mouvement agressif des Prussiens; c'est alors que l'ordre est venu de M. de Freycinet de diviser l'armée en deux parts, même en trois, car un corps spécial, le 15e, est resté sur les lieux, une partie de l'armée est allée vers le Mans avec le général Chanzy, et l'autre s'est dirigée vers l'Est. Nous avons entendu un diplomate qui nous a dit que, depuis que la paix avait été signée, et qu'il était entré en relations avec les diplomates prussiens, il avait acquis la connaissance de ce fait, que l'armée de la Loire, sous le commandement du général d'Aurelle de Paladines, dans les positions qu'il avait choisies, inquiétait énormément l'armée d'investissement de Paris, que si cette position avait été maintenue, si l'armée de la Loire était restée comme une menace sur ce point, on aurait été obligé d'agiter à Versailles la question de savoir s'il n'y avait pas lieu de débloquer Paris.

M. GAMBETTA. — Il y a, dans les observations qui viennent d'être faites, une inexactitude matérielle. En effet, la première partie de l'armée, le 16e et le 17e corps, qui avaient retrouvé en route le 21e, étaient sur la rive droite de la Loire, entre Beaugency et Mer, après la retraite d'Orléans; quant au 18e et au 20e, ils étaient en retraite par Gien et Cosne, sans avoir reçu d'ordres. Quant au 15e corps, qui avait fait sa retraite par la Sologne, dans l'intérieur du triangle formé par la Loire, il s'était retiré à Salbris, et notre intention était qu'il y restât.

Quant à la dépêche adressée au général du 15e corps, dans laquelle on lui aurait ordonné de se concerter avec le général d'Aurelle de Paladines, qui n'était plus en fonctions, sur l'opportunité qu'il y avait de rester à Salbris en couvrant Vierzon, ou de prendre une autre direction vers les 18e et 20e corps; — cette dépêche, dans laquelle on ne dit pas que c'est sur les conseils du général d'Aurelle qu'on a évacué Salbris et qu'on a remonté dans une direction qu'on appelle Saint-

Martin-d'Auxigny; — il est manifeste que cette dépêche n'a pu m'être adressée, puisque le général
d'Aurelle, après la prise d'Orléans, n'a plus rien fait,
absolument rien, qu'il s'est borné à m'envoyer sa
démission.

M. CALLET. — Je désirerais revenir un peu sur ce que
M. Gambetta a dit précédemment. Je lui demanderai
quel avantage a pu trouver le gouvernement à s'appuyer partout sur des commissions nommées par les
préfets, plutôt que sur les conseils municipaux élus?

M. GAMBETTA. — Nous nous sommes appuyés sur
tous les dévouements.

M. CALLET. — Pas du tout!

Un autre membre. — Non, pas du tout!

M. GAMBETTA. — Presque partout.

M. HENRI VINAY. — Je représente un département
où il n'y a pas un seul membre de ces commissions
qui ait été choisi parmi les anciens conseillers municipaux élus; mais où, par contre, on a pris ceux qui
avaient été toujours repoussés. On avait donc un intérêt à ne pas s'appuyer sur les élus du suffrage universel?

M. GAMBETTA. — C'était toujours ce même principe
qu'il ne fallait pas conserver les corps élus sous l'empire.

Un membre. — Ils avaient été élus le 10 août.

M. GAMBETTA. — Le 10 août, l'empire était debout.
C'était, je le répète, par les mêmes principes. Nous
avons, au commencement, toujours eu cette préoccupation que les élections pouvaient être faites tant que
les Prussiens ne s'étaient pas avancés d'une certaine
façon sur le territoire. Nous avons, à un certain moment, fait des convocations pour les élections municipales : mais, et j'arrive toujours à la même conclusion, par suite de l'avancement des Prussiens sur
notre territoire, on a cru qu'il n'y avait pas lieu de
procéder à des élections municipales.

M. HENRI VINAY. — Les élections municipales ont

été ordonnées, et la veille même du jour où elles devaient se faire, le 25 septembre, elles ont été arrêtées, je ne vois pas pourquoi?

M. GAMBETTA. — Je les croyais faites quand je suis arrivé en province.

M. HENRI VINAY. — Je vous dis cela au point de vue de l'intérêt de la défense nationale. Est-ce qu'il n'y avait pas plus d'éléments capables d'organiser la défense nationale parmi les hommes qui avaient été choisis dans toutes les communes par les électeurs, parmi les hommes qui connaissaient les affaires de la commune, que parmi les membres de commissions arbitrairement nommées? On doit arriver à cette conclusion, au moins dans beaucoup de cas, qu'à côté de la défense nationale qui vous occupait certainement, il y avait d'autres personnes qui étaient plus particulièrement préoccupées de l'établissement d'une forme de gouvernement qu'ils voulaient imposer à la France.

M. GAMBETTA. — Je ne comprends pas ; à quelles personnes faites-vous allusion?

Les élections municipales ont été décrétées ; elles n'ont pas eu lieu par les motifs que je vous ai indiqués, car je crois que c'était le 25 septembre qu'elles devaient avoir lieu, et c'était la délégation qui était déjà à Tours qui avait convoqué les électeurs. Elle a dû alléguer les motifs de cet ajournement ; quant à moi, je ne puis que les supposer, puisque je n'ai pas été admis à délibérer là-dessus ; mais je suppose que c'étaient les mêmes motifs que j'indiquais tout à l'heure, à savoir qu'il ne fallait pas divertir les citoyens de la défense nationale.

M. HENRI VINAY. — Cela ne les en eût pas détournés.

Un membre. — On a dit qu'il y aurait eu une pression exercée par les commissions municipales pour que les élections se fissent au chef-lieu de canton?

M. GAMBETTA. — Je trouverais déplorable qu'on pût faire de la politique comme cela.

Je comprends qu'on puisse ajourner les élections en présence des Prussiens qui s'avançaient ; mais qu'on avance qu'on a cédé à la pression de ces corps municipaux irréguliers, c'est ce que, pour ma part, je n'admets pas.

M. Henri Vinay. — Ce sont ces commissions municipales, arbitrairement choisies par des préfets étrangers au département, qui, non seulement retardaient la défense nationale, parce qu'elles étaient composées d'hommes étrangers aux affaires de la commune, mais qui apportaient beaucoup plus d'obstacles à l'action politique du gouvernement.

M. Gambetta. — Ces hommes n'étaient pas étrangers aux affaires de la commune, puisqu'ils faisaient partie de la commune, et ils ont été, en grande partie, réélus depuis.

M. Henri Vinay. — Ils faisaient partie de la commune, c'est possible, mais le suffrage universel les avait repoussés.

M. Gambetta. — On n'est pas étranger aux affaires d'une commune parce qu'on n'est pas élu par le suffrage universel.

M. Henri Vinay. — On est étranger aux affaires d'une commune quand on n'a jamais été appelé à délibérer sur ses intérêts.

M. Gambetta. — Je ne crois pas qu'il y en ait eu un grand nombre dans ce cas, mais, si l'on eût conservé les anciens conseillers municipaux, — je ne veux pas faire de jugement téméraire, — je ne pense pas que la défense nationale y eût beaucoup gagné.

M. Henri Vinay. — En thèse générale, c'est possible.

M. le président. — C'est une question à discuter.

M. Gambetta. — C'est une thèse jugée depuis les élections municipales.

M. le président. — Si vous êtes fatigué, Monsieur Gambetta, nous suspendrons un instant la séance.

M. Gambetta. — Je vous remercie, Monsieur le Président, je préfère continuer.

M. le président. — Si quelque membre de la commission désire adresser des questions à M. Gambetta?...

M. Dezanneau. — Dans la pensée de M. Gambetta, il était bon de faire appel au dévouement de tous les partis. Je lui demanderai alors pourquoi on a toujours pris des préfets et des sous-préfets parmi les hommes d'une opinion excessive, parmi les républicains les plus exaltés?

M. Gambetta. — La preuve que je ne les ai pas tous choisis, comme vient de le dire le membre qui m'interroge, c'est qu'il y a eu des préfets nommés par moi, qui sont devenus plus tard vos collègues. Ils ne sont pas des plus exaltés, ce me semble; vous ne pouvez pas parler ainsi de collègues qui siègent dans cette Assemblée. Il y en a qui ont été éliminés d'une façon tout à fait excessive, mais qui reviendront, comme MM. Mestreau, Gent et quelques autres.

Puis, permettez-moi de vous faire une observation. Il faut gouverner avec un parti au point de vue de la politique générale d'un pays. Ne croyez pas que j'aille jusqu'à l'exclusion de tous les partis, — sauf le parti bonapartiste, c'est une autre question, — mais je crois pouvoir affirmer qu'on ne fait de bonne politique, que lorsqu'on gouverne avec un parti. Quand ce parti est condamné, il se retire et un autre parti le remplace.

Un membre. — C'est pour cela que vous avez fait les commissions municipales?

M. Gambetta. — Quand on est en république, le principal agent de l'administration, qui est le préfet, doit être républicain. Mais il y a une remarque à faire : c'est que, si vous ne choisissez les préfets que dans une seule nuance, vous obtenez de mauvais résultats; il faut les prendre dans toutes les nuances du parti. C'est ce que j'ai fait, et c'est pour cela que vous avez eu, dans les préfets du 4 septembre, toutes les variétés des républicains.

M. Dezanneau. — Vous ne pouvez pas dire alors que vous acceptiez le concours de tous les partis.

M. Gambetta. — Je vous demande pardon, j'acceptais le concours de tous en dehors des préfets et des sous-préfets, qui sont un rouage essentiel de la politique, c'est par là qu'un pouvoir a sa caractéristique.

Je conçois que pour les finances, la magistrature, l'armée, les grandes institutions publiques, il ne faut pas apporter l'esprit d'exclusion de parti; mais pour ce qui est l'attribut essentiel du gouvernement, c'est autre chose. Voulez-vous faire une monarchie? Il vous faut des préfets monarchistes. Si vous voulez une république, il vous faut des préfets républicains, L'empire n'a pas eu d'autres préfets que des partisans de l'empire. Il faut, je le répète, que les préfets représentent la pensée politique du gouvernement, sans quoi tout est confusion, et ce qui le prouve, c'est qu'il y a un personnel qui disparaît toujours le lendemain d'une révolution sans qu'un seul membre proteste; c'est le personnel des préfectures, parce que les préfets ont un caractère exclusivement politique, et pourquoi? c'est parce que du jour où le pouvoir qui les a nommés a disparu, ils ne peuvent plus décemment rester en place. Rendre la justice, servir son pays dans l'armée, exercer des fonctions purement administratives, cela n'entre pas dans le même ordre. Il ne faut pas confondre les fonctions.

M. Callet. — J'ai une observation à soumettre à M. Gambetta.

M. Gambetta vient de confesser que ce n'était pas seulement la défense nationale qui le préoccupait, que ses sollicitudes étaient aussi tournées d'un autre côté.

M. Gambetta. — Je n'ai dit cela d'aucune façon.

M. CALLET. — En cherchant des préfets dans les exaltés du parti républicain, il a fait des choix quelquefois imprudents.

M. GAMBETTA. — Je ne vois pas cela et j'attends vos preuves.

M. CALLET. — Le principal souci de ces fonctionnaires semble avoir été beaucoup moins la défense nationale que l'établissement de la République.

M. GAMBETTA. — Le contraire se rétablit par des faits. C'est un procès à faire. Nous n'avons pas à discuter avec ces appréciations.

M. CALLET. — Autre question. Pourriez-vous fournir à la commission quelques explications de nature à lui faire comprendre votre grande préoccupation après la capitulation de Metz? Est-il à votre connaissance qu'il y ait eu trahison?

M. GAMBETTA. — Il y a eu trahison, c'est évident pour moi.

M. CALLET. — Sur quoi repose votre appréciation?

M. GAMBETTA. — Sur toutes les circonstances de cet horrible évènement.

M. CALLET. — Sur des témoignages? sur des faits?

M. GAMBETTA. — Sur des témoignages et sur des faits, sur la conduite du maréchal, sur des documents indéniables, sur la présence à Versailles d'un général confident et membre de l'état-major de celui qui commandait la place. Je ne discute pas, Monsieur.

M. LE PRÉSIDENT. — Nous ne demandons pas la discussion.

M. GAMBETTA. — Je refuserais formellement et positivement de l'aborder.

M. CALLET. — Je vous demande des faits.

M. GAMBETTA. — Ces faits, c'est qu'on a été visiter l'ennemi, alors que le devoir était de le combattre à outrance, sans lui parler; c'est qu'on a été le visiter avec une mission politique avouée, reconnue, déclarée, dans deux ambassades.

C'est intolérable de vouloir discuter de telles choses quand elles nous ont perdus.

Nous ne pouvons plaider ici le procès de la capitulation de Metz. Il y a beaucoup trop de choses à dire,
beaucoup trop de détails; je vous en entretiendrais
pendant deux jours. Je vous donne mon appréciation.
La trahison est flagrante.

M. DE SUGNY. — La capitulation de Metz a été l'é-
vènement le plus terrible de ce siècle. Dans notre
enquête, il est impossible que nous n'en parlions pas,
il est impossible que nous ne fassions pas tout ce qui
est en nous pour découvrir la vérité.

M. GAMBETTA. — Je vous donnerai des pièces qui
vous la feront découvrir.

M. DE SUGNY. — Si vous avez quelque pièce qui
puisse nous éclairer sur la culpabilité du maréchal
Bazaine, permettez-moi de vous dire que votre devoir
est de nous les communiquer.

M. GAMBETTA. — Il doit y avoir un conseil de guerre :
à lui d'appeler ses témoins, je suis à ses ordres.

M. DE SUGNY. — C'est un des faits qui nous ont perdus, qui ont perdu la France.

M. GAMBETTA. — Je vous remettrai une pièce émanée de M. Tachard, notre ministre à Bruxelles, recueil-
lant une déclaration de M. Boyer, de laquelle il résulte qu'il était venu ici, à Versailles, pour traiter de
la capitulation de Metz, à condition qu'on réunirait
ensuite le Corps législatif et le Sénat à Toulouse sous
la protection des baïonnettes prussiennes et de l'armée libérée de Metz, et qu'on y installerait le vrai
gouvernement, le seul qui convienne à la France.

M. DE SUGNY. — Ceci serait d'une importance capitale.

M. LE PRÉSIDENT. — Nous avons entendu d'autres
personnes; elles nous ont déclaré que le maréchal
Bazaine n'a jamais eu connaissance du traité qui aurait été conclu entre un agent français et les autorités
allemandes.

M. Gambetta. — Il n'y a pas eu de traité. M. de Bismarck est trop habile pour faire un traité en pareilles circonstances. Ce qu'il voulait avant tout, c'était la possession de Metz et de son armée, avec la certitude d'en paralyser la puissance, car cette armée c'était certainement ce qu'il y avait de plus vigoureux en soldats et en officiers. M. de Bismarck n'a pas traité, il a négocié, il a traîné les affaires en longueur, et a amené Bazaine jusqu'au dernier grain de blé.

M. le Président. — M. Boyer était-il autorisé par le maréchal Bazaine?

M. Gambetta. — C'est lui qui le dit.

M. de Sugny. — Savez-vous quelque chose sur la mission de M. Regnier?

M. Gambetta. — Je ne sais que ce qui a été écrit par lui-même.

M. de Sugny. — Je vous ai adressé cette question parce que tout le monde dit : Nous ne connaissons pas M. Regnier. Il nous est tombé du ciel. J'avoue que tout cela m'inspire la défiance la plus absolue.

M. Gambetta. — Il a écrit sa mission; quant à moi, je ne le connais pas.

M. de Sugny. — Vous devez comprendre que nous avons tous intérêt à savoir la vérité. Vous, chef du gouvernement, avez tout intérêt à la dire sur ce fait dramatique et lugubre.

M. Gambetta. — Je dois la vérité à mon pays là-dessus, mais il ne faut pas engager le débat par le petit côté.

M. le Président. — Il y aura un débat.

M. Gambetta. — C'est bien entendu. Si vous me voyez mettre, au début, quelque réserve sur cette partie douloureuse de notre histoire, c'est parce que je ne pense pas que devant vous je puisse entrer dans le récit de si nombreux détails. Cela nous prendrait beaucoup trop de temps. Je m'offre néanmoins à vous dire tout ce que je sais et à vous communiquer tout ce que j'ai par-devers moi. Quand le débat s'engagera devant le pays, nous viderons la question.

M. DE RAINNEVILLE. — La question générale viendra-t-elle?

M. GAMBETTA. — Elle viendra devant l'Assemblée. C'est demandé par une pétition des habitants de Metz eux-mêmes.

Au point de vue de ce drame de Metz, vous aurez 100,000 témoins, et des plus sévères, d'abord parce que c'étaient des militaires, et qu'il n'est pas facile, grâce à l'esprit de corps, de faire attaquer un militaire par d'autres militaires. Jusqu'à huit ou dix jours avant la capitulation, l'armée avait pleine confiance en Bazaine, elle a cru en lui, et ce n'est que lorsque l'évidence a été faite, que l'acte a paru dans toute sa monstruosité, et il y a 100,000 témoins! Parmi les personnes qui ont écrit sur ce sujet, et qui étaient à Metz, il n'y en a pas une dont le témoignage n'ait été écrasant pour le maréchal Bazaine; le général Deligny, notamment, qui était son ami, qui avait les mêmes opinions politiques, l'a foudroyé, et cela, au point de vue militaire, et au point de vue de ses relations avec l'étranger. Maintenant, au point de vue de ses menées politiques, on pourrait également démontrer qu'il s'arrogeait un pouvoir qu'il n'avait pas comme chef d'armée.

M. DE SUGNY. — Avez-vous eu quelques inquiétudes touchant la conduite de Bazaine vers le moment où vous êtes arrivé à Tours, vous doutiez-vous de quelque chose?

M. GAMBETTA. — Non, je ne me doutais de rien.

M. DE SUGNY. — A-t-on fait quelques efforts pour entrer en communication avec lui?

M. GAMBETTA. — J'ai envoyé des émissaires, des femmes, des nageurs, etc.

M. DE SUGNY. — Savez-vous s'il en est arrivé?

M. GAMBETTA. — Je l'ignore; je sais cependant de la

manière la plus formelle, par un officier d'état-major attaché au cabinet du maréchal Bazaine, qu'il entrait des gens dans Metz; mais jamais on n'a pu se convaincre qu'il y fût entré des agents du gouvernement ni de Paris, ni de Tours, car, de Paris même, j'avais déjà envoyé des émissaires, des hommes et des femmes de Metz, et qui connaissaient le pays.

M. LE COMTE DARU. — Il est impossible que la commission ne s'occupe pas de cette question, et qu'elle ne reçoive pas, à ce sujet, votre témoignage écrit ou verbal.

M. GAMBETTA. — Je trouve la question assez grave pour vous donner mon témoignage écrit.

M. LE COMTE DARU. — Le conseil de guerre s'occupera surtout de la question au point de vue militaire.

M. GAMBETTA. — C'est aussi grave au point de vue militaire qu'au point de vue politique.

M. LE COMTE DARU. — Nous avons entendu le témoignage de M. le maréchal Bazaine, et, naturellement, nous avons besoin d'en entendre d'autres; le vôtre est un des plus importants. M. le maréchal nous a déclaré qu'il n'avait reçu aucune nouvelle, depuis le 4 septembre, de ce qui passait à Paris ni en dehors de Paris; qu'il avait été obligé d'écrire au prince Frédéric-Charles pour lui demander s'il était vrai qu'une révolution eût été effectuée dans Paris, et quelle révolution. Le prince Frédéric-Charles lui aurait envoyé un journal, *la Patrie*, dans lequel se trouvaient les noms des membres du gouvernement nouveau. Le maréchal en donna connaissance à l'armée dans un ordre du jour qu'il a remis entre nos mains. Notre enquête se poursuit, nous sommes obligés de vous demander ce que vous savez.

M. GAMBETTA. — Je vous donnerai un témoignage.

M. LE COMTE DE RESSÉGUIER. — Il y a un acte de votre gouvernement qui incrimine gravement le maréchal Bazaine, il importe que cet acte soit expliqué.

M. Gambetta. — Il le flétrit absolument.

M. Callet. — Nous ne cherchons pas les moyens de justifier une intrigue quelconque, nous voulons connaître les faits.

M. le comte de Rességuier. — L'opinion publique attribue nos désastres à deux causes : la première, c'est la subordination de l'autorité militaire à l'autorité civile ; M. Gambetta s'est expliqué sur ce point ; il a dit que c'était inexact, que jamais l'autorité militaire n'avait été subordonnée à l'autorité civile. L'enquête éclaircira ce point.

La seconde cause à laquelle on attribue nos désastres ne paraît pas contredite par M. Gambetta ; elle consiste en ceci, c'est que nos désastres doivent être attribués en grande partie à la politique, préoccupée surtout de faire prévaloir une forme de gouvernement plutôt qu'une autre.

Je demande à M. Gambetta s'il ne croit pas que les premières nominations qu'il fit à Paris, de certains maires, tels que MM. Ranc et Greppo, en province de certains préfets, tels que MM. Challemel-Lacour, Duportal, Esquiros, n'étaient pas la négation pratique de la théorie qu'il formulait au commencement de la séance quand il nous disait : « Nous n'étions pas, en définitive, un gouvernement ; nous étions le gouvernement de la défense nationale ; il n'y avait pas de question politique engagée, et nous faisions appel au dévouement de.tous. »

Je crois qu'il se trompe absolument, et je suis convaincu que le radicalisme de sa politique et le radicalisme de ses choix ont contribué beaucoup à épouvanter l'opinion publique en France et à désorganiser la défense nationale.

M. Henry Vinay. — Ajoutez-y les commissions municipales.

M. Gambetta. — Je me suis expliqué là-dessus ; je vous ai dit quelle est, à mon sens, la vérité politique, en ce qui touche le choix des agents que je considère comme essentiels pour représenter un gouvernement qui a des principes, et qui toutefois ne veut pas les imposer; le plus important de ces agents, c'est le préfet. Je n'aurais donc qu'à répéter ce que j'ai dit pour répondre à l'honorable M. de Rességuier; c'est que le choix des préfets a été un choix politique, et qu'il ne pouvait pas avoir un autre caractère.

M. LE COMTE DE RESSÉGUIER. — Vous n'aviez aucun corps élu en France; la France était privée, par votre fait, de toute représentation.

M. GAMBETTA. — Ce n'est pas par mon fait.

M. LE COMTE DE RESSÉGUIER. — Vous avez empêché la représentation nationale, puisque vous n'avez pas voulu convoquer l'Assemblée; il n'y avait pas de conseils municipaux, puisque vous les aviez dissous et que vous ne les avez pas fait réélire; pas de conseils généraux, puisqu'ils n'ont pas été, non plus, réélus; et alors vous avez, pour ainsi dire, livré la France à la direction politique d'un seul et unique parti. Cela est contraire à la théorie que vous exprimiez, qu'il fallait faire appel à tous les dévouements.

M. PERROT. — Cela a beaucoup nui à la défense.

M. GAMBETTA. — Je ne le crois pas. Ce qui explique les élections du 8 février, c'est le découragement du pays, la présence de l'étranger, le désir de la paix quand même; voilà ce qu'expriment ces élections.

Maintenant sur le fond des choses il ne faut pas se payer de mots; le gouvernement de la Défense nationale avait surtout la préoccupation de la guerre, cela n'est pas douteux. Cependant, il ne pouvait pas oublier, au point de vue préfectoral, — car je n'admets pas cette idée pour les autres administrations, — qu'il était un gouvernement de principe républicain, et c'est ce qu'il a fait.

M. LE COMTE DE RESSÉGUIER. — Il n'y avait plus en France que des préfets omnipotents.

M. GAMBETTA. — Il n'y avait plus en France que des préfets! Il y avait des généraux! il y avait le combat, et on n'avait pas autre chose à faire pour le moment; nous étions dans une situation absolument exceptionnelle, dans une période de lutte. A l'instant où la lutte aurait pris un autre aspect, où Paris aurait été assez heureux pour pouvoir nous ouvrir une éclaircie, tout cela aurait changé. Il était bien entendu qu'on ne voulait pas se passer de la représentation du pays, puisque toutes les fois que nous avons pu voir jour, nous avons essayé de faire appel au pays : quand on a demandé à M. de Bismarck l'armistice avec ravitaillement, c'était pour faire des élections. Mais nous ne pouvions pas nous débarrasser de ce poids qui retombait sur nous à chaque instant; on ne pouvait pas voter d'une main et combattre de l'autre.

M. LE COMTE DE RESSÉGUIER. — Vous ne vous êtes pas parfaitement rendu compte de ce que vous faisiez. Soyez certain qu'en envoyant M. Duportal à Toulouse, par exemple, vous ne faisiez pas un choix utile à la défense nationale.

M. GAMBETTA. — Je crois, au contraire, que, sauf à la fin, le choix de M. Duportal, précisément parce qu'il était en relation avec certains groupes, et que, d'un autre côté, c'est un homme très-doux dans le fond et dans la forme, permettait dans la ville de Toulouse une sorte de transaction et d'entente qu'on n'aurait pu obtenir avec un préfet d'une nuance moins colorée.

M LE PRÉSIDENT. — Cependant, vous pensez que, vers la fin, l'opinion avait changé, non seulement à Toulouse, mais dans toute la France, à partir du 15 décembre?

M. GAMBETTA. — J'ai forcé M. Duportal à se démentir lui-même. Je crois que l'opinion avait changé au point de vue électoral, c'est-à-dire que j'avais constaté, — je maintiens le fait, — en arrivant de Paris, que jusque-là la majorité de l'opinion était contre les

élections, et qu'à dater de la fin de l'année, soit lassitude, soit par suite du commencement de cette défaillance qui préparait la paix, le pays voulait des
élections ; c'est mon sentiment.

M. LE PRÉSIDENT. — L'opinion avait changé, vous
pensiez que c'était lassitude ; on pouvait croire aussi
que c'était répugnance de la forme d'administration
et des hommes qui gouvernaient le pays ; chacun est
libre d'avoir son interprétation.

M. LE COMTE DE RESSÉGUIER. — Nous avons lu, dans
les procès-verbaux du gouvernement de la Défense
nationale, que l'un des membres du gouvernement fit
observer que la question était de savoir si les élections seraient républicaines. Si on en était sûr,
ajoute-t-il, on n'hésiterait plus à les faire. C'était
l'impression générale ; vous auriez fait des élections
si vous aviez cru que le pays fût avec vous.

M. GAMBETTA. — Je crois que les élections auraient
été beaucoup plus républicaines, si on les avait faites
après le 4 septembre, qu'elles ne l'ont été le 8 février.

M. PERROT. — Je déclare qu'elles eussent été tout à
fait antirépublicaines dans le département de l'Oise.

M. GAMBETTA. — Je dis dans l'ensemble du pays ; je
n'ai pas la prétention de dire qu'il n'y a pas, en
France, des départements antirépublicains.

M. LE PRÉSIDENT. — La commission me demande de
vous adresser cette question : Pourquoi les dépêches
envoyées à l'armée de l'Est, pour annoncer la conclusion de l'armistice, ne mentionnaient-elles pas l'exception faite pour cette armée?

M. GAMBETTA. — Comment! Mais c'est là une chose
qui m'exaspère dans la conclusion de l'armistice! C'est
le crime de M. de Moltke et de M. de Bismarck, qui
savaient très bien ce qu'ils faisaient, d'avoir inséré
subrepticement cette clause dans la convention d'armistice, et c'est la faiblesse des représentants de la
France d'avoir souscrit à de pareilles conditions.

Quand on fait une trêve, on consulte les généraux, les chefs de corps; ceux-ci ne connaissaient pas cet armistice; s'ils l'avaient connu, ils ne l'auraient pas accepté.

M. LE PRÉSIDENT. — Vous avez complètement ignoré l'exception faite relativement à l'armée de l'Est?

M. GAMBETTA. — J'ai reçu cette dépêche : Armistice général pour les armées de terre et de mer; faites-le exécuter. Comment voulez-vous que j'aie soupçonné qu'on avait mis en péril l'existence d'une armée?

M. DE RAINNEVILLE. — Est-ce que M. de Moltke aurait changé la dépêche?

M. GAMBETTA. — Je crois que le gouvernement de Paris, qui était dans une situation particulière, a reçu pour argent comptant ce que lui ont dit sur la situation des armées MM. de Moltke et de Bismarck, et qu'il a accepté la rédaction qu'ont faite ces messieurs du télégramme qui m'était adressé. Voilà comment je suppose que les choses se sont passées.

On n'a pas oublié que l'armée de l'Est; il y avait encore les corps de Blois et de Nevers qui n'ont pas été prévenus, trois sur cinq.

M. DE SUGNY. — Quelle faute à la charge du gouvernement de Paris!

M. CHAPER. — L'impression reçue à Paris de l'armistice, résultant des communications du gouvernement, était que l'exception était faite dans l'intérêt de la France, parce que nous avions des succès dans l'Est, et que Belfort, à l'heure où on parlait, devait être débloqué par l'armée de Bourbaki; les dernières nouvelles reçues de province étaient déplorables du côté de la Loire, et favorables du côté de l'Est.

M. GAMBETTA. — C'était pour l'accabler dans les vingt-quatre heures que les Prussiens l'exceptaient de l'armistice.

M. MAURICE. — Le moins était de prévenir l'armée de l'Est qu'elle était exceptée.

M. LE PRÉSIDENT. — C'est un oubli de la part des négociateurs français, qui espéraient, en consentant à cette exception, favoriser les succès de l'armée de l'Est; M. Gambetta n'en a rien su.

M. CHAPER. — Pour moi, je n'ai jamais pu comprendre qu'ayant consenti à cette exception, on ne l'ait pas fait connaître; il y a là un fait matériel dont l'intention m'échappe complètement.

M. DE SUGNY. — Je désirerais savoir pourquoi, après les évènements de Rouen, alors qu'on a demandé qu'une enquête fût ouverte sur ce qui s'y était passé, afin de rendre justice à qui de droit, la délégation n'a pas consenti à cette enquête; son refus a été extrêmement douloureux, pour la ville de Rouen.

M. GAMBETTA. — Autant que je puis connaître les évènements, il y avait là un général, le général Br..., qui me paraissait s'être bien conduit : je savais que les gens qui demandaient l'enquête et qui allaient la diriger sous l'occupation étrangère, c'est-à-dire sans moyens de contradiction sérieux, la dirigeraient exclusivement contre le général, et j'ai demandé l'ajournement, pour garantir les droits de ceux qui allaient être accusés.

M. DE SUGNY. — C'était pour éviter que l'enquête fût faite sous la pression des Prussiens?

M. GAMBETTA. — Et alors que le général était dans l'impossibilité absolue d'opposer des moyens de contradiction.

M. LE COMTE DE RESSÉGUIER. — Pour les maires de Paris, est-ce vous seul qui avez fait les choix, ou est-ce le gouvernement?

M. GAMBETTA. — C'est le gouvernement tout entier, mais sur ma proposition, et je n'en récuse pas la responsabilité.

M. LE COMTE DE RESSÉGUIER. — Un certain nombre de ceux que vous aviez choisis se sont retrouvés au 18 mars.

M. GAMBETTA. — Permettez-moi de vous dire que si j'avais eu la puissance de convaincre mes collègues, ce n'est pas des maires que j'aurais nommés, c'est un conseil municipal que j'aurais fait élire. D'abord, nous nous serions ainsi mis d'accord avec nous-mêmes, et ensuite il faut bien reconnaître qu'il n'y a pas d'autre moyen de gouverner que de faire une place, dans la vie publique, en constituant une municipalité à Paris, aux éléments qui ont constitué plus tard la Commune de Paris. Or, comme je le disais, de deux choses l'une : ou ils y seront à l'état de minorité résignée, auquel cas il n'y a pas de péril; ou ils y seront à l'état de minorité factieuse, et alors vous les traiterez comme il convient.

C'est une question politique.

M. LE COMTE DE RESSÉGUIER. — Il est constant qu'un certain nombre de maires nommés le 4 septembre se sont retrouvés dans les troubles de la Commune.

M. GAMBETTA. — C'est normal; ce qui est anormal, c'est qu'il n'y en ait pas eu davantage.

M. LE COMTE DE RESSÉGUIER. — C'est vous qui les avez choisis; c'est vous qui en avez la responsabilité.

M. GAMBETTA. — Je ne la décline pas, parce qu'il est impossible de gouverner Paris avec des hommes qui lui sont antipathiques; il lui faut des hommes sympathiques; seulement il est nécessaire que celui qui est à la préfecture de la Seine soit un homme énergique. Alors, au lieu d'avoir un danger à combattre, on a un frein dans les mains. Toute la question politique est de vivre avec ces éléments qui ne se suppriment pas plus par la force que par la pensée.

M. LE COMTE DE RESSÉGUIER. — Tout ce que vous dites là s'applique à l'élection, non seulement à Paris mais ailleurs, et ne s'applique pas à des nominations.

M. GAMBETTA. — A la nomination aussi. Du reste, j'ai convoqué les électeurs, j'ai préparé les listes électorales et j'ai fait une proclamation à la ville de Paris.

Les élections n'ont pas eu lieu, mais j'en décline la responsabilité; vous trouverez au *Journal officiel* une note dans laquelle il est dit que c'est *sans l'aveu* du ministre de l'intérieur que les élections n'auront pas lieu. Je crois que si elles avaient été faites, on n'aurait pas eu le 31 octobre, et la défense intérieure aurait marché avec une tout autre vigueur.

M. Dezanneau. — M. Rampont, directeur général des postes, avait voulu organiser un service à Clermont-Ferrand. Il a envoyé deux agents, lesquels ont été retenus à Tours et n'ont pas pu remplir les fonctions qui leur avaient été assignées par le directeur général; il y avait eu un traité conclu avec eux.

Je demanderai pourquoi M. Lebon, envoyé à Tours par le directeur général des postes, fut remplacé par M. Steenackers.

M. Gambetta. — Parce que, autant que je m'en souviens, il y avait, à ce moment-là, une telle nécessité de centraliser les services, afin de perdre moins de temps et d'activer les uns et les autres, qu'on fît une chose qui est très normale, et à laquelle on arrivera très certainement par la suite : on joignit les postes et les télégraphes, et on n'eut qu'un directeur commun, ce qui était beaucoup plus régulier.

J'espère que nous aurons un jour le ministère des communications, qui comprendra les postes, les télégraphes et les chemins de fer.

Quant à l'affaire de Clermont-Ferrand, elle n'a aucune importance; deux hommes, absolument étrangers au métier des postes, excellents photographes, M. Dagron et un autre, étaient sortis de Paris et arrivaient à Tours avec un traité qui leur permettait de photographier les correspondances. Naturellement, ils ne pouvaient pas le faire sans entrer en relation avec le directeur général des postes et des télégraphes, et, comme ils avaient un procédé de beaucoup supérieur à celui que nous employions nous-mêmes, au lieu de les envoyer à Clermont-Ferrand, qui était perdu dans les neiges, et où il n'y a qu'une seule ligne de chemin de fer, en sorte que les communications avec Tours ne .cr* pas faciles, nous avons trouvé plus simple de les retenir au siège du gouvernement, et de nous servir de leurs instruments pour notre usage comme pour celui du public.

M. Dezanneau. — Avez-vous eu connaissance des ordres qui leur avaient été donnés?

M. Gambetta. — Oui, ils ont apporté une commission du gouvernement.

M. Dezanneau. — Est-il vrai qu'on leur ait défendu d'aller à Clermont-Ferrand, sous peine de passer devant une cour martiale?

M. Gambetta. — Ce n'est pas moi qui leur ai tenu ce propos; vous comprenez que ce n'est pas sérieux.

M. de Rainneville. — M. Steenackers l'a avoué. Il paraît qu'on avait choisi Clermont-Ferrand, parce que la ville est sur un plateau où l'on a toute la clarté désirable pour la photographie.

Dans tous les cas, ces messieurs arrivaient à Tours, avec un traité bon ou mauvais, mais avec un ordre de l'autorité supérieure de Paris.

M. Gambetta. — Non, il n'était pas signé du gouvernement, ce n'était pas un décret; ils avaient purement et simplement une commission du directeur général des postes, ce qui ne constituait pas, comme vous le pensez, à l'égard de la délégation, une injonction d'être obéi.

M. de Rainneville.—Le traité était signé de M. Picard.

M. Gambetta. — C'était un acte d'administration, et le ministre des finances pouvait seul autoriser le directeur des postes à faire un traité; mais il n'y avait rien qui impliquât un ordre du gouvernement.

M. de Rainneville. — M. Rampont avait donné un ordre de service.

M. Gambetta. — C'était un ordre de service limité

à la photographie, et il était absolument inutile que ces messieurs allassent se fixer à Clermont-Ferrand, alors qu'ils étaient nécessaires au service du pouvoir central, qui utilisa leur appareil et qui put, à dater de ce moment, envoyer un plus grand nombre de dépêches privées et publiques.

Un membre. — M. Gambetta a dit, au commencement, qu'il n'entrait pas dans les questions de détail; cependant, pour les actes auxquels il a été mêlé personnellement, je lui demande un renseignement. Le gouvernement de Tours et de Bordeaux n'a-t-il pas porté atteinte à la liberté de plusieurs citoyens, entre autres, du maire de Dreux?

M. GAMBETTA. — Autant que je puis m'en souvenir, il y a eu des plaintes adressées à la délégation contre le maire de Dreux, par l'autorité préfectorale, par les habitants et par l'autorité militaire. J'ai fait venir ce maire, je l'ai interrogé, et le soir je l'ai fait mettre en liberté, voilà ce qui s'est passé.

M. LE COMTE DARU. — Que savez-vous de l'exécution d'Arbinet?

M. GAMBETTA. — Je ne sais pas ce qui s'est passé, j'ai eu connaissance de ce fait par les journaux.

M. LE COMTE DE BOIS-BOISSEL. — C'est M. de Serres qui a donné l'ordre de le faire fusiller; qu'était-ce que M. de Serres?

M. GAMBETTA. — C'est un homme fort distingué qui était venu au commencement de la guerre apporter ses services à la France, comme patriote Français, ancien élève de l'École polytechnique. Il occupe une position élevée dans l'administration des chemins de fer autrichiens. Je lui donnai un emploi au ministère de la guerre, où il participait aux travaux de M. de Freycinet. Il avait aussi sur le terrain une certaine aptitude dont se sont loués plusieurs fois les chefs de corps, notamment dans la première expédition d'Orléans.

M. LE COMTE DE BOIS-BOISSEL. — Avait-il un rôle militaire?

M. GAMBETTA. — Aucun, il lui est arrivé quelquefois de donner des ordres; mais je me suis empressé de le démentir, et de le rappeler à la stricte observation de sa situation.

M. DE RAINNEVILLE. — Il a donné l'ordre au général Cremer de faire fusiller, l'identité simplement constatée, le malheureux Arbinet.

Voici cet ordre :

« Chalon-sur-Saône, 27 décembre 1870.

« De Serres à général Cremer, à Beaune.

« Hier soir, a été arrêté le sieur Arbinet, pour-
« voyeur et espion de l'ennemi, occupant Dijon;
« *assurez-vous bien*, avec l'autorité civile locale, de
« *l'identité et qualité du personnage, et faites-le fusiller*
« *aujourd'hui.*

« Signé : de Serres. »

M. GAMBETTA. — Sans jugement?

M. DE RAINNEVILLE. — Oui, et il a été fusillé.

M. LE COMTE DE BOIS-BOISSEL, *présentant à M. Gambetta un numéro du Gaulois.* — Lisez la copie de cet ordre !

M. GAMBETTA. — C'est dans un fameux journal, le *Gaulois!* et voilà une belle autorité! — Il faut faire appeler le général et lui poser la question: quant à moi, je suis absolument étranger à l'évènement.

M. PERROT. — Vos collègues nous ont dit qu'à partir du jour où vous êtes arrivé à Tours, c'était vous, uniquement, qui aviez eu la direction de toutes les affaires militaires; acceptez-vous bien carrément cette responsabilité?

M. GAMBETTA. — Nous sommes d'accord là-dessus; mes collègues n'y sont entrés pour rien, je leur faisais part de ce que je faisais, mais ils ne disaient ni oui, ni non, et il serait injuste de les en rendre responsables.

M. Gambetta se retire. Le 18 décembre 1874, la *République française* publia la lettre suivante adressée à M. Gambetta par le vice-amiral Jauréguiberry :

Toulon, 9 décembre 1872.

Monsieur,

On vient de mettre sous mes yeux un numéro de la *République française*, celui du 7 décembre, qui contient votre déposition devant la commission d'enquête sur les actes du gouvernement de la défense nationale. Je lis dans ce document, qu'au sujet des armes délivrées aux mobilisés de Bretagne, dont la défaillance, le soir de la bataille du Mans, a entraîné la perte de l'importante position de la Tuilerie, M. le comte de Rességuier prétend ou insinue que la lumière de ces armes n'était pas percée. Vous répondez : « Je ne le crois pas. » Alors un membre de la commission, dont le nom n'est pas indiqué, vous dit : « Croiriez-vous le témoignage de l'amiral Jauréguiberry? » — Vous avez répondu, et je vous en remercie : « Certainement. »

Si la commission m'avait fait l'honneur de m'interroger, voici ce que j'aurais répondu :

« Le 11 janvier, jour de la bataille du Mans, j'arrivais à dix heures du matin du Château-du-Loir, où j'avais été envoyé le 7. En traversant la position de la Tuilerie, je me suis trouvé en présence du général Lalande, commandant les mobilisés de Bretagne, qui, après quelques paroles échangées, m'a déclaré que ses hommes étaient mal armés et résisteraient difficilement à l'ennemi. Je lui ai aussitôt demandé de quelle espèce étaient les fusils dont il se plaignait, et il m'a dit que ses troupes, au lieu d'être armées de chassepots, n'avaient reçu que des fusils ordinaires à percussion. Il ne m'a parlé ni de lumières non percées, ni de cartouches ne pouvant pas être introduites dans les canons. » J'ai repoussé ses observations, en lui faisant remarquer que la nature du terrain, les diffi-

cultés d'abord que présentait la position qu'il avait
à défendre, n'exigeaient ni fusils à grande portée,
ni tir rapide, mais au contraire un feu lent, exécuté
avec sang-froid, convenant en un mot au mode de
combattre dans lequel les Bretons s'étaient toujours
acquis une grande réputation. Deux heures après, la
bataille commençait à quelques kilomètres à la gauche de la Tuilerie. Et ce n'est que le soir, vers huit
heures, lorsque les Prussiens avaient été repoussés
depuis quelque temps déjà sur toute la ligne placée
sous mon commandement, et que je revenais du Mans,
où j'avais été rendre compte au général Chanzy des
incidents de la lutte, que j'appris chez moi l'abandon de la Tuilerie. Les mobilisés avaient fui, sans tirer
un coup de fusil, dès qu'ils avaient aperçu, je le répète,
longtemps après la lutte acharnée qui s'était livrée à
leur gauche, une tête de colonne prussienne.

Vous savez ce qui s'est passé ensuite.

Le lendemain matin, le rond-point de Pontlieue,
où se trouvait mon quartier général, était encombré
de mobilisés en désordre. J'envoyai mes aides de
camp; je fus moi-même essayer de les encourager et
de les ramener au feu. On me montra les armes dont
on se plaignait. Je vis alors des fusils sales, couverts de
rouille, tellement oxydés que, pour certains d'entre
eux, on avait beaucoup de peine à retirer leurs ba-
guettes de leurs tenons; mais, pas plus que la veille,
personne ne me parla de lumières non percées ou
de cartouches d'un calibre plus fort que celui de
l'arme.

En un mot j'ai cru alors, et jusqu'à preuve du contraire je croirai encore qu'il eût suffi de quelques
heures d'un simple nettoyage pour mettre ces fusils
en état de servir; et pour moi, si on n'a pas pu ou
su en faire usage au jour du combat, la faute doit en
être attribuée, non pas au gouvernement, mais à
plusieurs des officiers des mobilisés de Bretagne.

Il va sans dire, Monsieur, que vous pouvez faire de cette lettre tel usage que bon vous semblera.

Veuillez agréer, Monsieur, l'expression de mes sentiments de très haute considération,

Le vice-amiral, ex-commandant en chef du 16e corps de l'armée de la Loire.

J.-B. JAURÉGUIBERRY.

« Cette lettre si honorable pour son auteur, ajoutait la *République française*, donne la mesure de la bonne foi et de l'impartialité qui ont présidé aux travaux de la commission d'enquête du 4 septembre. On oppose à M. Gambetta le témoignage de l'amiral Jauréguiberry, et M. Jauréguiberry, qui a pris une part glorieuse à toutes les opérations de l'armée de la Loire, depuis Coulmiers jusqu'à l'armistice, d'abord à la tête d'une division, ensuite comme commandant en chef du 16e corps, n'a même pas été entendu par la commission ! Pour rétablir la vérité indignement travestie, l'amiral Jauréguiberry est obligé de rappeler un cruel souvenir, celui de la panique inexplicable à laquelle ont cédé, le soir de la bataille du Mans, une partie des mobilisés de Bretagne. Inexplicable, non ! Les jeunes troupes valent ce que valent les officiers qui les commandent. Si la brigade du général Lalande lâchait pied sans tirer un coup de fusil à la même bataille du Mans, d'autres mobilisés bretons, sous les ordres du brave général Gougeard, se battaient admirablement et reprenaient à la baïonnette, avec les zouaves pontificaux et un bataillon de chasseurs à pied, le plateau d'Auvour, que des masses prussiennes venaient d'occuper. Tels chefs, tels soldats. »

DISCOURS

Prononcé

AU BANQUET COMMÉMORATIF DE LA DÉFENSE

DE SAINT-QUENTIN

Le 16 novembre 1871

La *République française* du 18 novembre publiait l'article suivant :

« Les républicains de la ville de Saint-Quentin qui, le 8 octobre de l'année dernière, opposèrent une si belle résistance à l'armée allemande, avaient résolu de célébrer cette date funèbre et glorieuse aussitôt après l'évacuation de la ville. Il ne s'agissait point pour eux d'une fête, mais d'une manifestation en l'honneur des citoyens tombés dans la lutte; et, dès lors, on s'était arrêté à l'idée d'une imposante réunion où chacun pourrait témoigner de ses sentiments. La difficulté d'obtenir l'autorisation nécessaire à cette grande réunion publique suggéra l'idée d'un banquet où l'on n'était admis que sur présentations. Les républicains de Saint-Quentin, qui ont gardé le souvenir des services rendus par M. Gambetta à la cause de la défense nationale, l'avaient compris au nombre de leurs invités, et M. Gambetta avait promis de se rendre à l'appel qui lui avait été adressé.

« Le banquet a eu lieu jeudi soir, 16 novembre, dans la salle du Cirque, qui avait été appropriée et décorée pour la circonstance. Autour de la salle se voyaient inscrits, dans des cartouches improvisés, les noms les plus chers à la démocratie : Victor Hugo, Garibaldi, Barbès, Charras, Gaston Dussoubs, Baudin, etc., avec ceux des citoyens de l'Aisne qui se sont signalés de tout temps par leur dévouement à

notre cause. Un buste de la République, avec le bonnet phry-
gien, entouré de drapeaux tricolores voilés de crêpe et de
branches de chêne, était placé au milieu de la salle. Les
commissaires du banquet et la plupart des assistants portaient à la boutonnière un bouquet d'immortelles avec ru-
ban noir.

« M. Gambetta, accueilli à la gare, aux cris de : Vive la
République! vive Gambetta! a été conduit à la salle du banquet par le président de la commission. A son entrée, les
mêmes acclamations se sont fait entendre. M. Gambetta a
remercié l'assistance par ces quelques mots :

Messieurs,

En me rendant auprès de vous, j'ai le sentiment
que j'ai accompli un devoir.

Je veux, avant de m'asseoir à votre table, vous dire
d'un mot le sentiment qui m'anime et qui, malgré
les fatigues et les occupations qui me retenaient à
Paris, m'a poussé jusqu'ici, quelles que soient d'ailleurs, — ce que je ne veux pas connaître, — les divisions et les dissensions qui se sont élevées au sujet
de cette réunion

Je savais que je devais rencontrer ici des citoyens
et des Français animés du double amour de la patrie
et de la République. Je suis venu.

« Le banquet s'est poursuivi alors dans l'ordre le plus
parfait. La majorité de l'assistance était composée d'ouvriers et de paysans. On comptait à peu près sept cents invités.

« A la fin, le président de la commission, le dernier élu
du suffrage universel en qualité de conseiller d'arrondissement, M. Aconin, a porté en termes émus, et au milieu des
plus retentissantes acclamations, la santé de M. Gambetta.

« M. Gambetta répondit :

Messieurs,

Le toast si chaleureux qui vient de m'être porté

excite en mon âme le besoin de répondre à votre honorable président.

On vous a dit tout à l'heure pourquoi on voulait boire à ma santé ; je remercie bien cordialement mon cher voisin des paroles de sympathie fraternelle qu'il a prononcées au sujet des efforts que j'ai faits dans cette effroyable et tragique lutte que nous avons soutenue après la chute de l'Empire.

Mais on a certainement exagéré ces efforts. (*Non! non!*)

Citoyens, quand un homme libre vient devant des hommes libres, la première chose qu'il doit demander, c'est de se trouver de plain-pied avec ses auditeurs.

Il ne doit y avoir dans ces réunions qu'il faut multiplier.. (*Applaudissements.*) Si vous m'interrompez, je ne pourrai pas parler bien longtemps..... Il faut qu'il y ait dans ces réunions un intérêt dominant, qui est le principe de la République ; or, le principe de la République, c'est une égalité profonde.

En conséquence, je vous demande la permission de modérer l'expression des éloges que m'adressait mon cher voisin ; mais ce que je revendique, parce que c'est pour moi un honneur et ma véritable récompense, ce sont les paroles dans lesquelles il a déclaré que ce que j'avais fait dans le passé était le vrai gage de ce que je ferais dans l'avenir pour l'établissement définitif de la République, non pas d'une République équivoque, nominale, sans institutions et sans esprit de réforme, mais de cette République effective, réelle et vivante, la seule digne de nous réunir, de nous embrasser tous dans la création et la défense d'un gouvernement fort et durable, protecteur vigilant des intérêts de tous et capable de régénérer les mœurs de la famille française. (*Applaudissements prolongés.*)

M. Desfossez, conseiller municipal de Saint-Quentin, ayant
porté un toast à la république démocratique, M. Gambetta
reprit la parole :

Vous avez raison, Monsieur, d'associer le retour du
patriotisme au retour même de la République, et je
désire, avant de nous séparer, et sous le coup des
douloureux et héroïques souvenirs de la journée du
8 octobre, tirer des évènements qui ont fondu sur
nous la leçon qu'ils comportent, afin d'y puiser la
résolution qui nous est nécessaire pour nous mettre
à l'œuvre de la régénération de la patrie.

En effet, on a pu se demander ce qui serait arrivé
si toutes les villes de France avaient suivi l'héroïque
exemple de Châteaudun et de Saint-Quentin ; si elles
avaient eu, comme ces deux villes désormais sœurs,
la volonté de mourir plutôt que de céder.

Les peuples sont comme les individus : à chaque
crise qui se produit dans leur existence, ils ne peuvent
la traverser qu'avec les forces de réserve qu'ils ont su
accumuler, et, quand ces réserves manquent, ils tombent malgré leur courage, victimes de leur impré-
voyance. Quand nous nous sommes trouvés face à face
avec cette invasion germanique que l'on préméditait
depuis cinquante ans, quelles étaient les provisions
morales et matérielles que nous avions faites ? Pendant vingt ans on nous a vus courbés sous la main
d'un seul homme, obéissant à tous ses caprices, à
toutes ses volontés, oublieux de notre dignité de citoyens et de notre sécurité de Français.

Eh bien, il faut nous l'avouer à nous-mêmes, au
lendemain de l'effroyable chute de Sedan, au lendemain de ces capitulations que vous connaissez, nous
n'étions pas dans un état moral, dans un état social
et militaire qui permet à un peuple de se lever tout
entier.

Et cependant il n'est pas bon, il n'est pas juste de

dire que la France s'est abandonnée elle-même. Non,
la France, au contraire, s'est vue, en face de cette
guerre préméditée depuis cinquante ans, savamment
conduite, admirablement préparée par les hommes
d'État les plus subtils, les plus attentifs et les plus
sérieux, et par les militaires les plus expérimentés ;
elle s'est vue tout à coup en face d'ennemis qui avaient
tout, et elle n'avait rien. Elle a résisté pourtant pendant six mois, et sa capitale n'a succombé que par le
concours réuni de la famine et de la... Je ne répéterai
pas le mot, mais je dirai de la mollesse. (*Oui! oui!
Explosion d'applaudissements.*)

Et, au dehors de Paris, le pays n'a rien négligé ;
il a tout donné avec générosité : son sang, son or,
ses ressources matérielles de toute nature. Ce qui a
manqué, c'est ce qui manque à tous les peuples qui
se sont laissé asservir trop longtemps, c'est la foi en
eux-mêmes et une haine suffisante de l'étranger.

Mais toutes ces choses, ces défaites, ces capitulations, ces lamentables résultats, sont les fruits d'une
politique dont on n'avait pu mesurer l'effroyable corruption. Pendant vingt ans, un pouvoir indigne s'était
attaché à abaisser les âmes, à avilir les consciences ;
et, le jour où il a fallu faire des efforts, l'effort était
possible, mais il n'y avait plus ni entente, ni énergie,
ni efficacité en faveur du pays : on l'avait garrotté trop
longtemps. Les conséquences de l'Empire étaient toutes fatales, elles étaient inévitables.

C'est à nous à nous pénétrer de cet enseignement.
Il faut recommencer, non pas un peuple, non pas
notre existence nationale, grâce à Dieu, car, si nous
sommes malheureux et châtiés au-delà de toute mesure, la France compte encore dans le monde, avec
ses admirables ressources de toute espèce, avec la
force ascendante de son peuple, qui a toutes les sèves
et toutes les richesses, et qui n'a besoin que d'un peu
d'ordre, d'un peu de calme, d'une organisation politi-

que appliquée à ses sentiments pour réparer avec une
rapidité prodigieuse les pertes douloureuses qu'elle a
essuyées. Avec un tel peuple, il n'y a pas à désespérer ; mais il faut que la France soit constamment
penchée sur cette œuvre de régénération. Il lui faut
un gouvernement qui soit adapté à ses besoins du
moment et surtout à la nécessité qui s'impose à elle,
de reprendre son véritable rôle dans le monde. Là-
dessus, Messieurs, soyons très réservés, ne prononçons jamais une parole téméraire ; cela ne conviendrait
pas à notre dignité de vaincus ; car il y a aussi une
dignité du vaincu, quand il est tombé victime du sort
et non pas de sa propre faute. (*Applaudissements prolongés.*) Soyons gardiens de cette dignité, et ne parlons jamais de l'étranger, mais que l'on comprenne
que nous y pensons toujours... (*Nouveaux applaudissements.*) Alors vous serez sur le véritable chemin de la
revanche, parce que vous serez parvenus à vous gouverner et à vous contenir vous-mêmes.

Que faut-il pour cela ? Quand on a la satisfaction
morale d'appartenir au parti républicain démocratique, on ne doit avoir qu'une ambition : c'est de lui
gagner des adhérents, c'est de grossir ses rangs, d'aug-
menter sa puissance, afin qu'il exprime par le suffrage universel et son esprit et sa volonté indiscutable.

Eh bien, le suffrage universel, c'est vous. Vous l'a-
vez, il est à votre disposition. Seulement il faut donner de votre conduite, de vos idées, de votre moralité,
de votre valeur politique, de votre aptitude aux affaires, une preuve telle devant l'opinion publique,
que cette démocratie, que vous avez constituée, impose à tous, par le suffrage universel, sa force et sa
puissance. (*Applaudissements.*)

Voyez, en effet, les progrès accomplis depuis six
mois, d'une manière tout à fait réelle et tout à fait
pratique ; le parti démocratique, dans toutes ses nuan-

ces, est entré dans les conseils locaux, à tous les degrés, et a donné dans toutes ces Assemblées l'exemple
de la modération sans rien céder sur les principes ; ce
qui démontre que, si l'on voulait poursuivre avec entente, avec zèle, cette œuvre de persuasion dont je
vous parle, eh bien ! les fréquentations démocratiques
amèneraient à nous ceux, encore trop nombreux dans
les villes comme dans les campagnes, qui nourrissent
contre les institutions républicaines des préventions
et des préjugés qui leur ont été glissés dans l'esprit,
de fausses idées qu'on leur a inculquées et qu'ils ré-
pètent sans trop s'en rendre compte. Si vous tous,
qui êtes placés dans ce milieu de la démocratie rurale et qui pouvez vous faire à vous-mêmes cette démonstration, que ce n'est jamais en vain qu'on appelle le peuple à discuter sur ses intérêts, vous vouliez vous charger, entre vous et pour vous, de cette
propagande nécessaire, vous ne tarderiez pas à en
voir les fruits naître sous vos mains, et chaque scrutin vous apporterait une récompense, un encourage-
ment et une victoire. (*Vifs applaudissements.*) Car, entendez-le bien, ce qui assure aujourd'hui le triomphe
du parti démocratique, c'est qu'il a raison ; quand on
a ce grand avantage pour soi, il faut parler, il faut
agir, ne se laisser déconcerter par aucune intrigue,
arrêter par aucun obstacle ; il faut se dévouer patiemment à faire la conquête de l'opinion, se tenir ferme
sur les principes, être très tolérant sur les personnes,
ne donner jamais son opinion que comme un moyen
d'accroissement du bien-être général, et alors se faire
pour soi-même une sorte de *memento* dans lequel on
inscrit, pour les réclamer, les réformes, les progrès,
les institutions que le peuple est en droit d'attendre
de la République démocratique. (*Approbation prolongée.*)

Messieurs, ne craignez pas que j'oublie l'objet
principal de notre réunion, c'est-à-dire le sacrifice

héroïque par lequel vous vous êtes immolés et où vous avez perdu des héros inconnus, mais des héros. Non, je ne les oublie pas, ces morts qui vous sont si chers, mais c'est à dessein que je ne veux plus parler de ce qui pourrait aviver les plaies de la patrie. J'aime mieux vous inviter à nous recueillir, à nous replier sur nous-mêmes. Il faut que nous examinions nos questions intérieures et que nous n'ayons d'autre ambition que celle d'un peuple qui veut vraiment se refaire lui-même. Car, sachez-le, vous ne serez véritablement en état de vous faire respecter en Europe que le jour où vous serez puissants à l'intérieur ; et, quand je me demande quelle est la plus pressante, la plus urgente de toutes les réformes, j'en reviens toujours à considérer que rien ne sera fait, que rien ne sera fructueux, que rien ne pourra pacifier les âmes, rapprocher les classes, — car, malgré la loi, il y a encore des classes, quoi qu'on en dise, — comme une bonne somme d'éducation, d'instruction bien distribuée, obligatoire, gratuite, et, permettez-moi le mot, quoi qu'il ne soit pas fort à la mode, absolument laïque. (*Applaudissements.*)

En effet, si l'on faisait une véritable éducation nationale, si cette éducation était donnée d'une manière véritablement moderne, véritablement démocratique, on aurait résolu le problème de l'harmonie dans la société, et assuré le retour de notre influence au dehors.

Mais ouvrez les livres d'histoire : vous y verrez malheureusement que toujours le dernier progrès accompli, c'est le progrès de l'éducation publique. Ils comprennent, en effet, ceux qui ont intérêt à exploiter les hommes et à perpétuer leur halte dans la confusion, ils comprennent que toutes les fois qu'on fait un lecteur, on leur fait un ennemi. (*Applaudissements.*)

Et ce n'est pas, à mon sens, par l'enseignement

primaire, — sur l'étendue duquel il faudrait encore
s'entendre, — donné gratuitement et reçu obligatoi-
rement, que ce progrès doit s'accomplir : c'est surtout par l'enseignement secondaire, par ce qu'on
appelle l'enseignement supérieur, car c'est de l'élévation de ce niveau de la science qu'il faut se préoccuper, si l'on veut que l'éducation fasse un plus
grand nombre d'hommes justes, libres et forts.

C'est pourquoi, dans le programme républicain,
comme première réforme, j'ai toujours placé l'enseignement du peuple ; mais cet enseignement a besoin
d'être, avant tout, imbu de l'esprit moderne civil, et
maintenu conforme aux lois et aux droits de notre
société.

Là-dessus je voudrais vous dire toute ma pensée.
Eh bien, je désire de toute la puissance de mon âme
qu'on sépare non seulement les églises de l'État, mais
qu'on sépare les écoles de l'Église. (*Vifs applaudissements.*) C'est pour moi une nécessité d'ordre politique,
j'ajoute d'ordre social.

D'abord, je repousse complètement l'objection ap-
parente opposée à ceux qui sont partisans de l'enseignement laïque. On leur dit : Vous voulez faire des
athées, et vous voulez installer dans les écoles un
enseignement antireligieux.

Messieurs, ma conviction est qu'il n'y a rien de
plus respectable dans la personne humaine que la
liberté de conscience, et je considère que c'est à la
fois le plus odieux et le plus impuissant des attentats
que d'opprimer les consciences. Non, je ne suis pas
hostile à la religion : c'est même pour cela que je
demande la séparation de l'Église et des écoles. Je
suis convaincu que c'est parce qu'un parti dominant
dans l'Église s'est arrogé le droit presque exclusif de
distribuer l'enseignement dans nos écoles, de pétrir
et former l'enfant, pour saisir l'homme et le citoyen,
pour arriver à l'État lui-même, que le clergé a cessé

d'être un grand corps religieux pour tomber au rang
d'une faction politique ; c'est parce qu'on est sorti de
l'Église, que l'Église a beaucoup perdu du respect
qu'on portait aux ministres des cultes, qu'on les a
vus cesser d'être des apôtres pour devenir les instruments du pouvoir, sous les régimes les plus corrom-
pus et les plus usurpateurs. (*Applaudissements.*) C'est
ainsi qu'on les a vus eux-mêmes perdre le sentiment
de leur propre dignité, au point de n'être plus que
des agents passifs entre les mains d'un pouvoir oc-
culte et étranger, s'habituant à ne plus se considérer
comme des citoyens de France, se faisant honneur
d'être les serviteurs de la puissance théocratique qui
leur envoie ses dogmes et ses ordres. (*Profonde sensation.*)

Nous C'est donc à la fois rendre le sacerdoce à sa dignité
et l'homme à sa conscience, que de dire aux ministres
des cultes : Sortez de ce milieu de colère et de passion, où vous n'êtes plus l'Église, et où vous n'êtes
qu'un parti politique !

Est-ce à dire que le clergé sera destitué de toute
influence sociale ? Est-ce à dire que la religion sera
sacrifiée ? Nullement, Messieurs ; mais chacun restera
dans son rôle, chacun sera maintenu dans ses attributions ; la morale sera enseignée laïquement, et la
religion sera enseignée dans les endroits consacrés à
la religion, et chaque père de famille choisira pour
son enfant le culte qui lui conviendra, chrétien, juif
ou protestant. Mais renonçons à confier aux divers
clergés l'éducation des enfants, si nous voulons avant
tout en faire des citoyens français, si nous voulons en
faire des hommes chez lesquels l'idée de justice et de
patrie domine. A l'église, ils recevront l'enseignement
des dogmes et apprendront tout ce qui est du domaine
de la foi. A l'école, on leur enseignera les vérités de
la science, dans leur rigueur et leur simplicité majestueuse ; et ainsi vous aurez concilié le respect de la

liberté de conscience avec le devoir, qui est imposé à l'État, de préparer des citoyens dont l'éducation, dont les principes ne soient pas renfermés dans des dogmes théologiques, mais tiennent à des bases sur lesquelles repose notre société tout entière.

Rappelez-vous qu'il y a déjà sept ans, à la suite de grands efforts de la libre pensée française, le Pape a jugé opportun de passer en revue tous les principes modernes d'où découlent nos lois civiles et politiques : la constitution de notre famille, de notre propriété, de notre État, les grandes séries de droits qui font l'indépendance de chacun de nous, la liberté d'examen, la liberté de la presse, le droit de réunion, d'association. Eh bien! sur chacun de ces droits, le Pape a crié anathème.

Est-il concevable, quand le pouvoir religieux s'exprime avec cette franchise, avec cette loyauté, qu'on abandonne l'éducation des générations futures à des hommes qui, par leur conscience, sont engagés à se faire les propagateurs de semblables doctrines? (*Bravo! bravo!*) Si vous leur confiez l'éducation, quand vous aurez à faire appel à l'énergie d'hommes élevés par de tels maîtres, quand vous voudrez mettre en mouvement ce peuple tout entier, quand vous lui parlerez de ses devoirs de citoyens, quand vous voudrez exciter en lui les idées de sacrifice, de dévouement à la patrie, vous vous trouverez en présence d'une espèce humaine amollie, débilitée, résignée à subir toutes les infortunes comme des décrets de la Providence. (*Profonde sensation.*)

C'est là, Messieurs, le plus grand péril que puisse courir la société de 89, dont nous sommes les héritiers et les représentants. La société de 89 a pour principal objectif de faire dépendre le système politique et social de l'idée de la suprématie de la raison sur la grâce, de l'idée de la supériorité de l'état de citoyen sur l'état d'esclave. Au lieu de la doctrine romaine,

qui habitue l'esprit à l'idée d'une Providence mystérieuse qui a seule le secret de ses faveurs et de ses
disgrâces, qui enseigne que l'homme n'est dans la
main de Dieu qu'un jouet, la Révolution enseigne la
souveraineté de la Raison, l'autorité et la responsabilité des volontés humaines, la liberté de l'action,
et trouve la cause des souffrances, des malheurs
de l'humanité, dans l'ignorance ou les fautes des
hommes.

Depuis quatre-vingts ans, ces deux systèmes sont
en présence; ils se sont partagé les esprits et ont entretenu au cœur même de la société un antagonisme,
une guerre acharnée qui explique pourquoi, faute
d'unité dans l'enseignement, nous roulons, sans pouvoir jamais nous fixer, de la révolte à la compression,
de l'anarchie à la dictature.

Il faut effacer cette contradiction, dissiper ce trouble des intelligences; et il n'y a qu'un moyen, c'est
de se désintéresser dans l'éducation publique d'une
façon absolument impartiale de toutes les doctrines,
de tous les systèmes, de toutes les sectes, de toutes les
communions; c'est de laisser au libre choix ou même
au caprice l'enseignement des doctrines religieuses;
c'est de réaliser la séparation de ces deux mondes,
le monde civil et politique et le monde religieux,
pour lequel je conçois d'ailleurs qu'on ait infiniment
de respect. Celui pour lequel nous sommes faits,
pour lequel nous devons tout donner, nos facultés,
nos efforts, notre vie, c'est le monde moderne; le
monde qui repousse la domination théocratique; le
monde qui entend, non pas satisfaire seulement les
intérêts matériels, mais les intérêts politiques, c'est-
à-dire ne relever que d'une autorité de droit humain;
le monde qui a soif de science, de vérité, de libre-
arbitre, d'égalité, et qui arrive à la déclaration et à la
pratique des devoirs sociaux par l'émancipation et la
glorification de la personne humaine considérée dans

le plus humble comme dans le plus élevé. (*Applaudis-sements.*)

Mais cette réforme dans l'éducation et cette distinction à apporter entre l'enseignement religieux et l'enseignement laïque se relient elles-mêmes à la solution d'un autre problème depuis longtemps posé : la séparation de l'Église et de l'État.

Je ne trouve pas opportun de vous entretenir des phases différentes que cette question a parcourues; mais je veux, en passant, appeler votre attention de républicains intelligents et pacifiques sur le côté démocratique de la question du clergé.

Il y avait autrefois dans la vieille monarchie française un grand clergé, fidèle à des traditions d'indépendance religieuse et nationale. L'Église de France avait toujours su se tenir au-dessus des prétentions ultramontaines; par là, elle avait imposé le respect au monde entier.

Eh bien! cette Église a disparu, parce que, sous prétexte de lutter contre les principes de la Révolution, mais en réalité par instinct de domination, le haut clergé s'est, peu à peu d'abord, mais bientôt exclusivement, recruté parmi les représentants de la doctrine romaine toute pure; de sorte qu'aujourd'hui il n'y a réellement plus de clergé français, au moins dans ses rangs supérieurs. Toutefois il reste encore une portion du clergé qui pourrait nous donner une idée de celui de l'ancienne France : c'est le *bas clergé*. Le bas clergé! On l'a appelé ainsi parce que, comme un esclave entre les mains de ses maîtres, il est tout à fait en bas; c'est le plus humble, le plus résigné, le plus modeste des clergés. Le bas clergé, « c'est un régiment. — a dit en plein Sénat un hautain cardinal; — quand je parle, il faut qu'il marche! »

Je n'ai jamais lu sans un mouvement de colère cette impérieuse parole. Oui, je suis acquis à la libre-pensée, je ne mets rien à l'égal de la science humaine, et

cependant je ne puis m'empêcher d'être saisi de respect et d'émotion quand je songe à ces hommes dont
on parle avec tant de hauteur et qui constituent le bas
clergé. Non, je ne suis pas froid pour l'humble desser-
vant, pour cet homme qui, après avoir reçu quelques
notions très-courtes, très-incomplètes, très-obscures,
rentre au sein de ces robustes et saines populations
rurales dont il est sorti. Tenant à la fois du paysan et
du prêtre, il vit au milieu d'elles, il voit leurs luttes
difficiles et rudes pour l'existence. Sa mission est
d'alléger leurs souffrances; il s'y emploie de toute son
âme; il les assiste et les console. Dans les dangers et
les périls de l'invasion, j'en ai vu se montrer patriotes
ardents et dévoués; ils appartiennent à la démocratie,
ils y tiennent, et, s'ils pouvaient se laisser aller aux
confidences, plus d'un se reconnaîtrait démocrate et
républicain.

Eh bien, Messieurs, c'est le clergé des campagnes
qu'il faudrait élever, qu'il faudrait affranchir, qu'il
faudrait émanciper, dont il faudrait former le clergé
tout entier, afin de l'arracher au rôle et à la servitude
que désigne ce mot cruel : bas clergé. Vous voyez donc
bien que, loin d'être les ennemis du clergé, nous ne
demandons qu'à le voir revenir aux traditions démocratiques de ses aînés de la grande Constituante, et
s'associer comme le reste des Français à la vie d'une
nation républicaine.

Je le répète, je jette cette idée en passant.

Je reprends, et je dis que l'avenir dépend chez nous
du nombre des écoles, de la qualité des maîtres, de
la fréquentation obligatoire des écoles, d'un programme étendu et varié; de telle sorte qu'au lieu d'une
science tronquée, on dispense à l'homme toute la vérité, et que rien de ce qui peut entrer dans l'esprit
humain ne lui soit caché. Mais cette tâche réclame
beaucoup d'efforts, du travail et de la persévérance :
le travail, c'est la loi même de la démocratie, et c'est à

substituer le règne du travail au règne de l'oisiveté
ruineuse que consiste tout l'effort du parti républicain.
Il y a maintenant une politique du travail : c'est l'opposé de l'ancienne politique de la guerre et de la conquête. Ne séparons pas cette politique du travail de
l'idée même de la grandeur et de la richesse de la patrie.

Pourquoi désormais le peuple sera-t-il prêt au dernier sacrifice, quand il croira l'heure du sacrifice venue? Ce sera pour sauver les conquêtes du travail,
pour ne rien laisser perdre de cette richesse créée à
force de labeur et d'épargne, pour ne pas laisser porter atteinte à cette civilisation dont on l'aura rendu
capable de goûter tous les fruits, et à laquelle il sera
redevable du capital par excellence, qui est le capital
intellectuel. (*Vive approbation. — Applaudissements.*)

Mais cet avènement du monde du travail, ce triomphe
de l'idée de justice dans l'accomplissement des devoirs sociaux, n'est possible, — et c'est pour cela que
nous avons foi dans l'idée républicaine, — que dans
la République, et c'est ainsi, Messieurs, qu'à la question du progrès des masses se rattache la grande solution des problèmes sociaux, insolubles hors cette
forme par excellence, où tous les partis peuvent se
mesurer et conquérir le pouvoir sans avoir recours les
uns contre les autres aux entreprises de la force. (*Vifs
applaudissements.*)

C'est sous ce gouvernement, seul digne de ce nom,
où chacun comparaît armé de son bulletin de vote et
ayant un droit égal à celui de son voisin, que l'on peut
créer des règles durables, fonder des institutions qui
n'ont pas besoin d'être violemment détruites, parce
qu'elles ne sont pas faites au profit d'une famille ou
d'un seul, que tous prennent part au gouvernement
et à la souveraineté, que l'ordre véritable découle de
la capacité de chacun et de la volonté de tous, et où
le pouvoir toujours surveillé et restreint ne tente même

plus les ambitions factieuses, sûres d'ailleurs du châtiment.

Cette idée de République pure et simple n'était tombée que dans la tête de gens que l'on considérait
comme des rêveurs. Mais, quand on a vu toutes les
monarchies installées depuis cinquante ans s'écrouler
les unes sur les autres, oh! alors, il a été nécessaire
de penser aux institutions républicaines, non pas
d'une manière platonique, mais pour elles-mêmes,
pour leur vertu propre.

On a, il est vrai, laissé de côté les hommes qui s'en
étaient faits les défenseurs ; mais on a abordé la question dans ses profondeurs, et l'on s'est demandé si la
République n'était pas, après tout, le régime sous lequel on pouvait à la fois maintenir le plus longtemps
la stabilité, et en même temps assurer le développement des droits de tous. Et alors vous avez vu des
hommes, qui avaient passé leur jeunesse à traiter de
pur sophisme l'avènement de la République, s'en faire
les plus sérieux partisans, devenir ses défenseurs officiels, défenseurs d'autant plus autorisés que leur
passé ne les prédisposait pas à jouer un tel rôle. Il
faut s'en réjouir ; mais il faut les harceler sans cesse,
il faut veiller sur eux sans trêve ni repos ; il faut reconnaître avec eux que leur conversion peut être sincère, que rien ne nous serait plus profitable que leur
acquiescement, et que, par conséquent, nos griefs se
réduiraient à ceci : l'achèvement d'une conversion
bien justifiée, et l'amélioration de l'État républicain.

Nous ne sommes pas, en effet, dans la situation où
nous étions autrefois, et notamment à la veille du
plébiscite de mai 1870. Nous n'en sommes pas au désespoir ni à l'impatience ; notre âme, au contraire, est
pleine de confiance, pleine d'espoir. Oui, nous avons la
conviction qu'après les leçons répétées de la fortune,
sauf le sinistre coupe-jarret de Décembre, il n'est pas
de prétendant qui puisse tenter par la force une restauration monarchique. (*Applaudissements prolongés.*)

Non, nous n'avons aucune inquiétude sur la consolidation de la République; mais, pour qu'elle ne perde
pas la faveur populaire, qu'on ne puisse nous la dé-
rober, il faut qu'elle soit féconde, qu'elle soit agissante, et que ce soit sous son égide qu'on voie s'accomplir le progrès. C'est pour cela, Messieurs, qu'on
nous trouve si ardents contre tout ce qui est un obstacle à l'accomplissement de ce programme que j'ai
repris et exposé devant vous; c'est pour cela qu'en
face d'une Assemblée qui s'obstine à retarder la constitution de la République, qui refuse au pays sa capitale, et qui affecte de tenir comme provisoire, comme
nominale, la forme de gouvernement qui nous régit,
nous sommes portés à critiquer ses actes et à les dénoncer au pays comme une véritable usurpation.

C'est pour cela que nous invitons tous nos amis à se
réunir à nous pour demander, non pas dans un intérêt de parti, mais dans un intérêt exclusivement
national, qu'une Assemblée nouvelle, une majorité
incontestable et certaine, prenne en mains la préparation de toutes ces réformes.

Que peut-on objecter à cette conduite? Que le pays
s'est prononcé? Non! non! car le moindre examen de
ses votes et de ses scrutins démontre jusqu'à l'évidence
que la volonté du pays, c'est de fonder la République.
(*Applaudissements et acclamations.*) Mais, en dehors
même des scrutins solennels, il y a un fait qui s'impose et qui est encore plus significatif, si c'est possible :
c'est l'impuissance de l'Assemblée elle-même à rien
oser, à rien tenter qui soit contradictoire à ces récents
arrêts de la volonté nationale. (*Sensation.*) Quoi! lorsque, d'une part, la nation a ordonné, et que, de l'autre, l'Assemblée a reconnu qu'elle ne peut contredire
cette volonté, pourrait-on rester plus longtemps, sans
commettre un véritable déni de justice envers le pays,
sans compromettre ses intérêts matériels et moraux,
pourrait-on ajourner encore, se traîner plus long-

temps dans le provisoire, refuser de résoudre aucune
question et dire obstinément : Nous avons reçu un
mandat et des pouvoirs non limités ; toutes les manifestations électorales postérieures ne peuvent rien
contre ce titre primitif dont nous sommes revêtus ;
la France n'a pas le droit de parler ; nous allons décider de son sort? (*Profond mouvement.*)

Heureusement que ce langage n'est point officiel ;
et qu'il ne sera rien fait, même de la part des plus
ardents, pour réaliser de tels défis à la souveraineté
nationale. Condamnés à l'impuissance, voués, par la
composition même de l'Assemblée, aux luttes stériles
des partis, les députés comprendront eux-mêmes qu'il
est temps de sortir de ce chaos et de rendre au suffrage universel la libre disposition de lui-même.
(*Applaudissements.*)

Et d'ailleurs, Messieurs, ce sacrifice est-il donc si
pénible, et est-ce, en vérité, exiger par trop de la nature humaine que de réclamer un acte de sagesse et
véritablement politique? Examinons la question.

Au mois de mai 1870, au moment où, sous la pression des agents de tout ordre et à l'aide de toutes les
manœuvres, l'empire surprenait la confiance de la
France, la trompant à l'aide d'une question captieuse,
obtenait six millions de suffrages qui demandaient la
paix, et à qui on a donné la guerre ; six millions qui disaient stabilité, et qu'on a voués à la ruine ; six millions
qui disaient ordre, et sur lesquels on a déchaîné une
effroyable tempête ; six millions qui voulaient dire
sollicitude de l'intérêt national, et auquel on répondait
par un défi insensé et criminel ; car le despote avait
l'espérance coupable de trouver dans les hasards de
la guerre un rajeunissement de forces qui permit
encore une fois d'étouffer le pays. C'était encore la
tradition de Bonaparte signant l'acte additionnel et
disant: « Nous verrons après la victoire. »

Vous savez ce qu'il nous en a coûté ; seulement il

est peut-être utile de tirer du plébiscite lui-même et des évènements qui l'ont suivi, un nouvel enseignement.

Au lendemain de cette catastrophe de Sedan, comme toujours depuis près d'un siècle dans ce pays, la France étant à deux doigts de sa perte, la République a surgi ; elle est sortie de la conscience populaire et des nécessités du salut national ; elle hérite d'un passé et d'une succession que rien ne peut liquider, et ses adversaires la voudraient rendre responsable des désastres amenés par la monarchie.

Cette perfidie ne trompera pas le pays.

Pour la troisième fois, et par les mêmes mains, l'existence nationale était menacée, et, aujourd'hui, j'ose dire qu'à l'heure où la République ramassait le pouvoir au milieu de l'épuisement de toutes nos ressources, elle seule pouvait vaincre ; mais trahie par la fortune et les hommes, elle a sauvé le bien le plus précieux des nations : l'honneur. (*Applaudissements.*)

Eh bien, cette République, que le suffrage universel paraît de plus en plus disposé à consolider, est au-dessus des discussions et des attaques ; et je me demande en définitive d'où provient un si grand résultat. Il n'est pas dû seulement à l'activité et à la sagesse du parti républicain ; il vient de plus loin, et, si vous le voulez, nous allons décomposer l'ensemble de ces six millions de suffrages qui se sont rencontrés dans l'urne plébiscitaire.

J'admettrais que, en dehors des excitations, des manœuvres, des pratiques de toutes sortes auxquelles se livraient les agents de l'empire, il y ait eu une certaine fraction de voix acquises, coûte que coûte, au gouvernement impérial ; mais le reste, on peut le décomposer en deux parts, dont la plus considérable, — au moins quatre millions, — représentait, sous l'empire même, ce qu'on appelait la démocratie césarienne, qui voulait l'installer dans le pays, et qui croyait à ses progrès, à son organisation, par la main d'un maître, au dedans et même au dehors.

Erreur fondamentale qui a coûté à la France l'avilissement de ses mœurs et ses deux plus belles et plus fières provinces! Oui, ces électeurs confiants et trompés demandaient le développement des principes de 89, inscrits au frontispice de la constitution. L'empire, lui, les réclamait pour les exploiter, pour séduire les masses, gagner les ouvriers et garder les paysans! Mais il les réclamait néanmoins.

Je dis et je répète que, parmi ces voix plébiscitaires, ils étaient nombreux, les esprits honnêtes, loyaux, qui ont été abusés, car ils voulaient la suprématie des principes de 89 dans la société démocratique: ils voulaient l'égalité devant la loi; ils voulaient l'instruction assurée, l'impôt du sang obligatoire, la diminution des privilèges du clergé, et la répartition équitable des charges publiques : c'étaient des gens trompés qui croyaient à la suite de la révolution, et qui croyaient possible l'alliance adultère de l'empire et de la démocratie. Par conséquent, nous avons le droit de les revendiquer. Instruits par le malheur, débarrassés des suggestions napoléoniennes, ils sont, de droit, de sentiments, acquis à la cause de la république et de la démocratie. Oui, j'ai cette conviction qu'à part la bande dorée des parasites qui depuis vingt ans avait mis la France en coupe réglée, à part ces conducteurs de la mascarade impériale (*Rires*), le suffrage universel, dans ses masses, s'est laissé tromper.

Ainsi donc, soyons avec eux d'une parfaite tolérance pour le passé, ne récriminons pas ; qu'ils entrent dans nos rangs, et poursuivons ensemble la réalisation d'idées qui n'ont couru de périls que par leur égarement, aujourd'hui dissipé.

Et, à côté de cette force immense que le parti républicain a le droit de revendiquer et de mettre en œu-

vre, il ne reste guère qu'un parti dont les prétentions
sont connues : ce sont les hommes du passé. Leur
rôle est de représenter l'ancien régime; mais le démembrement de ce parti est un fait accompli. Il reste
à ses représentants à se pénétrer des aspirations con-
temporaines, à renoncer à un idéal usé et disparu à
jamais. Nous n'oublierons pas, pour notre part, les
glorieuses pages que leurs aïeux ont écrites dans l'histoire de France, et cela même les invite à s'adapter, à
l'heure qu'il est, aux intérêts de la France moderne.
Poursuivre plus longtemps, quatre-vingts ans après 89,
le retour d'un régime qui a disparu sous les forces
réunies de la société française, c'est se vouer à l'impuissance et à l'isolement sans espoir.

Ils n'ont qu'un seul parti à prendre : c'est de considérer que le pouvoir républicain est le plus libéral de
tous les pouvoirs; que leurs aptitudes, leurs talents,
leur éducation, doivent leur y faire jouer un rôle important, et qu'ils y seront comme la parure de l'État.

Quant à ceux qui se disent conservateurs libéraux,
ceux-là n'ont pas d'idéal, ni en avant ni en arrière. Ils
ont des principes, ce sont de pures maximes; ils ne
pratiquent point; ils n'ont, à vrai dire, aucune préférence de cœur; le cœur ne tient pas grande place dans
leur politique. (*Applaudissements.*) Ils ont des intérêts,
ils les défendent... Je ne trouve pas cela mauvais,
quand les intérêts sont légitimes et respectables.

Je suis très disposé à classer en deux parts les
hommes de ce parti : ceux qui sont d'une parfaite in-
différence pour tout ce qui n'est pas leur bilan, et
qui, pendant vingt ans, ont donné des blanc-seings à
ce fameux sauveur qui répondait de l'ordre, naïfs et
sceptiques tout ensemble, qui sont tout surpris, à l'expiration de ce bail, de se trouver plus menacés, un
peu moins riches et plus troublés qu'auparavant.
(*Hilarité et approbation.*)

Tout cela pour n'avoir pas pris eux-mêmes la protection de leurs intérêts, et pour s'obstiner à ne concevoir la société que comme une association en commandite où le gérant se charge de fournir les soldats, les prêtres et les gendarmes. (*On rit.*)

Ce sont là des institutions utiles, Messieurs, nécessaires, mais qui ne sauraient remplacer la force morale, seul fondement de l'autorité ; et vous en avez un triste et récent exemple.

Il y a aussi parmi eux de véritables et sages conservateurs ; ce sont d'utiles contradicteurs. Dans le système démocratique, il faut deux partis, se combattant au plein jour et luttant pour le pouvoir sans violence, avec les armes de la raison et de la science. Il faut un parti des réformes, le parti novateur ; un parti plus particulièrement préoccupé des progrès et des améliorations, qui prend la tête de la société, qui a l'impatience de la justice, mais qui pourrait se jeter hors de l'orbite, s'il n'était retenu et même retardé dans sa marche par un second parti non moins nécessaire qui lui sert de frein. Il faut donc un autre parti plus calme, plus timide, toujours résistant, mais qui sache céder à la voix de l'opinion et accomplir les réformes qui sont mûres. C'est dans l'équilibre de ces deux fractions politiques, sous la protection des lois et la garantie des droits que je place véritablement le fonctionnement du gouvernement républicain et la condition de l'ordre.

Mais, du moment que l'un veut opprimer l'autre par la force, c'est la guerre sociale organisée, et vous n'êtes plus des conservateurs.

Ainsi donc, nous pouvons nous séparer en affirmant que la France s'est définitivement ralliée à la République, et qu'avant peu il faudra bien que tous les partis se renouvellent. Les plébiscitaires désabusés, les conservateurs instruits par l'expérience, comprendront tous les jours mieux les garanties d'ordre et de liberté qu'offre seul le gouvernement républi-

cain. Il nous sera peut-être donné, et je tiens à
exprimer cette espérance dans le deuil même qui
nous a réunis, d'assister, avec le concours de tous les
citoyens, à la fondation du grand parti républicain
national, qui n'a d'autre ambition que de rétablir
la prospérité du pays, de sceller l'union de tous les
Français par la reconnaissance et l'harmonie de tous
les droits. Alors la nation, ramassant toutes ses forces,
unie et libre, pourra se tourner vers l'Europe, se faire
rendre ce qui lui appartient et la place qui lui est due.
(*Vives acclamations et cris : Vive la République! Vive
Gambetta!*)

M. Combes, conseiller municipal, boit à la concorde, à
l'union de tous les bons citoyens dans l'œuvre du progrès
démocratique. Puis le président du banquet adresse à l'assemblée une courte allocution pour bien marquer le caractère de la réunion : « Notre but est atteint; nous ne pensions pas pouvoir mieux honorer nos morts qu'en nous
réunissant pour causer entre nous, dans le calme et la dignité qui conviennent à un jour de deuil, de la République
et de ses destinées. Nous allons sortir d'ici plus instruits,
c'est-à-dire meilleurs. Le banquet est ainsi justifié, si par
hasard il avait besoin de l'être. Maintenant retirons-nous
avec ordre, et que notre attitude, à tous, soit une leçon de
plus à l'adresse de ceux qui cherchent toutes les occasions
de nous calomnier devant le pays. »
L'assemblée se sépare aux cris de : Vive la République!

DISCOURS

SUR

UN AMENDEMENT AUX PROPOSITIONS RELATIVES
AUX TRAITÉS DE COMMERCE

Prononcé le 1ᵉʳ février 1872

A L'ASSEMBLÉE NATIONALE.

L'Assemblée nationale, qui s'était séparée le 17 septembre 1871, avait repris ses séances le 4 décembre. La session d'hiver dura quatre mois (4 décembre 1871-31 mars, 1872). La majorité, désavouée déjà trois fois par le suffrage universel, était revenue plus irritée que jamais contre la République et contre M. Thiers, et dès le premier jour la nomination du bureau lui avait été une occasion de faire éclater toutes ses rancunes et toute sa haine. M. Léon de Maleville, ami personnel du président de la République, ne fut pas réélu vice-président de l'Assemblée nationale. Il avait commis un crime impardonnable : il avait déclaré à plusieurs reprises qu'il se ralliait franchement à la République (1).

M. Thiers, au lendemain de cet acte d'hostilité, commit une faute grave. Il chercha, par le message du 7 décembre, à désarmer les droites. Il s'inclina, avec une modestie qui voulait être habile et qui n'était que de la faiblesse, devant la souveraineté de l'Assemblée nationale. Il ne prononça pas une

---

1. Voir, pour l'historique de cette session, les discours parlementaires de M. Thiers, publiés par M. Calmon, sixième partie, les chapitres 11 à 15 du livre de M. Arthur Ranc : *De Bordeaux à Versailles, la République conservatrice* de M. Ernest Duvergier de Hauranne, le tome second de l'*Histoire du gouvernement de M. Thiers*, par M. Jules Simon, et les Annales de l'Assemblée nationale.

seule fois le nom de la République. Ayant le désir de dire
sa pensée sur toutes les grandes questions qui préoccupaient
l'opinion, assuré, s'il l'avait dite, d'être soutenu résolument
par tout le parti républicain, il se déroba. En poussant à
l'extrême l'expression du respect qu'il était loin d'éprouver
pour les droits et les prétentions de l'Assemblée, M. Thiers
comptait obtenir de la majorité monarchique et cléricale
une trêve de quelques mois. La majorité ne répondit à ces
avances que par un redoublement d'hostilités. Dès le 8 décembre, elle repoussa l'urgence que M. Duchâtel demandait
pour la proposition suivante, qu'il avait déposée au nom du
centre gauche : « L'Assemblée nationale, le pouvoir exécutif et
les ministres fixeront leur résidence à Paris. » Le 18, à la suite
d'une interpellation de M. Jean Brunet, la majorité faisait
entrer à l'Assemblée le duc d'Aumale et le prince de Joinville.
La commission des grâces, malgré les instances de M. Thiers,
rejetait les pourvois de Rossel et de Gaston Crémieux.

La discussion des lois de finance, commencée au mois de
décembre 1871, interrompue par les congés du jour de l'an,
fut reprise au mois de janvier 1872. M. Thiers faisait une
opposition passionnée à l'impôt sur le revenu et soutenait
avec ardeur l'impôt sur les matières premières. Chaque
séance le ramenait à la tribune. La droite avait perdu tout
sentiment des convenances. Tout haut, elle accusait le président de la République de mauvaise foi, de déloyauté, elle
demandait contre lui le rappel à l'ordre. M. Thiers s'irritait,
ripostait sur le ton le plus méprisant : « Oui ! oui ! nous avons
augmenté les dépenses militaires. Est-ce que vous croyez
que c'est pour le plaisir de charger le pays d'impôts ? Amenez-
nous un homme sérieux, qui connaisse quelque peu les affaires... » (*Séance du 10 janvier.*) La gauche, devant de pareilles scènes, ne dissimulait pas sa tristesse. Elle voulait
soutenir M. Thiers, mais les théories économiques du président de la République et du ministre des finances, M. Pouyer-
Quertier, rencontraient dans le pays une opposition presque
unanime. Toutes les Chambres de commerce avaient protesté contre l'impôt sur les matières premières. Toutes
les villes industrielles étaient plongées dans une véritable
alarme. Enfin, le 14 janvier, comme la discussion des nouveaux impôts avait rempli vingt séances, on résolut d'aboutir.
Après le retrait de deux propositions présentées, l'une par

MM. Lucien Brun, Alfred André, Feray, Wolowski, etc., l'autre par MM. Gambetta, Peyrat, Adam, Brisson, Challemel-Lacour, Louis Blanc, Girerd, Cazot, etc., et tendant l'une et l'autre au rejet de l'impôt sur les matières premières, l'Assemblée resta en présence des propositions de M. Marcel Barthe et de M. Feray. La proposition de M. Barthe, acceptée par M. Thiers, impliquait l'adoption du principe de l'impôt sur les matières premières, sauf à renvoyer à une commission l'examen des tarifs. La proposition de M. Feray était ainsi conçue : « L'Assemblée nationale, réservant le principe d'un impôt sur les matières premières, décide qu'une commission de 15 membres examinera les tarifs proposés et les questions soulevées par cet impôt, auquel elle n'aura recours qu'en cas d'impossibilité d'aligner autrement le budget. »

L'Assemblée, par 367 voix contre 297, adopta la proposition de M. Feray.

M. Thiers donna aussitôt sa démission de président de la République. Les droites étaient surprises, elles n'étaient pas prêtes à nommer un successeur à M. Thiers. M. Batbie, contre cette mauvaise fortune, ne fit pas trop mauvais visage. Après une courte discussion, où le président Grévy laissa échapper le moment opportun pour faire voter une proposition déposée par M. Desseilligny au nom du centre gauche et qui rappelait, chose essentielle, la constitution Rivet, M. Batbie déposa l'ordre du jour qui suit : « Considérant que l'Assemblée, dans sa résolution d'hier, s'est bornée à réserver les questions économiques, que son vote ne peut être à aucun titre regardé comme un acte de défiance ou d'hostilité, et ne saurait impliquer le refus du concours qu'elle a toujours prêté au gouvernement, l'Assemblée fait un nouvel appel au patriotisme de M. le président de la République, et refuse d'accepter sa démission. » A l'unanimité, moins 8 voix, l'Assemblée vota l'ordre du jour présenté par M. Batbie. On suspend la séance. Le bureau, suivi de l'immense majorité de l'Assemblée, accourt à la Préfecture et M. Thiers retire sa démission, croyant, cette fois, avoir l'Assemblée à ses pieds. M. Thiers se trompait : il sortit amoindri de la crise et, le lendemain, dans toute la presse, ce ne fut qu'un cri unanime : « C'est un replâtrage! »

Sous un autre rapport, la crise des 19-22 janvier n'apprit rien à M. Thiers : malgré le vote de l'Assemblée, il déclara dans plusieurs conversations que, tout en retirant sa démission, il ne renonçait à aucune de ses idées économiques et qu'il resterait aussi protectionniste que par le passé. (*République française* du 22 janvier 1872.) L'aversion de M. Thiers pour le libre-change était une maladie incurable : il ne tarda pas à en donner de nouvelles preuves à l'Assemblée et au pays.

Le 21 janvier, l'ordre du jour de l'Assemblée appelait la discussion des propositions de MM. Johnston et Raoul Duval relatives à la dénonciation des traités de commerce. La commission avait déposé le projet de loi suivant :

« L'Assemblée nationale, considérant que, sans revenir au régime économique antérieur à 1860, il y a lieu, dans la situation actuelle du pays, de reviser les tarifs de douane,

« Décrète :

« ART. 1ᵉʳ. — Le gouvernement est autorisé à dénoncer, en temps utile, les traités de commerce faits avec l'Angleterre et la Belgique.

« ART. 2. — Les tarifs conventionnels resteront en vigueur jusqu'au vote des tarifs nouveaux par l'Assemblée nationale. »

M. Thiers, dès la seconde séance (le 1ᵉʳ février), intervint pour soutenir énergiquement le projet de la commission. MM. Raudot et Eschassériaux, dans la première séance, avaient vivement combattu ce projet qui avait été défendu par MM. Reverchon et Raoul Duval. Le lendemain, ce fut M. Wolowski qui soutint, contre M. Aclocque, la théorie du libre-échange et du respect des traités de commerce. « Savez-vous, disait M. Wolowski, quel a été le résultat des cinq dernières années du régime (du libre-échange) de 1865 à 1869 ? Le capital métallique de la France s'est accru, pendant ces cinq dernières années du régime qu'on voudrait abolir maintenant, en moyenne de 407 millions par an, de plus de 2 milliards dans ces cinq années ! Or, 2 milliards seraient les bienvenus aujourd'hui, et c'est justement parce que nous avons besoin de l'augmentation du capital métallique pour payer l'étranger, que nous devons nous garder de toute mesure qui pourrait porter atteinte à notre exportation et diminuer les chances que nous avons d'obtenir cet excédent de 400 millions de numéraire, année moyenne... Ainsi, quelles que soient les considérations qu'on aborde, que ce soit celle de la richesse publique, que ce soit celle de la jus-

tice, la conséquence est la même : au lieu de dénoncer le
traité de commerce, il faut le maintenir. Cela n'empêche
point de négocier, au contraire. Mais c'est sur l'application
des tarifs qu'il faut négocier, parce qu'ils sont sujets à révision, et pourvu qu'on maintienne les principes inscrits dans
le traité de commerce de 1860. »

M. de Rémusat, ministre des affaires étrangères, prit la
parole après M. Acloque, pour soutenir le projet de la commission et pour exposer l'état des négociations pendantes
avec l'Angleterre. En réponse à la première note du gouvernement de la République, l'Angleterre avait commencé
par déclarer qu'elle avait à cœur d'assister la France dans
ses nécessités financières. Puis, le 1er novembre 1871, le
Foreign office avait adressé à M. de Rémusat une note d'un
caractère tout différent et dont le principal passage était
ainsi conçu : « Le gouvernement de Sa Majesté Britannique
éprouve une grande répugnance à donner l'exemple d'une
négociation dans le but, non pas de diminuer, mais d'aug-
menter les droits protecteurs, politique que le gouvernement de Sa Majesté croit plus nuisible aux États qui les
imposent qu'aux États que ces droits sont supposés atteindre. » M. Thiers et M. de Rémusat avaient manifesté au gouvernement anglais l'étonnement que leur avait causé la note
acerbe du 1er novembre. Lord Granville s'était aussitôt empressé de répondre, le 28 janvier 1872 : « Le gouvernement
de Sa Majesté n'élève aucune plainte à l'égard des mesures prises par le gouvernement français dans un sens fiscal, et il s'ef-
forcera d'empêcher tout affaiblissement des sentiments de
cordialité entre les deux pays, dans le cas où le gouvernement français dénoncerait le traité. Si le traité gêne la
France en matière fiscale, le gouvernement de Sa Majesté
est prêt à modifier le traité en tant qu'il s'agisse de ces points.
Quant aux propositions qui ont un caractère de protection ;
le gouvernement de la Reine met de grandes objections à
en accepter de semblables ; mais il ne leur a pas définitivement fermé sa porte. » M. de Rémusat concluait en demandant à l'Assemblée de reprendre la liberté en matière commerciale, mais il lui conseillait d'en user avec une grande
modération. « Car, dans toute chose, disait le ministre en
terminant, il y a deux mots qui doivent aller ensemble : la
liberté et la modération. »

Ce fut M. Gambetta qui répondit au ministre des affaires
étrangères.

M. Gambetta. — Messieurs, après le discours si fin
et si clair, à travers sa discrétion nécessaire, de l'honorable ministre des affaires étrangères, je viens vous
demander la permission d'intervenir dans ce débat
pour tirer ce qui me paraît la conclusion la plus sage
et la plus directe des déclarations mêmes qui ont été
faites à cette tribune au nom du gouvernement.

Si j'ai bien compris et saisi toute la portée de ces
déclarations au sujet des pourparlers interrompus qui
ont eu lieu entre les affaires étrangères de France et
le *Foreign office*, il est certain qu'il n'y a pas, à l'heure
qu'il est, possibilité de soutenir qu'il est indispensable
de dénoncer immédiatement et préalablement le
traité de commerce, pour aboutir à ces réformes mo-
dérées, à ces améliorations jugées nécessaires et
commandées par la double circonstance et de la période décennale écoulée depuis sa conclusion et des
difficultés financières dans lesquelles le pays se
trouve engagé.

Je crois au contraire, reprenant dans l'ordre inverse
où il vous les a présentées les considérations de l'honorable ministre des affaires étrangères, qu'il est permis de soutenir que la dépêche, datée du 28 janvier
dernier, est décisive en faveur de la thèse que quelques collègues et moi nous viendrons vous soumettre,
par une proposition, à la fin de la discussion générale.

Que dit cette dépêche que nous ne connaissons, —
et ce n'est pas là un reproche sur la sincérité et l'exactitude de la citation, — que nous ne connaissons que
d'une manière tout à fait incomplète? Elle dit, si j'en
ai bien saisi le caractère principal, que l'Angleterre
est toujours disposée à reprendre les négociations sur
les améliorations et les modifications à apporter au
traité de commerce, et que ce ne serait que dans le

cas où les prétentions protectionnistes seraient excessives qu'on se verrait peut-être acculé à la douloureuse nécessité de la rupture.

Qu'est-ce à dire, Messieurs ? Cela signifie que l'Angleterre veut négocier.

Et à ce propos, permettez-moi de vous dire que la
communication des documents diplomatiques dans
une affaire de cette nature nous aurait édifiés complètement, et aurait écarté, dans la plupart des esprits,
l'idée d'une déclaration de rupture nécessaire.

Je ne crois pas, en effet, qu'il soit parfaitement politique et correct de soutenir que, dans une discussion
internationale qui porte sur des intérêts aussi multiples, aussi considérables que le règlement et le
régime des intérêts douaniers de deux grandes nations
comme l'Angleterre et la France, je ne crois pas,
dis-je, qu'il soit de mise de soutenir qu'il y aurait imprudence, compromission à faire connaître au pays
et à l'Assemblée qui le représente, les documents,
les conversations, les dépêches et les notes échangées.
(*Approbation sur divers bancs à gauche.*)

Un membre. — Il est admis qu'on ne communique
pas les documents diplomatiques pendant le cours des
négociations.

M. GAMBETTA. — Oh ! j'entends bien que, lorsqu'il
s'agit d'un de ces redoutables conflits d'où peut sortir
la guerre, ou seulement même l'aigreur, ou, si vous
voulez, la tension des rapports ; que, lorsqu'il s'agit
d'une de ces questions qui affectent un caractère de
nature à troubler la paix du monde, j'entends bien,
dis-je, que, alors, la discrétion soit un devoir et j'applaudis dans ce cas à la réserve du ministre qui dit :
Les négociations suivent leur cours et nous ne com-
muniquons rien ! Mais ici la situation est tout à fait
inverse.

Et, puisqu'on a parlé avec une terreur, que je crois
beaucoup plus spirituelle et feinte que fondée, d'une

sainte alliance économique des peuples, je dis : Vous
pouvez saisir l'Europe de vos prétentions, de vos
griefs, de vos réclamations; l'Angleterre ne faillira
pas plus que vous-mêmes, et, des deux côtés de la
Manche, il y aura une immense utilité à ce qu'il y
ait une grande publicité donnée aux correspondances
diplomatiques sur un pareil sujet. (*Approbation sur
plusieurs bancs à gauche.*)

J'ajoute que, si ces documents eussent été publiés
et communiqués plus tôt à l'Assemblée, il en serait
sorti pour elle cette conviction et cette certitude qui
se dégage des paroles du ministre des affaires étrangères, à savoir que l'Angleterre veut négocier.

Au surplus, un fait considérable le démontre jusqu'à l'évidence : c'est qu'alors que l'Angleterre aurait pu s'armer de la date fatale, immobile comme
une borne posée, du 4 février, elle vous a fait une invitation formelle, qui implique, non seulement l'intention, mais le désir ardent de négocier, en vous disant que cette date était mobile, changeante, que vous
pouviez la déplacer à votre gré, et que le délai ne
courrait qu'à votre guise, à votre arbitraire.

Sur divers bancs. — C'est vrai! c'est vrai!

M. GAMBETTA. — Sur ce point donc, il est établi, de
la façon la plus catégorique, que l'Angleterre n'a pas
refusé de négocier.

Il a pu y avoir, je le comprends de la part des négociateurs anglais, quelque inquiétude, quelque
alarme, quelque angoisse, sur les conséquences des
négociations entamées. Eh! Messieurs, c'est ce qui
nous retient nous-mêmes tous ici, du moins de quelques côtés de l'Assemblée. Il est bien certain que ces
traités, conclus dans des conditions qui ont été suffisamment rappelées pour que je les passe sous silence, ont dû depuis dix ans devenir l'objet de négociations nécessaires ; il est bien certain que, depuis ce
temps, la situation de la France a changé, et qu'il

faut que tout le monde au dedans comme au dehors, en supporte les conséquences.

Il est certain aussi que ces traités, — et là je reconnais la légitimité des griefs d'un certain nombre d'industriels, — ont été une cause de difficultés et même de ruine pour quelques-uns ; mais il est certain aussi que, dans une très grande partie du pays, il y a eu des industries qui ont courageusement affronté la lutte, et qui, à force d'énergie, de capitaux, d'activité, sont arrivées à dominer la situation et sont restées sans rivales dans le monde.

Sur divers bancs. — C'est vrai! c'est vrai!

M. GAMBETTA. — Par conséquent, à côté des intérêts qui protestent et qui disent : Nous demandons qu'on revise les traités, qu'on les étudie à nouveau, — il y a l'immense majorité de la population de la France, les consommateurs, qui disent : Nous avons bénéficié de ces traités, nous y avons gagné!

Eh bien, au nom du plus grand nombre, qu'on néglige un peu trop..... (*Rumeurs sur un grand nombre de bancs.*)

M. LE MINISTRE DES FINANCES. — C'est le contraire!

M. GAMBETTA —... Je demande qu'on ne prononce pas la dénonciation immédiate des traités. (*Vive approbation à gauche.*)

Je vous demande pardon, Messieurs, de cette digression, car c'en est une, et je reviens à ce qui est l'objet intime du débat, la position de la question diplomatique.

Ce que nous proposons à l'Assemblée, c'est un ajournement. Après les débats qui se sont déroulés devant elle, son opinion est formée : elle sait qu'il y a une immense nécessité, qui n'est contestée par personne, de voir de près le fond des choses. Une enquête avait été ouverte, dont les résultats sont partiellement connus. Cette enquête a besoin d'être reprise et complétée; le gouvernement peut-il oui ou

non la compléter avec l'assistance et la collaboration
des grandes industries? Oui! — Cela est-il réclamé?
Oui! — Par conséquent, la seule question qui se pose
est celle de savoir ce que vous entendez faire.

Eh bien! les traités, pris dans leur esprit et même
dans leurs textes, par les articles 3, 9 et 21, prévoient
trois hypothèses.

Dans la première hypothèse, si, après une durée de
dix ans, des modifications intérieures ou des nécessités suprêmes obligent le gouvernement français à
frapper les produits indigènes d'une surtaxe, d'un
supplément de fardeau ; s'il est nécessaire que les produits exotiques qui viendraient en concurrence sur
notre marché ne puissent plus franchir la frontière
française qu'en supportant un droit compensateur,
des négociations pourront être engagées. Si donc vous
ne voulez qu'engager des négociations au sujet de
modifications de tarifs ou d'établissement de droits
compensateurs, les traités eux-mêmes ont prévu le
cas, et il n'est pas utile de les dénoncer.

Dans la seconde hypothèse, si, après une expérience
de dix années, on reconnait qu'il y a eu des omis-
sions, des injustices et, pour ainsi dire, des créations
nouvelles, il y aura lieu, tout en maintenant l'esprit et
le principe du régime sous lequel on avait contracté
en 1860, à modifier certains détails des traités. Dans
ce cas, l'article 21 dit : Nous modifierons. Si c'est à
des modifications de ce genre que vous voulez arriver,
— et vous auriez raison de les poursuivre, — il est encore inutile pour cela de rompre les traités.

Enfin, dans la troisième hypothèse, si vous voulez
changer le régime, si vous êtes d'accord de revenir
au passé, si l'Angleterre veut revenir au passé.....
(Oh! oh!)

Ne vous indignez pas, Messieurs, j'analyse la position parallèle et synallagmatique des deux contractants. (Oui! oui! — Parlez!)

Je reprends :

La troisième hypothèse est celle-ci : Si l'Angleterre et la France ont changé d'opinion, de théorie..... Cela peut se produire : le libre-échange ni la protection ne sont des doctrines si infaillibles qu'on ne puisse changer d'opinion à leur égard ; ce sont des questions d'État qui doivent être traitées au mieux des intérêts de la nation, et si, nous avons défendu le libre-échange, c'est parce que nous croyons qu'il est la clef de la prospérité de la France..... (*Adhésion à gauche.*) Ce n'est pas par amour de la théorie, ni parce que nous sommes épris des sciences économiques... — Si l'Angleterre et la France ne sont plus d'accord sur le maintien du principe qui a présidé au contrat, on pourra le modifier. Eh bien, Messieurs, quand on a dans un traité le moyen certain de l'améliorer, on négocie, et ce n'est que dans le cas où l'on ne veut rien faire, ou qu'on veut tout changer, qu'on rompt ce traité. (*Mouvements divers.*)

En conséquence de ces choses et en présence des intérêts en balance, il me semble qu'il reste à faire au gouvernement ce qu'il aurait dû faire il y a cinq ou six mois : il lui reste à négocier avec votre approbation, publiquement, *aperto cœlo*, sous la lumière du soleil ; il lui reste à vous communiquer ses prétentions, à établir ses droits et à vous dire ce que l'Angleterre accepte et ce qu'elle refuse ; alors, mais alors seulement si vous n'êtes pas satisfaits, vous prononcerez la dénonciation des traités. (*Approbation à gauche. Réclamations dans les autres parties de l'Assemblée.*)

Un membre. — Négociez donc dans de pareilles conditions !

M. GAMBETTA. — Oui ! alors vous prononcerez la dénonciation des traités. Et, permettez-moi de vous le dire, ne pas agir de la sorte, ce serait, sinon vous condamner d'avance à un échec, au moins vous ex-

poser à ratifier des mesures excessives, exorbitantes
dans le sens de la protection. Je ne veux pas faire
une pareille prévision, mais je prétends que ce serait
là une conduite qui ne serait ni prudente, ni sage,
au point de vue de vos relations avec l'Angleterre.

Je ne comprendrais donc pas, aujourd'hui où rien
n'est compromis, — puisque vous pouvez reculer à
votre aise la date de la dénonciation, — que vous
n'entreprissiez pas immédiatement des négociations,
non seulement avec l'Angleterre, mais avec toutes
les puissances étrangères qui ont contracté avec vous ; •
je ne comprendrais pas que l'Assemblée, suspendant
sa décision sur le fond, ne déclarât pas que, dans
deux mois, dans trois mois, le gouvernement aura
à revenir devant elle lui rendre compte du résultat
des négociations. Ainsi nous échapperions, les uns à
la crainte de voir leurs intérêts entre des mains
protectionnistes, les autres à la crainte de voir compromis le beau renom de la prudence française. (*Approbation à gauche.*)

Maintenant, Messieurs, voici la résolution que je
propose, comme conclusion des observations que
vous avez bien voulu écouter :

« L'Assemblée nationale,

« Considérant que l'Angleterre a déclaré ne pas
se prévaloir de la date du 4 février, comme d'un
terme fatal ;

« Considérant que cette déclaration indique, de la
part du gouvernement britannique, une disposition
évidente à négocier ;

« Considérant, dès lors, qu'en réservant tous les
droits, il y a lieu de suspendre la décision de l'Assemblée nationale et de prendre un délai de trois
mois qui seront consacrés aux négociations pour
amener les diverses modifications de droits prévues
par les articles 9 et 21 des traités ;

« Ajourne la délibération immédiate et préalable,

et invite le gouvernement français à négocier, sauf à revenir ultérieurement devant l'Assemblée. » (*Mouvements en sens divers.*)

M. Thiers répondit à M. Gambetta :

« Certainement, dit le président de la République, certainement, je comprendrais la proposition de l'honorable préopinant, si nous étions de douze mois en arrière ; mais nous sommes de douze mois en avant, et il y a un an que nous négocions... Dieu me garde de dire que l'Angleterre n'aurait pas apporté dans cette négociation toute la franchise d'une grande et respectable nation ; non, ce n'est pas cela que je veux insinuer. Mais l'Angleterre elle-même a ses difficultés à l'égard des intéressés qui sont derrière elle ; il faut qu'elle puisse leur dire : « Mais si je n'obtiens pas les sacrifices que je vous demande, le traité disparaît, et vous y tenez !... » — Les uns n'y tiennent pas, en Angleterre, mais il y en a d'autres qui y tiennent, et, si le gouvernement ne peut pas dire à ses intéressés : « Si je ne consens pas, le traité est détruit ! » on lui dit : « Eh bien, ne répondez pas ! »

« Aujourd'hui, l'Angleterre n'a qu'à ne pas répondre, et c'est ce qu'elle fait.

« Maintenant, la proposition que vous fait l'honorable préopinant est celle-ci : c'est de continuer encore pendant trois mois la position dans laquelle nous sommes arrêtés, désarmés, impuissants et n'obtenant rien. Eh bien, le gouvernement s'oppose à cette proposition...

« Je ne veux pas rentrer dans la discussion du fond du traité. Je ferai remarquer seulement qu'il ne s'agit pas de droits de 25 et 30 0/0, comme on l'a dit, mais de droits de 10 et 15 0/0, d'un droit de 10 0/0 qui, par les fausses déclarations, tombe à 6 ou 7 0/0, d'un droit de 15 0/0 qui, par le même motif, tombe presque à rien.

« Nous n'avons demandé que le nécessaire et l'indispensable. Vous n'avez donc pas, après la conduite que nous avons tenue, à vous défier de l'esprit et des dispositions que nous apporterons dans la négociation lorsque vous nous aurez armés de la faculté de dénoncer le traité.

« Mais cette faculté nous est indispensable, car, si vous ne nous accordez pas, non pas la dénonciation elle-même, mais la faculté de dénoncer, nous sommes impuissants; les négociations ne feront pas un pas de plus qu'elles n'en ont fait, et, n'en faisant pas avec l'Angleterre, elles n'en feront plus avec personne. »

M. de Chaudordy remplaça M. Thiers à la tribune pour soutenir l'amendement de M. Gambetta. « Si vos négociations n'aboutissent pas, disait M. de Chaudordy, vous dénoncerez. Si vous n'obtenez les modifications qu'avec l'Angleterre et la Belgique, vous n'aurez rien fait. Si vous obtenez, sans avoir dénoncé, ce que vous voulez, vous arriverez bien forts devant les autres puissances. »

A la suite du discours de M. de Chaudordy, la clôture, mise aux voix, est prononcée.

M. Johnston dépose un contre projet tendant à réserver la question de la dénonciation des traités de commerce, et à autoriser le gouvernement à reprendre avec l'Angleterre des négociations à l'effet de modifier, dans un intérêt fiscal, les tarifs de traité.

L'Assemblée, par 425 voix contre 200, repousse ce contre-projet.

M. Delsol, rapporteur de la commission, dit que la commission n'a pas eu le temps d'examiner l'amendement de M. Gambetta.

M. LE PRÉSIDENT. — L'amendement présenté par M. Gambetta, au cours de la délibération d'aujourd'hui, n'ayant pas été examiné par la commission, ne peut être que soumis à la prise en considération.

L'Assemblée sait que, aux termes du règlement, la prise en considération aurait pour effet le renvoi de l'amendement à l'examen de la commission.

Il a été demandé également un scrutin public... (Réclamations sur quelques bancs.)

Plusieurs membres. — C'est la même chose!

M. GAMBETTA, de sa place. — Pardon, monsieur le président! Je ne crois pas qu'il puisse y avoir de scrutin sur la prise en considération de ma proposition.

M. LE PRÉSIDENT. — Comment!

M. GAMBETTA, à la tribune. — Messieurs, je ne veux

soumettre à l'Assemblée qu'une observation de procédure... (*Interruptions*), de procédure parlementaire ;
nous avons, je crois, une jurisprudence et une discipline.

C'est lorsque j'ai eu l'honneur de donner lecture
de mon amendement, que l'Assemblée aurait dû être
appelée à se prononcer sur la prise en considération.
(*Mais non! mais non!.*)

Un membre. — Vous ne l'avez lu qu'après l'avoir
développé.

M. LE PRÉSIDENT. — Je demande qu'on n'interrompe
pas l'orateur.

M. GAMBETTA. — Cette formalité n'a pu être accomplie et voici pourquoi : c'est parce que, entre temps,
une proposition antérieure, qui avait été communiquée
à la commission, a été mise en premier lieu en délibération, tandis que la mienne, née au cours de la
discussion, et n'ayant pas été communiquée à la
commission, n'a pu prendre rang dans l'ordre des
amendements déjà examinés par le rapporteur. En
conséquence, ce que je viens demander à l'Assemblée, c'est de vouloir bien renvoyer ma proposition
de résolution à l'examen sommaire de la commission,
et voici la raison que j'en donne : c'est qu'on a beau
avoir statué sur une proposition qui, au dire de M. le
président, présentait quelques caractères analogues...

Un membre, au centre. — C'est la même chose.

M. GAMBETTA. — Je vous prie de considérer les points
de différence, — ils sont profonds, — qui existent
entre la proposition de M. Johnston, celle de M. le
président de la République et la mienne. M. Johnston
demandait qu'on reprît les négociations et qu'on
réservât la question de dénonciation ; moi, je demande que la dénonciation ne puisse avoir lieu,
après négociations nouvelles, qu'avec le concours de
l'Assemblée; quant à M. le président de la République, il demande la faculté de dénonciation. Eh bien,

je dis que si vous votez la dénonciation, et c'est là ce que vous allez voter au fond... (Non! non!), — cette faculté de dénonciation lui échappe. Par conséquent, vous ne lui donnez pas la chose qu'il réclame, et vous lui donnez la chose qu'il ne vous demande pas. (*Exclamations diverses.*) Et la preuve, c'est que lorsque vous aurez admis la proposition de la commission, il y aura un fait acquis : Vous aurez prononcé, majorité contre minorité, la dénonciation des traités.

Sur quelques bancs, à gauche. — C'est cela! c'est cela!

M. LE MINISTRE DES FINANCES. — Nous aurons le droit de les dénoncer!

Après une observation de M. Lepère, le président consulta l'Assemblée sur la prise en considération de l'amendement de M. Gambetta.

L'Assemblée, par 393 voix contre 189, repousse la prise en considération.

Le lendemain, après une courte discussion où l'Assemblée entendit encore MM. Delsol, Pascal Duprat et Germain, le projet de loi présenté par la commission fut adopté par assis et levé.

DISCOURS

SUR

LE PROJET DE LOI

RELATIF A LA RÉORGANISATION DU CONSEIL D'ÉTAT

*Prononcés le 19 février, les 29 et 30 avril,
et le 1er mai 1872*

A L'ASSEMBLÉE NATIONALE

Dans la séance du 29 janvier 1872, M. Batbie avait déposé sur le bureau de l'Assemblée le rapport de la commission chargée d'examiner le projet de loi du gouvernement sur la réorganisation du conseil d'État. L'économie même de ce projet n'ayant pas été visée dans la première délibération de l'Assemblée, nous nous contentons de reproduire ici le chapitre premier du rapport de M. Batbie. Ce chapitre donne l'historique du projet et jette une pleine lumière sur la nature des travaux de la commission.

M. Batbie s'exprimait en ces termes dans ses *observations préliminaires* :

« Un décret du gouvernement de la Défense nationale a, le 15 septembre 1870, suspendu le conseil d'État et chargé provisoirement une commission composée de huit membres de statuer sur les affaires d'un caractère urgent. C'était, sous une forme restrictive, conférer à cette commission la presque-totalité des attributions administratives du conseil d'État, car l'urgence est en ces matières une règle qui n'admet pour ainsi dire pas d'exception. Aussi, n'est-ce qu'en tenant des séances extraordinaires, et en très-grand nombre, qu'un personnel aussi restreint est parvenu à expédier d'une manière presque normale, soit les recours au contentieux, soit les affaires d'administration pure.

« La commission provisoire s'était divisée en trois sections (décret du 19 septembre 1870) : 1° Section de justice, intérieur, affaires étrangères, instruction publique et cultes ; 2° Section des travaux publics, agriculture et commerce, guerre, marine et colonies, finances ; 3° Contentieux. Les membres de la section du contentieux ont en même temps siégé dans les sections administratives. — Du 19 septembre 1870 au 31 décembre 1871, la première section a expédié 1,341 affaires et la seconde environ 18,298, mais en y comprenant les pensions civiles et militaires, dont le nombre s'est élevé à 16,071.

« Or il est rare que la révision des pensions soulève des questions difficiles, et c'est ce qui explique comment un si petit nombre de conseillers a pu suffire à l'examen d'une si grande quantité de dossiers. Le reste, composé d'environ 2,227 affaires, a été l'objet de longues délibérations. C'est par la deuxième section qu'ont été préparés les huit règlements d'administration publique qu'a rendus nécessaires l'établissement des taxes nouvelles. Si les affaires d'administration pure ont pu être tenues au courant, l'arriéré du contentieux a augmenté. Au 31 décembre 1871, en effet, la commission provisoire n'avait jugé, en audience publique, que 135 recours, et, en section, que 324, en tout 459, tandis que l'ancien conseil d'État jugeait jusqu'à 1,400 affaires par an.

« Cette situation ne peut pas durer ; et elle aurait assurément déjà pris fin, si l'Assemblée nationale n'avait été absorbée par des travaux encore plus importants et plus urgents, que la réorganisation du conseil d'État.

« Le gouvernement vous a présenté un projet de loi qu'il a expressément qualifié de « provisoire », afin d'éviter en ce moment la discussion des questions que la composition et les attributions du conseil d'État ont fait naître toutes les fois que le législateur a touché à cette matière, et de les réserver pour un temps où elles pourraient être examinées à loisir et avec maturité. Convaincue que la durée des lois ne dépend pas de notre volonté, votre commission n'a pas adopté cette qualification. Notre œuvre, en effet, sera

définitive ou provisoire, suivant qu'elle sera maintenue ou
changée, ce qui dépend de circonstances dont nous ne sommes pas les maîtres.

« Il est, d'ailleurs, impossible de limiter la controverse sur
des questions si graves, et celles qu'on voudrait réserver
sont posées par des hommes convaincus, qui trouvent l'occasion bonne d'en chercher la solution. C'est ce qui est arrivé dans la commission dont j'ai l'honneur d'être le rapporteur. Toutes les difficultés y ont été examinées aussi
longuement que s'il s'était agi de faire une loi définitive, de
sorte que le mot « provisoire » n'aurait même pas eu pour
effet d'abréger notre travail. »

Pour M. Thiers et pour le parti républicain, la question
d'existence et d'organisation d'un conseil d'État ne pouvait
être sérieusement résolue qu'après la solution politique,
après la discussion sur la forme même du gouvernement.

Pour M. Batbie et pour les droites dynastiques, les deux
questions n'étaient pas connexes : le même conseil d'État
pouvait convenir également à la république et à la monarchie.

L'ordre du jour du 19 février appela la première délibération sur le projet de loi relatif à la réorganisation du conseil d'État. M. Antonin Lefèvre-Pontalis ouvrit la discussion
par un long discours théorique en l'honneur du projet déposé par M. Batbie. M. Bardoux répondit en réclamant le
maintien pur et simple du projet provisoire présenté par
M. Dufaure au nom du gouvernement. M. Raudot déclara
que le conseil d'État est « la forteresse de la centralisation
qui énerve et qui tue le pays », et qu'il fallait « détruire
cette forteresse ». M. Gambetta demanda la parole.

M. GAMBETTA. — Messieurs, je vous demande la permission de présenter quelques observations sur l'important sujet qui est soumis à vos délibérations.

Et, tout d'abord, je voudrais marquer nettement le
motif qui m'amène à cette tribune.

Après avoir religieusement écouté les orateurs qui
se sont succédé à cette tribune, et après avoir noté les
développements auxquels ils se sont livrés, il m'a
paru que peut-être, — la commission et l'Assemblée me

permettront de le faire observer, — la question si
grave qui nous est soumise est prématurée. J'estime
à l'encontre des honorables collègues MM. Lefèvre-
Pontalis et Raudot, que la juridiction administrative
déférée à un conseil d'État, dans un pays organisé
comme le nôtre, est une nécessité de premier ordre.
Je n'aurai pas de peine à établir que les objections
dirigées par M. Raudot contre cette juridiction administrative ne sont que la conséquence de ses opinions
bien connues et vaillamment défendues depuis longtemps, sur la décentralisation.

Ce n'est pas, Messieurs, que dans les idées de décentralisation il n'y ait une partie que je suis tout à
fait disposé à accepter. Mais je crois que ceux qui
veulent desserrer sans les compromettre les liens de
cohésion, d'unité politique et administrative de la
France, ne doivent pas pousser aussi loin que le ferait l'honorable M. Raudot, la conséquence de leur
principe.

En effet, si dans les diverses communes de France,
partout où l'administration se rencontre avec le particulier, avec les droits ou avec les intérêts privés, —
ce qui est une distinction nécessaire, — vous n'aviez
pour faire justice de ces conflits que les tribunaux ordinaires, soyez convaincus que, sans rencontrer plus de
protection pour les particuliers, vous mettriez, comme
on le disait familièrement autrefois, l'administration
dans l'impossibilité de marcher; vous inspireriez aux
contractants avec l'État la crainte de ne pas rencontrer une protection suffisante. Et tout à l'heure, quand
on vous dépeignait cette juridiction du conseil d'État,
obligeant les entrepreneurs à venir suivre leurs procès et leurs controverses avec l'administration, à Paris
même, on croyait trouver là une objection contre l'u-
nité de juridiction administrative. Moi, j'y voyais, au
contraire, une protection pour les entrepreneurs engagés dans les affaires avec l'État; et si vous vous lais-

sez aller à suivre l'honorable M. Raudot sur cette
pente, soyez convaincus qu'alors il serait très difficile
dans le reste de la France de trouver de véritables
contractants. C'est l'éloignement du juge en manière
administrative qui fait la garantie du plaideur. (*Réclamations sur plusieurs bancs. — Approbation sur d'autres.*)
C'est l'éloignement du tribunal qui fait l'autorité, et,
permettez-moi de vous le dire, la véritable impartialité du juge. (*Nouvelles réclamations et nouvelles marques
d'approbation.*) Et, à ce sujet, je dis qu'il n'est pas exact
de prétendre que l'État est juge et partie dans les procès administratifs. Non, non, ce ne sont pas les agents
qui sont engagés et qui ont contracté, ce ne sont pas
ces mêmes agents qui jugent.

Loin de là, ce sont au contraire des hommes parfaitement indépendants de cette administration locale
et particulière, ce sont les contrôleurs, les surveillants
de l'administration générale du pays, qui connaissent
en pleine connaissance de cause, avec une compétence qu'il est difficile de réaliser dans les autres siè-
ges consacrés aux procès civils, qui jugent les débats
entre les particuliers et l'État. Alors, je dis qu'au double point de vue de l'atmosphère dans laquelle est
placé le juge, et de la compétence à laquelle ses études l'ont amené, il y a une double protection pour l'É-
tat qui n'est pas un client ordinaire, qui n'est pas un
simple particulier, dont aussi il faut se préoccuper,
si vous ne voulez pas mettre l'État au greffe. L'État a
bien, j'imagine, le droit pour ne pas laisser entamer,
toucher ce qui est son pouvoir conservateur (*Légère
rumeur à droite*), son pouvoir administratif, son pouvoir supérieur, l'État, dis-je, a bien le droit de com-
paraître devant une juridiction spéciale : cette juridiction, c'est la juridiction du conseil d'État.

Et je m'étonne, pour ma part, que ce soit l'honorable M. Raudot, si familier avec les institutions françaises et avec les institutions de l'ancienne monarchie,

qui vienne faire un pareil procès au conseil d'État.
Mais, Messieurs, cette création du conseil d'État, qu'on
ne retrouve pas, comme on vous le disait, dans les
autres pays de la terre, est en effet une création française, et c'est une des meilleures de la monarchie française. (*Approbation sur plusieurs bancs.*) On avait compris, on n'a pas cessé de comprendre, dans ce pays-ci,
depuis l'origine du pouvoir, qu'il y a dans l'exercice
du pouvoir une partie qui devait être retenue, qui devait
être réservée, et ce n'est que successivement, par des
délégations consenties par la couronne, qu'on a vu le
pouvoir judiciaire, se détachant des attributs essentiels de la personne royale, aller aux parlements.
C'est par une lutte incessante, plus tard, des parlements contre l'administration qui était l'émanation
même du conseil privé du roi, qu'on a vu apparaître
ces conflits, ces entraves, ces embarras de toutes sortes, apportés à la protection générale des citoyens,
qu'on a abouti à la confusion des pouvoirs que la
Constituante n'a pas indiquée pour la première fois,
mais qu'elle n'a fait que constater et retrouver dans
le legs de la monarchie française. Voilà la vérité. (*Très
bien! très bien!*)

Eh bien, ces principes, est-ce que nous voulons les
compromettre, les abandonner à notre tour? Pour
ma part, je n'estime pas que le moment soit venu
d'en agiter la discussion, et ici je me permettrai
de dire à la commission qu'il est tout à fait inoppor-
tun, alors que vous ne savez pas sur quelle base définitive vous organiserez le pouvoir, de créer, d'organiser un conseil d'État qui ne peut pas être indiffé-
remment une institution adaptée à la monarchie ou
à la républiqne. (*Mouvements divers.*)

Je suis partisan d'un conseil d'État, mais encore
faut-il que ce conseil d'État ait une organisation parfaitement harmonique au pouvoir central et à la forme
de ce pouvoir, car, si vous faisiez une monarchie, est-

ce que vous imaginez que le roi que vous auriez choisi, soit dans la monarchie traditionnelle, soit dans la monarchie renouvelée et consentie comme celle de 1830, est-ce que vous imaginez que ce roi s'accommoderait d'un conseil d'État émané d'une autre main que la sienne, d'un conseil d'État qui pourrait être pour lui, constamment, ou un sujet de conflits, ou un sujet d'inquiétudes?

Pour ma part, il me semble qu'il suffit d'attirer votre attention sur ce qu'il y a de contradictoire, de choquant, de périlleux, d'organiser ainsi une institution en l'air.

Et la République... (*Oh! oh! Écoutez!*), la République, pour laquelle il n'y a pas de divisions à faire, qui ne peut se fonder que par le concours de tous les dévouements et de toutes les nuances qui s'y rattachent; la République, qui ne peut être un gouvernement qu'à la condition d'assurer à la fois l'ordre au dedans et de relever la France au dehors, croyez-vous qu'il lui soit loisible de se prononcer dès à présent sur cette institution qu'on présente, tantôt comme une seconde chambre dissimulée, comme une seconde Chambre hybride, — permettez-moi le mot, il a été employé en 1848, — comme la fausse monnaie d'une seconde Chambre, ou, au contraire, de vouloir organiser dès à présent un conseil d'État qui serait réellement nommé surtout par cette Assemblée, une sorte de Chambre haute avant la lettre? Évidemment, nous ne pouvons pas nous engager à résoudre une pareille question; et qu'on appartienne à un côté de l'Assemblée ou à l'autre, c'est là une de ces questions qui sont nécessairement réservées. Je veux bien que vous fassiez un conseil d'État, je veux bien, et ceci par pure hypothèse, je vous en demande pardon, je veux bien que vous ayez affecté le pouvoir constituant, mais encore faut-il mettre l'ordre, la série, l'enchaînement, dans les entreprises de ce pouvoir constituant. Ce qui serait logique, ce serait de commencer par organiser ce pouvoir, et de faire ensuite des institutions qui lui soient semblables et adéquates. Sinon, non! (*Marques d'adhésion sur divers bancs.*)

Cela dit, et très rapidement, je vous demanderai, en vertu de ces considérations, de ne pas passer à la seconde lecture.

Mais il faut bien aussi que j'envisage les objections que les esprits sagaces de la commission ne manqueront pas de me faire. Ils me diront : Mais, avec votre ajournement et votre dilation, qui jugera les affaires?

Je réponds : Il y a une commission provisoire qui a été nommée ; si elle est insuffisante, complétez-la par une délégation de l'Assemblée, et les droits ne seront pas plus mis en péril par cet expédient législatif et normal, qu'ils ne l'ont été jusqu'ici ; car, pour ceux qui ont pris connaissance des travaux accomplis par cette commission, il ne saurait s'élever un doute sur la manière scrupuleuse, autorisée, laborieuse et infatigable dont cette commission s'est acquittée de sa tâche.

M. ÉDOUARD CHARTON. — C'est parfaitement vrai!

M. GAMBETTA. — En conséquence, au point de vue des principes, il faut ajourner; au point de vue des faits, vous avez un instrument qu'il s'agit de compléter.

Sous l'empire de ces considérations, je vous demande de ne pas passer à la seconde lecture. (*Vive approbation sur divers bancs et applaudissements à gauche.*)

Après une courte discussion où M. Batbie et M. Raudot se succédèrent à la tribune, M. Batbie pour répondre à MM. Bardoux et Gambetta, M. Raudot pour réclamer une seconde fois la suppression de tout conseil d'État, le garde des sceaux, ministre de la justice, prit la parole. M. Dufaure, tout en se déclarant l'adversaire résolu du projet de la commission, annonça que le gouvernement demandait à l'Assemblée de passer à la seconde lecture du projet.

L'Assemblée, consultée par le président, décida qu'elle passerait à une seconde délibération.

Cette seconde délibération commença, le 24 avril, par une surprise. M. Target présenta un amendement tendant au maintien de la commission provisoire faisant fonctions de conseil d'État et à l'augmentation des membres qui la composaient. M. Amédée Lefèvre-Pontalis et M. Rivet soutiennent l'amendement. M. Batbie et M. Saint-Marc Girardin le combattent par des arguments qui provoquent l'étonnement de l'Assemblée. Plus la discussion se prolonge et plus les ténèbres s'épaississent.

« Enfin, M. Dufaure monte à la tribune. Avec sa netteté habituelle, avec son habileté de praticien vieilli dans la grand'salle, M. Dufaure demande que le projet de loi soit discuté, et il en donne aussitôt des raisons dont une Assemblée ne pouvait méconnaître la valeur ; il dit que la commission faisant fonctions du conseil d'État, composée d'hommes zélés, éclairés, laborieux, n'a pas pourtant, aux yeux des justiciables sur les intérêts desquels elle est appelée à prononcer, l'autorité nécessaire, et cela précisément à cause de son caractère provisoire. Il réclame donc la discussion immédiate, ajoutant qu'au surplus le gouvernement n'est en dissentiment avec la commission que sur un seul point : lequel donc ? Oh ! presque rien, peu de chose : c'est le point de savoir si la nomination des membres du conseil d'État appartiendra au président de la République ou sera réservé à l'Assemblée. Ce point est toute la loi. La lumière se fait. On commence à s'apercevoir que l'amendement de MM. Target et Amédée Lefèvre-Pontalis est une manœuvre pour mettre, une fois de plus, dans la question qui lui tient au cœur, le gouvernement en échec. » (République française du 30 avril 1872.)

M. Gambetta prend aussitôt la parole :

M. GAMBETTA. — Messieurs, le débat qui s'agite à l'heure présente devant l'Assemblée avait déjà été effleuré dans la première délibération du projet sur la réorganisation du conseil d'État, et comme au fond, ainsi que l'a très bien expliqué l'honorable garde des sceaux, tout se réduit à savoir quel sera le mode de nomination des membres du conseil d'État, plusieurs de nos amis et moi, nous abandonnons la proposition que nous avons faite de ne pas passer outre à la délibération, estimant que l'article 3 du projet qui nous est soumis est le siège de la difficulté, et que c'est là que nous pourrons produire utilement nos critiques. (*Mouvements divers.*)

M. LE GARDE DES SCEAUX. — C'est juste!

Après une courte discussion, l'Assemblée, par 364 voix contre 239, rejette le paragraphe premier de l'amendement de M. Target. « En conséquence, dit M. le président Grévy, le second paragraphe et l'amendement tout entier tombent d'eux-mêmes. »

L'Assemblée continue, le lendemain, 30 avril, la deuxième délibération sur le projet de loi présenté par M. Dufaure.

Ce fut M. Bertauld qui ouvrit la discussion en développant avec une grande habileté et une logique malicieuse un amendement tendant à ce que, quel que fût le mode de nomination adopté, aucun membre de l'Assemblée ne pût être choisi pour les fonctions de conseiller d'État. M. Batbie, non sans mauvaise humeur, répondit à M. Bertauld que la commission acceptait l'amendement concernant l'incompatibilité des fonctions de conseiller d'État et de membre de l'Assemblée.

Le président donne lecture de l'article 1er du projet, ainsi conçu : « Le conseil d'État se compose de 28 conseillers d'État en service ordinaire et de 15 conseillers d'État en service extraordinaire. — Il y a auprès du conseil d'État 24 maîtres des requêtes et 30 auditeurs. — Un secrétaire général est placé à la tête des bureaux du conseil, et il aura le rang et le titre de maître des requêtes. — Un secrétaire spécial est attaché au contentieux. » Cet article, combattu par M. Fresneau, est adopté après une courte réplique de M. Batbie.

M. Raudot monte à la tribune pour combattre l'article 2, ainsi conçu : « Les ministres ont rang et séance au conseil d'État. Chacun d'eux a voix délibérative, en matière non contentieuse, pour les affaires qui dépendent de son ministère. » M. Raudot demande que les ministres n'aient pas

voix délibérative au conseil d'État : « Vous prétendez que le
conseil d'État est extrêmement utile, dit M. Raudot, parce
qu'il peut donner de bons conseils au gouvernement, aux
ministres. Soit! mais à la condition que ces avis seront délibérés mûrement et seront autre chose qu'un reflet de la
pensée du ministre. Pour donner de bons avis, il faut les
donner avec conscience et indépendance. Mais concevez-
vous qu'une section du conseil d'État composée de cinq
membres puisse donner un avis sérieux, indépendant au
ministre qui viendra prendre part, non pas seulement à la
discussion, mais au vote?... L'avis que cette section émettra
n'en sera plus un. Donc, rétablissez les choses de manière
que l'avis du conseil d'État puisse être sérieux...

« M. Gambetta. — Mais les avis du conseil d'État ne sont
pas des ordres !

« M. Raudot. — Je dis que si vous adoptez cette disposition, les avis du conseil d'État n'auront absolument rien de
sérieux.

« M. Gambetta. — Mais quand tous les membres du conseil
d'État seraient d'un avis contraire au sien, le ministre pourrait n'en tenir aucun compte !

« M. Raudot. — Permettez-moi de vous dire que ce n'est
pas de cette manière qu'il faut discuter...

« M. Gambetta. — Mais si !

« M. Raudot. — Montez à la tribune après moi, vous direz
vos raisons. »

M. Bathie répondit à M. Raudot : « Si le service extraordinaire est admis, comme vous l'avez voté ; si le conseiller en
service extraordinaire a voix délibérative dans les affaires
qui dépendent de son service, vous ne pouvez pas ne pas
accorder au ministre une autorité égale à celle qui appartiendra à son subordonné. »

M. Gambetta. — Je n'ai qu'un mot à ajouter, Messieurs. Tout à l'heure, j'ai commis la faute d'interrompre l'honorable M. Raudot, et j'espérais que l'interruption que je lui adressais ne serait pas pour lui
une cause d'humeur ni de contrariété, mais qu'elle
pourrait abréger la discussion; car la voici, et vous
verrez que c'est un argument.

La discussion qui s'est engagée à la suite de l'amendement de M. Raudot, avec la commission, porte, permettez-moi de le dire, sur une confusion entre l'avis qui est l'expression habituelle du conseil d'État et la délibération qui se passe, par exemple, dans cette Assemblée.

Lorsque le ministre vient dans la section du conseil d'État, il y entre sur un pied de parfaite égalité. Cela est nécessaire, parce qu'il y vient défendre son service, défendre un système qu'il a conçu, qu'il a créé; il se trouve en face de conseillers qui ne sont pas frappés dans leur indépendance par le contact ministériel, mais qui, au contraire, sont affermis et rompus à la discussion, précisément parce qu'ils savent que la voix du ministre ne pèse pas, dans le système de la commission, plus que la leur propre.

Et soyez convaincus que si quelque chose est de nature à donner à l'avis du conseil d'État sa valeur et son influence sur l'esprit du ministre, c'est qu'on y aura discuté avec une égale autorité de part et d'autre; c'est que si la majorité s'est formée contre l'avis du ministre, ce sera le seul moyen de faire revenir le ministre d'une opinion qui n'aura pas rencontré, même avec son intervention directe et délibérative dans le conseil, l'avis de la majorité. (*Interruption.*)

Messieurs, cet argument a le tort de paraître paradoxal; mais c'est que vous ne tenez pas compte de la nature des avis émis par le conseil d'État.

Car, réfléchissez-y : à moins de renverser les traditions, les avis émis, même à l'unanimité, par la section du contentieux qui statue, n'obligent en rien le ministre; il peut n'en tenir aucun compte. Par conséquent, il n'est pas vrai de soutenir que son intervention à titre délibératif altère ou la sincérité, ou l'efficacité, ou l'indépendance de la résolution.

Loin de là, je maintiens, en rappelant l'argument que je viens de faire, que c'est dans cette fréquenta-

tion avec les conseillers d'État qu'il puise sa véritable
force comme ministre et la véritable sanction, la véritable consécration de ses projets.

Car il est vrai de répéter qu'une fois que ses projets ont subi cette délibération contradictoire, ils en
sortent plus affermis, s'ils sont approuvés, et ils puisent
une nouvelle force, une sanction et une consécration
d'autant plus complètes que c'est en face de lui qu'on
a fait des observations qui ont obtenu l'approbation
de la majorité.

Sous le bénéfice de ces observations, je crois qu'il
y a lieu, sans s'arrêter aux considérations relatives à
l'indépendance de caractère des conseillers qui déli-
bèrent, de faire une chose rationnelle, efficace, en
votant l'article 2 tel qu'il est présenté. (*Mouvements
divers*).

M. Saint-Marc Girardin appuie les observations présentées
par M. Gambetta : « M. de Kerdrel disait, hier, avec beaucoup d'esprit, que nos séances, en ce moment, sont des
séances de surprise. C'est vrai; c'est une surprise aussi pour
moi d'arriver à la tribune pour soutenir l'avis que vient tout
à l'heure d'exposer M. Gambetta.

M. GAMBETTA. — C'est une surprise à laquelle il faut vous
habituer. »

L'Assemblée rejette l'amendement de M. Raudot, et l'article 2 du projet est voté à une forte majorité.

L'article 3 du projet de la commission est ainsi conçu :

« ART. 3. — Les conseillers d'État en service ordinaire sont
élus par l'Assemblée nationale, en séance publique, au scrutin de liste. — Avant de procéder à l'élection, l'Assemblée
nationale charge une commission de quinze membres, à
raison d'un membre par bureau, de lui proposer une liste
de candidatures. — Cette liste contient des noms en nombre égal à celui des conseillers à élire, plus une moitié en
sus; elle est dressée par ordre alphabétique.

« L'élection ne peut avoir lieu que trois jours au moins
après la distribution et la publication de la liste.

« Le choix de l'Assemblée peut porter sur des candidats

qui ne sont pas proposés par la commission. — En cas de vacance, par décès ou par démission d'un conseiller d'État, l'Assemblée nationale procède dans le mois à l'élection d'un nouveau membre.

« Les conseillers d'État en service ordinaire peuvent être suspendus, pour un temps qui ne pourra pas excéder deux mois, par décret du président de la République, et, pendant la durée de la suspension, le conseiller suspendu sera remplacé par le plus ancien maître des requêtes de la section.

« L'Assemblée nationale est de plein droit saisie de l'affaire par le décret qui a prononcé la suspension, et, à l'expiration du délai, elle maintient ou révoque le conseiller d'État.

« En cas de révocation, on procède au remplacement dans le mois. »

MM. Bardoux et Bertauld proposent de remplacer l'article 3 par un amendement ainsi conçu :

« Les conseillers d'État et les maîtres des requêtes sont nommés par le chef du pouvoir exécutif.

« Les membres du conseil d'État ne peuvent être révoqués qu'en vertu d'arrêtés individuels, pris en conseil des ministres. »

M. Bardoux (séance du 30 avril) et M. Ernest Duvergier de Hauranne (séance du 1er mai) soutiennent cet amendement, en s'appuyant sur le principe de la division des pouvoirs. « Si vous votez cette loi, dit en terminant M. Duvergier de Hauranne, craignez que le pays ne dise que vous n'avez pas tant voulu faire une loi organique que chercher des nominations personnelles... De votre désintéressement sur le principe dépend votre popularité dans les prochaines élections... » (Rumeurs et vives exclamations à droite.)

M. de Kerdrel répond à M. Duvergier de Hauranne et réclame la nomination des conseillers d'État par l'Assemblée. « Vous êtes souverains. S'il vous plaît de l'oublier parfois, laissez-moi vous dire que vous ne vous pardonneriez jamais de ne pas vous en être souvenus dans cette circonstance solennelle. »

M. Dufaure monte à la tribune : « Le conseil d'État, dit le garde des sceaux, est, de sa nature, un agent d'exécution délibérant; il n'est pas législateur, il ne peut pas l'être; il ne l'est même pas dans les règlements d'administration pu-

blique; c'est un mode général d'exécution, ce n'est pas un
acte de législation, il appartient au pouvoir exécutif, c'est
sa nature. Lisez toutes nos chartes, vous y trouverez que
les ordonnances et les règlements sont des modes d'exécution des lois, et qu'ils sont confiés à la surveillance du
conseil d'État.

« Voilà, Messieurs, la vérité. Le conseil d'État appartient, de
sa nature, au pouvoir exécutif. Il n'a appartenu qu'acciden-
tellement et un moment à un quasi-pouvoir législatif. Ne
brisez pas cette barrière, elle est votre garantie contre l'anarchie d'un côté, et le despotisme de l'autre.

« Je regretterais beaucoup que cette Assemblée eût donné
le triste exemple de méconnaître cette garantie, de briser
cette barrière. » (*Rumeurs à droite. — Applaudissements à
gauche et sur plusieurs bancs dans les autres parties de l'Assemblée.*)

M. Batbie prend la parole au nom de la commission : le
garde des sceaux a eu tort de chercher à effrayer l'Assemblée avec le tableau des conflits qui peuvent s'élever entre
le conseil et le pouvoir. Il ne s'en élèvera pas. Le chef du
pouvoir reste libre de ne pas suivre les avis des conseillers
élus par l'Assemblée nationale. Loin de violer le principe
de la séparation des pouvoirs, la commission dont M. Batbie
est l'organe le respecte. Lorsque la cour de Cassation a été
nommée pour la première fois, elle l'a été par une Assemblée. Les choix ont été bons. Le conseil d'État est aussi
bien le conseil de l'Assemblée souveraine que celui des ministres. Donc l'Assemblée doit le nommer.

M. BATBIE. — Permettez-moi de jeter un regard sur
l'ensemble de notre administration, et je prendrai cet
ensemble par la base, en m'élevant successivement
jusqu'au pouvoir central. Dans la commune, l'action
est confiée au maire; les conseillers municipaux sont
appelés, par la loi du 18 juillet 1847 et par la loi du
24 juillet 1867, à donner quelquefois au maire des
avis sans lesquels il ne peut pas agir sous peine d'excès de pouvoir.

Le maire n'est pas obligé de suivre l'avis du conseil

municipal, dans le cas où l'avis du conseil municipal
est consultatif; mais il est tenu de prendre cet avis,
comme vous êtes obligés de prendre l'avis du conseil
d'État. Cependant, je ne sache pas que le maire nomme
les conseillers municipaux; ce sont les conseillers municipaux, au contraire, qui nomment le maire.

M. GAMBETTA. — Donnez un exemple où un maire...
(*Interruption bruyante à droite. — N'interrompez pas!*)
Un professeur de droit ne peut pas accréditer cette
erreur. (*N'interrompez pas! — A l'ordre!*)

M. LE RAPPORTEUR. — Messieurs, je ne suis pas professeur de droit ici; si je m'attribuais cette qualité,
cela impliquerait que l'honorable M. Gambetta est encore un de mes élèves. (*Hilarité prolongée et applaudissements à droite.*)

M. GAMBETTA. — Je demande la parole pour un fait
personnel.

M. LE PRÉSIDENT. — Vous l'aurez après.

M. GAMBETTA. — Cela va être fait tout de suite.
(*Non! non! — N'interrompez pas!*)

J'ai été effectivement l'élève de M. Batbie; il m'a
enseigné le droit administratif, il m'a fait passer mes
examens... (*Vous n'avez pas la parole! — A l'ordre!*) et
jamais il ne m'a enseigné que les maires fussent obligés... (*Le bruit couvre la voix de M. Gambetta.*)

Cris à droite. — A l'ordre! à l'ordre!

Un membre. — On n'a pas entendu!

M. GAMBETTA. — L'Assemblée n'a qu'à écouter, elle
entendra.

M. LE MARQUIS DE MORNAY. — Je constate que l'Assemblée n'a pas entendu, et je demande que le *Journal officiel* ne reproduise rien.

M. GAMBETTA. — Si vous n'avez pas entendu, je vais
répéter ce que j'ai dit (*Non! non! — Assez! assez!*)

M. LE RAPPORTEUR. — Messieurs, je vous ai montré
pour les communes dans quels cas, d'après la loi
de 1837 et celle de 1867, le conseil municipal joue

un rôle de corps consultatif; de telle façon que le
maire ne peut pas agir sans avoir pris son avis. Or, ce
ne sont pas les conseillers qui nomment le maire. Si
on conteste ce que je dis pour les maires, on ne niera
pas du moins que le préfet ne soit, dans certains cas,
tenu de prendre l'avis du conseil municipal, et je ne
sache pas que le préfet nomme les conseillers municipaux.

M. GAMBETTA. — Un exemple ! (*N'interrompez pas!*)
Je vous mets au défi de citer un cas où un maire, pour
un acte de juridiction, soit obligé, aux termes de la loi,
de prendre l'avis du conseil municipal. (*N'interrompez
pas! n'interrompez pas!*)

M. LE PRÉSIDENT. — Veuillez ne pas interrompre
Vous ne pouvez pas dicter à l'orateur son discours.
(*Très bien!*)

M. GAMBETTA. — J'ai été interpellé !

M. LE PRÉSIDENT. — Vous répondrez si vous voulez;
vous êtes inscrit.

M. Batbie descend de la tribune et l'Assemblée refuse
d'entendre M. Bertauld.

L'amendement de M. Bardoux est rejeté par 338 voix
contre 316.

Dans la séance du 3 mai, l'Assemblée décide qu'elle passera à une troisième délibération. Le 24 mai, après un court
débat, l'ensemble du projet est mis aux voix et adopté.

L'article 3 du projet attribuait à l'Assemblée la nomination
des conseillers d'État en service extraordinaire. Ces conseillers furent nommés dans les séances des 22, 24, 25 et 26 juillet 1872. M. Odilon Barrot fut nommé, par décret rendu en
date du 30 juillet, vice-président du conseil.

DISCOURS

Prononcé le 7 avril 1872

A ANGERS

————

Le 30 mars, l'Assemblée nationale s'était prorogée pour
trois semaines, après avoir entendu la veille, au cours de la
discussion du budget des finances, un important discours
de M. Thiers sur la politique générale du pays. Ce discours
du président de la République avait été aussi ferme et
résolu que le message du 7 décembre avait été timide et
vague. « L'Europe, avait dit M. Thiers après avoir constaté
le calme parfait du pays, occupé uniquement de son relèvement moral et matériel, l'Europe ne nous demande pas
telle ou telle forme de gouvernement, elle nous respecte
trop pour s'occuper de la forme du gouvernement qui existe
en France... L'Europe se réserve, elle regarde, et le succès
appartiendra à ceux qui se conduiront avec le plus de sagesse, le plus de probité, le plus de tenue. » C'était le développement de la fameuse phrase du discours de Bordeaux :
« La France sera au plus sage. » Et M. Thiers faisait comprendre quel était, dans sa pensée, le parti qui avait montré le plus de probité et le plus de sagesse : le parti républicain devenant davantage, de jour en jour, la majorité
du pays.

Le discours de M. Thiers avait produit une vive impression.
Le parti républicain tout entier l'avait chaleureusement approuvé. On lisait, le 2 avril, dans la *République française* :
« Quoique M. Thiers n'ait pas dit tout ce qu'il avait à dire,
les déclarations qu'il a faites devant la Chambre, en face
des députés royalistes qui comptaient sur lui, il y a un an,
pour détruire la République, ont produit dans le pays entier

une véritable satisfaction. Le pays a su lire les demi-mots et deviner les intentions à peine indiquées dans cette harangue, l'une des plus sobres et des meilleures que M. Thiers ait prononcées. Le pays a compris que son gouvernement n'était pas disposé à céder le pouvoir et à s'abandonner ni aux intrigues ni aux coups de main, et qu'il était prêt à châtier les uns et à déjouer les autres. Il en résultera un apaisement des esprits qui durera tout le temps des vacances de l'Assemblée de Versailles. »

M. Gambetta profita des vacances de l'Assemblée pour répondre aux invitations qui lui avaient été adressées par les républicains d'Angers et du Havre.

La *République française* du 16 avril donna du banquet d'Angers le compte rendu suivant :

« Un banquet a été offert à Angers par les républicains du département de Maine-et-Loire à M. Gambetta.

« On reconnaîtra, en lisant le compte rendu fidèle de cette réunion démocratique et républicaine, que l'Ouest de la France est animé des mêmes sentiments que le Midi, et que le pays est aussi fatigué des intrigues royalistes à Angers qu'à Paris ou à Marseille.

« En acceptant leur invitation, M. Gambetta avait demandé aux démocrates angevins de donner aux ennemis des libertés populaires et de la vie républicaine une preuve de la force et de la discipline de notre parti, mais en s'abstenant de tout ce qui pourrait ressembler à une agitation, qui, aujourd'hui, ne serait pas une agitation politique. Nos amis ont fait la preuve qui leur était demandée.

« Le banquet improvisé, on peut le dire, en quelques heures, par les soins de M. Troussard, le rédacteur vaillant du *Patriote,* dans la salle la plus vaste dont il était possible de disposer à Angers, n'a pu réunir qu'un nombre de convives de beaucoup inférieur au nombre de ceux qui voulaient s'associer à cette manifestation. Mais toutes les nuances du parti républicain étaient représentées dans cette salle trop étroite, où quatre cents personnes seulement avaient pu trouver place. L'agriculture, le commerce, l'industrie, les bourgeois, les paysans, les ouvriers, les mobiles de l'armée de la Loire, tous ceux qui travaillent à quelque chose d'utile et qui ne veulent de la restauration d'aucun trône et d'aucun privilège, avaient envoyé leurs délégués à ce banquet. Tous,

heureux de se voir nombreux et résolus, sentant de la
même manière, se sont promis de se retrouver à l'occasion.

« Le banquet était présidé par le procureur général du
4 Septembre, M. Guitton. M. Gambetta était assis à côté de
M. Maillé, maire d'Angers. Si le Conseil municipal n'était
pas présent tout entier, aucun membre du moins n'était
absent volontairement. La municipalité de la ville de M. l'é-
vêque Freppel appartient en effet tout entière à la démocratie, comme presque toutes les municipalités des villes de
l'Anjou. Depuis le 8 février, la République a reconquis déjà
une partie des départements de l'Ouest. Deux adjoints de
Saumur, MM. Combier et Abellard, conseiller général,
M. Bury, conseiller municipal et conseiller général, rempla-
çaient le maire de Saumur empêché. Baugé était représenté
par son conseiller général, M. Benoît. Un grand nombre de
maires du département assistaient au banquet.

« Devant la maison où le banquet était préparé, station-
nait une foule nombreuse qui accueillit M. Gambetta aux
cris de : Vive la République ! A cela se sont bornées les manifestations du dehors.

« Le toast suivant a été porté d'abord par M. Guitton, a
nom de la démocratie angevine :

« Messieurs,

« Je crois traduire avec fidélité vos sentiments en exprimant à M. Gambetta le bonheur que vous éprouvez à le recevoir.

« Notre hôte a les titres les meilleurs à l'affection du
parti républicain et de tous ceux qui aiment leur patrie.

« Dans le gouvernement de la Défense nationale, il a eu
cette part prépondérante que vous connaissez aux efforts
énergiques qui arrêtèrent un instant la fortune indécise
entre nous et l'ennemi. Si nous avons succombé sous des
circonstances fatales, dans ce désastre, la résistance inspirée,
enflammée par Gambetta, a du moins sauvé l'honneur du
pays. (Applaudissements.) Grâces lui en soient rendues, et
que notre reconnaissance soit le présage de celle qui, dans
un avenir meilleur, lui sera témoignée par la nation entière.
(Oui! oui! — Assentiment général).

« Sur une scène nouvelle, il a contribué par sa science politique à maintenir et à affermir la République. Par son

exemple, par ses conseils, par son abnégation personnelle,
par son éloquente parole, il nous a enseigné, dans les crises
dangereuses que nous avons traversées depuis le 8 février,
qu'un parti politique ne peut aspirer au gouvernement du
pays s'il ne se montre capable tout à la fois de discipline,
d'ordre et d'administration des affaires publiques. (*Bravo!*).

« Ce sont là, en effet, les conditions fondamentales de
tout gouvernement.

« A Angers et dans le département, cette politique intelligente a été comprise; il n'y a pas eu de divisions; tous,
sans exception, nous nous sommes ralliés dans un effort
commun, et ceux des nôtres qui sont arrivés par l'élection
aux positions administratives, ont fourni leur tâche avec
une capacité et un succès qui tournent au profit de la République établie désormais sur une base indestructible. (*Applaudissements.*)

« Pour remercier Gambetta des éminents services qu'il a
rendus et qu'il rend chaque jour à la République, je propose de lui porter un toast. » (*Applaudissements unanimes. —
Vive la République! — Vive Gambetta!*)

M. Gambetta répondit :

Messieurs et chers Concitoyens,

Il m'est particulièrement doux de me trouver au
milieu d'une démocratie qui a des représentants
comme ceux qui sont assis à cette table ; il m'est particulièrement doux de sentir, dans l'accueil que vous
me faites, que vous avez voulu surtout distinguer le
sentiment, le zèle avec lesquels il m'a été donné d'unir,
d'allier ensemble le drapeau de la République à celui
de la France. (*Applaudissements.*)

Car ce sont de véritables calomniateurs, des détracteurs du passé comme de l'avenir, ceux qui prétendent
que, pendant une seule minute, à une époque quelconque de notre histoire, nous avons mis en opposition ou en balance l'intérêt du parti et l'intérêt de la
France. (*Très bien! très bien!*)

Non, pas plus que nous n'avons séparé le suffrage

universel de la République, nous n'avons jamais séparé la France de la République.

C'est avec le prestige de cette indissolubilité que le
parti républicain a le droit de se présenter devant les
factions rivales et devant le monde entier; c'est dans
ces sentiments de solidarité, d'union indissoluble que
nous devons toujours nous placer, pour la contradiction, en face de ceux qui disputent encore à la France
la constitution permanente et définitive du gouvernement républicain. (*Applaudissements.*)

Je vous en prie, mes amis, vous disiez tout à l'heure :
Vive Gambetta! et plusieurs d'entre vous faisaient
dominer, et avec raison, le cri de : Vive la République!
eh bien, ce que je vous demande, c'est de ne pas me
prodiguer des applaudissements qui, certainement,
partent chez vous de cette profonde affection que je
vous ai vouée, et que vous me rendez, — mais qui
sont inutiles entre hommes libres. (*Très bien! — Marque unanime d'assentiment.*)

Eh bien! puisque nous voici réunis, je peux bien
profiter de la circonstance et de l'occasion, en réponse
aux excellentes paroles que vous avez entendu prononcer tout à l'heure par mon excellent ami, et votre
vétéran dans les luttes politiques de ce pays, l'honorable M. Guitton aîné, — je peux bien, dis-je, profiter
de la circonstance pour vous dire toute ma pensée.

L'honorable M. Guitton aîné vous exposait quelles
sont nos espérances et quelle est, au vrai, notre situation, et il vous montrait comment notre politique,
— la politique républicaine, — que l'on doit présenter avant tout comme une politique nationale, est à
la fois protectrice de l'ordre, de la liberté et de tous
les intérêts, sans distinction aucune, qui ont le droit
d'avoir leur place au soleil.

Oui, je maintiens qu'aucun autre parti ne se présente au pays avec une politique comportant les
mêmes avantages, — et je fais, croyez-le bien, quand

je parle des partis, des distinctions entre ceux qui mé-
ritent de figurer dans l'arène et ceux qui doivent en
être constamment exclus.

J'estime donc que nous sommes arrivés à une période particulière de l'histoire de la Révolution française, et je tiens ce langage au lendemain de ces désastres sans nom qui ont mutilé la France, qui l'ont
accablée, mais qui ne l'ont pas ruinée, entendez-le
bien! car, de tous les côtés, on voit distinctement les
germes de la vitalité reparaître, les cœurs se refaire,
l'avenir se dégager, en sorte que l'on peut prédire, à
coup sûr, que cette nation, qui a su sauver son honneur, saura reprendre véritablement le rang qui lui
appartient dans le monde. (*Oui! oui! — Longs applaudissements.*)

C'est, en effet, par la conservation de l'honneur que
se conservent les peuples. Les peuples ne périssent
jamais par des convulsions intérieures, par des luttes
de partis; non, ils ne périssent que lorsque, autour
d'eux, les autres peuples font le silence, que lorsque
tous signes de vie particuliers, toutes communications
voisines leur sont interdites, ou bien lorsque ces relations avec leurs voisins ne peuvent avoir lieu que le
joug sur la tête. Oh! c'est alors que tout est compromis, et que tout va périr. (*Sensation.*)

C'est par l'expansion, par le rayonnement de la vie
au dehors, par la place qu'on prend dans la famille
générale de l'humanité, que les nations persistent et
qu'elles durent. Si cette vie s'arrêtait, c'en serait fait
de la France, mais cet arrêt est impossible, j'en atteste
le besoin qu'on a d'elle dans le monde! (*Bravos et
applaudissements.*)

Revenons aux paroles qu'on a prononcées, et, à
l'heure où je peux me trouver en communication intime avec vous, mes chers concitoyens, laissons de
côté ces grands sujets de philosophie politique et cau-
sons de nos affaires, comme dans une véritable démo-

cratie, entre égaux, avec les seules différences que
créent le travail et l'intelligence, ces *instruments supérieurs de l'activité humaine, que l'on a le droit
d'invoquer et de faire valoir, pour parler à des hommes.*
(*Approbation.*)

Eh bien, s'il faut que je vous dise ma pensée, j'ai
été attiré vers vous, Messieurs, surtout par un besoin
de visiter une partie de la France que l'on méconnaît,
que l'on rabaisse, et à laquelle on ne rend pas toute
la justice qui lui est due, la justice du patriotisme.

Oui, vous savez bien de qui et de quoi je veux parler. On considère constamment cette partie de la
France, circonscrite par la Loire et par l'Océan,
comme une espèce de forteresse, de citadelle que les
préjugés gardent pour en empêcher l'accès à toutes
les idées autres que les idées du passé!

Et l'on ajoute : « Que parlez-vous de République,
d'intérêts démocratiques dans ces pays? ce sont des
landes, des steppes habités par des esprits mal faits
et chagrins; ce sont des populations abandonnées :
c'est la Vendée, c'est le Bocage, c'est le Maine-et-
Loire... c'est fini, c'est une terre pour laquelle toute
culture est inutile! »

C'est souvent ce qui arrive en France. On l'a dit
avec raison : On ne voyage pas assez en France, et
ce que nous connaissons le moins, c'est notre propre
géographie. (*Vive approbation.*)

Autrefois, ces pays étaient le terrain des privilèges
par excellence, c'est là que se firent les grandes attaques
et les longues résistances, c'est là qu'il en a le plus
coûté pour installer les bienfaits de la Révolution
française. Mais c'est précisément à cause de ces luttes que vous gardez le souvenir de ces bienfaits avec
plus de piété et de ferveur; et parce que vous n'avez
pas pu profiter de la vivacité du courant énergique
et rapide qui a entraîné d'autres populations de notre
pays, qui n'avaient pas à secouer autant de siècles

d'iniquités que vous-mêmes, ce n'est pas une raison
pour qu'il soit permis de dire que vos populations
n'ont pas un cœur véritablement français et républicain. (*Marques unanimes d'assentiment. — Bravos.*)

Vous en avez d'ailleurs donné de mémorables témoignages. Je ne rappellerai pas votre passé, parce
que je crois qu'il n'est pas bon de rappeler le passé
quand il s'appelle la guerre civile. (*Très bien! très
très bien!*) Je préfère rappeler vos manifestations plus
voisines de nous, toutes récentes, depuis le jour où
il vous a été donné de pratiquer la liberté électorale,
depuis que vous avez cessé d'être placés sous le coup
des incitations de l'empire, de cet empire maudit,
dont le nom ne devrait être prononcé qu'avec une
sorte de dégoût physique, de cet empire qui avait eu
l'impudeur et l'étrange fortune, — soutenu par les
moyens de corruption de toute nature que vous savez, — de recourir aux voix du plébiscite, de cet empire qui osait soutenir dernièrement qu'il avait été
renversé par une émeute, alors qu'il a été expulsé
par une sorte de hoquet public. (*Double salve d'applaudissements. — Interruption de quelques instants.*)

Eh bien, cet empire avait interrogé, consulté le
suffrage universel; il avait mis aux voix non seulement son propre arrêt, mais l'arrêt de la patrie; et
chose inouïe, chose unique dans l'histoire! trois mois
après le vote de ce peuple, qui avait livré sa fortune,
sa destinée, le patrimoine de sa gloire passée, ses
frontières, la garde de son unité à un aventurier parjure et criminel, — trois mois après le vote, cet implacable arrêt s'exécutait, et c'était sous le coup du
plébiscite que nous perdions l'Alsace et la Lorraine!
(*Sensation prolongée.*)

Quand je dis : nous perdions l'Alsace et la Lorraine,
je m'entends et je n'insiste pas, vous me comprenez
aussi, nous ne les avons ni perdues ni cédées. (*Adhésion unanime.*)

Mais, sur ce sujet, il faut être sobre. Ce n'est pas ici, dans cette assemblée où je vois des hommes qui ont si noblement et si fièrement fait leur devoir pendant la guerre, qu'il convient de dire que leur sang a coulé en vain pour la défense de la France. (*Bravos enthousiastes.*)

Quand je suis venu chez vous, Messieurs, je savais bien que je n'étais pas sur la terre stérile et inconnue dont je parlais tout à l'heure, je savais bien que j'allais dans une ville où le conseil municipal, où la mairie, où les autorités voisines de Saumur, de Baugé et d'autres endroits, sont dans les mains non pas de gens de parti, mais de mandataires libres, loyaux et responsables, choisis par la majorité de leurs concitoyens, dignes de leurs mandants et à la hauteur de leur mandat. (*Applaudissements.*)

Et alors, pendant que les uns me font voyager au-delà des frontières (*Rires*), que d'autres me promènent au milieu des populations du Midi, que d'autres enfin me contestent même le droit de me déplacer (*Nouveaux rires*), je me suis dit que le meilleur moyen d'utiliser les quelques jours de vacances que les Conseils généraux font à l'Assemblée de Versailles, c'était de venir parmi vous, pour vérifier une fois de plus à quel point l'Assemblée de Versailles ne représente plus le pays (*Applaudissements prolongés*), même dans les endroits d'où étaient venus les plus arrogants de ses membres (*Rires*), lesquels, à l'heure qu'il est, ne représentent plus qu'eux-mêmes, et, en vérité, ce n'est pas assez! (*Nouveaux rires d'approbation.*)

Eh bien, je suis fort satisfait de mon voyage, et veuillez croire, Messieurs, que je n'ajoute rien de trop personnel dans cette satisfaction. Je ne suis pas seulement édifié sur les dispositions que vous avez bien voulu me manifester, mais je trouve qu'il y a une telle concordance, une telle alliance entre vos idées et les idées des populations qui sont de l'autre côté de

la Loire, qui sont sur les bords du Rhône, sur les bords
du Var, qui bordent toute la Méditerrannée, que je
me dis : Il est percé à jour, ce calcul de nos adversaires
qui consiste à représenter une partie de la France
comme étrangère à l'autre, ceux-ci à ceux-là. Non !
c'est toujours le même esprit, partout homogène et
partout semblable à lui-même, qui anime, qui en-
flamme et qui réunit toutes les parties de la France
et, au nom des intérêts républicains, je salue l'unité
morale de la patrie. (*Applaudissements prolongés.*)

C'est, en effet, un des calculs les plus habituels de
nos détracteurs en face des populations différentes du
Nord, du Centre ou de l'Ouest de la France, — populations qui ont gardé par-devers elles, au milieu de la
nationalité française, une empreinte particulière, un
air de race, des mœurs, des habitudes, des pratiques
qui, dans l'admirable faisceau de l'unité française,
conservent une variété harmonieuse, — c'est le calcul
de nos détracteurs, profitant de cette diversité, de
dire par exemple aux Provençaux : Si vous saviez
comme telles populations sont alourdies, comme
elles ont peu l'instinct du progrès, comme elles vous
sont étrangères et indifférentes !

Et aux populations du Nord ou de l'Ouest ils disent,
en parlant du Midi : C'est une population absolument
volcanique ; on n'y parle que de s'égorger ; c'est une
race indisciplinée et impossible à gouverner ; c'est un
peuple de démons !

Et voilà comment on présente les deux frères l'un à
l'autre ! (*Rires. — Applaudissements.*)

Or, Messieurs, à voyager, à visiter les différentes lo-
calités des pays, on acquiert cette conviction, toujours
grandissante, que la République est la même partout,
que les populations la veulent d'un désir égal. Seulement les populations obéissent à leurs tempéraments qui sont différents : les unes la réclament, les
autres la préparent ; les unes la pressent, d'autres l'at-

tendent, d'autres enfin l'exigent. (*Vive approbation.*)

Mais toutes ces variétés, — n'en déplaise aux moroses et aux chagrins de la monarchie, — ne signifient qu'une chose : nous avons la République, nous voulons la garder, nous voulons surtout la développer. (*Oui! oui! — Bravos.*)

Et c'est à ce travail de consolidation, de développement, d'accroissement, que chacune de ces fractions de la nation apporte son contingent spécial et personnel de lumières, d'activité, d'aptitudes. Et c'est par là que je conçois qu'il déplaise beaucoup à certains esprits de vous voir voyager, parce que ce qu'ils redoutent, c'est le contact, parce que, quand on se voit, l'on se compte et l'on s'unit, et parce que notre union fait notre force. (*Approbation.*)

Oui, c'est l'union qui, jusqu'ici, a fait votre force, c'est l'union qui vous a permis de vous relever d'une chute qui, pour être glorieuse, n'en a pas été moins profonde; c'est l'union qui vous a permis, comme on l'a rappelé, de traverser les mauvais jours, qui vous a permis d'attendre que l'heure du rappel et de la justice sonnât; et c'est cette union sacrée, à laquelle il faut faire tous les sacrifices, cette union, gage certain du triomphe prochain, c'est elle qui vous permet aujourd'hui d'assister l'œil tranquille, l'observation parfaitement sagace, à la pulvérisation des partis adverses; car, si votre union est consommée, si votre pacte est fait, si, laissant de côté résolument les dissidences d'origines et de théories que comporte toujours, dans un grand parti comme le nôtre, la discussion des idées, nous nous trouvons ramenés, avec une inflexible rigueur de méthode, devant l'urne électorale, si tout le monde est d'accord pour demander ce que tous nous devons réclamer, nous vaincrons. A ce titre, dans ces conditions, mais à ce titre seulement, et dans ces conditions seules, nous vaincrons, et pour toujours.

Vous avez déjà vu les premiers fruits de la victoire :
ils ont été doubles. Non seulement vous avez pu constituer presque partout une force organisée; non seulement vous avez pu faire apparaître un personnel,
dans notre parti, à tous les degrés de l'échelle sociale
ou administrative; mais, par votre union, vous avez
immédiatement jeté le désordre, la confusion et l'in-
cohérence dans les rangs de vos adversaires, et c'est
depuis que vous êtes unis qu'ils se divisent. (*Vive approbation.*)

En effet, où en sont-ils, ces adversaires?

Il y a, comme vous le savez, un parti qui, je m'empresse de le dire, est composé de gens beaucoup plus
innocents que méchants, de gens appartenant à une
éducation de classe, de religion, de fortune qui explique intellectuellement et psychologiquement leurs affections intimes; mais ce n'est pas de cela qu'il s'agit;
il s'agit de savoir ce que veut ce parti et où il nous
mènerait.

Eh bien, ce parti, qui ne tient aucun compte des
évènements accomplis depuis près d'un siècle, qui
n'en tient compte ni ici, ni là, ni en France, ni en
Europe, ni en Amérique, qui ne tient compte ni des
faits qui se sont produits depuis le retour de la Restauration, ni du système général politique des gouvernements, ni des principes de l'économie sociale, ni des
conquêtes de l'esprit d'examen, ni de celles de la
science, s'obstine à demeurer attaché à tous les éléments qui ont disparu les uns après les autres. En
telle sorte que, si nous voulions lui céder, il ne serait
pas plus difficile de ramener parmi nous n'importe
quelle civilisation éteinte depuis des siècles que son
système disparu depuis 1789. (*Applaudissements. —
Très bien! très bien!*)

Ce parti est composé d'hommes qui croient que des
obligations de cœur, qu'une certaine noblesse de caractère, qu'une véritable générosité de sentiments les

obligent à jouer, au milieu de notre société, ce rôle
de paladins inconvertissables. (On rit.)

Ne leur parlez pas raison, ils ne connaissent que la
foi ; ne leur parlez pas de ces forces, à la fois terribles
et nouvelles, qu'on appelle les forces de la démocratie ; ne leur dites pas que, désormais, il est impossible de faire rentrer sous terre ce fleuve qui ne déborde
pas, mais qui coule à pleins flots d'un cours régulier
et sûr ; ne cherchez pas à leur faire comprendre que
la terre, aux mains des paysans, que l'atelier aux
bras de l'ouvrier, que les capitaux eux-mêmes, que
l'on réussit à acquérir par des efforts accumulés, aux
mains du capitaliste et du financier, ce sont là les
forces de la démocratie ; ne leur dites pas que nul ne
doit échapper aux charges de la société, ce qui est
une des lois de la démocratie ; ne leur dites pas que
l'armée elle-même représente une vaste fonction sociale, à laquelle chaque citoyen doit concourir, ce
qui est encore une loi de la démocratie ; ne leur dites
pas que l'armée de 1797 comme comme celle de 1832
sont des institutions démocratiques ; ne leur dites pas
tout cela, ils ne vous comprendraient pas ; ils vous
diraient que vous êtes des sacrilèges, et ils vous ac-
cuseraient de vouloir attenter à leur foi. (Approbation.)

Vous ne pouvez discuter avec eux ; ils se servent de
leur langue et de leur esprit, mais ils détestent la raison ; ils ont de véritables grâces d'État : ce sont les
naïfs ; c'est là, permettez-moi le mot, la fine fleur du
parti légitimiste. Je les respecte infiniment ; ils ont le
goût de la tradition, et ils la défendent, mais ils ne
la comprennent pas.

Ce n'est pas, à coup sûr, qu'il faille rayer de notre
histoire le magnifique développement de la monarchie
qui a fait la France avec le concours, avec les efforts
associés du peuple, de la bourgeoisie et de la noblesse. (Vive approbation.) Mais ce passé a fourni sa

carrière, c'est une force épuisée, dont la source est
tarie et qui doit disparaître pour faire place à un
monde nouveau qui commence.

En conséquence, — et que nul ne se trompe à mon
langage, — ils se croient les continuateurs de la tradition, c'est une erreur; car, si cette civilisation dis-
parue avait pu convenir au développement de la démocratie, elle se fût associée elle-même aux nécessaires progrès de cette force moderne. Cet équilibre
a été tenté, on a essayé de faire un pacte, et, après
l'expérience, il a fallu se poser ce dilemme : Ou il n'y
a pas de souverain ou il n'y en a qu'un seul, et c'est
le peuple. (*C'est cela! — Très-bien!*)

Alors la monarchie a apparu sous deux aspects :
une fois, elle s'est posée en maître du peuple ; une
autre fois, elle a été son serviteur subjugué. Dans l'un
et l'autre cas, elle a dû disparaître.

Toutefois, ceux qui se croient les serviteurs de la
tradition sont sortis comme par hasard, comme par
surprise, du fond de je ne sais quelles gentilhom-
mières, ils sont arrivés, ils se sont présentés à la France,
et la France ne les a pas reconnus ; ils le savent eux-
mêmes aujourd'hui, et c'est c'est pour cela qu'ils ne
veulent pas s'en aller. (*Hilarité.*)

Car, remarquez-le bien, si l'on passe en revue tous
les arguments pour ou contre la dissolution, au fond
on voit qu'il n'y en a qu'un : c'est la certitude de revenir ou de ne pas revenir. Messieurs, je ne veux rien
dire de désagréable, mais je suis convaincu qu'il y en
a un bon nombre, à l'Assemblée de Versailles, qui
sont fixés à cet égard.

Du reste, ils ont quelque raison d'être fixés, car le
8 février 1871, — époque à laquelle ils ont été nommés, je dis ceci entre parenthèses, non pas seulement comme des députés et des législateurs, mais
comme des parlementaires, permettez-moi ce mot,
entre deux armées, — à cette époque, dis-je, ils

avaient une mission spéciale et limitée. Le suffrage
universel ne s'y était pas trompé : il se trompe fort
rarement, et il sait très bien ce qu'il veut faire. A ce
moment il voulait faire une certaine chose : cette
chose a été faite, obtenue, et, lorsqu'elle a été terminée, tout le monde a considéré qu'il n'y avait plus
rien à faire pour ceux qui en avaient été chargés.

C'est tellement vrai, qu'aussitôt qu'on a voulu consulter à nouveau le suffrage universel, que s'est-il
produit? Le suffrage universel consulté, sous quelque
forme que ce soit, à quelque degré de la hiérarchie
qu'on se place, a répondu d'une façon uniforme; il a
dit : Rendez-moi ma souveraineté! (*Applaudissements
prolongés.*)

On l'a consulté pour les élections municipales, et
il a donné là un merveilleux exemple, bien nouveau,
bien rassurant; il s'est prononcé au milieu de la
guerre civile, au bruit des déclamations dirigées contre le parti républicain, sans émotion, avec un sang-
froid imperturbable, sur tous les points de la France.
Et qu'est-ce qui a triomphé dans les élections municipales, leur esprit gagnant de proche en proche, de
la commune au-chef lieu de canton, du chef-lieu de
canton au chef-lieu d'arrondissement, qu'est-ce qui a
triomphé? Le parti de la République, le parti de la
paix sociale, le parti qui voyait dans ces élections une
manifestation politique, — peut-être à tort, — mais
enfin on disait que c'étaient des élections politiques.
Nos adversaires avaient placé la lutte sur ce terrain,
et vous les avez exclus. Ils ont été battus, et vous
avez triomphé.

Vous savez mieux que moi, Messieurs, de quels
noms on se servait alors, de quels reproches et de
quelles calomnies on assaisonnait les discussions. Vous
avez triomphé par le suffrage universel qui a dit : Il
n'y a qu'un moyen de ramener la paix sociale, c'est de
faire une autre Chambre. (*Oui! oui!—Applaudissements.*)

Et l'animation qui se traduisait ainsi s'est reproduite plus tard dans d'autres actes du suffrage universel. Elle s'est renouvelée dans les élections aux
Conseils généraux, assemblées réunies à l'heure actuelle. Le succès a été tel, que véritablement on ne se
lasse pas d'envisager les conséquences fructueuses,
les conséquences, permettez-moi de le dire, incalcu-
lables pour nos idées, de ces élections aux Conseils
généraux.

Rappelez-vous, Messieurs, dans quelles circonstances elles ont eu lieu.

On disait, — c'est une théorie qu'on n'oserait plus
faire aujourd'hui, — qu'il y avait une centralisation
trop forte depuis longtemps, que les préfets avaient
trop d'action, qu'il fallait les mater, — c'est qu'on
était en République, vous comprenez bien ! (*Rires.*) —
car, sous une bonne monarchie héréditaire ou quasi
héréditaire, on n'eût pas été si pressant; mais il y
avait là une démocratie, un suffrage universel qui
montait toujours et dont les flots finissent par engloutir tout ce qui reste des anciens privilèges.

On regardait monter le flot et l'on disait : Nous ne
trouverons donc pas le moyen d'endiguer ce flot dé-
bordant; il faudrait peut-être mettre la main sur les
départements.

Et alors on organisa cette petite loi que vous connaissez, qui ne paraissait être rien, qui avait un air
innocent; elle rencontra, dans la discussion, bien des
difficultés, bien des résistances, mais enfin elle fut
votée et on arriva à l'exécution. C'était fort simple, il
s'agissait de faire en sorte que les chefs, que leurs
amis, que l'état-major qui avait préparé la loi, fussent nommés conseillers généraux, entrassent dans
la forteresse, en prissent les clés et les missent dans
leur poche.

Intervient alors le suffrage universel, et il choisit
ses mandataires départementaux avec un tact parfait,

et à cent vingt députés, appartenant à ce parti rétro-
grade parfaitement connu, — je ne veux pas citer de
noms, parce que je ne veux pas faire de personnalités, — on a opposé des républicains, quelquefois des
républicains de la nuance la plus accentuée. Et que
s'est-il passé? Ce sont les fils des croisés qui ont
mordu la poussière (*Rires. — Bravos.*)

Or, voilà cette loi des conseils généraux qui, au
lieu d'être une loi agréable, utile, devient une loi tout
à fait détestable. En effet, à quoi sert-elle? A mettre
en lumière les progrès accomplis par le suffrage universel dans toutes les couches sociales, à faire arriver
dans les conseils généraux — qui n'avaient été jusque-là que des foyers de réaction — des hommes dévoués, sincères, apportant, dans la discussion des
intérêts de leurs commettants, des intentions droites,
connues et une conscience pure. Ces hommes se sont
assis, la plupart pour la première fois, devant le tapis
vert de la table du conseil, et je dois dire qu'ils ont
donné, par leur activité, par leur zèle, par leur compétence, un éclatant exemple de ce qu'ils peuvent
faire.

Ces conseils ont été la grande consolation de la
France alors que, de tous côtés, on cherchait sur
quels hommes, sur quels groupes on pourrait s'appuyer, si des moments de détresse se représentaient;
ces conseils se sont offerts comme une véritable force
pour le pays, et l'on a parfaitement senti qu'avec une
démocratie ainsi préparée non seulement pour l'ordre,
mais pour la pratique des affaires, la situation chan-
geait et que la République s'était élevée au-dessus
des atteintes des partis. (*Applaudissements.*)

Tout le monde l'a compris ainsi, et soyez convaincus que le désarroi qui s'est mis chez les uns, et certaines facilités qui se sont produites chez les autres,
ne viennent pas d'ailleurs que de cette expérience
récente, que de ce trait de lumière, que de cette vo-

lonté deux fois répétée du pays, manifestée d'une façon intime, personnelle, toute locale, sur ce terrain rétréci de la lutte dans les cantons, lutte dont le résultat a été de faire savoir aux hommes de l'Assemblée qu'ils n'avaient pas reçu le mandat de conspirer contre la République. Ces membres de l'Assemblée sont venus devant les électeurs en leur demandant un mandat local, départemental, et ils ont échoué là où leur influence passait pour la plus considérable et paraissait le mieux assise. Aussi ont-ils compris le sort qui leur était réservé s'ils tentaient d'aborder une arène plus large. (*Approbation.*)

Mais il ne faut jamais trop triompher, il ne faut jamais cueillir prématurément le fruit de sa victoire. Quant à nous, nous n'avons pas espéré qu'il suffirait de ces deux manifestations pour amener la conviction, la persuasion dans certains esprits. Les simples, les gens qui croient que les affaires publiques sont toujours menées de bonne foi par les partis, l'ont espéré quelques instants; leur désillusion a été prompte.

A peine avait-on enregistré ce double résultat des élections aux conseils municipaux et généraux, que les partis sont entrés véritablement en scène, et alors nous avons vu le parti légitimiste, — non pas précisément celui dont je parlais tout à l'heure, — mais le parti légitimiste d'une autre nuance et le parti orléaniste se mettre à l'œuvre. Il y a bien eu en scène aussi le parti bonapartiste, mais de celui-là, nous ne parlerons pas, si vous le voulez bien. Car ce n'est pas un parti politique, c'est une bande, c'est une horde, et rien de plus. (*Rires.*)

Ces partis ont manifestement jugé que, devant cette répulsion du pays, il y avait quelque chose à tenter pour rétablir leurs affaires.

Ce quelque chose, c'était d'aller chercher un roi. On a considéré qu'il fallait peut-être lui demander quelque chose. On a rédigé un programme, quelque chose comme une Charte, et l'on a cherché à y rallier tous les partisans de la monarchie.

Tout cela s'est passé en pleine République, — remarquez-le bien, — alors que nous sommes, nous républicains, des hommes de désordre, des hommes d'agitation, des hommes qui ne cherchent qu'à exciter les passions. C'est en pleine République qu'on a fait cette chose tout à fait simple et morale d'aller à l'étranger chercher un roi pour le ramener et l'installer à la place du gouvernement actuel, car, je le pense, c'était pour lui donner la place qui était si bien remplie. Et cela ne s'appelle pas conspirer, cela ne s'appelle pas menacer la fortune et la paix publiques, se livrerà des manœuvres coupables! Agir ainsi sous l'œil de l'étranger qui campe sur notre territoire, est-ce mal? Non! Vous vous trompez, c'est le parti des honnêtes gens qui se conduit ainsi, et ce qu'il fait s'appelle chercher à garantir l'ordre! (*Applaudissements répétés.*)

Oui, c'était pour affermir l'ordre, pour le sauver dans le présent et dans l'avenir, que l'on se livrait à ces menées et à ces voyages.

Mais il est arrivé que le nombre des prétendants était trop considérable. (*Hilarité.*) Il y avait au moins trois prétendants qui s'offraient pour sauver l'ordre. Ils ont eu leurs représentants dans le sein de l'Assemblée, et, au dehors, on a parlementé, on a échangé un premier programme, puis un second, puis il s'est même trouvé un esprit subtil qui en a fait un troisième. (*Rires.*) Enfin, après avoir rédigé, voyagé, parlementé, échangé, modifié, on a abouti à cette déclaration magnifique : que le parti de l'ordre était divisé en trois, qu'il y avait trois combinaisons : l'ordre avec la monarchie traditionnelle, l'ordre avec la monarchie constitutionnelle, l'ordre enfin par une certaine combinaison nouvelle appelée le stathou-

dérat. Ces trois combinaisons ne s'entendaient entre
elles, ne se ralliaient que sur un point : faire un acte
décisif de conservation et d'ordre, supprimer la République.

Mais, dès qu'il s'agissait de savoir au profit de qui
serait fait cet acte de conservation si régulier, si
loyal; quand il fallait résoudre cette question, chacun tirait son prétendant, c'est-à-dire son épée.

Donc on ne s'est pas entendu. Et l'on peut dire qu'à
mesure que les explications continuent entre les prétendants, le désordre s'accroît entre leurs partisans.
(*Vif assentiment.*)

Pendant ce temps, que faisait le parti de la République?

Il aurait pu, cédant à de légitimes soupçons, demander et, au besoin, réclamer publiquement qu'on
mît un terme à ces menées. Il aurait pu, lui aussi,
saisir son souverain de la question; il aurait pu s'a-
dresser au peuple, au pays; il aurait pu, lui aussi,
faire son voyage de France pendant que d'autres faisaient le voyage d'Anvers. (*Vive approbation.*)

Il n'en a rien fait et il n'a voulu en rien faire. Il a
trouvé infiniment plus sage, plus expédient de démontrer aux regards de tous qu'il était véritablement
le parti de l'ordre, et que ceux qui faisaient sonner si
haut ce mot n'étaient que de vulgaires et impuissants
agitateurs. (*Applaudissements prolongés.*)

Et rien que par son silence, par la correction de sa
conduite, en prêtant au gouvernement établi, à
l'homme qui est à la tête de ce gouvernement son
concours et son appui, — appui de deux sortes :
appui par omission et appui par action, — il a donné
à quiconque a un esprit et une conscience dans ce
pays la démonstration qui restait à faire, à savoir
qu'il était un parti avant tout dévoué aux intérêts
suprêmes du pays : à l'émancipation, à la délivrance
de la patrie et à la paix sociale. (*Nouvelle approbation.*)

Il l'a démontré, et il y avait à faire cette démonstration plus qu'un intérêt, il y avait une vérité à sauver, — ce qui vaut mieux qu'un intérêt, — il fallait qu'il affirmât que, minorité par hasard dans l'Assemblée, il était la majorité dans le pays. (*Oui! oui! — Applaudissements.*)

Il fallait qu'il affirmât qu'il était la majorité, entendez-le bien, dans ce qui est la force, dans ce qui est la vie, dans ce qui est le mouvement.

Par conséquent il a dit : Nous laissons passer vos intrigues, nous les surveillons, mais elles ne nous émeuvent pas, parce qu'elles paraissent ridicules à la France. (*Sensation.*)

Cette vérité, il fallait la mettre en lumière; elle y est désormais, car vous voyez de quelle bouche tombent aujourd'hui les affirmations et les apostrophes. Vous sentez que ce n'est pas pour rien qu'aux yeux des hommes intelligents se déroule un pareil spectacle. Oui, voilà ce qu'a fait ce parti qui a mis son honneur et sa gloire, depuis la Révolution française, chaque fois qu'il l'a cru nécessaire, à ne marchander aucun sacrifice à la cause du droit; voilà ce qu'il a fait, parce qu'il connaît la situation de la France, parce qu'il sait que la République est un dépôt dont on a juré la restitution, parce qu'il veut que ce dépôt sacré soit gardé aussi fidèlement et aussi facilement que possible. Il a confiance; et il ne craint pas de le manifester avec une loyauté qu'il serait criminel de tromper, et, dans sa confiance, il peut regarder faire ses ennemis, comme il peut donner à ses amis ces conseils de sagesse et de discipline qui n'excluent en rien ni la résolution ni la vigilance. (*Vif assentiment.*)

Ce n'est pas pour rien qu'un peuple a traversé d'aussi cruelles épreuves. C'est que le parti républicain notamment, contre lequel, en définitive, depuis quarante-cinq ans, se sont exercées toutes les mesures répressives, a grandi, s'est développé, embrasse au-

jourd'hui toute la nation. Car a-t-on assez parlé des
persécutions, des violences dont il était l'auteur! Quel
perpétuel thème à déclamation! Mais ouvrez donc
l'histoire depuis quarante-cinq ans, et demandez-vous
qui on a frappé, emprisonné, proscrit et déporté?
Cherchez si ce sont les sensibles qui s'émeuvent, ou
si ce ne sont pas eux qui, avec la sensibilité la plus
grande, ont toujours impitoyablement frappé sur
nous? (*Sensation.*)

Non, nous ne sommes pas le parti de la violence,
le parti de l'émeute, ce n'est pas vrai! (*Très bien!*) Ce
qui est vrai, c'est que la Révolution française a apporté l'ordre dans ce pays depuis qu'elle y a fait son
entrée avec son cortège de bienfaits, qui, s'ils étaient
connus par ceux mêmes qui en jouissent et en profitent, la rendraient inattaquable et invincible.

Oui, la Révolution française, depuis qu'elle a commencé, a apporté l'ordre : je le répète, parce que je
sais combien il y a d'esprits timides, défiants, circon-
venus, à qui l'on jette, comme un venin détestable,
que l'esprit de la République est un esprit de désordre, un esprit anti-social; c'est une calomnie, et on le
sait.

On dit que nous sommes les ennemis, ou plutôt que
notre parti menace la propriété, la famille, la liberté
de conscience; c'est là une calomnie qu'on colporte
de chaumière en chaumière.

Notre parti, l'ennemi de la propriété, de la liberté
de conscience, de la famille! O triple mensonge, et
triples vipères qui colportez ce mensonge! Le parti
républicain, le parti de la Révolution française serait
l'ennemi de la propriété, lui qui l'a introduite dans le
monde français! lui qui a pris les deux tiers de la fortune publique, qui ne payaient rien, qui étaient déte-
nus par les mains que vous savez, pour les donner au
travail par la division, par l'industrie, et qui a fait
qu'à la place du domaine du roi, qu'à la place des

majorats, il y a eu la propriété individuelle! La Révolution française, la République, c'est elle qui a donné
la terre au paysan, qui l'a arraché de l'esclavage, qui
l'a pris dans le limon, l'a enlevé au-dessus du sol, qui
en a fait un propriétaire et un citoyen, qui en a fait
un homme! (*Applaudissements prolongés.*)

Voilà, mes amis, ce qu'il faut vous attacher à dire
si jamais vous vous trouvez en face d'imposteurs ou
de victimes de l'imposture; dites-leur que c'est la Révolution française qui a constitué le dogme de la propriété individuelle par le travail, et que le parti républicain ne considère pas seulement la propriété
comme un avantage matériel, mais comme une force
intellectuelle qui est donnée à l'homme, dont elle
assure la liberté d'esprit et garantit l'indépendance
morale.

Ils disent encore que nous sommes les ennemis de
la liberté de conscience, que nous persécutons les
consciences. C'est encore une calomnie; nous sommes, au contraire, les champions de la liberté de
conscience, de la liberté des cultes ; car j'imagine que,
lorsqu'ils parlent de la pensée religieuse, ils ne peuvent nous assujettir à la défense d'une seule religion,
la leur, de cette religion qu'ils veulent imposer à l'exclusion de toutes autres, de cette religion à laquelle
ils ajoutent chaque jour de nouveaux dogmes qui ré-
voltent les plus sincères d'entre eux, et dont ils ont
le dessein de faire un bâillon sur toute bouche loyale,
de cette religion qui, selon une parole célèbre, voudrait faire de chaque affilié comme un bâton dans la
main du voyageur.

Ou ils n'ont pas le droit de parler de religion, ou
la liberté de conscience permet à chacun de s'exprimer sur les causes premières et finales du monde et
de dire ce qu'il a appris ou ce dont il doute.

Cette liberté de conscience, sous quelque forme
qu'elle se produise, de prière, de culte, de réunion

ou, au contraire, qu'elle soit la négation de toutes ces choses, est-ce le parti républicain qui l'a jamais poursuivie?

Ouvrez vos annales, et vous verrez quelle quantité d'hommes, se réclamant de notre opinion, ont payé de leur sang, de leur vie, la revendication de cette liberté! (*Applaudissements.*)

Voilà comment nous sommes les ennemis de la liberté de conscience!

Et quant à la famille, oh! ici, permettez-moi de le dire, avec une sorte de révolte, comment! est-ce qu'il y a eu quelque part un dogme plus inviolablement établi que le dogme de la famille par la Révolution française? C'est elle qui a affranchi l'homme par le mariage civil; c'est elle qui a arraché, qui a délivré tous ces parias de l'ancienne société, — juifs et protestants, — dont on ne faisait que des bâtards, que des adultérins, quand l'Église n'intervenait pas. (*Applaudissements.*)

N'est-ce pas encore la Révolution française qui a détruit le privilège jusque dans les successions, en déclarant l'égalité des enfants dans les partages, faisant ainsi disparaître cet attentat, qui consistait à dépouiller les uns au profit d'un seul, dans les familles, pour satisfaire l'orgueil de la race?

Voilà les hommes qui attaquent la famille!

Non! non! Il n'est pas permis de soutenir ces accusations sérieusement. Des documents, des preuves, on pourrait en apporter par milliers; mais, si l'on vous en demande, répondez avec l'indignation légitime d'hommes qui connaissent ces grands faits, quand vous vous trouverez en face d'ennemis qui, les connaissant, les nient parce qu'ils vivent de la sottise humaine.

Eh bien, cette Révolution française, elle n'est pas achevée, et c'est là le malheur dont vous souffrez; elle n'est pas achevée, parce qu'il s'est mis à la tra-

verse des dynasties, des rois, des prétendants, des aventuriers, des scélérats qui ont marqué d'une tache de
sang la plus belle page de notre histoire ; mais, à cause
de cela, doit-on méconnaître l'esprit de la Révolution
française? Doit-on repousser l'égalité du travail, l'égalité devant la justice, devant les charges, l'égalité dans
la famille, dans les successions, la substitution de la
raison et de la justice aux caprices, aux fantaisies,
aux vengeances et aux absurdités de la monarchie?
Faut-il tout abandonner au bénéfice de gens qui n'auraient même ni le talent, ni l'énergie, ni le caractère
de nous ramener à l'ancien régime?

Cette Révolution française a été menacée, elle l'est
tous les jours ; on se livre contre elle à des attaques,
à une sorte de fabrication mensongère, mais demandez au paysan, à l'ouvrier, au bourgeois, à tous ceux
qui ont le sentiment de la vérité, demandez-leur s'ils
veulent tout laisser compromettre par un ramassis
d'impuissants et d'incorrigibles? (*Applaudissements.*)

Ce qui fait que j'ai foi dans l'avenir, c'est que ce serait trop odieux et que la démocratie est tellement le
sol sur lequel nous marchons et l'air que nous respi-
rons, que tout cela est comme non avenu. Enfin, pourquoi ne le dirais-je pas? ce qui ajoute à ma foi dans
l'avenir, c'est qu'il me semble que celui qui est à la
tête du gouvernement ne peut oublier ni son origine,
ni ses études, ni les leçons de l'expérience ; il sait, il
doit savoir qu'il y a quelque chose de plus beau que
d'avoir écrit les annales de la Révolution française,
c'est de l'achever, en couronnant son œuvre par la
loyauté et la sincérité de son gouvernement. (*Applaudissements prolongés. — Cris répétés de : Vive la République! Vive Gambetta!*)

DISCOURS

Prononcé le 18 avril 1872

AU HAVRE

———————

Nous empruntons au journal *le Havre* le compte rendu suivant du banquet offert, le 18 avril, à M. Gambetta, à l'occasion de sa présence au Havre :

« Le banquet offert à M. Gambetta par ses amis politiques du Havre a réuni hier au soir six cents convives, parmi lesquels se trouvaient M. Jules Le Cesne, conseiller général, M. le maire du Havre, qui présidait la fête, plusieurs membres de l'administration et du conseil municipal, les représentants de la presse républicaine du Havre, M. Paul Aubert, d'Honfleur, M. Waltz, rédacteur du *Progrès de Fécamp*, plusieurs délégués des cantons de Goderville, de Saint-Romain, etc.

« M. Guillemard, maire du Havre, a porté la santé de M. Gambetta en ces termes :

« Citoyens,

« Au nom de la démocratie ici présente, qu'il me soit permis de saluer l'homme illustre assis à mes côtés qui nous fait l'honneur d'assister à ce banquet fraternel.

« Une feuille pieuse et honnête de notre ville m'a reproché d'avoir dit que l'homme que j'estimais et que j'aimais le plus au monde était le citoyen Gambetta. (*Applaudissements*). Je n'ai pas à répudier ce que j'ai dit : car, au contraire, mon estime a grandi en raison des efforts qu'il a faits et des services qu'il a rendus au pays.

« C'est la première fois, depuis l'invasion, que j'ai l'occasion de me trouver avec vous, mes concitoyens, je la saisis

pour vous adresser mes vifs et chaleureux remerciements
du concours que vous avez prêté à mon administration. C'est
grâce à ce concours que notre ville n'a pas eu à subir l'outrage de la présence des Prussiens : c'est grâce surtout à l'appui que votre administration a trouvé dans le grand patriote,
qui n'a pas craint de se lancer à travers l'espace pour ré-
veiller l'énergie du peuple français, et qui nous a fourni
tout ce dont le Havre a eu besoin pour protéger son enceinte.

« L'administration le remercie ici, toute la population
avec nous, et je suis sûr que vous m'acclamerez, car je n'ai
pas la prétention ici de vous faire un discours, quand je bois
au citoyen Gambetta et à la République ! » (*Acclamations
prolongées. — Vive la République! — Vive Gambetta! — Vive
la République définitive!*)

M. Gambetta répondit :

Messieurs et chers Concitoyens,

Les paroles que vient de m'adresser en votre nom
le chef de votre municipalité sont, permettez-moi de
vous le dire, trop flatteuses pour moi; et je ne voudrais pas qu'en venant parmi vous m'enquérir surtout de vos sentiments républicains, l'ont pût m'accuser de vous faire commettre une véritable faute, en
vous fournissant l'occasion de flatteries personnelles.
Eh bien! je dois vous dire qu'une des choses qui
m'embarrassent le plus, c'est le véritable regret que
j'éprouve de n'avoir pu faire davantage, et ce qui me
cause une émotion profonde, c'est de sentir à quoi
m'engagent et m'obligent de pareils sentiments et
une reconnaissance qui a trop tôt commencé.

On vous disait tout à l'heure qu'il ne fallait pas
faire de discours. Ce ne sont pas, en effet, des discours
que nous devons nous apporter mutuellement, ce
sont des conseils, des avis et des impressions. Il faut
que, lorsque nous nous sommes vus, visités, fré-
quentés, nous nous séparions un peu plus forts,
meilleurs et plus instruits. (*Applaudissements.*)

La République que vous acclamez, cette République définitive, selon l'interruption partie de là tout à l'heure, cette République que nous tenons en principe, qu'il ne s'agit que d'affermir et de développer, doit commencer d'abord par guérir la France du plus détestable de ses défauts : la promptitude avec laquelle elle s'abandonne à la flatterie et à la servilité. (*Bravo!*) Et, puisque vous m'en avez fourni l'occasion, laissez-moi vous le déclarer une fois pour toutes : je dis ce que je pense; et sauf dans les occasions où, moi aussi, j'ai mes emportements que je regrette..., je pense exactement ce que je dis.

Messieurs, après les ruines matérielles qui ont pour ainsi dire couvert le sol de notre malheureuse patrie et qui, grâce au ciel, grâce au zèle de véritables patriotes, au concert et à la concorde des intelligences vraiment françaises, commencent à s'effacer, après ces ruines matérielles, il reste les ruines morales; et c'est au spectacle de celles-là, malheureusement, que nous pouvons dire que nous ne sommes pas assez sévères pour nous-mêmes.

Au lendemain de cette immense chute de l'empire qui avait été amené par le crime de quelques-uns qui ont obéi au parjure d'un maître, mais qui avait été maintenu longtemps aussi par la complicité, par la servilité, par l'esprit de convoitise qui dominaient et poussaient au scrutin les masses ignorantes, dont on entretenait et encourageait l'ignorance, quand on n'en surexcitait pas les vaines terreurs (*Interruption d'applaudissements*)... après nos désastres, une idée doit sortir dominante de nos fréquentations : c'est le côté moral de nos ruines, c'est la réparation de l'honneur français, c'est la pratique des vertus républicaines que nous ne devons pas perdre de vue un seul instant.

Les ruines matérielles n'ont rien d'irréparable dans un pays aussi riche, qui dispose de ressources aussi

considérables, où domine l'esprit d'épargne, de travail, d'accumulation. Oui, Messieurs, il n'y a rien de
plus simple, dans un tel pays, que de guérir ces bles-
sures sous un gouvernement qui assure l'ordre.

Mais ce serait là une restauration, une régénération mensongère, si l'on n'allait pas plus haut dans
la recherche du mal, afin de découvrir le véritable
remède.

Or, il faut le reconnaître, la France ne s'est laissée
aller au bord de cet abîme que parce qu'elle avait
perdu les véritables sentiers de la morale en politique. Permettez-moi d'ajouter que si le gouvernement républicain a paru, au milieu de ces désastres,
comme le seul possible, c'est que, seul, il s'est trouvé
debout en face du danger. Car, au moment même de
l'immensité de la catastrophe, nul n'a pensé à un
autre gouvernement. Où étaient les prétendants?
Qui donc s'est présenté en leur nom? qui s'est fait
jour au milieu des rangs de nos adversaires pour disputer ce que l'on appelait le pouvoir, et ce qui n'é-
tait que le fardeau des périls?

Qui? personne! On a attendu à l'écart, avec patience, mais cette patience était doublée d'un certain remords, le remords du plébiscite! On a assisté
à des efforts auxquels on ne s'est pas associé. Et ici,
laissez-moi vous exprimer toute la reconnaissance que
la France doit à une population comme la vôtre, qui,
elle, n'a jamais marchandé ni son argent, ni son travail, ni ses hommes, et qui n'a pas méconnu les traditions patriotiques reçues de ses aïeux.

Messieurs, ce n'est pas un reproche que je veux
adresser à mon pays, car, même lorsqu'il se trompe
ou qu'il tombe, je le respecte. Mais n'est-il pas vrai
que, sous l'influence d'excitations détestables, on a
systématiquement attaqué les efforts de la défense?
En voulez-vous un exemple entre mille? Ces attaques
se sont tournées aussi vers l'homme qui est à côté de

moi (l'*orateur désigne M. Jules Le Cesne*), qui fut au
jour du péril votre député, et qui doit le redevenir
au jour de la réparation. C'est par son activité, son
intelligence, son zèle, qu'il nous a été donné de
mettre entre les mains de la France les armes qu'il
avait su arracher à la concurrence étrangère, alors
que l'empire avait fui en ne nous laissant que des
arsenaux vides.

Que n'a-t-on pas dit! que de calomnies, d'injures,
oserai-je dire que d'ordures! n'a-t-on pas jetées sur
la réputation de cet honorable, de ce zélé, de ce
grand citoyen, qui, en butte à ces infamies, mais
fort de sa conscience, n'a fléchi ni un jour ni une
heure, et qui a fait son devoir jusqu'au bout! (*Salve
d'applaudissements.*)

Ces attaques, elles se reproduisent, elles se repro-
duiront encore; elles sont devenues le seul refuge
des partis impuissants. Car les partis savent bien que
ce n'est pas par les raisons de théorie, de principes,
de doctrine, ni d'expérimentation, qu'ils peuvent
avoir quelque influence ou quelque prise sur l'opinion; c'est pourquoi ils se rejettent tout entiers sur
la diffamation, et forgent sur les autres hommes de
notre opinion des biographies du genre de celle que
vous connaissez sur celui-ci.

Mais, Messieurs, détournons nos regards de ce que
je pourrais appeler les dernières exhalaisons de leur
chagrin et de leur humiliation, et revenons à notre
véritable *revanche*, qui est la reprise de nos qualités
héréditaires, la réformation de la moralité nationale;
et alors, quand nous nous serons bien retrouvés, le
reste nous sera donné par surcroît. Il faut donc songer à ce que j'appelle les plaies sociales.

Eh bien! dominant toutes les autres causes de nos
défaillances, de nos désastres, il y a l'ignorance, cette
ignorance particulière, cette ignorance double, qui
est propre à la France. Car nous avons l'ignorance de

ceux qui ne savent rien, masse obscure, qui change
brusquement de direction et roule tantôt à droite,
tantôt à gauche, sans souci de la dignité humaine,
dont on se fait un coupable jeu; cette ignorance qui
fait que l'homme qui en est aveuglé obéit sans s'enquérir des motifs de son obéissance : c'est là l'ignorance inerte, passive, presque heureuse dans sa doci-
lité. Il y en a une autre plus dangereuse, c'est la
demi-ignorance, passionnée, violente, qui croit à ce
qu'elle dit, qui le répète avec véhémence, qui colporte
toute calomnie, qui se nourrit des légendes défigu-
rant la tradition républicaine, qui a horreur de la vérité, parce qu'elle est impropre à la recueillir, et parce
que la passion, le parti pris, tout s'y oppose. Ce sont
ces demi-ignorants qui garnissent les rangs de nos
adversaires.

Cette double ignorance, il faut en avoir raison par
un véritable système d'éducation nationale. Jusqu'à
présent, ce qui a paru aux réformateurs de tous les
temps comme la recette par excellence pour créer des
esprits, former les consciences, diriger les intelligences, éclairer les volontés, c'est de fortifier la raison publique. Cette raison, ou elle est inerte, ou à
moitié développée, ou nourrie de sophismes, ou pleine
de théories adultérées, ou encombrée de contrefaçons
de la vérité, ou absolument déréglée, utopique et
chimérique.

Qui peut avoir raison de toutes ces plaies de l'esprit?
C'est l'éducation nationale.

Ce n'est pas à vous, qui avez pris, sous l'empire,
l'initiative d'un grand mouvement de propagande en
faveur de l'enseignement populaire, que j'ai besoin de
rappeler ces vérités. Rien à tenter, rien à espérer,
rien à fonder, rien à tirer de la démocratie et du suffrage universel sans une éducation distribuée à pleines mains, répandue à flots.

Et, sur ce terrain, qu'on ne nous parle pas d'économie, il faut trouver l'argent; car c'est plus que l'affranchissement du territoire, c'est l'affranchissement du génie national. (*Applaudissements unanimes.*)

Cette éducation, il faut la faire absolument civile; c'est le caractère même de l'État. Et qu'on ne crie pas à la persécution! L'État laissera aux cultes la plus grande liberté, et nos adversaires seront les premiers à le reconnaître. L'État ne peut avoir aucune compétence ni aucune action sur les dogmes, ni sur les doctrines philosophiques. Il faut qu'il ignore ces choses, ou bien il devient arbitraire, persécuteur, intolérant, et il ne peut pas, il n'a pas le droit de le devenir.

Il faut que l'enseignement national soit conforme au principe même des sociétés, de toutes les sociétés, quel que soit leur mécanisme, non seulement des sociétés démocratiques, mais aussi des sociétés aristocratiques. Qui dit société dit réunion d'hommes voulant défendre leurs droits, remplir leurs devoirs et protéger par l'association leurs intérêts, ce qui est une chose libre, civile, laïque par excellence. L'État, dans les matières religieuses, ne pourrait intervenir qu'au bénéfice de la majorité, et par conséquent à l'oppression de quelques-uns. N'en fût-il qu'un seul, celui-là suffirait pour démontrer que cette intervention est despotique et arbitraire.

Cette éducation civile, il faut la donner avec passion, la poursuivre avec ardeur. Jusqu'à ce que la nation en soit pénétrée, rien ne sera fait, rien ne sera ordonné, rien ne sera régulier. Vous n'aurez pas de repos, vous serez toujours en présence de ces deux périls immenses : ou l'exploitation d'un peuple par des intrigants, des aventuriers, des dictateurs, des coupe-jarrets, ou quelque chose de plus grave encore, l'explosion imprévue d'une masse enflammée qui tout à coup obéit à ses aveugles colères.

Ni l'un ni l'autre, n'est-ce pas? Et c'est l'instruction primaire seule qui peut protéger le pays contre ces deux excès. Comment n'a-t-on pas compris que le premier degré de l'instruction ne doit pas être un point d'arrêt, constituer la stérilité de l'intelligence, mais qu'elle doit éveiller un désir de progrès constants et successifs? L'instruction primaire doit être complète, je veux dire qu'il faut la rendre capable, en tant que primaire, de donner des notions exactes, sinon achevées, des droits et des devoirs du citoyen. Elle doit lui apprendre quelle est sa dignité, dans quelle société il vit et quelle est sa place, quel est son lien de solidarité avec ceux qui l'entourent; elle doit lui montrer qu'il a son rang dans la commune, dans le département, dans la patrie; elle doit lui rappeler surtout qu'il est un être moral auquel il faut tout donner, tout sacrifier, sa vie, son avenir, sa famille, et que cet être... c'est la France. (*Applaudissements enthousiastes.*)

C'est cela que j'appelle l'éducation primaire nationale.

Mais il ne faut pas s'arrêter là; il faut aborder l'éducation secondaire, arracher la jeunesse aux études stériles, ne pas trop l'attarder dans un passé antique que l'on connaît à peine, dont, au bout de quelques années, elle est incapable d'épeler la langue, et d'où elle sort les oreilles pleines et l'esprit vide. Il faut que la jeunesse puise dans l'enseignement de l'État, vigoureux et humain, les notions des sciences modernes.

Prenons garde de donner libre carrière à l'imagination, à des futilités et des fantaisies dont l'exagération maladive produit de véritables difformités morales. Il n'y a qu'une chose qui fonde les véritables sociétés, qui élève l'homme, c'est la science; il faut l'apprendre, la boire à longs traits. La science est le patrimoine de nos devanciers que nous devons tenir à honneur de transmettre, agrandi et amplifié, aux générations qui nous suivent.

Ce n'est pas tout; il faudra encore monter plus haut, il faudra aborder l'enseignement supérieur. A

celui-là, la liberté, le droit d'enseigner toutes les théories. N'ayez pas peur de l'esprit, fiez-vous à la raison
pour faire justice des sophismes du passé, des chimères; fiez-vous à la raison pour éviter les écarts d'imagination qui, par une précipitation déréglée à marcher en avant, nous ramèneraient au contraire aux
premiers âges de la nature; fiez-vous à la noble ému-
lation qui naît entre les savants. Que l'arène soit ouverte à tous, qu'il ne soit pas nécessaire de faire partie
d'une coterie ou d'une Église pour arriver à se faire un
nom et à l'inscrire dans les pages de l'histoire des dé-
couvertes de l'esprit humain.

Ah! Messieurs! c'est surtout quand on veut refaire
l'éducation primaire qu'il faut avoir en vue la réforme
de l'enseignement supérieur. Car, en dernière analyse,
c'est le nombre des savants, c'est le respect que l'on
a pour eux, c'est la liberté qu'on leur donne, la dignité dont on les entoure, qui répandent les lumières
jusque dans les couches profondes de la société. C'est
par la valeur et le nombre des savants que vous for-
merez des instituteurs et des élèves.

Je n'ai touché là qu'un côté, le plus noble, à coup
sûr, de notre régénération morale, mais ce côté se
rattache intimement au régime républicain, car vous
savez bien que, lorsqu'on passe en revue les partis et
les hommes, on distingue bien vite à leur zèle pour
l'instruction ceux qui sont pour et ceux qui sont contre le régime républicain.

Il est hors de doute que, selon que vous aurez en
face de vous un gouvernement républicain sérieux,
sincère, sage, ordonné, mais ayant le sentiment qu'on
ne fonde un gouvernement qu'avec le concours de
ceux qui sont acquis à ses principes, vous aurez la
possibilité de réformer le régime tout entier de l'éducation nationale.

Si, au contraire, vous êtes en présence d'un régime
monarchique et dynastique, s'appuyant sur la division

des opinions et des classes, il fermera la porte à l'é-
ducation supérieure pour assurer sa domination sur
ceux qui sont en bas. (*Bravos répétés.*)

Mais, Messieurs, dans un pays qui a le suffrage universel, où la démocratie non seulement coule à pleins
bords, comme on l'a dit il y a quarante-cinq ans,
mais constitue la nation elle-même, il n'est plus temps
de faire des expériences monarchiques. Il n'est pas
de monarchie, despotique ou tempérée, qui puisse
tenir tête à la démocratie, à la République, qui a le
vote universel à sa disposition, et qui poursuit toute
souveraineté artificielle pour s'installer légitimement
à sa place. Il n'y a plus de conciliation possible entre
ce régime qui a nivelé le sol, qui a abattu tous les privilèges, qui a fait disparaître tout ce qui constitue les
éléments des aristocraties et des monarchies, plus de
conciliation possible avec les prétentions dynastiques.

Si l'on veut rêver un gouvernement en dehors du
gouvernement républicain, qui ait quelque chance de
durée, il faut d'abord porter la main sur le suffrage
universel, soit en le restreignant, soit en en faisant
une délégation du pouvoir royal. Pour durer, pour
être stable, il n'y a plus que la démocratie libre, associée, organisée, ayant le suffrage dans sa main pour
moyen de contrôle, c'est-à-dire la République. Nous
sommes ceux qui peuvent seuls assurer la stabilité et
le lendemain. Avec nous il n'y a plus d'inconnu. Sous
le régime monarchique, le suffrage se pose comme un
rival qui doit le faire disparaître; c'est donc la Révolution, le désordre, l'instabilité érigés en institution.

Aussi, Messieurs, les conservateurs qui s'attardent
à rêver à une restauration monarchique de quelque
catégorie quelle soit, ne sont-ils pas des conservateurs
au sens élevé de ce mot : ou ils savent ce qu'ils font,
et alors ce sont des factieux; ou ils ne le savent pas,
et alors ils sont des dupes dans les mains qui les mènent et des simples dont on abuse. Voilà la vérité.

Il nous appartient donc, à nous qui avons la conviction de l'alliance intime qui est comme la relation de cause à effet entre le suffrage et la République, il nous appartient de nous présenter comme assurant l'ordre et la stabilité.

En définitive, où donc pourrait se trouver un parti qui eût l'autorité et la force suffisante pour renverser un État politique où tout le monde est souverain, où tout le monde est la loi, où tout le monde est gouvernement?

L'histoire, même la plus récente, démontre que la République a toujours fait face aux tentatives révolutionnaires les plus grosses, aux tempêtes sociales les plus terribles, par cela même qu'elle est le gouvernement de tout le monde.

Considérons donc ce premier point comme établi : le parti républicain non seulement ne peut pas être taxé de factieux, et ce n'est pas un parti de révolution, mais c'est un parti de conservation, qui garantit le lendemain, et qui assure le développement pacifique, légal, progressif de toutes les conséquences légitimes de la Révolution française.

Aujourd'hui, ce fait est démontré par l'expérience. Car ce n'est pas pour rien que, depuis quinze à dix-huit mois, vous avez donné, soit dans vos conseils municipaux, soit dans vos conseils départementaux, soit dans vos réunions, par des actes individuels ou collectifs, cette démonstration que vous êtes le parti de la paix sociale, de l'ordre, de l'union, de la légalité, et que c'est de l'autre côté que l'on rencontre les factieux, l'esprit d'intrigue, l'agitation, les surprises, le désordre et l'impuissance.

Aussi nous pouvons prendre pour ce qu'elles valent les menaces de ceux qui se disent les hommes d'ordre. La France a déjà donné au parti républicain sa récompense en prouvant qu'elle veut être gouvernée républicainement.

Cette manifestation de la pensée de la France n'a pas été unique ; elle s'est produite au dedans et au dehors de l'Assemblée. Vous en connaissez les différentes phases, je ne les rappelle pas, si ce n'est pour en tirer un enseignement : il faut nous armer d'autant de patience que de confiance. C'est pour moi le résumé de notre situation politique.

Oui, nous avons confiance dans l'avenir de la République, pour toutes les raisons que nous venons d'exposer. Mais il importe que cette confiance soit réfléchie, raisonnée, il importe que la conduite du parti républicain soit calme, sage, prévoyante, inspirant le respect et l'estime aux indifférents eux-mêmes qui, vous le savez, forment toujours une portion notable de la majorité. Et alors, quand l'esprit d'union, de concorde, qui se dégage tous les jours un peu plus des élus de la démocratie, aura fait impression sur l'opinion publique, lorsque leur aptitude, leur compétence aux affaires aura été démontrée, alors soyez certains que vos destinées seront assurées. La France ne se séparera plus de vous, républicains, car la France n'a jamais demandé que deux choses à un gouvernement : l'ordre et la liberté.

Or, l'ordre, c'est vous qui pouvez seuls l'assurer, non pas pour un jour, mais pour toujours ; non pas par des mitrailles ou des charges de cavalerie sur les boulevards ! (*Applaudissements*) non pas l'ordre qui est le silence et la peur, (*Bravos!*) non ! mais l'ordre qui repose sur la légalité, sur une légitimité établie par la volonté générale, sur le sentiment qu'on est en face du droit et de la justice, et non sur la peur d'un tyran. (*Applaudissements.*)

Et la liberté, Messieurs, que de partis l'ont promise, qui, aussitôt arrivés aux affaires, l'ont ravie ! Pour ma part, je ne connais qu'un parti qui ait demandé la liberté pour tous, non pas la liberté oligarchique et restreinte, mais la liberté complète, inté-

grale, sans restriction, la liberté enfin. Il n'est qu'un
parti qui l'ait voulue, au prix des plus douloureux
sacrifices, qui l'ait réclamée, exigée sous tous les régimes, au prix de sa vie, de ses biens, de sa réputation même, et c'est le parti de la République, car seul
il a défini la liberté qu'il a appelée : les droits de
l'homme et du citoyen.

Cette liberté politique, et que j'appelle aussi sociale,
parce qu'elle s'étend aux plus humbles de la société
française, vous ne pouvez en rencontrer le fonctionnement et en recueillir les fruits que sous le régime
républicain, car c'est le seul qui peut résister aux
droits de réunion, d'association, aux immenses ag-
glomérations de citoyens, libertés bien redoutables
aux monarchies, puisque c'est sur ces libertés qu'on
porte les mains dès qu'il surgit un régime réactionnaire. (*Applaudissements.*)

Ce gouvernement républicain, on lui reproche souvent des griefs sur lesquels nous nous expliquons
sans cesse. Nos adversaires ne se lassent pas de les
reproduire ; nous nous épuisons à en avoir raison, mais
nous ne nous lasserons pas d'y répondre : « Oui certes, disent-ils, voilà un gouvernement qui se présente
assez bien, sous une forme acceptable pour l'ordre
et la liberté, c'est vrai ; mais il cache derrière lui et
traîne à sa suite un cortège épouvantable de noir-
ceurs. Ce qu'il dit est pure comédie, artifices, men-
songes ! ce sont des déclamateurs ! » J'en sais quelque
chose, c'est avec ce bagage-là que je voyage !... (*Explosion de rires approbatifs.*)

Il y a même des gens, je puis dire des hommes d'esprit, ma foi ! qui ont cru en faire preuve en m'appelant *commis voyageur !* (*Nouveaux applaudissements.*) Cela
n'est pas fait pour m'humilier. S'ils ont cru toucher
en quoi que ce soit ma vanité ou mon amour-propre,
en répétant cette plaisanterie, ils se sont cruellement... j'allais dire grossièrement trompés ! Je n'en

rougis pas; je suis, en effet, un voyageur et le commis de la démocratie. C'est ma commission, je la tiens du peuple. Tant pis pour ceux qui passent leur vie à débiter ces misères. (*Double salve d'applaudissements. — Interruption.*)

Partout où je me suis présenté face à face avec la démocratie, à qui j'ai voué tout ce que j'ai d'intelligence et de force, je n'ai tenu qu'un langage ferme, à coup sûr régulier, légitime, et je n'ai jamais cherché qu'une chose : le bien de la France! Eh que voulez-vous! si je ne le comprends pas autrement et si je crois mon pays perdu en dehors de la République, il faut bien que je le dise! C'est ma mission! je la remplis, advienne que pourra. (*Oui! oui! Bravos enthousiastes.*)

Que traînons-nous donc après nous? quel est ce cortège que nous réservons pour le jour du triomphe? Nos adversaires, ne pouvant répondre, se rejettent d'un autre côté et nous font un reproche de tenir un langage qui leur paraît peu nouveau! Ah oui! la liberté! les revendications du droit, cela n'est pas nouveau; les murmures douloureux de ceux qui souffrent, hélas! quoi de moins nouveau dans le monde? Ce n'est pas nouveau non plus d'être républicain, d'être l'ami de son pays. Non, ce n'est pas nouveau, mais il faut que ce soit général. Il faut que ce sentiment entre dans les mœurs, dans la vie de la nation, qu'il soit sa loi et sa foi. Alors peut-être cette chose vieille deviendra définitive, et c'est un résultat que pour ma part je considère comme suffisant pour nos efforts. (*Applaudissements.*)

A ceux qui nous suivront, dans une génération ou deux, il appartiendra d'assurer un développement plus complet de notre œuvre. Quant à moi, je borne mes vœux, mes réclamations, mes exigences, à ces deux choses : faire une nation armée et une nation instruite.

Une nation instruite et armée, pour qu'elle rende à la famille française des populations qui lui reviendront

le jour où la France sera restaurée au moial, réorga-
nisée matériellement, relevée par les véritables appli-
cations des lois économiques qui donneront à toutes
les ressources le pouvoir de s'épanouir. Alors on
assistera à un spectacle qui ne sera pas une illusion,
qui ne sera pas un rêve : la reprise par la France d'une
place que nulle autre nation ne peut remplir, place
nécessaire, indispensable, non pas à nous seulement,
mais à la civilisation du monde. (*Bravos enthousiastes.*)

Bornons là nos exigences, à faire, je le répète, une
nation armée et instruite. Et je vois ici ma pensée
bien comprise, en exprimant ces idées devant des
hommes qui comptent parmi eux des frères de notre
patrie mutilée, et des frères aussi d'une République
voisine, qui a été pour nous ce qu'elle devait être
pour la France, une sœur. (*Bravos répétés.*)

Ce n'est pas tout; il ne faut pas se méprendre quand
je demande, comme base d'un programme républicain, que dans la République, au-dessus des atteintes
des partis, l'on fasse chacun soldat et instruit. Il faut
que ce développement de la réorganisation militaire
et intellectuelle du pays marche de front avec le respect complet du principe civil dans l'État, de la liberté
philosophique, de la régularité dans les finances, de
la liberté économique, de la liberté des cultes; cela
me suffit, et je suis convaincu que cela doit suffire à
la tâche de la génération à laquelle nous appartenons.

Donnons à la France un gouvernement capable
d'assurer la sécurité de la génération qui travaille
actuellement, et de léguer à celle qui monte le cou-
ronnement de vos efforts qui lui permettront de poursuivre les conséquences les plus extrêmes du principe de la solidarité humaine. Je m'explique : ce n'est
pas que je nie en aucune manière les misères, les souffrances, les douleurs légitimes d'une partie de la démocratie. Ce n'est pas moi qui méconnaîtrai jamais
ce qu'il y a de puissant dans ce monde du travail,

fruit de la science, de l'esprit d'association et aussi de l'apparition des merveilles de la mécanique et de l'industrie. C'est tout un monde nouveau insuffisamment connu, qu'il faut étudier, et qui, depuis trop longtemps, souffre et gémit. Oh! il faut se pencher de ce côté, jeter là à pleines mains la liberté et la clarté. Mais tenons-nous en garde contre les utopies de ceux qui, dupes de leur imagination ou attardés dans leur ignorance, croient à une panacée, à une formule qu'il s'agit de trouver pour faire le bonheur du monde. Croyez qu'il n'y a pas de remède social, parce qu'il n'y a pas une *question sociale*. Il y a une série de problèmes à résoudre, de difficultés à vaincre, variant avec les lieux, les climats, les habitudes, l'état sanitaire, problèmes économiques qui changent dans l'intérieur d'un même pays; eh bien! ces problèmes doivent être résolus un à un et non par une formule unique. C'est par le travail, par l'étude, par l'association, par l'effort toujours constant d'un gouvernement d'honnêtes gens, que les peuples sont conduits à l'émancipation. Il n'y a pas, je le répète, de panacée sociale, il y a tous les jours un progrès à faire, mais non pas de solution immédiate, définitive et complète.

Cela dit, nous ne demandons pas plus, mais nous ne demandons pas moins. Ceux qui prétendent que nous jetons des paroles dorées, derrière lesquelles se cachent des surprises criminelles, ils mentent ou ils se trompent. Ce que je dis est l'expression complète de ma pensée. Quant à ceux qui soutiennent que nous n'apportons pas d'éléments nouveaux, qu'ils s'en prennent aux gouvernements, surtout aux générations précédentes qui n'ont pas su nous préparer la jouissance de nouveaux bienfaits! Cette conquête doit venir de l'association énergique de nos volontés, de la cohésion de toutes les forces de la France républicaine, d'une discipline volontaire d'autant plus efficace que ce sera une discipline consentie. L'union, le concert,

l'entente, voilà ce qui fait le levier des réformes successives et nécessaires.

Au premier rang de ces réformes, vous savez déjà,
Messieurs, que je place l'élection d'une Assemblée
républicaine. Je me suis déjà expliqué sur ce sujet au
début de l'excursion si instructive que je viens d'accomplir. J'ai parlé de la dissolution partout où je suis
allé ; partout j'ai trouvé cette idée en germe dans les
esprits et prête à éclore.

La dissolution, voilà donc la première réforme qu'il
aut poursuivre !

Je n'attends rien de l'Assemblée de Versailles.
Elle montre tout ce qu'elle craint en n'osant pas rentrer dans ce Paris, berceau de notre civilisation, bouclier de nos libertés publiques, initiateur et guide de
l'esprit national, de ce Paris qu'on peut dénoncer à
la haine imbécile de quelques ruraux, mais qu'on ne
peut parvenir ni à abattre ni à déshonorer. (*Applaudissements répétés.*)

Ainsi, Messieurs, il le faut ; au milieu du calme que
nous avons la volonté manifeste de maintenir et de
faire respecter, sachons nous préparer à des élections
qui devraient être déjà arrivées, qui arriveront, et qui
doivent vous trouver prêts, unis et compacts, pleins
de discernement, sachant qui vous choisissez, qui
vous nommez, avec des candidats qui seront hommes
libres faits pour représenter des hommes libres. Et
alors, vous aurez fondé la République républicaine.

N'excluons pas les nouveaux venus, les républicains
d'hier. On a dit que nous représentons un parti fermé.
Ce n'est pas vrai ! Ce sont les intrigants qui disent
cela, parce qu'ils sont excommuniés parmi nous.
Ceux qui ont failli par erreur, ils peuvent venir à nous,
nous ne penserons jamais à leur passé si leur conscience est pure, nous les recevrons comme des frères
si l'avenir tient ce que leur contrition nous promet.

Une majorité républicaine, tel est notre premier

besoin. Nous encourrions devant la postérité et devant
nos contemporains le reproche de défaillance (*Oui!
oui!*), si cette majorité ne sortait pas des urnes. Il faut
qu'elle en sorte, tôt ou tard.

Un dernier mot : Quand nous insistons, quand on
nous voit ramener cette question de dissolution de la
Chambre et lui refuser le pouvoir constituant qu'elle
est impuissante à exercer, parce qu'elle est stérile,
condamnée à l'avortement, eh bien, quand nous disons tout cela, on nous accuse d'être des esprits révolutionnaires, des agitateurs, des ambitieux qui ne
songent qu'au pouvoir. Non, non, je vous prends à
témoin, si je croyais que les heures et les minutes ne
fussent pas précieuses, si je croyais que l'on pût attendre, dans l'état actuel de l'Europe... Attendre!...
après la guerre étrangère, après la guerre civile et les
ruines qu'elles ont faites; — attendre! quand l'instant nous presse d'agir, de sauver tout ce qui reste de
la patrie, mais est-ce que c'est possible, Messieurs?
(*Non! non! — Sensation profonde.*)

Si nous avons hâte, ce n'est pas pour nous, ce n'est
pas pour le parti républicain ; si nous avons hâte, c'est
que c'est une question d'existence nationale. Les minutes nous font perdre des siècles. Si cela dure trop
longtemps, si nous nous attardons dans ce provisoire
qui nous énerve, qui lasse l'attente du pays, nous cou-
rons les plus grands périls. Ah! Messieurs, n'hésitons
pas! Quant à moi, ma conviction est faite, et je l'exprime ici avec toute l'ardeur de mon amour pour la
France, entre la dissolution de l'Assemblée ou la dissolution de la patrie, je vote pour la dissolution de
l'Assemblée! (*Acclamations. — Vive la République!*)

Les discours du Havre et d'Angers produisirent une vive
irritation dans la majorité de l'Assemblée. Dans la première
séance de rentrée (22 avril), M. Raoul Duval fit connaître au
gouvernement son intention de l'interpeller sur la présence

des maires d'Angers et du Havre, MM. Maillé et Guillemard, aux banquets où M. Gambetta avait pris la parole.
M. Victor Lefranc, ministre de l'intérieur, accepta l'interpellation, qui fut fixée au 25 avril. M. Raoul Duval parla
avec modération. M. Victor Lefranc, qui devait couvrir les
maires d'Angers et du Havre, les abandonna, regrettant
que M. Maillé eût assisté au banquet d'Angers, où M. Gambetta n'avait pas prononcé le mot de dissolution, blâmant
M. Guillemard d'avoir assisté au banquet du Havre, où
M. Gambetta s'était formellement prononcé en faveur de
la dissolution de l'Assemblée. Le débat tourna court. M. Raoul
Duval déclara que si le gouvernement avait inséré au *Journal*
officiel le dixième de ce qu'avait dit M. Victor Lefranc,
l'interpellation eût été inutile, et qu'en conséquence il demandait à l'Assemblée de passer à l'ordre du jour.

Le *Rappel* du 25 avril avait publié une lettre de M. Louis Blanc
protestant contre cette parole du discours prononcé par
M. Gambetta au Havre : « *Il n'y a pas une question sociale.* » La
République française du lendemain répondit à M. Louis Blanc :
« Non, il n'est pas exact de dire : « Il y a *une* question sociale ! » parce qu'on répond justement : « Cherchez la solution de votre question sociale ! » et, comme aucun de nous
n'oserait et ne pourrait dire qu'il possède cette solution
unique, générale, véritable panacée universelle, le peuple
ne ferait pas un pas en avant… Non ! il n'y a pas « *une* question sociale », laquelle, une fois résolue, nous donnerait un
monde nouveau. Il y a des milliers de questions et de problèmes qu'il faut étudier et résoudre chacun en son lieu et
à son heure. M. Louis Blanc, qui est un grand esprit et qui
a son expérience aussi, a-t-il pu s'y méprendre ? ne se
souvient-il plus du temps où, fatigué de discuter vainement
sur la question sociale, dans les salles du Luxembourg, il
sentait si vivement le besoin de passer de la théorie générale
à la pratique ? Il réclamait un ministère d'études et d'études
de détail, un ministère du progrès. Eh bien ! ce qu'on
demande aujourd'hui, à la place d'un socialisme nourri de
chimères et d'illusions, c'est un régime de liberté et de progrès où les problèmes sociaux seront successivement résolus
par la science, conformément à la justice, dans l'intérêt de
ceux qui souffrent. »

DISCOURS

Prononcé le 9 mai 1872

EN RÉPONSE A L'ADRESSE DES DÉLÉGUÉS DE L'ALSACE

———

Une députation alsacienne s'était rendue, le 9 mai 1872, chez M. Gambetta, pour lui offrir, de la part d'un grand nombre de souscripteurs de toutes les parties de l'Alsace, un groupe en bronze, œuvre de M. Bartholdi. Le président de la députation était porteur de la lettre suivante :

« Monsieur et cher Député,

« Nous venons vous offrir, au nom des comités de la souscription patriotique Alsacienne, ce bronze dont notre éminent artiste de Colmar a su faire le vivant symbole de nos luttes contre l'étranger, de nos douleurs, de nos invincibles espérances.

« Cette œuvre traduit le sentiment des milliers de souscripteurs qui, de nos villes et du fond de nos campagnes, ont tenu à honneur de contribuer chacun de son obole au souvenir dont nous vous apportons ici le témoignage.

« Les Alsaciens ne cessent de vivre avec la France : ils lui resteront fidèles.

« Vos nobles efforts nous ont donné et nous donnent chaque jour la mesure de ce que nous pouvons attendre d'elle et de ce que nous lui devons.

« Que la France poursuive donc, avec une foi entière dans ses destinées et dans le patriotisme de l'Alsace, le travail de sa régénération ! Les Alsaciens ont confiance dans son avenir ! Ils sauront avoir la patience, comme ils ont la ténacité.

« L'image, toujours présente à leurs yeux, de la République relevant les ruines de la Patrie et préparant ia revanche du Droit sur la Force, nous soutiendra : nous ne faiblirons point.

« L'honneur national, que vous avez maintenu intact au milieu des plus effroyables effondrements, est pour nous un gage assuré que nous reviendrons un jour nous asseoir au foyer de la grande famille française.

> « *Les délégués des comités de la souscription Léon Gambetta en Alsace.* »

M. Gambetta remercia les membres des comités et répondit :

Messieurs et chers Compatriotes,

En recevant de vos mains ce témoignage des liens de solidarité indissoluble qui unissent les uns aux autres les membres de la grande famille française, comme vous dites, hélas! momentanément séparés, je ne sais vraiment quel est le sentiment qui m'oppresse le plus, si c'est celui de la reconnaissance ou celui de la douleur.

Il m'est véritablement terrible de penser que c'est au jour où l'on négocie à prix d'or, — dur et nécessaire aboutissement de nos défaites, — l'évacuation de nos départements, sans que cette évacuation puisse encore s'étendre à ce qui est le bien même de la France, de penser que cet enseignement, cette exhortation suprême nous sont donnés par l'Alsace.

Je sens bien tout ce qu'il y a de douloureux pour vous à être obligés de compter, de peser, d'ajourner vos espérances; je sens bien que vous avez besoin, comme nous-mêmes, de vous dire que vous ne faiblirez pas; je sens bien que vous avez raison de vous répéter que la ténacité est une des qualités de votre race. Ah! c'est par là que notre chère Alsace était particulièrement nécessaire à l'unité française; elle représentait parmi nous, à côté de cette mobilité et de cette légèreté qui, malheureusement, à certains moments, déparent notre caractère national, elle représentait l'énergie invulnérable. Et, sur ce grand chemin de l'invasion, elle s'était toujours trouvée la première et la dernière à défendre la patrie !

C'est pour cela que, tant qu'elle ne sera pas rentrée dans la famille, à proprement parler il n'y aura ni de France ni d'Europe.

Mais l'heure est grave et difficile, Messieurs, et il est bien à craindre que, si nous ne prêtions l'oreille qu'aux excitations de notre patriotisme et aux amers souvenirs qui nous ramènent aux luttes impossibles, au sentiment de notre isolement dans le monde, à la mémoire des défaillances qui nous ont accablés, — nous ne dépassions la mesure et que nous ne compromettions une cause que nous pouvons mieux servir.

Oui, ce qui — dans l'entretien que nous avons en ce moment — doit être reporté et redit à ces commettants qui m'avaient choisi, qui avaient salué en moi le dernier protestant et le dernier défenseur de leur droit et de leur honneur, ce n'est pas une parole d'excitation ni une parole d'enthousiasme, non ! c'est une parole de résignation, mais de résignation agissante.

Il faut tenir compte de l'état de la France, il faut l'envisager.

A l'heure où nous sommes, la République, que vous associez, que vous avez toujours associée non-seulement à la défense de la patrie, mais à son relèvement, à sa régénération, la République s'impose aux uns par nécessité, aux autres par intérêt, et à la généralité des gens sensés par patriotisme.

On commence à comprendre, en France, que tout ce qui est arrivé a été le fait des monarchies successives, et que ce serait à tort qu'on en ferait porter la responsabilité unique au dernier des despotismes que nous avons traversés. Le mal date de loin, et, depuis le premier jour où la République a succombé sous le sabre d'un soldat, d'autres régimes se sont succédé qui n'ont rien fait pour épurer et relever le cœur national et le tenir à la hauteur des évènements.

C'est par là, Messieurs, qu'il est vrai de dire que le sentiment républicain est un sentiment véritablement national, parce qu'il fait comprendre que tout ce que la monarchie a fait dans ce pays, même dans un sens libéral, que toutes ses tentatives moyennes, toutes ses demi-mesures, au point de vue d'un certain régime d'administration, de contrôle et de presse, que toutes ces choses étaient équivoques, qu'elles affadissaient le sentiment national, parce qu'elles se faisaient au bénéfice d'une classe, en laissant en dehors les autres, parce qu'elles ne s'adressaient pas à tout le pays et qu'ainsi elles tuaient en germe tout patriotisme. Aussi, quand il a fallu que tous fussent patriotes, — chose douloureuse à dire ! — plusieurs ont manqué.

Aujourd'hui, sous le coup des évènements et des grandes luttes dont nous avons été victimes, on a compris, en France, — au moins il est permis de le croire après les récentes et décisives manifestations qui ont eu lieu, — que la République est désormais comme le gage commun de la renaissance des forces matérielles et morales de notre nation.

Ce grand résultat politique ne pouvait être obtenu qu'à force de réserve et de prudence ; la République ne pouvait gagner les esprits, concilier les intérêts, progresser dans la conscience générale, qu'à force de modération parmi les républicains, qu'à force de démonstrations, faites aux yeux de la majorité des indifférents, que de ce côté est l'esprit d'ordre, de paix civile, de progrès pacifiquement et rationnellement obtenus.

Cette démonstration, elle commence : il faut la

poursuivre, la continuer ; il faut déterminer surtout
ces convictions tardives à la manifestation desquelles
nous assistons depuis quelque temps, mais qui déter-
minent, à leur tour, d'autres convictions sur lesquelles
on n'aurait pas compté, et qui, de proche en proche,
sous l'influence d'une agitation républicaine continue,
se transforment, s'agrandissent, deviennent la conviction générale.

Le temps est avec nous. Ce n'est pas à dire qu'il faut
compter sur le temps pour tout faire, mais nous devons en tenir compte, et nous en servir pour solliciter
de tous l'esprit de concorde, l'esprit d'union et, pensez-
y bien, l'esprit de résignation et de sacrifice.

Ah ! il est bien cruel de demander à ces frères, du-
rement abandonnés, l'esprit de sacrifice et de résignation, et cependant c'est à eux que nous adresserons
cette demande suprême de ne pas troubler la patrie
dans son travail de reconstruction. Et, de même que
vous avez été le pays où le plus de bras se sont armés
pour la défense nationale, de même que vous avez
donné vos enfants et votre or, de même que vous
avez supporté le plus longtemps les balles, le feu, les
bombes, les exactions de l'ennemi, de même, pendant
cette triste paix, il faut que vous donniez à la France
l'exemple d'une population qui sait conserver ses sentiments sans sortir de la mesure, sans provoquer une
intervention.

Vous devez à la mère patrie cette suprême consolation de lui faire savoir que, bien qu'elle soit impuissante à vous secourir, votre cœur lui est invincible-
ment attaché.

Eh bien, cette consolation, cette résignation, vous
les lui donnerez : vous les lui donnerez, parce que,
quelle que soit l'ardeur de vos sentiments, vous n'avez
jamais fait de votre cause d'Alsaciens qu'une cause
française, et c'est par là que vous avez donné une véritable marque de patriotisme, dédaignant, dans la

plus large mesure, vos intérêts personnels pour les subordonner à la cause même de la France. La France doit vous rendre ces grands et nobles sentiments. Si elle était assez oublieuse et impie pour ne pas avoir constamment sous les yeux cette image de votre Alsace sanglante et mutilée, oh! alors vous seriez en droit de désespérer!

Mais tant qu'il y aura, en France, un parti national, n'ayez aucune crainte. Et soyez sûrs que ce parti national se recompose et se reconstitue. L'esprit vrai de la France, saisie et livrée à l'ennemi par le second empire, est mis en lumière aujourd'hui. De tous côtés, des publications viennent nous faire connaître le rôle qu'ont joué nos populations, et l'on aperçoit que la France a été bien plus abattue que battue, bien plus surprise que prise. Et, en même temps qu'apparaît la vérité sur les évènements, la conscience du pays renaît. Vous voyez déjà commencer une grande œuvre, légitime, quoique douloureuse, de réprobation et de flétrissure; j'espère que vous assisterez aussi aux châtiments nécessaires.

En même temps que le pays, tous les partis se réunissent pour réclamer la punition de ce crime de lèse-France commis sous les murs de Metz, et vous voyez venir dans nos rangs de vrais patriotes, des hommes qui, sans hésiter, sans discuter, ont fait leur devoir et ont été de véritables héros à l'armée de la Loire.

Ah! c'est que l'on sentait, parmi ceux qui luttaient, qu'il n'y avait pas d'autre ressource et pas d'autre honneur pour la France que de faire du drapeau de la République le drapeau même de la nation.

Il y a, dans ce spectacle, de quoi nous convier à nous replier sur nous-mêmes, et à chercher dans un nouvel essor, dans une nouvelle impulsion, à imprimer à l'intelligence française les véritables moyens réparateurs de notre grandeur morale, de notre grandeur scientifique, de notre probité financière, de notre vaillance militaire.

Et, quand on aura, sur tous ces chantiers du travail de reconstruction, refait pièce à pièce la France, croyez-vous qu'on ne s'en apercevra pas en Europe, et qu'on n'y regardera pas à deux fois avant de ratifier les violences de la force? Croyez-vous que ce barbare et gothique axiome, qui a eu et qui a encore cours : la force prime le droit, restera inscrit dans les annales du droit des gens?

Non! non!

Si un silence néfaste a pu accueillir une pareille théorie, c'est parce que la France était abattue. Mais il n'est pas un pays, en Europe, qui ne pense qu'il faut que la France se refasse. On ne songe pas à l'assister, on n'en est pas là; la force des armes a réduit à cette position les plus bienveillants et les plus sympathiques. Nous n'avons reçu et nous ne recevrons de longtemps ni aide ni concours, mais le sentiment du voisinage s'est fait jour. On sent que l'orage, pour être passé sur nous, n'est pas entièrement dissipé et qu'il pourra visiter d'autres contrées, frapper d'autres peuples. Le sentiment de la conservation générale surgit, on regarde du côté de la France et on voit le monde occidental vide.

Montrons à ceux qui nous examinent notre moralité, notre puissance intérieure, notre force et non pas, comme on l'a trop fait jusqu'à présent, le spectacle de querelles dynastiques ou de dissentiments sur des chimères.

Donnons ce gage à l'Europe, que nous n'avons pas d'autre visée que de prendre tout le temps qu'il faudra pour arriver à cette situation morale et matérielle où on n'a pas même besoin de tirer l'épée; où on rend au droit les satisfactions qui lui sont dues, parce qu'on sent que derrière ce droit il y a la force.

Mais ne nous laissons aller ni à l'effervescence ni
au découragement.

Prenons, — c'est là une réflexion que vous me permettrez de vous soumettre en présence du groupe que
vous voulez bien m'offrir, — prenons à la lettre la pensée qui a animé l'artiste et le patriote : comme cette
mère qui étend sa main sur le cadavre de son fils
tombé et qui, sentant son sein pressé par son jeune
enfant encore impropre à porter les armes, ne veut
compter que sur l'avenir, tenons la seule conduite
digne de gens véritablement animés d'une pensée sage
et ferme ; ne parlons pas de revanche, ne prononçons
pas de paroles téméraires, recueillons-nous. Travail-
lons tous les jours à acquérir cette qualité qui nous
manque, cette qualité dont vous avez si admirablement parlé : la patience que rien ne décourage, la
ténacité qui use jusqu'au temps lui-même.

Alors, Messieurs, quand nous aurons passé par cette
rénovation nécessaire, nous aurons mis assez de temps
pour qu'il se soit accompli des changements dans le
monde autour de nous. Car ce monde qui nous environne n'est pas dans une situation bien enviable ; le
bruit des armes, pour avoir cessé en France, n'a pas
cessé ailleurs.

Il ne faut pas faire d'excursion bien lointaine chez
ses voisins, pour s'apercevoir que, de tous côtés, on se
prépare, que, de tous côtés, on se tient la mèche allu-
mée, et que la seule activité qui paraît présider à toutes les opérations des gouvernements, c'est l'activité
militaire.

Je ne dis pas qu'il faille tirer de là ni pronostics, ni
illusions ; il faut purement et simplement comprendre
que le véritable programme de tout bon Français est,
avant tout, de se discipliner chez lui, de se vouer à faire
de chaque citoyen un soldat et, s'il se peut, un homme
instruit, le reste devant nous arriver par surcroît.

Nos ennemis nous ont donné, sur ce point, des

exemples que vous connaissez mieux que nous-mêmes ;
car, précisément placés sur les frontières, entre eux et
nous, vous aviez pris d'eux une culture intellectuelle
plus grande, avec la recherche des notions scientifiques
dans leur application à la conduite des intérêts de la
vie, en même temps que vous aviez cette flamme, cette
énergie, cette vigueur, qui sont le propre de la race
française.

C'est avec vous et comme vous que nous voulons
travailler, sans nous laisser détourner de notre but par
les conspirations monarchiques. Vous pouvez répéter
à vos frères d'Alsace qu'il n'y a rien à redouter de ce
côté ; cette crainte pourrait être de nature à alarmer
singulièrement vos espérances patriotiques. Aussi bien,
Messieurs, je tiens à dire encore, — alors que de tous
côtés il se trouve des sophistes pour déclarer que si
nous restons en République, nous manquerons d'alliances au dehors et que nous ne trouverons aucun
concours, aucun aide dans les gouvernements de l'Europe, — je tiens à dire que s'il est un régime, un système de gouvernement qui ait, avant tout, l'horreur
de l'esprit de conquête et d'annexion, c'est l'ordre
républicain.

Ce n'est pas, certes, que nous soyons assez peu soucieux des intérêts de notre pays pour n'accorder nos
préférences ou nos sympathies qu'aux peuples qui, au
dehors, possèdent telle ou telle forme de gouvernement : la politique extérieure doit en tout temps se
régler sur les intérêts du pays, dont on veut ou maintenir ou recouvrer les droits, ce qui n'est d'ailleurs que
reprendre la véritable tradition de notre plus grande
Assemblée : la Convention.

Est-ce que, d'ailleurs, le système républicain, dans
notre pays, n'a pas encore une autre valeur, et faut-il
parler de l'impossibilité où se trouverait toute famille
d'offrir aucune stabilité à l'alliance des gouvernements
du dehors ? La question est jugée aujourd'hui : qui

dira restauration dira révolution, et qui dit révolution dit incertitude et impossibilité de contracter ou nouer aucunes relations durables.

Voyez ce que produisent les intrigues monarchiques à nos portes : il n'est bruit que de fusillades, de l'autre côté des Pyrénées. Est-ce que cela ne nous dit pas très clairement ce qui arriverait chez nous si nous nous abandonnions aux mêmes aventures?

Toute autre combinaison politique que la République serait la guerre civile et l'occupation étrangère, et nous ne devons avoir qu'une passion, qu'un but : nous débarrasser de l'étranger. Nous devons répéter ce cri qui a fait l'Italie, qui n'avait pas nos ressources matérielles et morales, qui n'était, dans un langage cruel, mais vrai, qu'une expression géographique ; il lui fallait des héros, elle en a trouvé à point nommé, et c'est une minorité qui, pour réaliser le grand programme de l'unité et de la liberté de l'Italie, a poussé le cri : « Dehors l'étranger ! »

Mais un programme ne doit pas seulement être dans les mots, il doit être dans les faits, il doit animer l'administration publique, non pas seulement dans les actes officiels, il doit encore présider à la conduite des citoyens qui se réclament de l'idée républicaine. A tous les degrés de l'administration, dans la commune, au canton, au chef-lieu, au centre et près du gouvernement, les citoyens doivent peser sur le gouvernement pour lui indiquer la voie dans laquelle nous voulons entrer et le but que nous voulons atteindre sans impatience : refaire une France, la France historique, la France qu'il nous faut. Un jour, Messieurs, réunis autour du gouvernement républicain, nous serons tous animés de la même pensée, c'est là mon plus ferme espoir. J'en atteste les efforts immenses et les ressources sorties des entrailles de ce pays où, malgré le vide de nos cadres, — puisque

tous nos officiers avaient été livrés à l'Allemagne, à
Metz et à Sedan, — des hommes qui n'avaient jamais
tiré un coup de fusil, chaque fois qu'ils étaient commandés par un homme de cœur, par un officier
distingué, se montraient de taille à lutter contre les
vieux vétérans de Frédéric-Charles.

Soyez persuadés, soyez certains qu'avec un gouvernement qui sera résolu à suivre une politique
véritablement nationale, vous pourrez attendre et ne
jamais désespérer.

Quant à moi, vous savez les sentiments que je vous
ai voués, vous savez combien je suis vôtre; je n'ai
d'autre ambition que de rester fidèle au mandat que
vous m'avez donné et que je considère comme la loi
et l'honneur de ma vie.

Cela dit, Messieurs, que ceux d'entre vous qui auront
l'honneur douloureux de se retrouver au milieu de
vos compatriotes veuillent dire qu'après vous avoir
vus je n'ai pas rencontré dans mon cœur un seul mot
qui pût traduire, je ne dirai pas d'une façon suffisante pour moi-même, mais capable de me contenter,
la reconnaissance profonde que je vous garde.

DISCOURS

SUR

L'INTERPELLATION DE M. ROUHER

**(Rapport de M. Riant
sur les marchés passés en Angleterre par le ministère de la guerre)**

Prononcés les 11, 21, 22 et 23 mai 1872

A L'ASSEMBLÉE NATIONALE

Dans la séance de l'Assemblée du 3 mars 1871, M. Pouyer-Quertier, ministre des finances, avait déposé un projet de loi tendant à ce que l'Assemblée nationale déclare se saisir de l'examen de tous les marchés passés par les administrations publiques, depuis le 18 juillet 1870, pour faire face aux dépenses occasionnées par la guerre, cet examen devant porter à la fois sur la régularité des conditions dans lesquelles lesdits marchés ont été consentis, et sur la manière dont ils ont été exécutés.

A cet effet et sur le rapport de M. de Bastard, l'Assemblée, dans sa séance du 6 avril, vota la nomination d'une commission de soixante membres, chargés de diriger l'enquête sur les marchés et de présenter un ou plusieurs rapports. La commission fut élue dans les bureaux le lendemain 7 avril. Elle choisit pour président M. le duc d'Audiffret-Pasquier, et pour vice-présidents MM. d'Andelarre et de Corcelles.

Le 11 mai 1872, à la suite du dépôt des rapports présentés au nom de la commission par MM. Busson-Duvivier, Monnet et de Ségur, M. d'Audiffret-Pasquier demanda la parole.

M. LE PRÉSIDENT. — M. le duc d'Audiffret-Pasquier a la parole.

M. LE DUC D'AUDIFFRET-PASQUIER. — Messieurs, l'Assemblée voudra bien remarquer que les trois rapports qui viennent d'être déposés sur le bureau au nom de la commission des marchés, font partie de la série qui doit rendre compte des actes du gouvernement de la Défense nationale.

Déjà plusieurs rapports ont été distribués par nos collègues, MM. de Saint-Victor, Martel, Toupet des Vignes et Daussel sur le ravitaillement de Paris; des rapports de MM. Jozon, Blavoyer, Monnet, de Ségur, Busson-Duvivier, sur les opérations faites en province, au nom et par les agents du gouvernement du 4 septembre.

L'Assemblée approuvera, je l'espère, que nous ne provoquions pas des discussions sur tous ces rapports partiels, et que nous ne venions engager un débat à cette tribune que sur un ensemble de faits qui soit digne de son attention. C'est ainsi que nous avons fait pour les marchés d'Amérique, pour les marchés d'Angleterre; c'est ainsi que nous vous demandons la permission de faire à l'avenir.

Beaucoup de rapports sont à l'état de préparation. En outre, quatre grands rapports sont aujourd'hui élaborés par la commission des marchés sur des opérations faites à Lille sous l'administration de M. Testelin, à Marseille sous la gestion de M. Gent, à Lyon sous la gestion de M. Challemel-Lacour, à Bordeaux, au centre du gouvernement, par M. Gambetta.

Si nous n'avons pas, dans la discussion dernière, parlé de ces rapports, l'Assemblée a bien compris que le rapporteur chargé de défendre ici les conclusions de la commission des marchés devait se restreindre dans le cercle, très circonscrit lui-même, du rapport en discussion, et que par conséquent la gestion du gouvernement de la Défense nationale ne pouvait y

trouver qu'une place très limitée. Mais la commission
des marchés poursuit sans relâche toutes les instructions. Aujourd'hui, elles ne sont pas encore prêtes.
Nous vous demandons, Messieurs, le temps de les
compléter; de ne vous les apporter que lorsqu'elles
auront reçu par la discussion, par les interrogations,
la maturité et la lumière qu'elle doivent avoir avant
d'être apportées à cette tribune.

Messieurs, soyez certains que la commission des
marchés vous fera connaître le résultat de ses recherches en dehors de toute espèce d'esprit de parti, avec
une entière impartialité. (*Très bien! très bien!*)

M. GAMBETTA. — Messieurs, je prends la liberté de
venir appuyer le mode de discussion proposé par
l'honorable M. d'Audiffret-Pasquier. Elle est nécessaire en effet, et nous l'appelons, comme vous, de
tous nos vœux, cette discussion que la commission a
préparée, — et je lui rends cette justice, elle l'a préparée
de façon à rendre jalouses d'autres commissions, car
en même temps qu'elle faisait son enquête, elle publiait intégralement les dépositions qui avaient été
faites devant elle et qu'elle avait fait recueillir par la
sténographie, ne voulant pas séparer la réponse de
l'accusation; mais je tiens à dire à cette tribune, afin
qu'il n'y ait d'équivoque ni parmi vous, ni dans le
pays, que nous sollicitons aussi énergiquement que
personne la lumière sur ces actes qui ont été accomplis pour le bien général du pays. (*Rumeurs dubitatives
à droite. — Vive adhésion à gauche.*)

Plusieurs membres à droite. — Nous le verrons! nous
le verrons!

M. GAMBETTA. — Vous le verrez, vous avez raison
de le dire, et c'est un rendez-vous auquel nous ne
manquerons pas. Mais je tiens à dire ici, — il ne saurait y avoir ni dissentiment ni division entre gens
d'honneur — je tiens à dire que nous réclamons une
lumière éclatante, complète, sévère sur tous les actes

de notre administration, et que s'il y a eu des défaillances, des faits coupables, des vols, des crimes, nous ne marchanderons pas à la justice, si haut que puisse porter l'accusation, les répressions nécessaires. (*Très bien! très bien! Applaudissements à gauche.*)

A droite. — Nous verrons! nous verrons!

Le 4 mai 1872, à la suite d'un important discours de M. le duc d'Audiffret-Pasquier sur le rapport de M. Riant concernant les marchés passés par le ministère de la guerre en Angleterre, l'Assemblée avait voté à la presque-unanimité la nomination d'une commission chargée : 1° d'examiner l'état du matériel de guerre en juillet 1870 ; 2° de bien connaitre l'état du matériel pendant la guerre ; 3° d'établir un contrôle sévère au ministère de la guerre.

Le 21 mai suivant, M. Rouher interpella le ministre de la guerre sur les mesures prises par lui à raison des faits dénoncés par la commission des marchés. M. Rouher en terminant son discours, écouté dans le plus profond silence par la droite comme par la gauche, avait cherché à agiter devant l'Assemblée le spectre de la dissolution, comme jadis il agitait le spectre rouge :

M. ROUHER. — Dans ma conviction, — et c'est le seul mot politique que je voulais dire, — la dissolution prématurée de l'Assemblée, c'est la dissolution du pays! Conservez votre mandat, Messieurs, conservez-le assez longtemps pour y installer l'ordre et la sécurité (*Bruit croissant à gauche*); vous trouverez en nous des auxiliaires dans toutes les questions d'ordre social et de conservation des intérêts publics. (*Mouvements et bruits divers. — L'agitation, qui a commencé à se manifester dans l'Assemblée à la péroraison de l'orateur, s'accentue davantage au moment où il quitte la tribune. — Presque tous les membres sont debout et des colloques animés s'engagent sur chaque banc.*)

M. LE PRÉSIDENT. — La parole est à M. d'Audiffret-Pasquier.

M. LE DUC D'AUDIFFRET-PASQUIER se présente à la tribune.

M. GAMBETTA, *sur l'escalier de gauche de la tribune.* — Pardon, Monsieur d'Audiffret, laissez-moi dire un seul mot.

M. LE DUC D'AUDIFFRET-PASQUIER. — Très volontiers.

M. LE PRÉSIDENT. — J'invite MM. les représentants à se rasseoir et à écouter.

M. GAMBETTA. — Messieurs, je vais laisser la parole à l'honorable duc d'Audiffret-Pasquier, mais auparavant et comme j'ai été personnellement visé par le discours que vous venez d'entendre, vous me permettrez de dire un seul mot : c'est que, familier avec la tactique habituelle de cet avocat de l'Empire aux abois, je ne tomberai pas dans le piège : je ne réponds pas en ce moment. (*Bravos et applaudissements à gauche et sur un grand nombre de bancs au centre gauche. — Rumeurs sur quelques bancs à droite. — Mouvement prolongé.*)

Le lendemain 22 mai, le duc d'Audiffret-Pasquier répondit à M. Rouher. « La longue argumentation de M. Rouher, pénible et diffuse, avait trahi ses embarras. M. d'Audiffret-Pasquier a mis à nu ces embarras avec une vigueur, une puissance irrésistibles. M. d'Audiffret a fait le procès à l'Empire plus complètement et plus éloquemment encore que dans son premier discours. Non seulement il a renversé tout le fragile édifice de la plaidoirie laborieuse de l'ancien ministre d'État, mais il a poussé les choses plus avant, il est entré dans l'examen de griefs nouveaux et plus accablants peut-être que les marchés incriminés. Le succès de M. d'Audiffret Pasquier a été très-grand et très-mérité. Il avait pris l'Empire corps à corps ; on peut dire qu'il l'a terrassé dans cette lutte acharnée d'où il est sorti vainqueur. » (*République française* du 23 mai 1872.)

M. Rouher remplaça M. d'Audiffret Pasquier à la tribune, non pas tant pour défendre l'Empire, mais, de l'aveu du journal *l'Ordre*, pour appeler la République dans l'arène. « Il n'est pas question de M. Jules Favre, ni de M. Gambetta, lui avait crié au cours de sa harangue M. le colonel de Chadois. Défendez l'Empire! vous ne nous diviserez pas! »

M. Rouher, au bout de deux heures, descend de la tribune au milieu de l'agitation intense de l'Assemblée. M. Gambetta prend aussitôt la parole :

M. GAMBETTA. — Messieurs, vous me permettez, quelle que soit votre légitime impatience de mettre un terme à des débats... (Non! — Interruptions à droite. — Parlez! parlez!)

M. DAHIREL. — Nous vous entendrons volontiers : parlez !

M. GAMBETTA. — J'avoue, Messieurs, qu'oubliant et laissant complètement de côté mes préférences politiques, je croyais pouvoir dire que vous aviez, comme nous tous, et au fond j'en suis sûr, ressenti une véritable impatience à vous sentir placés sous le protectorat et la tutelle de l'avocat de l'Empire. (Interruptions à droite.)

M. LE COMTE DE RESSÉGUIER. — Nous détestons votre dictature autant que celle de l'Empire !

M. GAMBETTA. — Vous me répondrez.

Quant à moi, je vous disais hier, Messieurs, que je pressentais et que je jugeais les procédés, la tactique avec laquelle, lorsque l'Empire est en cause, en réservant d'ailleurs le 4 septembre, — car il faut faire la part légitime à une enquête complète et générale; — mais je disais que vous verriez apparaître cette amorce grossière qui consisterait..... (Interruptions à droite. — Marques d'adhésion à gauche.)

M. DUCUING. — C'est très vrai, cela !

M. GAMBETTA. —... Qui consisterait à abriter derrière des préventions, derrière des opinions et des convictions ardemment séparées, des responsabilités qu'on ne vient qu'au dernier moment d'entrevoir et de confesser en des termes parfaitement inacceptables... (Oh! oh! à droite.) En effet, de quoi s'agit-il? (Inter-

ruptions à droite.) J'entrerai dans tous les détails ; mais, Messieurs, vous allez faire..... (*Nouvelles interruptions.*)

M. LE BARON ESCHASSÉRIAUX. — Pourquoi ne parlez-vous pas de votre décret d'exclusion des candidatures, qui ne nous a laissé que vingt-quatre heures pour nous présenter devant nos électeurs ?

M. GAMBETTA. — Messieurs.....

M. HENRI VILLAIN. — Combien l'empereur a-t-il donné de temps aux membres de l'Assemblée législative pour les envoyer à Cayenne ?

M. GAMBETTA. — L'interruption qui m'est adressée n'étant que l'exécution en sous-ordre par M. Eschassériaux de la tactique de M. Rouher, je n'y répondrai point. (*Très bien! très bien! et applaudissements à gauche. — Bruit à droite.*)

M. LE BARON ESCHASSÉRIAUX. — Vous vous en tirez à bon marché !

Un membre. — Justifiez-vous !

M. GAMBETTA. — Mais je vais le faire ; seulement, vous m'interrompez à chaque instant.

Je dis que dans ce débat il y a deux ordres de responsabilité : la responsabilité financière et administrative, et la responsabilité politique. La responsabilité financière et administrative, elle a été engagée par la conclusion et l'exécution des marchés, tels qu'ils résultent, en effet, du rapport de l'honorable M. Riant. Mais permettez-moi de vous dire que sans chercher à m'appuyer sur les déclarations, tant du rapporteur que de l'honorable orateur qui représente la commission des marchés, M. le duc d'Audiffret-Pasquier, sans chercher à établir à mon tour, car cette démonstration a été faite et surabondamment faite, que le 4 septembre, qui viendra en cause, n'est pas en cause dans la discussion qui vous est soumise... (*Exclamations et rires ironiques à droite.*)... Je dis qu'il faut cependant que j'indique ce que cette opinion a de trop général et ce qu'elle a d'exact. Eh bien, voici ce qui

s'est passé : Au moment où la révolution du 4 septembre, — sur les origines et l'accomplissement de
laquelle je vous prie d'ajourner le débat, puisque vous
avez nommé une grande commission d'enquête qui
interroge tous ceux qui, de près ou de loin, ont touché à ce grand mouvement, — je dis que ce jour-là,
ce que nous avons conservé tient à l'Empire; et que
ce que nous avons innové tient à nous... (*Rumeurs.*)
Écoutez, Messieurs... Sur la question des marchés il y
a deux ordres de faits : ceux qui se sont accomplis
administrativement, traditionnellement, par les rouages administratifs et suivant les traditions administratives, telles que nous les avons reçues, et auxquelles
nous n'avons rien changé; car nous les avons transmises dans l'état même où nous les avions reçues. Et
puis il y a une institution, celle-là nous est propre;
c'est là qu'est le siège de notre responsabilité, c'est
d'avoir appelé auprès de nous M. Le Cesne, de l'avoir
chargé de tous les achats et d'avoir créé, en dehors des
traditions administratives, avec une sorte d'essor nouveau, révolutionnaire... (*Exclamations sur divers bancs.*)

Je vous fais la part belle, Messieurs, puisque je vous
livre complètement l'œuvre dans son principe et dans
son exécution, et je vous prie de me la laisser expliquer, sûr d'ailleurs de la réhabilitation qui lui est réservée. (*Parlez!*)

Je dis qu'au siège du gouvernement, c'est-à-dire à
la délégation de Tours et de Bordeaux il y avait deux
ordres de pouvoirs. Il y avait le ministère de la guerre,
lequel avait été organisé à Paris par le ministre de l
guerre qui avait continué à y résider, et qui pour cet
immense travail de l'armement et de la défense générale du pays, avait envoyé en tout quarante-sept employés en province. Ces quarante-sept employés ont
admirablement fait leur devoir; seulement ils l'ont fait
comme ils avaient l'habitude de le faire, traditionnellement, continuant des marchés qu'ils avaient reçus

et qu'ils avaient préparés eux-mêmes, antérieurement
à la révolution, traitant avec les mêmes individus, les
mêmes intermédiaires avec lesquels ils avaient été précédemment en contact, menant la surveillance et l'exécution de leurs marchés chez eux, entre eux, avec leurs
pratiques habituelles, et restant à cet égard absolument libres.

Au moment où nous avons pris les affaires et où
nous nous sommes installés à Tours... (*Rumeurs à
droite*), cette commission d'armement, commission
civile, commerciale, car c'était un négoce, cette commission, entendez-le bien, a été de la part de la presse
réactionnaire, de la part des partis, — je le dis parce
que j'attends sa justification, et elle viendra, — elle a
été l'objet de toute espèce d'accusations, d'outrages,
de calomnies, de défiances, même de la part de certaines honnêtes gens, je le reconnais... (*Interruptions et
rires à droite.*)

Plusieurs voix à droite. — Surtout des honnêtes gens!

M. GAMBETTA. — Ne triomphez pas, Messieurs, ne
vous hâtez pas... — A telles enseignes que cette commission, composée de deux hommes parfaitement spéciaux, opérant sur une très grande échelle, est deve-
nue la cible commune de tous les partis qui dirigeaient
leurs efforts contre le gouvernement de la Défense
nationale; et quand vous vous êtes réunis, vous avez
obéi à une clameur en voulant poursuivre, interroger
les opérations de ce que l'on appelait la commission
d'armement.

Que s'est-il passé?

Je dis que cette commission a rendu avec la plus
grande probité les plus grands services, ainsi que vous
le verrez et que cela sera établi. Je ne veux pas em-
piéter sur le rapport qui sera fait; j'attends avec une
parfaite quiétude d'esprit l'énumération et le jugement
des opérations de cette commission d'armement, œuvre personnelle du gouvernement de la Défense natio-

nale, celle sur laquelle il a le plus nettement, le plus
complètement engagé sa responsabilité. Si, comme
on l'a dit et comme on l'a répété, nous avons été les
associés d'une banque qui profitait des malheurs de
la France, qui exploitait les malheurs publics, vous le
saurez, mais attendez jusque-là pour nous juger, et
quant à moi, je défie les accusations. (*Marques d'adhésion à gauche.*)

Mais le ministère de la guerre existait, Messieurs,
le ministère de la guerre a reçu un ensemble de traités, il les a poursuivis, il les a exécutés. On vous a expliqué tout à l'heure ce que vaut cette prétendue
théorie des résiliations. Je n'y reviens pas, elle est jugée et condamnée.

J'abrège, j'arrive à ces traités, les traités Mottu et
Bellot des Minières, sur lesquels on a voulu introduire
un épisode et détourner ainsi votre attention d'une
justification qu'on ne faisait pas.

On a nommé tout à l'heure le membre du gouvernement de la Défense qui avait été mis en cause à
l'occasion de l'affaire Mottu [1]. Il est là ; il vient de me
faire passer un mot. (*Interruptions et rires.*) Il est là, il
m'a envoyé au moment même où l'on décrivait cette
fameuse intrigue, un billet dans lequel il déclare qu'il
n'a pas amené M. Mottu, qu'il ne s'est pas occupé de
M. Mottu, mais qu'il s'est en effet occupé de cette affaire, et voici, en toute sincérité, dans quels termes
l'affaire s'est passée. Il faut se reporter aux circonstances pour comprendre ces choses, il faut rappeler
l'émotion et l'inquiétude publiques et toutes ces demandes qui se produisaient de toutes parts pour avoir
des armes. Je pourrais citer des hommes des plus
honorables qui sont ici, qui ne siègent pas sur les
mêmes bancs que nous ; ils nous pressaient tous pour
obtenir des armes, et pour les donner aux mobiles,

1. M. Glais-Bizoin.

aux mobilisés. Ainsi M. de Castellane, qui a fait si noblement son devoir à la tête de ses mobiles. (Très bien!)
Je citerai encore M. Target, M. Wilson, M. Grolier et
bien d'autres. Il y avait une ardente pression pour obtenir des armes; il s'est présenté alors un M. Mottu, que
je ne connais pas, mais qui, renseignements pris, n'é-
tait pas certainement à porter sur la liste des aventu-
reux que M. Rouher aurait bien dû nommer, des aventuriers que nous avait légués l'Empire.

M. Mottu vint dire au gouvernement de la Défense
nationale : Je connais un dépôt d'armes dans lequel
il y a 183,000 armes. J'en suis sûr, j'ai qualité pour
vous le dire, et on l'a amené alors au délégué à la
guerre, à M. de Freycinet...

Un membre à droite. — Ah oui!

M. GAMBETTA. — Je pense que l'honorable membre
qui a dit : Ah oui! lorsque j'ai parlé de mon ami
M. de Freycinet, ne suspecte pas son honorabilité,
sans cela je lui dirais d'apporter à cette tribune les
preuves de ses soupçons injurieux.

M. LE GÉNÉRAL DUCROT. — Sa compétence militaire
est contestable.

M. GAMBETTA. — Il ne s'agit pas de sa compétence
militaire; il n'est question en ce moment que de son
intervention dans les marchés. Toutes choses vien-
dront en leur temps. On a dit à M. Mottu : Malgré
tout ce que peut avoir de romanesque cette découverte de 183,000 armes, on va vous donner un officier, qui est d'ailleurs chargé de remplir la mission
de contrôleur en Angleterre, et qui, de concert avec
vous, ira voir où gît le précieux dépôt de 183,000
armes; et s'il y est, quand on en aura constaté l'existence, on en prendra livraison, et, si elles sont bonnes,
on les payera. Il n'y a pas là d'avances, on y a été
parce que cela était nécessaire. Car, qu'auriez-vous
dit si on était venu prouver plus tard que ces armes
existaient, quand même il n'en aurait existé que

quelques milliers? Songez donc au besoin pressant, dévorant, que nous avions d'avoir des fusils! (*C'est vrai! — Vif assentiment à gauche.*)

On a donc été, on a vu qu'on avait affaire à un simple faiseur. Il n'y avait pas d'armes. (*Exclamations et rires à droite.*)

Eh bien, Messieurs, a-t-on compromis les intérêts du Trésor? A-t-on fait une avance quelconque? Non. Et puis on vient vous dire que, pour compléter l'affaire, cet homme a intenté un procès; mais c'est là un de ces procès qu'on ne gagne pas; cela ressemble beaucoup au Mexique. Mais, à l'heure qu'il est, il n'est plus de gouvernement qui fasse des affaires véreuses, et qui emploie ainsi les ressources de la France. (*Très bien! à gauche.*)

Il y a une autre affaire : c'est celle de M. Bellot des Minières; c'est la même, et elle tourne de la même manière. On arrive avec fracas, on offre des cartouches qui manquaient; et, à ce propos-là, permettez-moi de dire que la déposition de M. Thoumas est parfaitement exacte. J'en revendique la responsabilité. Le 14 octobre, quand j'ai appris, par des dépêches télégraphiques qui me passaient sous les yeux, que nous n'avions pas de cartouches pour livrer bataille; ah! je vous déclare que j'ai eu un mouvement terrible de colère...

A droite. — Oh! oh!

A gauche. — Très bien! très bien!

M. GAMBETTA.— ... Et que je me suis demandé : Qu'est-ce qu'on a fait depuis un mois, depuis le 14 septembre? Pourquoi n'y a-t-il pas de cartouches? J'ai voulu le savoir; on m'a expliqué que, grâce à cette centralisation que l'Europe nous envie, comme tant d'autres choses, toutes les cartoucheries étaient restées à Montreuil, dans Paris, et qu'alors nous n'avions rien à faire... (*Interruptions.*)

Ah! Messieurs, je vous le déclare, j'aurais voulu

vous voir au milieu de ce foyer, de cette braise. (*Bravos et applaudissements à gauche.*)

Alors j'ai dit que ceux qui avaient la responsabilité de la fabrication des cartouches, qui n'en avaient pas fabriqué, qui n'avaient pas su avertir, j'ai dit que ceux-là jouaient leur tête, et j'en prends la responsabilité devant mon pays.

A gauche. — Très bien! très bien!

M. GAMBETTA. — M. Bellot des Minières est venu alors; il a offert des cartouches. On a fait avec lui comme avec les autres : on a tenté l'aventure. On n'a rien trouvé, mais on n'a rien payé non plus.

En quoi cela incriminerait-il un gouvernement qui cherche de tous côtés, qui est impuissant à faire des merveilles, mais qui ne refuse aucune avance et ne se laisse jamais désespérer? On peut le tromper, mais on ne l'abat pas! (*Très bien! très bien! à gauche.*)

M. ERNOUL. — Il fallait convoquer les électeurs au mois d'octobre 70!

M. DE GAVARDIE prononce de sa place quelques mots qui paraissent signifier : On n'abat point ce qui est déjà par terre!

Voix de divers côtés. — N'interrompez pas!

M. GAMBETTA. — Messieurs, il s'agit d'une question grave, et M. de Gavardie m'interrompt! Et il m'interrompt au moment où je viens de prononcer le nom de M. de Freycinet, le délégué à la guerre, un de ses amis, un homme auprès de qui il a sollicité une place sous le gouvernement du 4 septembre .. (*Explosion de rires à gauche.* — *Très bien! très bien!*)

M. DE GAVARDIE se lève pour répondre.

M. GAMBETTA. — Vous répondrez après moi, monsieur de Gavardie.

M. DE GAVARDIE insiste pour parler.

M. GAMBETTA. — Je ne vous accorde pas la parole... (*Vives exclamations à droite.*) Vous me répondrez. C'est

mon droit d'orateur que je défends. Vous n'avez pas
le droit de m'interrompre.

M. LE PRÉSIDENT. — L'orateur s'est mal exprimé...

A droite. — Très mal ! (Bruit.)

M. LE PRÉSIDENT. — Quand il a dit qu'il n'accordait pas la parole. Ce droit n'appartient qu'au président... (Vive approbation.) Mais il a pu dire très légitimement qu'il ne la cédait pas.

M. Gambetta a la parole, je ne peux pas la lui ôter.
Je la donnerai ensuite à M. de Gavardie. (Très bien.)

Tout ceci, Messieurs, prouve une fois de plus que
les interruptions ne sont bonnes à rien. (Marques générales d'assentiment.)

M. GAMBETTA. — Messieurs, il est absolument inutile d'insister sur des mots : Quand je disais : « Je n'accorde par la parole, » vous avez tous entendu, je
l'espère, que cela voulait dire : « Je ne réponds pas à
l'interruption. » (Exclamations à droite et au centre.)

A gauche. — Parlez! parlez!

M. GAMBETTA. — C'est mon droit d'orateur.

Eh bien, Messieurs, je tiens à répéter que, sau ces
deux marchés dont je viens de vous entretenir, tous
les marchés, tous les intermédiaires consignés au rapport de M. Riant, nous viennent des bureaux de la
guerre, des bureaux de l'administration impériale.
Et il faut que l'Assemblée et le pays connaissent cette
explication.

Je dis que, sauf ces deux cas, M. de Freycinet, le
délégué de la guerre, n'est jamais directement intervenu dans une affaire : les chefs de service, les chefs
de direction n'en ont d'ailleurs pas décliné la responsabilité. Ils ont agi suivant leur tradition et leurs
habitudes, ils ont continué à faire des traités. Savez-vous pourquoi, Messieurs? Parce qu'ils n'avaient
pas confiance, comme un grand nombre de personnes, dans l'activité et l'efficacité de la commission
d'armement. Mais il est arrivé un jour, deux mois et

demi après que j'ai été rendu à Tours, où j'ai pu voir
et toucher les résultats immenses de l'activité de la
commission d'armement, et ce jour-là, j'ai rendu un
décret. Par ce décret, je ne lui ai pas réservé le monopole, comme on l'a dit inexactement, car le monopole
se compose de deux choses : acheter et vendre, et ici
il n'y avait qu'un achat; mais un droit exclusif donné
à la commission d'armement, pour éviter cette concurrence, cette folle enchère que le ministère de la
guerre entretenait contrairement à toute saine pratique, comme le disait l'honorable rapporteur de la commission des marchés.

Mais il faut, comme le disait M. Rouher, retenir la
responsabilité de chacun. La responsabilité des marchés que vous nous avez livrés, entendez-le! au moment où vous méditiez déjà la fuite et la livraison de
la patrie... (*Bruyantes exclamations à droite. — Applaudissements à gauche.*)

Je vais vous le prouver.

Car de deux choses l'une : ou vous aviez, par suite
de ces angoisses prétendues patriotiques... (*Nouvelles
exclamations*), qui vous agitaient depuis quatre ans,
ou bien vous aviez réalisé les quantités d'armes, de fusils, de munitions nécessaires pour cette conflagration
vers laquelle vous marchiez; ou bien vous ne l'aviez
pas fait, et alors je vous pose le dilemme suivant :
Si vous aviez les armes, pourquoi ces marchés précipités? Si vous aviez les armes, pourquoi, dans l'espace
de quatre jours, faites-vous quarante-huit contrats
à des conditions néfastes? (*Très bien! très bien! à gauche.*) Et si vous n'aviez pas les armes, il n'y a qu'un
mot : Vous étiez des traîtres et des voleurs! (*Applaudissements à l'extrême gauche. — Protestations à droite.*)

Oui, vous êtes des traîtres! (*Allons donc!*) Et ne venez pas dire que c'est un procès qui a besoin d'être
instruit! La France, le monde le connaissent, et ce
qu'il y a de plus humiliant, c'est de vous entendre dis-

cuter et chercher à restreindre une responsabilité pour laquelle il n'y a pas de châtiment suffisant. (*Bravos à gauche.*)

Nous allons voir, puisque vous avez cité des documents officiels, ce que disait l'homme que vous aviez chargé de recenser l'état de votre armée au point de vue de l'intérieur. Je vous prouverai, pièces en main, que vous avez livré les destinées de la patrie, et que, si l'Alsace et les Vosges ne se sont pas défendues, n'ont pas gardé leurs défilés, c'est que vous les avez abandonnées désarmées à l'invasion.

Écoutez. Ceci est écrit le 31 août 1870, trois jours avant Sedan, trois jours avant cette fuite que vous appelez un exil et qui n'est qu'une lâche désertion... (*Exclamations à droite. — Oui! oui! à gauche*), car, songez-y, il ne s'agit pas d'invoquer votre qualité : parmi les sénateurs, il y en a un qui a fait son devoir pendant tout le siège, qui a couru aux remparts, et qui est mort martyr, indignement assassiné. M. le sénateur Bonjean vous avait marqué votre devoir ; mais vous, vous couriez derrière les équipages de votre maître jusqu'en Allemagne ! (*Applaudissements à gauche.*)

M. LE BARON ESCHASSÉRIAUX. — Allons donc ! Des injures ne sont pas des raisons !

M. GAMBETTA. — Voici le document :

CABINET DE M. LE MINISTRE DE L'INTÉRIEUR

Paris, le 31 août 1870.

« Monsieur le Ministre,

« Vous m'avez fait l'honneur de me déléguer pour procéder à l'armement des gardes nationales sédentaires de Paris et des départements.

« J'ai dû tout d'abord me renseigner sur le nombre des armes qui pourraient être mises à ma disposition. J'ai reçu communication de l'état qui vous avait été remis à cet effet le 24 août dernier, et défalcation faite sur les 1,014,630 fusils (à tabatière, à percussion, de dragons et autres) que possède le ministère de la guerre, des fusils distribués à la garde mobile, aux pompiers depuis plusieurs années, des armes renfermées dans les arsenaux de Strasbourg et de Metz, il résulte de cet état que le chiffre des armes disponibles est en :

« fusils à canons rayés . . . 276,500
« fusils à canons lisses. . . . 179,371
Total . . . 455,871

« De ce chiffre de 455,871, il faut retrancher encore :

« 1° Pour le service de la garde nationale de Paris, en outre des 78,000 fusils à tabatière dont elle serait déjà armée, il faut retrancher, dis-je pour la même destination :

« 1° 69,000 fusils à canons rayés. . . . 69,000
« 2° 54,237 fusils à canons lisses. . . . 54,237
« 2° Pour le Haut-Rhin 7,000
Total. . . 130,237

« Resterait donc pour les gardes nationales sédentaires de France (province) 325,634, fusils à canons rayés et lisses. Or, le 29 août, sur ces 325,634 fusils, 279,934 étaient déjà distribués à 39 départements : il n'y aurait donc et pour les départements envahis, qui devront être armés au fur et à mesure de la retraite de l'ennemi, et pour quarante autres départements, en tout cinquante départements, il n'y aurait que 55,700 fusils, soit à peine 1,000 par département.

« On pourrait bien faire figurer encore, d'après les renseignements pris au ministère de la guerre, 410,000 fusils en réparation, mais le quart à peine est en bon état; et loin de rassurer et de satisfaire les hommes auxquels elles seraient distribuées, ces armes éveilleraient au plus haut degré leur méfiance, leur irritation, leurs réclamations et leur abandon.

« Les chiffres indiqués dans cette note ne sont pas évidemment de la plus rigoureuse exactitude... (*Ah! ah!*); mais j'ai lieu de croire qu'ils ne s'écartent que faiblement de la vérité; je me base sur les nombres de fusils déclarés dans chaque direction d'artillerie, mais je dois ajouter que ce nombre n'est pas toujours trouvé exact; des déficits ont déjà été constatés, notamment à Brest. »

Un membre à droite. — A quelle date?

M. GAMBETTA. — On me demande : Pour quel usage?

Le même membre. — Non : A quelle date?

M. GAMBETTA. — Pour quel usage? On ne dit pas pour quel usage. Ce n'est pas à moi à vous montrer les fuites souterraines des arsenaux de l'Empire; cherchez dans vos mémoires sur le Mexique, vous les trouverez. (*Très bien! à gauche.*)

Je reprends ma lecture :

« Je ne parle pas, bien entendu, des fusils à silex, dont l'usage me semble inefficace en présence des armements actuels.

« Je n'ai pas à indiquer les mesures qu'une telle situation commande au gouvernement, mais au point de vue réel de la défense nationale, au point de vue politique, il ne faudrait pas reculer devant des acquisitions nombreuses. »

Ceci était écrit le 31 août, en pleine guerre !

« Autant le pays, en temps de paix, peut se montrer économe... »

Quand vous connaîtrez le signataire, vous comprendrez ce que signifie ce mot « économe ».

«..... Autant dans les cironstances actuelles, il se croira en droit d'exiger que les approvisionnements de toutes sortes soient faits sur la plus large échelle, même jusqu'à l'exagération.

« Chaque jour de retard rend l'acquisition des

armes plus difficile, plus dispendieuse, je l'ai vérifié par moi-même. Je sais des milliers d'armes d'abord destinées à la France et qui depuis ont été acquises par la Prusse; en outre leur sortie de l'étranger est de jour en jour l'objet d'une surveillance plus grande; faut-il s'exposer à un déficit nouveau, quand le pays, la Chambre, sont prêts à tous les sacrifices? Je livre ces réflexions à votre sagesse et à votre patriotisme.

« Je suis persuadé qu'il serait possible de se procurer très rapidement, à des conditions que je ne suis pas compétent pour discuter, mais qui seraient résolues par la direction de l'artillerie, un grand nombre de chassepots (modèle 1868), des remingtons, des sniders, des fusils autrichiens (dernier modèle), avec toutes les munitions que ces armes étrangères comportent. De telle sorte, qu'au fur et à mesure des livraisons, la garde mobile et les autres corps plus exposés à la résistance seraient pourvus par masses, afin de simplifier l'approvisionnement, des armes perfectionnées, et reverseraient les armes dont ils sont aujourd'hui détenteurs entre les mains des gardes nationaux de province et d'abord de Paris, où l'uniformité de l'armement préviendrait peut-être bien des difficultés et de dangereuses divisions dont les maires de Paris se sont déjà faits les interprètes.

« Veuillez agréer, Monsieur le Ministre, l'assurance de mes sentiments les plus affectueux. »

Ce document est signé... par M. Janvier de la Motte. (*Exclamations et rumeurs diverses.*)

Tout à l'heure, l'orateur qui descend de cette tribune s'est livré à un grand mouvement de rhétorique pour justifier le langage qu'il avait tenu à Saint-Cloud sur les admirables et les savantes dispositions prises depuis quatre ans par le génie de l'homme de Sedan. (*Oh! oh! — Oui! oui! — Très-bien! très-bien! à gauche.*) Il vous disait que ces paroles de confiance sur les préparatifs militaires de l'Empire n'étaient qu'un véritable simulacre; il vous disait, pour couvrir ce langage qu'il m'est impossible de ne pas stigmatiser avec indignation, il vous disait : Ah! ah! mais quand on parle en face du pays, on est obligé de tenir et de professer des opinions, une confiance qu'on n'a pas. M. Thiers, M. Gambetta, au Corps législatif, ont fait de même...

M. Prax-Paris. — Aviez-vous confiance, vous?

M. Gambetta. — Oui, Monsieur! et je l'ai encore! (*Applaudissements à gauche.*)

Eh bien! je dis ceci : Quand M. Thiers, — vous me permettrez de ne pas prononcer mon nom après celui de M. Thiers (*Très-bien! très-bien!*), — quand M. Thiers vous combattait avec le sentiment patriotique et la suprême énergie qu'il dépensait à la séance mémorable où vous avez précipité la France dans la guerre, malgré elle; quand vous redoutiez la lumière invincible qui allait sortir de son discours... (*C'est vrai!*); quand le lendemain, pour remplir son devoir de citoyen, pour remplir son devoir de Français, en face de cette invasion germanique que vous aviez stupidement attirée sur la vieille France, il avait besoin de dire qu'elle s'arrêterait devant Paris, vous vous emparez de ces paroles et vous dites que son patriotisme couvrait le vôtre.

Je le demande, est-ce qu'il est possible de venir tenter une odieuse confusion entre celui qui a précipité la France dans les désastres, et celui qui faisait face à l'ennemi, celui dont les conseils nous eussent très-certainement évité les exactions et les conquêtes! (*Applaudissements à gauche.*)

M. Louis de Saint-Pierre (*Manche*). — M. Thiers! Il vous a appelé fou furieux!

M. Gambetta. — Non! non! Quand vous teniez ce langage, vous n'apportiez pas votre patriotisme, vous n'apportiez que le sentiment de servilité, le même qui

vous faisait dire... (*Interruptions à droite.*) Écoutez!
J'irai jusqu'au bout; — ce sentiment de servilité pour
le maître, qui vous faisait dire en face de M. Thiers,
en face de ce grand et illustre Berryer, alors qu'on
vous criait que toute la France penchait dans cet abîme
du Mexique, qui vous faisait dire que c'était la plus
glorieuse pensée du règne!... (*Bruit.*)

Tenez, je vais abréger... La plus grande pensée du
règne, c'est celle qui a fait tous nos désastres, c'est
celle qui fait que nous avons encore le stigmate, la
honte impériale sur le front. Oui, c'est le Mexique, fait
pour enrichir les hommes du 2 décembre, c'est le coup
d'État, c'est le coup de main et les affaires véreuses
qui en découlent, qui sont notre humiliation et votre
honte! (*Très bien! très bien! à gauche.*)

Oh! écoutez bien, vous n'échapperez pas par l'outrecuidance, par des déclamations, aux responsabilités; le Mexique vous tient, le Mexique vous poursuit, le Mexique a déjà fait justice, par l'éternel
châtiment qui sort des choses, de tous ceux qui ont
compromis l'honneur et la grandeur de leur pays
dans cette détestable équipée. Oui, la justice a commencé, elle a saisi tour à tour et Morny et Jecker, et
Maximilien, et Napoléon III! Elle tient Bazaine! Elle
vous attend! (*Exclamations à droite. — Bravos et applaudissements prolongés à gauche.*)

M. Rouher garda le silence. M. de Gavardie et M. de Belcastel vinrent, au nom de l'extrême droite, prononcer quelques paroles sans portée. « Si la Lorraine, après l'Alsace, a
été perdue, dit M. de Belcastel, le coupable, c'est le 4 septembre. » M. Lepère interrompit : « Demandez à l'Alsace
qui a nommé M. Gambetta député. »

MM. de Broglie, de Mornay, Anisson-Duperron, Lambert
de Sainte-Croix et Saint-Marc Girardin, déposent l'ordre du
jour suivant, que M. de Broglie explique brièvement.

« L'Assemblée nationale, confiante dans la commission
des marchés et persévérante dans sa résolution de poursuivre

et d'atteindre toutes les responsabilités avant ou après le
4 septembre, passe à l'ordre du jour. »

M. Gambetta remonte à la tribune : « L'ordre du jour
présenté et motivé à la tribune par M. le duc de Broglie di-
visant, séparant ce qui doit être, du reste, séparé, et celui
qui vous parle, ne redoutant, d'ailleurs, ni la lumière, ni
les conclusions de vos commissions d'enquêtes qu'il a toujours réclamées, je m'y rallie et je prie mes amis d'en faire
autant. »

L'Assemblée, à l'unanimité de 676 votants, adopte l'ordre
du jour proposé par M. de Broglie.

Le lendemain, le général Loysel demande la parole sur
le procès-verbal.

M. LE GÉNÉRAL LOYSEL. — Messieurs, il n'est pas
toujours facile, dans une discussion aussi ardente
que celle d'hier, de saisir toutes les paroles, tous les
noms qui sont lancés avec l'animation des mouvements oratoires. (*Assentiment.*)

A la dernière séance, le nom de Maximilien que j'ai
retrouvé au *Journal officiel* dans le compte rendu *in
extenso*, a été prononcé dans des circonstances telles
que je regarde comme un devoir de faire entendre une
protestation.

Je m'honore d'avoir occupé auprès de ce prince une
position dans laquelle j'ai eu occasion de lui montrer
les sentiments qu'il méritait, tout en rendant, j'en ai
la conscience, quelques services à mon pays. J'ai donc
quelque autorité pour en parler aujourd'hui. (*Rumeurs à gauche. — Parlez! parlez!*)

Profondément dévoué au Mexique, travailleur infatigable, animé d'un libéralisme vrai qui s'est retrouvé
dans tous les actes de son gouvernement, l'empereur
Maximilien avait l'ambition de donner à sa patrie
d'adoption la stabilité que ne sauraient assurer à ce
pays les pouvoirs éphémères dont l'étiquette men-
teuse ne couvre que la corruption et le plus tyranni-
que arbitraire. (*Mouvement. — C'est vrai! à droite.*)

Un membre à gauche. — Ce n'est pas là une rectifica-
tion au procès-verbal !

A droite. — Parlez! parlez!

M. LE GÉNÉRAL LOYSEL. — Je vous demande pardon ;
c'est un devoir que je tiens à accomplir ici, et M. Gambetta lui-même peut rendre justice au sentiment qui
m'amène.

M. GAMBETTA. — Parfaitement.

M. LE GÉNÉRAL LOYSEL. — Messieurs, pour assurer à
Maximilien la justice qui lui est due, je pourrais parler de l'élévation de son caractère, de la loyauté de
ses actes ; mais pour lui concilier les légitimes sympathies d'une Chambre française, il me suffit de rappeler ses malheurs et l'héroïsme de sa fin. (*Marques
d'adhésion sur plusieurs bancs. — Bruit à gauche.*)

Messieurs, je vous demande la permission d'ajouter
un dernier mot.

Il est un autre sentiment qui me domine, sentiment
qui trouvera, j'en suis sûr, un écho dans l'Assemblée,
et qui me fait regretter encore les paroles auxquelles
j'ai fait allusion : c'est le sentiment de respect que
doit inspirer la princesse éminente, Française d'origine, Française de cœur... (*Interruptions à gauche. —
Parlez! parlez!*) dont la haute intelligence n'a pu résister à la ruine de toutes ses affections, à la ruine de
cet édifice à la grandeur duquel elle avait consacré
sans réserve les qualités supérieures dont elle était
douée et auxquelles on ne saurait trop rendre hommage.

Je le répète, Messieurs, c'est un devoir de cœur que
je remplis ici, et je suis sûr que l'Assemblée me comprendra. (*Oui! oui! Très bien! très bien!*)

M. BODUIN. — C'est le langage d'un honnête homme !

M. GAMBETTA. — Messieurs, un seul mot.

Les paroles que l'honorable général Loysel vient de
porter à cette tribune ne sauraient, dans leur généralité et leur loyauté, être de ma part l'objet d'aucune

espèce de protestation. Mais qu'il me permette de le lui dire, dans cette énumération que j'ai faite sur les victimes marquées comme par une sorte de fatalité (*Oh! oh!*) qui ont été touchées à la suite de l'expédition du Mexique, ce que j'ai voulu dire, ce que je maintiens, c'est que ce Maximilien, cet empereur dont vous vantez les qualités... (*Rumeurs*) avait été une victime lui-même de l'intrigue impériale.

Et puisque vous parlez de la folie de la princesse Charlotte, c'est une nouvelle victime dont vous devez demander compte à la duplicité et à l'esprit d'aventure du second Empire. (*Très bien! très bien! à gauche. — Bruit.*)

Pour compléter ce chapitre de l'histoire de l'Assemblée nationale, nous devons reproduire en dernier lieu la lettre suivante, adressée le 11 février 1872, par M. Gambetta à M. le duc d'Audiffret-Pasquier :

Dimanche, 11 février 1872.

Monsieur le Président et cher Collègue,

Je lis dans le *Journal officiel* de ce jour — page 1013, — procès-verbal de la séance de la commission des marchés du mardi 12 septembre 1871, la déposition suivante :

M. LE GÉNÉRAL COMTE DE PALIKAO : « Je me rappelle seulement M. Le Cesne, qui est venu pour son compte proposer un marché qui n'a pas eu de suite. Je vous ai cité trois députés : je ne me rappelle pas les circonstances de leur intervention; c'est déjà un peu loin de moi. Mais il y a eu dans mon cabinet, entre M. le général Susane et ces trois députés, dont deux étaient certainement M. Picard et M. Gambetta, une scène fort vive dans laquelle j'ai dû mettre le holà. »

Il est absolument inexact que je me sois trouvé dans le cabinet du ministre de la guerre le jour et dans les circonstances où M. le général de Palikao affirme m'y avoir vu.

Je n'ai jamais été reçu qu'une fois au ministère de la guerre par M. le général de Palikao, et c'est à une occasion qu'il ne saurait avoir oubliée, à l'occasion du recours en grâce des condamnés dans l'affaire de la Villette.

Je n'ai jamais fait de démarche avec M. Picard, en aucun temps, et sous aucun prétexte.

Je ne me suis jamais rencontré avec le général Susane, que je ne connais pas, et qui ne me connaît pas.

Je ne connais pas davantage M. Chollet, auquel il est fait allusion au cours de ce débat.

J'oppose donc le démenti le plus formel aux affirmations de M. le général de Palikao, et je vous prie de vouloir bien joindre cette lettre aux procès-verbaux de la commission que vous présidez.

Veuillez agréer, monsieur le Président et cher Collègue, l'assurance de mes sentiments de haute considération.

LÉON GAMBETTA.

DISCOURS

LES ARTICLES 19, 23 ET 37 DU PROJET DE LOI RELATIF
AU RECRUTEMENT DE L'ARMÉE

Prononcés les 1ᵉʳ, 3 et 12 juin 1872

A L'ASSEMBLÉE NATIONALE

Le 25 avril 1872, l'ordre du jour de l'Assemblée nationale appelait la première délibération sur les conclusions du rapport de la commission chargée de présenter un ensemble de dispositions législatives sur le recrutement de l'armée. Sur la proposition de M. de Lasteyrie, président de la commission, l'Assemblée avait remis la discussion générale, de la loi à la seconde lecture, pour « accomplir le vœu du pays, en votant sans discussion la première lecture ».

La deuxième délibération commença le 27 mai. La discussion générale occupa trois séances. Dans la première, l'Assemblée entendit le général Chanzy, M. Jean Brunet et le général Trochu. Dans la deuxième, 28 mai, le colonel Denfert, le général Changarnier, le duc d'Aumale, M. Farcy et le général Guillemaut occupèrent successivement la tribune. Dans la troisième, 29 mai, M. Dupanloup, évêque d'Orléans, répondit par une longue homélie à un discours très précis et très élevé du général Guillemaut; le général Billot replaça la discussion sur son véritable terrain, et M. du Temple se livra pendant une heure à des divagations haineuses contre M. Gambetta et contre le gouvernement de la Défense nationale tout entier. Quand M. du Temple descendit de la tribune, M. Gambetta dit dédaigneusement de sa place:

« On ne répond pas à de pareils discours. On met en traitement ceux qui les font. La seule réponse vraie, c'est un médecin aliéniste. »

L'Assemblée, dans sa séance du 30 mai, passa à la discussion des articles. Les articles 1, 2, 3 et 4 furent adoptés presque sans discussion. Nous rappelons le texte de ces articles :

« ARTICLE PREMIER. — Tout Français doit le service militaire personnel.

« ART. 2. — Il n'y a, dans les troupes françaises, ni primes en argent, ni prix quelconques d'engagement.

« ART. 3. — Tout Français qui n'est pas déclaré impropre au service militaire est appelé, depuis l'âge de 20 ans jusqu'à celui de 32, à faire partie de l'armée active et des réserves.

« ART. 4. — Le remplacement est supprimé. — Les dispenses de service, dans les conditions spécifiées par la loi, ne sont pas accordées à titre de libération définitive. »

L'article 5 : « Les hommes présents au corps ne prennent part à aucun vote, » fut combattu par M. Édouard Millaud. M. Gambetta interrompit l'orateur à deux reprises pour déclarer qu'il n'était pas partisan du vote de l'armée et pour rectifier une appréciation erronée de M. Millaud sur le vote de l'armée après le 2 décembre: « C'est l'armée, dit M. Gambetta, qui a le mieux voté au 2 décembre. Le tiers a voté non. Il n'y a pas beaucoup de classes de la nation qui puissent en dire autant. »

Quand M. Millaud descendit de la tribune, M. de Chasseloup-Laubat, rapporteur, et M. Gambetta s'y présentèrent en même temps. M. Gambetta céda son tour de parole à M. de Chasseloup-Laubat. Après un court discours du rapporteur, l'Assemblée, par 638 voix contre 35, adopta l'article 5.

Dans la séance du 31 mai, l'Assemblée vota les articles 6 à 22 inclusivement, du projet de loi. (Titre A, des Appels. Première section. — De recensement et du tirage au sort (articles 8-16). — Deuxième section. — Des exemptions, des dispenses et des sursis d'appel (articles 16, 17, 18, 19, 20, 21 et 22.)

L'article 23 du projet de loi était ainsi conçu :

« En temps de paix, il peut être accordé des sursis d'appel aux jeunes gens qui, avant le tirage au sort, en auront fait la demande au conseil municipal de la commune où ils sont domiciliés.

« A cet effet, ils doivent établir que, soit pour leur apprentissage, soit pour les besoins de l'exploitation agricole, industrielle ou commerciale, à laquelle ils se livrent pour leur compte ou pour celui de leurs parents, il est indispensable qu'ils ne soient pas enlevés immédiatement à leurs travaux. »

M. Chevandier et le général Guillemaut ayant demandé le rejet de cet article, l'Assemblée en renvoya la discussion au lendemain 1ᵉʳ juin.

La séance du 1ᵉʳ juin commença par un discours de M. Paul Bethmont, qui avait accepté la difficile mission de défendre l'article 23. M. Gambetta répondit à M. Bethmont.

M. GAMBETTA. — Messieurs, je vous demande la permission de répondre brièvement au discours que vient de prononcer l'honorable M. Bethmont. Vous me permettrez d'abord de le résumer. Il contient deux arguments principaux.

Le premier est tiré de la nature transitoire de la loi et de la nécessité, pour la période intermédiaire entre l'ancien ordre de choses militaire et le nouveau, de tempéraments nécessaires; le second, de l'exemple qu'il a emprunté à l'Allemagne, et enfin des considérations générales qui, si elles étaient vraies, pourraient bien faire voter l'article 23, mais, à coup sûr, seraient la ruine du projet lui-même.

Un membre. — Pourquoi?

M. GAMBETTA. — Pourquoi? Parce qu'il n'est pas une des raisons données par l'honorable M. Bethmont, pour la défense des 4 pour 100 réclamés dans l'article 23, qui, appliquée successivement à tous les cas que comporte le contingent tout entier incorporé sous les drapeaux, ne soit également victorieuse. (*C'est vrai! — Très bien! sur divers bancs.*)

Mais, Messieurs, au lieu de relever les interruptions, ce qui nous jetterait dans la précipitation et la confu-

sion, je vous prie de vouloir bien me laisser développer mon opinion, comme il convient dans une question aussi importante, et qui a de tous les côtés de
cette Assemblée l'assentiment commun du patriotisme.
(*Très bien! Parlez!*) Car, pour faire cette loi, nous devons laisser, les uns et les autres, de côté nos préférences politiques, et ne voir que l'intérêt national, la
reconstruction de la force militaire de la France. (*Vif
assentiment à gauche.*)

Je n'ai obéi, depuis le commencement de cette discussion, qu'à ce sentiment. Si vous me permettez de
le dire, moi aussi, j'estime que le projet de la commission devait faire une part proportionnelle à l'esprit de
principe et à l'esprit d'acclimatation de ces nouvelles
institutions militaires. (*Très bien! sur divers bancs.*)

Je reconnais qu'il y avait deux courants en présence,
deux opinions parfaitement nettes, et je peux d'autant mieux en parler librement, que, sur tous les bancs
de cette Assemblée, chaque principe avait des serviteurs également fervents.

Oui, il y avait une opinion qui disait : Il faut faire
le service personnel sans exemptions, sans dispenses,
sans qu'au travers du réseau de la loi puisse passer
aucune espèce d'exception.

Évidemment, si l'on eût tenu à cette rigueur des
principes, ni les finances de l'État, ni les nécessités
sociales n'auraient pu s'en accommoder.

Sur plusieurs bancs. — C'est vrai! Très bien!

M. Gambetta. — Mais, Messieurs, la question qui
se pose, — et c'est là que je rencontre le premier argument de l'honorable M. Bethmont, — c'est de faire
une conciliation véritable, équitable entre ces deux
opinions; c'est, en ne voulant pas brusquement heur-
ter les traditions et les habitudes du pays, de ne pas
cependant s'abandonner à l'esprit de concessions
jusqu'à reprendre par le détail ce qu'on aurait salué
dans le principe.

Eh bien, je dis que jusqu'ici, jusqu'à l'article 22 inclusivement, nous avons suffisamment fait la part de
cet esprit de modération dans l'initiation des institutions nouvelles.

Lorsque nous avons accepté cet article 17, si complet, peut-être si excessif, qui contient peut-être trop
d'exemptions et de dispenses, peut-être trop de privilèges, mais enfin qui, malgré ce caractère-là, était nécessaire, nous avons, dis-je, fait là un premier et considérable sacrifice. Il n'y a pas lieu de le regretter.

Nous en avons fait un second dans l'article 22 : c'est
là que les 4 pour 100 ont été légitimement établis;
pour les soutiens de famille, on a institué 4 pour 100
de dispenses.

Et ici, je réponds incidemment à cette espèce d'objection que l'honorable M. Bethmont prêtait à certains
esprits dans cette Assemblée, de ne pas vouloir de la
procédure organisée par les articles 23, 25, 26, 27,
qui établissent le système de l'intervention des conseils municipaux ou des conseils généraux, craignant
de jeter le trouble ou l'impopularité sur les membres
de ces corps électifs.

Non, Messieurs, cette objection ne porte pas, et la
preuve, c'est que, dans l'article 22, où c'est le maire
et le conseil municipal qui sont investis de cette sorte
de juridiction particulière, de ce droit de relever les
cas légitimes d'exemptions pour soutiens de famille,
nous n'avons en aucune manière critiqué cette procédure, et nous n'avons pas cru et nous ne croyons
pas encore qu'il y ait là une cause de trouble ni d'embarras, ni d'impopularité pour les membres qui com-
posent les conseils électifs.

Je dis que l'article 23 innove; je dis que tout ce qui
appartenait à la tradition comme dispenses et comme
exemptions a été fait; que, par conséquent, les habitudes du pays sont respectées absolument par votre
propre loi, mais que ce que l'on vous propose par

l'article 23 est une innovation tout à fait dangereuse,
contraire aux principes de votre loi, qui vous jettera
dans toutes sortes de difficultés et qui n'aboutirait,
en dernière analyse, qu'au triomphe de l'arbitraire et
de la faveur. (*Assentiment à gauche et sur divers bancs
au centre. — Rumeurs sur d'autres.*) Je vais le prouver.

Il s'agit, en effet, après avoir fait la part, et la part
si large que vous savez, à l'esprit de famille, aux nécessités des soutiens de famille, non pas, comme on
vous l'a répété avec beaucoup d'habileté, mais avec
une certaine inexactitude, non pas, dis-je, seulement
dans l'intérêt du chef de famille, non, non, mais dans
l'intérêt de la famille avec ou sans chef, car, dans l'article 17, les collatéraux privilégiés se trouvent bénéficier
de la dispense lorsqu'ils ont eu un frère mort sous les
drapeaux ou un frère en activité de service. Par conséquent, la famille, à tous degrés, se trouve être parfaitement et légitimement protégée par l'article 7.

J'ajoute que les 4 pour 100 si considérables que
vous avez admis dans l'article 22 répondent, d'une façon parfaitement suffisante, à cette série d'hypothèses
auxquelles s'est laissée aller l'émotion de notre honorable collègue vers la fin de son discours, et que c'est
là qu'on pourrait, sans entrer dans l'arbitraire, subvenir à cette nécessité universelle de lutte par le travail
dont il nous entretenait.

Mais j'aborde directement l'article 23, et je dis qu'il
suffit de le lire, et qu'il suffit surtout de le rapprocher
des articles qui suivent et des réformes que la commission elle-même vient d'y apporter, pour juger la
valeur et les conséquences d'un pareil système, et
combien cette même commission comprend aujour-
d'hui que ce système est fragile et difficile à faire accepter.

En effet, il suffira, dans tous les départements et
pour toutes personnes qui le demanderont, de faire
une demande; on inscrira cette demande sur un ta-

bleau *ad hoc*, il suffira de solliciter l'exemption du
service militaire, et alors voici ce qui se passera. (*Réclamations.*)

Plus'eurs membres. — Il ne s'agit pas d'exemption !

M. GAMBETTA. — Veuillez ne pas m'interrompre,
Messieurs.

Je parle du sursis comme d'une exemption, car j'ai
la prétention d'établir tout à l'heure que le sursis
équivaut à l'exemption ; j'irai même plus loin, il équivaut au remplacement sans argent, au remplacement
par la faveur. (*Mouvement prolongé en sens divers.*)

Eh bien, voilà la demande formée, et vous pouvez
être sûrs qu'elles seront nombreuses ; le conseil municipal, saisi par le maire, étudie et examine ces requêtes, il émet son avis, on le porte au conseil de
révision. Ici je touche d'un mot à une autre objection
de l'honorable M. Bethmont. Il a dit : Cette demande,
on ne la porte pas au chef-lieu du canton, on la porte
au chef-lieu du département, alors vous avez toute
espèce de conditions d'impartialité.

Je réponds : non, et ce n'est pas le moindre péril
de cette instruction, que les 4 pour 100 étant pris
sur l'ensemble du département, la décision se rende
au chef-lieu du département ; il n'y a rien qui soit
plus funeste et plus regrettable en pareille matière ;
inévitablement la désignation aura un caractère
politique. (*Non ! non ! — Oui ! oui !*)

Messieurs, cela est infiniment regrettable à dire,
mais c'est un fait d'observation constante : à mesure
que l'instruction des affaires monte d'un degré et
qu'elle va de la commune au canton, du canton à l'arrondissement, de l'arrondissement au chef-lieu du
département, chemin faisant, la politique se met du
voyage. (*Sourires d'approbation sur divers bancs*) ; il
n'est pas un homme de bon sens qui puisse le nier.
(*Très bien !*)

Eh bien, Messieurs, ce n'est d'ailleurs pas là l'objet principal de ma critique, ce n'est pas là le grief principal que je dirige contre ces présentations. Je dis qu'à partir du jour où ces demandes seront déposées, il n'y aura pas d'autre affaire, d'une classe à une autre, que de circonvenir les officiers municipaux qui auront quelque action à exercer sur la décision définitive...

Plusieurs membres. — Voilà la vraie question!

M. GAMBETTA. — Et qu'alors les influences, les sollicitations, les calculs malsains, les intrigues et tout ce guêpier de mauvaise politique locale se donneront libre carrière, pour aboutir à quoi? pour aboutir à désigner 4 hommes sur 100! (*Applaudissements à gauche.*)

Eh bien, je dis qu'il n'y a pas de juges pour arbitrer une aussi délicate matière. Je vous ferai l'hypothèse la plus large; je suppose que vous ayez trouvé un conseil de révision modèle, un conseil de révision parfait, composé d'hommes au-dessus de tout soupçon et de la critique : est-ce que vous vous imaginez que, quand ils n'auront pu donner que 4 pour 100 d'exemptions sur des demandes qui auront surgi de tous les points du département, ils ne seront pas le lendemain de leur décision, de la part des 96 hommes qui partiront et de tous ceux auxquels ces 96 hommes se rattachent dans tout le département, l'objet de critiques, d'injures, des outrages les plus vifs! Pour ma part, c'est ma conviction la plus complète. (*Assentiment à gauche et mouvements divers.*)

Ce que vous organisez par là, Messieurs, c'est la compétition, c'est la discorde départementale. Je vous supplie d'y réfléchir avant de vous faire à vous-mêmes un pareil cadeau.

En effet, si nous nous trouvions dans un de ces cas précis, généraux, dont nous entretient l'article 17, et sur lesquels statue le conseil de révision, oh! alors, on pourrait aborder la discussion publique, on pour-

rait prendre la responsabilité d'une décision individuelle portant sur telle ou telle personne, parce qu'il
n'y a qu'une certaine façon de procéder en pareille
matière. Il n'y a pas deux manières d'être orphelin :
qu'on appartienne à la couche sociale la plus élevée
ou à la couche sociale la plus inférieure, on a également
le droit de demander à sa patrie de rester à côté de
ses parents. Il n'y a pas deux manières de perdre un
frère sous les drapeaux; il n'y a pas deux manières
d'être veuve. (*Rires.* — *Mais si! mais si!*)

Il y a certainement plusieurs manières de le devenir.
Mais, une fois séparé par la mort d'un des deux con-
joints, la situation de l'autre ne varie pas au point de
vue de nos lois. C'est tout ce que je voulais dire.

Eh bien, dans cette série d'exemptions, vous avez
des cas précis, appréciables, qui peuvent être soumis
à la dispute, à la discussion des intéressés.

Mais, ici, voyez de quoi il s'agit. Voilà cent jeunes
gens qui vont être incorporés; sur ce nombre, vous
pouvez bien, en connaissant la nature humaine et
l'installation pour la première fois d'un système semblable, vous pouvez bien supposer que vous aurez au
minimum 25 pour 100 de demandes. (*Mouvements
divers.*)

Je dis que les conditions vagues, indéterminées, et
dont l'énumération n'est pas plus possible en France
qu'en Prusse, comme je vous le prouverai tout à
l'heure, je dis que les conditions vagues, arbitraires
de l'article 23 pour pouvoir former sa demande, appar-
tiendront, par conséquent, à un tiers du contingent. Eh
bien, je vous demande quel est le juge qui pourra arbitrer d'une façon sérieuse, d'une façon consciencieuse,
entre ces vingt-cinq demandes-là, avec une certitude,
— et il le faut, car il s'agit de la vie, de l'honneur peut-
être, de la liberté à coup sûr, et de la fortune des personnes que vous allez enrôler sous les drapeaux; —
où puisera-t-il cette certitude? Entre deux voisins ou

cinq voisins pris dans la même commune, dans le même canton, dans le même département, ayant des droits identiques, une situation égale, pareille, comment pourra-t-il décider d'une manière équitable quels sont ceux qui doivent marcher et dont il doit ajourner le départ, c'est-à-dire exempter presque à coup sûr du service militaire? Il n'y a pas de juges pour un cas aussi délicat; et alors s'il n'y a pas de juges, c'est l'arbitraire, c'est le choix au hasard.., au hasard, non, c'est le choix par influence.

Vous savez tous que c'est surtout dans les campagnes, il faut bien le dire, que l'esprit de surveillance sur le voisin est le mieux exercé. Dans les villes, on est un peu plus isolé, car il suffit de n'être pas du même quartier pour s'ignorer presque éternellement; mais, à la campagne, on se surveille, et, permettez-moi de l'ajouter, on se jalouse; de sorte que ce sera sur cette question capitale, décisive pour la famille de l'ouvrier ou du petit propriétaire des champs, que vous allez centraliser toutes ces ardeurs, toutes ces convoitises, et irriter ces jalousies!

Je crois, Messieurs, que c'est une mauvaise œuvre, parce que, évidemment, ce que vous voulez poursuivre, c'est l'application équitable de cette loi, et, comme on vous le disait avec des arguments parfaitement opposés à son succès, c'est de la faire accepter par tous. Or, la meilleure manière de la faire accepter, c'est de lui donner un caractère général, moral, qui s'impose à tous, et qui fasse que, hors les cas précis et légitimes dont vous l'avez déjà dotée, il n'y ait aucune place ni à la faveur ni à l'arbitraire. (*C'est cela! Très bien! à gauche.*)

Voilà ce que j'avais à dire sur le point pratique et de procédure.

Maintenant, il y a l'exemple tiré de la Prusse, de l'Allemagne.

A cela je fais deux réponses : la première, c'est qu'en Allemagne ces dispenses sont énumérées, comme

on vient de vous le dire, d'une manière tout à fait
limitative, dont vous ne trouverez que bien difficilement l'analogue en France.

Permettez-moi de vous faire observer la prévoyance
et la sollicitude particulière du règlement prussien,
pour que la terre ne reste pas vide, car ce qui l'inté-
resse surtout, c'est le fermage, c'est que la rente de la
terre ne soit pas interrompue. Pourquoi cette solli-
tude et cette exemption accordées dans des conditions
et par une autorité que je vais vous indiquer tout à
l'heure? Pourquoi? Cela tient à la constitution sociale
même de la Prusse, à la condition aristocratique du
pays.

Il faut bien, quand on emprunte une institution
d'un pays voisin, il faut bien tenir compte de ce qui
peut s'adapter à la condition générale du nôtre, et, par
un esprit immodéré d'assimilation, ne pas nous apporter ce qui répugne à nos mœurs. Eh bien, l'organisation de la propriété, la hiérarchie sociale n'ont
pas d'analogie en Prusse et en France. (*Interruptions
diverses à droite.*)

Je vais vous le prouver.

Savez-vous qui juge ces cas et qui les juge sans appel, sans consulter ni les municipalités, ni les conseillers de révision, ni personne? C'est le commandant
de la circonscription de la landwehr! Eh bien, voulez-vous nous donner cet instructeur et ce juge? Je ne
le pense pas.

Et puis, je voudrais bien savoir s'il y a une analogie
entre le pays où cette loi fonctionne depuis tantôt
cinquante-cinq ans, où elle a trouvé un milieu social
parfaitement différent du nôtre, et qui, peut-être, —
je me garderai bien de prononcer une parole malson-
nante à ce sujet, — mais qui, peut-être, a plus que le
nôtre l'instinct et l'habitude de la soumission à l'autorité hiérarchique. (*Ah! ah! à droite. — Très bien! très
bien! sur divers bancs.*)

Messieurs, je marque la différence du milieu, n'entendant, d'ailleurs, en tirer aucune espèce de jugement, ni pour, ni contre. Je me place en face des conditions expérimentales, positives, du milieu sur lequel vous voulez agir, et je dis que, dans l'organisation sociale, aussi bien au point de vue de la propriété qu'au point de vue du pouvoir et de l'intervention du pouvoir, il y a une différence absolue, complète, entre la constitution prussienne et la nôtre, et que vous serez bien obligés, pour ne pas faire traverser à votre loi des défilés difficiles et tels qu'elle y pourrait rester, de tenir compte de la susceptibilité, des sentiments différents qui animent une démocratie ardente. passionnée, et que, tant que vous ne lui aurez pas assuré largement l'instruction obligatoire et l'instruction nationale... (*Interruptions à droite.*)

De divers côtés. — Parlez! parlez!

M. GAMBETTA. — Je dis des choses très-simples... vous serez obligés de la considérer comme ombrageuse. Car, Messieurs, rien ne rend ombrageux, difficile, comme d'avoir des opinions et des sentiments incomplets, et la responsabilité d'une pareille permanence dans les esprits doit remonter, non pas à ceux qui en souffrent, mais à ceux qui ont charge d'y porter remède, et qui ajournent ou retardent de pareilles réformes. (*Marques d'approbation et applaudissements à gauche.*)

Eh bien! je reprends et je dis que j'ai répondu aux deux arguments principaux qui vous ont été présentés par l'honorable M. Bethmont.

Pas d'analogie, ni dans la procédure, ni dans le milieu, ni dans les conséquences.

Maintenant, je me demande quelle est la raison, quel est l'argument que l'on peut faire valoir pour faire triompher ce principe absolument nouveau, innové de l'article 23. Ce n'est pas, à coup sûr, l'intérêt financier.

Ah! je comprends que dans l'article 17, quand on

vous faisait voir, ou qu'on aurait pu vous faire voir
que la catégorie des exemptés, des dispensés de par l'article 27, représentait un contingent de 60 à 70,000 hommes, il y avait là un argument financier pour repousser une pareille introduction dans les cadres. Mais ici,
4 pour 100, cela vous donnera, selon que les contin-
gents varieront, 5 ou 6,000 hommes par an ; évidemment, ce n'est pas là une raison financière.

Mais alors, quelle est donc la raison ? Est-ce, comme
on vous l'a répété, une raison sociale ? J'ai répondu
à cela en disant que l'article 22 était le véritable, le
seul remède qu'il fallût maintenir. Mais, au point de
vue social, il y a bien d'autres choses à ajouter. Tenez!
on nous a dit souvent que nous étions, au point de
vue politique et au point de vue social, des hommes
téméraires, que nous nous adressions au peuple, et
que nous excitions chez lui des ardeurs que nous ne
pouvions pas satisfaire. (*Oui! oui!* — *C'est vrai! à droite.*)

Vous ne voulez pas que je m'explique, Messieurs...
(*Si! si!* — *Parlez! parlez!*)

Eh bien, ces reproches, ils pouvaient quelquefois
porter sur la forme ; à coup sûr, ils ne pouvaient pas
porter sur le fond des idées ; car ce que je considère,
moi, comme l'instrument par excellence de la réforme
des mœurs, du progrès politique des esprits dans ce
pays-ci, c'est de faire de l'armée, dans le sens strict
de ce mot, une véritable école de morale et de discipline. (*Approbation sur plusieurs bancs.*)

Par conséquent, lorsque, mus par des sentiments
divers, mais réunis au moins dans cet indiscutable sentiment d'amour de la France, nous faisons une armée
qui repose sur le principe individuel et personnel du
service militaire, — ce qui, au point de vue social, sort
de votre loi, c'est l'ordre impérieux de ne ravir à ce
joug nécessaire, moralisateur, aucune tête dans le
pays ; de ne pas vous payer de paroles équivoques,
ni même de paroles sentimentales ; de comprendre

qu'il y a pour tous, pour toutes les classes, une réforme nécessaire qui consiste à se rapprocher, à se
toucher, à être incessamment en contact sous la loi,
sous les règlements, sous la discipline. Par là, on
pourra bien peut-être, et encore je n'en suis pas sûr,
retarder l'éclosion de quelques carrières libérales, mais
on aura avancé la reconstitution morale de la France.
(*Très bien! très bien! — Applaudissements à gauche.*)

Ne faites donc, en matière d'exemptions et de dispenses, que le strict nécessaire. Or, ce que l'on vous
recommande aujourd'hui, ce qu'on sollicite de vous,
c'est le superflu. Vous n'avez le droit, Messieurs, de
faire le superflu, ni en matière militaire, ni en matière sociale. (*Mouvements divers.*)

J'ajouterai un simple mot, c'est que la commission
elle-même... (*Interruptions sur quelques bancs.*)

Messieurs, il est impossible que vous n'ayez pas
compris...

Sur un grand nombre de bancs. — Si! si! — Parlez!

M. Gambetta. — Mais la majorité de l'Assemblée
m'ayant paru comprendre, j'ai hâte de finir avec mes
honorables contradicteurs.

Ces messieurs sont venus aujourd'hui, après la bril-
lante escarmouche qui avait eu lieu hier, proposer
d'accepter l'article 23 avec deux modifications importantes.

Je dis qu'il y a dans cette concession de la dernière
heure un symptôme du peu de confiance qu'ils accor-
dent eux-mêmes au principe de sursis d'appel, et qui
doit nous déterminer à nous prononcer définitivement
sur le tout.

En effet, on avait premièrement déclaré que ce
sursis d'appel, organisé comme vous savez, serait
accordé une première fois, puis qu'il pourrait être
accordé une seconde, et enfin une troisième fois, en
temps de paix; et que, si la guerre venait à éclater, il
pourrait exceptionnellement être maintenu.

Il est évident que cela caractérisait le système, le dévoilait, ne permettait pas d'en déguiser la portée et le jugeait définitivement... devant une Assemblée qui a conscience de faire une loi qui ne soit pas tout à fait une mystification. (*Rumeurs sur divers bancs.*)

En effet, si l'on maintenait dans le projet de loi ce sursis d'appel de trois ans, avec cette faveur exceptionnelle placée dans les attributions, — légitimes d'ailleurs, — du ministre de la guerre, on comprenait que ce sursis provisoire devenait une véritable exemption de service; on comprenait que l'homme qui en aurait été l'objet écartait à toujours de lui le péril militaire, et, alors, on fait une retraite, on jette, — permettez-moi, le mot, — un peu de lest. (*Sourires.*)

Plusieurs membres. — Souvenir de voyage!

M. GAMBETTA. — On abandonne la clause relative à la dispense prolongée en temps de guerre; on comprend, en effet, qu'il eût été difficile de supporter une discussion approfondie sur une telle exception; enfin, on réduit la faculté de sursis à un an.

Mais, Messieurs, tout cela prouve que c'est le système même du sursis d'appel qu'il faut condamner, parce que, songez-y bien, si vous laissez cette porte ouverte à la faveur, ces 4 pour 100 ne suffiront bientôt plus, on les augmentera; vos successeurs les augmenteront, sous l'effort des pressions qui ne manqueront pas de se produire. Rappelez-vous l'histoire de la garde mobile : on commença par 4, 5, on monta à 6, 8, et on est arrivé à 14 pour 100 !

Il faut donc fermer cette porte, comme on vous l'a dit, il faut la murer : si petite qu'elle soit, la faveur, qui a tous les secrets, qui est la plus ingénieuse messagère, trouve toujours moyen d'aller circonvenir les juges.

Par respect de la loi, pour sa moralité, pour son succès dans le pays, pour l'établissement du principe qui peut bien supporter, qui peut bien subir quelques

déviations nécessaires pour franchir le défilé, mais
qu'il ne faut pas compromettre par d'abusives et excessives mutilations, je vous prie, Messieurs, de rejeter l'article 23. (*Très bien! très bien! — Applaudissements
sur plusieurs bancs.*)

M. Bethmont réplique brièvement à M. Gambetta. Le général Guillemaut se prononce énergiquement contre l'article 23. Le général Chanzy défend en quelques mots le projet de la commission. M. de Chasseloup-Laubat, rapporteur,
demande la parole.

M. LE MARQUIS DE CHASSELOUP-LAUBAT, *rapporteur.* —
Messieurs, vous avez voté le principe du service
personnel et obligatoire, vous avez voté l'abolition
du remplacement.

La loi de l'an VI avait aussi établi le principe du
service obligatoire, elle avait aussi aboli le remplacement, et pourtant, dès l'an VII, vous avez vu le remplacement s'infiltrer dans la législation du recrute-
tement.

On y avait bien mis quelques conditions en l'an VII :
il fallait être autorisé par les sous-préfets, il fallait
verser une certaine somme d'argent pour habiller le
remplaçant ; mais peu à peu ces conditions ont disparu, et peu à peu le remplacement, s'élevant, gros-
sissant sans cesse, a fini par renverser la loi de
l'an VI.

Pourquoi cela? parce que le législateur de l'an VI
n'avait pas tenu assez compte de certains intérêts de
la société. (*C'est cela! — Très bien! sur plusieurs bancs.*)

Eh bien, Messieurs, éclairés par cet exemple, nous,
qui voulions détruire le remplacement, nous qui
voulions établir et faire conserver le principe du service obligatoire, que devions-nous faire pour que
notre loi ne se brisât pas contre l'écueil sur lequel la
loi de l'an VI avait sombré? Nous devions étudier avec

un soin scrupuleux tout ce que la société pouvait vouloir pour sauvegarder ses intérêts les plus chers, et déterminer résolument ce qu'il y avait à faire pour atteindre ce but.

Il y avait, selon nous, quatre ordres d'intérêts, si nous pouvons ainsi dire, dont, avant tout, il fallait se préoccuper.

Le premier, celui qui concerne l'existence même en quelque sorte des familles. Il ne fallait pas qu'en temps de paix la loi enlevât, pour l'envoyer à l'armée, celui qui était devenu, par la mort de son père, le chef même de la famille, celui qui était le soutien, le mentor de ses frères ou de ses sœurs, enfin celui qu'à Rome on aurait pu appeler *pater-familias*.

C'est, ainsi que l'explique fort bien l'honorable M. Bethmont, c'est ce que fait votre article 17, quand vous laissez l'aîné des orphelins, le fils aîné d'une veuve qui, en définitive, devient le père, le chef de sa famille, qui peut avoir à défendre l'honneur de sa mère et peut-être la fortune de ses frères. (*Oui! oui! — Très bien!*)

Par l'article 17, vous laissez donc le frère aîné d'orphelins; vous avez compris qu'il y avait là autre chose que la question d'indigence ou de plus ou moins de fortune, mais qu'il s'agissait d'une question d'honneur et de morale pour la famille à laquelle vous laissiez ces jeunes gens.

Vous ne vous êtes pas arrêtés là dans l'intérêt des familles, vous n'avez pas hésité à descendre plus bas, vous avez compris que l'indigence avait des droits que vous deviez respecter, et, augmentant un peu ce qu'il est dans les habitudes du ministre de la guerre de faire, vous avez porté à 4 pour 100 le *quantum* qu'on pourra accorder pour soutiens de famille. C'est encore ce que vous avez décidé en votant l'article 22.

Et à quelle autorité avez-vous confié le soin de choisir... — car il y a là également un choix, — à quelle

autorité avez-vous confié le droit de choisir ces soutiens de famille? Précisément à l'autorité que nous
vous demandons de désigner pour donner ces sursis
d'appel. Le maire, le conseil municipal font l'instruction, et la décision est remise, non pas au conseil
de révision, dans le canton, il ne fait que compléter
l'instruction, mais au conseil de révision réuni au
chef-lieu du département, et vous adjoignez à ce conseil deux nouveaux membres du conseil général; c'est-
à-dire que ce sont les représentants mêmes de la
population élus par le suffrage universel qui d'abord
accueillent les demandes, donnent leur avis, et ensuite
les représentants encore élus des populations qui
jugent en définitive. (*Très-bien! très-bien!*)

Voilà les premiers intérêts que nous rencontrions
en nous occupant de la loi du service obligatoire, les
intérêts de la famille, et voilà comment nous les
avons sauvegardés.

Mais ce n'est pas tout, la société a d'autres intérêts
aussi auxquels il fallait donner satisfaction. Nous nous
sommes demandé ce qu'il fallait faire pour ceux qui
l'instruisaient.

Vous l'avez vu par l'article 19 que vous n'avez pas
encore voté, — la rédaction devant en être modifiée
d'accord avec M. le ministre de l'instruction publique,
— vous avez vu, par cet article, que nous voulions
admettre à la dispense du service militaire les instituteurs et les professeurs, et les premiers de tous les
professeurs, permettez-moi de le dire, ceux qui viennent nous enseigner la plus sainte et sacrée des morales, ceux qui nous font comprendre qu'il n'y a pas
de devoir bien rempli, pas de dévouement complet, si
l'instruction n'est pas éclairée par le flambeau de la
religion. (*Très-bien! très-bien! à droite.*)

Voilà donc déjà deux catégories pour lesquelles nous
établissons des dispenses, temporaires pour les unes,
définitives pour les autres, lorsque les individus

qui en sont l'objet remplissent l'engagement qu'ils ont contracté, soit pour l'instruction publique, soit pour les cultes.

Mais était-ce tout? Non. N'avions-nous pas aussi à sauvegarder les sciences, les arts et tout ce que Mᵍʳ l'évêque d'Orléans vous disait dans ses éloquentes paroles, tout ce que la société française doit avoir, en quelque sorte, de plus cher, ces grandes et belles études qui ont permis à nos pères de porter si haut l'expression de l'esprit et du génie français? (*Vif assentiment sur divers bancs.*)

Ces intérêts, Messieurs, voici comment nous avons cherché à les sauvegarder.

Nous vous proposons, maintenant le principe du service obligatoire, de dire que les jeunes gens qui auront passé certains examens pourront être, en temps de paix, autorisés à ne servir qu'une année, pour leur permettre de se livrer à ces études qui doivent leur ouvrir des carrières indispensables au pays.

Voilà les trois grandes catégories d'intérêts auxquels nous avons donné satisfaction, soit par des dispenses de service ou par des abréviations de temps à passer dans l'armée en temps de paix.

Nous pouvions nous arrêter là, peut-être.

L'honorable M. Gambetta me fait signe que nous aurions dû le faire. Eh bien, qu'il me permette de le lui dire : je m'étonne que ce soit lui qui nous adresse ce reproche.

Nous avions donné satisfaction à cette partie de la population qui peut se livrer à des études élevées, nous lui avions accordé le moyen de les continuer, pour parcourir des carrières libérales; nous avions donné satisfaction aux familles privées de quelques-uns de leurs membres, et auxquelles nous laissions leurs défenseurs naturels; nous nous étions occupés de l'indigence, enfin, nous avions donné satisfaction à l'instruction publique et à tout ce que réclame la religion.

Nous avons voulu aller plus loin : nous avons jeté nos regards sur l'atelier... (*Très-bien! très-bien! — Interruptions diverses.*)

Cela ne saurait être douteux; reportez-vous au rapport, au texte même de la loi, vous comprendrez qu'il s'agissait, à nos yeux, de situations intermédiaires, et qui, dans notre pays, occupent une grande place entre celles dont nous avons eu l'honneur de vous entretenir.

Par le texte de la loi et ce qui est encore mieux expliqué dans le rapport si vous voulez vous reporter à la page 52, on voit que notre intention a été de satisfaire aux besoins des hommes qui ont à se perfectionner dans leur apprentissage, dans le métier par eux entrepris.

Voici, au surplus, le texte même de l'article :

« A cet effet, ils doivent établir que, soit pour leur apprentissage, soit pour les besoins de l'exploitation, agricole, industrielle ou commerciale... »

M. Gambetta. — Continuez : « à laquelle ils se livrent pour leur compte ou pour celui de leurs parents... (*N'interrompez pas!*)

M. le rapporteur. — Je n'ai pas l'intention de rien dissimuler.

M. Gambetta. — Je n'en doute pas.

M. le rapporteur. — Je relis : « A cet effet, ils doivent établir que, soit pour leur apprentissage, soit pour les besoins de l'exploitation agricole, industrielle ou commerciale, à laquelle ils se livrent pour leur compte ou pour celui de leurs parents, il est indispensable qu'ils ne soient pas enlevés immédiatement à leurs travaux. »

Cet article est assez compréhensible, cela est évident... (*Rumeurs à gauche.*)

Il n'y a pas ici de politique, Messieurs, et, comme on vous l'a dit, nous sommes tous unis sur le terrain de la loi du recrutement de l'armée.

Mais, quand j'ai dit que nous avions d'abord jeté nos regards vers l'atelier, j'avais raison, puisque le premier mot qui se trouve dans l'article, c'est celui d' « apprentissage ».

Et pourquoi nous demandons-vous d'établir des sursis pour ces individus? C'est pour qu'ils puissent se perfectionner, et pour que, en définitive, lorsqu'ils ont acquis ou lorsqu'ils vont acquérir une certaine habileté qui, toute leur vie, sera pour eux une source de richesse ou de bien-être, on ne vienne pas les interrompre au milieu de leurs études. (*Mouvements divers.*)

Il y a quelque temps, si ma mémoire est bonne, l'honorable M. Tolain regrettait que nos ouvriers, que nos artisans, qui, pour quelques-uns, sont des artistes qui contribuent tant à enrichir notre industrie, à en faire rechercher les produits, regrettait que ces ouvriers habiles, ces artisans n'eussent pas, dans l'état actuel de notre société, comme autrefois, des situations individuelles qui développaient leur génie et qui, au bout du compte, les élevaient peu à peu à des positions plus considérables à leurs propres yeux. Eh bien, c'est précisément ce que nous avons voulu sauvegarder, c'est l'intérêt de ces hommes qui, par le travail, acquièrent cette habileté de main, cette supériorité qui les font tant rechercher par nos rivaux; si vous les interrompez intempestivement dans leur apprentissage ou dans le perfectionnement de leurs procédés, vous leur portez un coup terrible pour leur avenir. (*Rumeurs à gauche.*)

Sans doute, dans l'article 28, il est question aussi d'autres personnes; il y a les hommes que vous ne pouvez enlever à des exploitations industrielles ou agricoles sans leur causer de grands préjudices ; mais, je vous le répète, ce qui a d'abord frappé nos regards, c'est l'atelier.

Mais on nous dit, et c'est encore un reproche : ces

sursis d'appel vont durer deux ou trois ans! Je réponds que ce n'est pas l'article qui est en discussion; c'est l'article 25 qui dit uniquement que ces sursis sont accordés pour une année, et qu'ils peuvent être renouvelés pour une ou deux années de plus.

Eh bien, c'est lorsque vous discuterez l'article 25...

Voix à gauche. — Mais non! mais non!

M. LE RAPPORTEUR. — Je vous demande pardon; ce n'est pas l'article en discussion...

M. JULES DE LASTEYRIE. — C'est très vrai!

M. LE RAPPORTEUR. — C'est donc lorsque vous discuterez cet article 25 que, si vous trouvez le renouvellement de deux ans excessif, vous pourrez, après tout, ôter une année, mais cela n'attaque pas le principe du sursis.

Maintenant, quelle est l'autorité qui est investie du droit d'accorder ce sursis?

Un membre. — Voilà la question!

M. LE RAPPORTEUR. — Permettez-moi de le demander à nos contradicteurs. Quelle est l'autorité à laquelle ils voudraient confier le droit de prononcer ce sursis?

M. GAMBETTA. — A personne; nous ne voulons pas de sursis.

M. LE RAPPORTEUR. — On vous a cité un grand pays dans lequel c'est l'autorité militaire qui accorde ces sursis, ces ajournements, comme on les appelle, car l'individu qui les obtient est toujours obligé au service de l'autorité militaire, c'est-à-dire des agents du gouvernement. Eh bien, sans aucun doute, si nous vous avions fait une proposition semblable, que de réclamations, permettez-moi de vous le dire, que d'objections n'aurions-nous pas rencontrées! On n'aurait certes pas manqué de dire que nous donnions au gouvernement le droit de distribuer des faveurs! (*Bruit à gauche.*)

Nous ne l'avons pas voulu, nous nous sommes bornés pour les sursis, comme pour les dispenses, pour les

soutiens de famille que vous avez votés, nous nous
sommes bornés à demander d'abord une instruction
locale, faite par le maire et les conseillers municipaux,
appelés seulement à donner leur avis, mais ils ne pro-
noncent pas : le conseil de révision dans le canton ne
prononce pas lui-même ; c'est le conseil de révision
réuni au chef-lieu, auquel sont joints deux autres conseillers généraux du département, c'est-à-dire les
représentants des populations, élus par le suffrage
universel, formant la majorité dans le conseil de révision, qui sont appelés à statuer définitivement.

Est-il possible d'avoir une autorité qui offre plus de
garanties, et dans laquelle on puisse avoir plus de
confiance?

Messieurs, nous entrons dans une voie nouvelle,
considérable. Notre profonde conviction est que nous
devons le faire; c'est une raison sociale autant que
militaire qui nous porte à vous proposer cette loi;
mais, il ne faut pas se le dissimuler, cette nouvelle
institution a des rigueurs, des sévérités, et il ne faut
pas qu'au début elle rencontre dans les populations
des objections telles qu'elle s'exécuterait difficilement.
(*Vives réclamations à gauche. — Approbation sur divers
bancs au centre et à droite.*)

M. GAMBETTA. — Messieurs, votre honorable rapporteur... (*La clôture! la clôture!*)

Je n'ai qu'un mot à dire, Messieurs... (*Aux voix!
— La clôture!*)

M. LE PRÉSIDENT. — L'orateur n'a que quelques mots
à dire. Si vous aviez voulu l'entendre, il aurait déjà
fini.

M. GAMBETTA. — Messieurs, dans une discussion de
cette importance... (*La clôture! la clôture!*)

M. DE LA ROCHEFOUCAULD, DUC DE BISACCIA. — On demande la clôture; mettez-la aux voix, monsieur le
président.

M. LE PRÉSIDENT. — Si l'on persiste à demander la

clôture, je donnerai la parole à M. Gambetta contre la clôture.

M. LE RAPPORTEUR. — Non! non! Laissons parler M. Gambetta!

M. GAMBETTA. — Messieurs, sans demander à parler contre la clôture, car ce que j'ai à dire est bref et ce sera plus tôt fait que de mettre aux voix la clôture, je demande la permission de répondre à votre honorable rapporteur. (*Non! non! la clôture! — Parlez! parlez!*)

Il ne me paraît pas possible...(*La clôture! la clôture!*)

Messieurs, puisque vous voulez que je parle contre la clôture, je vais le faire...

Voix diverses. — Non! non! — Dites ce que vous avez à dire.

M. GAMBETTA. — Eh bien, je dis qu'il ne me paraît pas possible qu'après les paroles prononcées par un homme aussi autorisé, aussi compétent que M. de Chasseloup-Laubat, les partisans du système qui vous demande de repousser l'article 23, n'aient pas une minute pour répondre. (*Parlez! parlez!*)

L'honorable M. de Chasseloup-Laubat a parfaitement circonscrit le débat. Il vous a dit : Il ne s'agit pas de se prononcer à l'heure actuelle sur les propositions plus ou moins excessives, plus ou moins vicieuses des articles 25 et 27... (*Interruptions à droite.*)

Un membre. — Ce n'est pas là ce qu'il a dit!

M. GAMBETTA. — Permettez, il vient de le dire à l'instant même; je l'ai écouté au pied de la tribune avec la plus religieuse attention. Il a dit : Vous examinerez aux articles 25 et 27 les propositions qui y sont contenues; pour le moment, il ne s'agit que de l'article 23.

Eh bien, à l'appui de l'article 23, M. le rapporteur vous a présenté deux arguments; je demande très modestement à les réfuter.

Voix à droite. — La clôture! la clôture!

Sur un grand nombre de bancs. — Non! non! Parlez! parlez!

M. LE PRÉSIDENT. — Il faut mettre un terme à ces demandes de clôture. je consulte l'Assemblée sur la clôture... (*Oui! oui! —Non! non!*)

Permettez! D'un côté on désire entendre l'orateur, de l'autre en veut clôre la discussion; je ne puis pas trancher la question, c'est l'Assemblée qui va le faire.

Je mets la clôture aux voix.

(L'Assemblée, consultée, se prononce contre la clôture.)

M. LE PRÉSIDENT. — La discussion continue.

La parole est à M. Gambetta.

M. GAMBETTA. — Les deux arguments produits par M. le rapporteur sont les suivants :

D'abord l'exemple tiré, avec beaucoup de justesse, de la législation de l'an VI.

M. de Chasseloup-Laubat vous a fait observer et nous a fait surtout observer à nous, puisque nous avons le regret d'être en désaccord avec lui, nous a fait observer que c'est parce que la législation de l'an VI n'avait pas accordé une part suffisante aux dispenses et aux exemptions, que, dès l'an VII ou l'an VIII, le remplacement réapparaissait.

Je réponds d'un mot, et je dis que la législation de l'an VI était radicalement vicieuse, non pas parce qu'elle n'avait pas fait une part suffisante aux légitimes dispenses, mais parce qu'elle n'en avait fait aucune, et que ce n'est pas le cas de votre loi actuelle; qu'il n'y a donc aucune espèce d'argument à tirer de l'exemple de la loi de l'an VI comparée à la loi de 1872, par cette excellente raison, — et je soutiens, pièces en main, après avoir fait l'énumération et le dénombrement des exigences légitimes qui y sont contenues, — que le tort dans lequel était tombé le législateur de l'an VI est absolument évité par vous, et que vous avez fait le nécessaire pour que le remplacement, —

dont on se fait une arme, comme si on pouvait jamais voir réapparaître le spectre de la substitution, — pour que ce principe, repoussé de tous, soit définitivement condamné au point de vue moral, militaire et social. Je suis convaincu que personne ici ne se lèvera pour le défendre. Par conséquent, ne nous laissons pas effrayer, ni intimider par cette évocation surannée.

Ne prêtons à l'argument tiré de la législation de l'an VI que la valeur qu'il a : il est exact en histoire, il est inexact en logique, puisque l'assimilation pèche par la base.

M. de Chasseloup-Laubat, poursuivant son argumentation, vous a dit : Cet article 23, c'est une concession démocratique, et nous sommes en vérité surpris, on aurait presque dit affligé, de voir qu'un homme qui appartient à la démocratie par ses origines, par ses attaches, qui lui restera, on n'en doute pas, absolument lié... (*Interruption à droite.*)

M. PAUL BETHMONT. — Certainement ! Parlez ! parlez !

M. GAMBETTA. — Messieurs, ce n'est pas de ce côté-là (*l'orateur désigne le côté droit*) qu'on peut être interrompu quand on parle de persévérance et de fidélité à ses convictions. (*Marques d'approbation sur divers bancs.*)

Je dis, Messieurs, que le reproche, pour être très ingénieux, n'est pas plus exact que l'argument dont je viens d'examiner la valeur. Non, il n'est pas juste de prétendre que l'article 23 est un hommage rendu aux besoins de la démocratie travailleuse. Non, il n'est pas exact de soutenir que, en refusant le bénéfice de l'article 23, nous serions les serviteurs inintelligents de la démocratie ! Et je m'en vais vous le prouver.

Je vous l'avais déjà à moitié prouvé, monsieur le marquis... (*Rumeurs sur plusieurs bancs. — Parlez ! parlez !*) en vous interrompant et en vous priant de relire, dans sa littéralité, le texte de l'article 23. Non pas que je pusse soupçonner en quoi que ce soit, je m'en garderais bien, votre scrupuleuse loyauté, mais parce qu'il y a là un argument et que, dans la plus loyale discussion, il est rare de voir un adversaire faire la propre besogne de son'contradicteur.

Le voici donc, je le relis, car il y a deux manières de le lire : « A cet effet, les jeunes gens doivent établir que, soit pour leur apprentissage, soit pour les besoins de l'exploitation agricole, industrielle ou commerciale à laquelle ils se livrent, pour leur compte ou celui de leurs parents, il est indispensable qu'ils ne soient pas enlevés immédiatement à leurs travaux. »

Eh bien, je prétends, Messieurs, — et je ne veux rien dire qui pourrait être mal interprété, — je prétends que très évidemment le sens de ce paragraphe 2 de l'article 23 ne s'applique pas'aux ouvriers, ne s'applique pas à la démocratie travailleuse. (*Approbation à gauche.*)

Voix diverses à droite et au centre. — Pourquoi ne s'y appliquerait-il pas ? — A qui donc s'appliquerait-il ?

M. GAMBETTA. — Ce n'est pas un grief, ce n'est pas un reproche, ce n'est même pas un regret que j'exprime : car, enfin, vous auriez écrit dans ce paragraphe : « Ouvriers, simples ouvriers, artisans », que je trouverais que l'exemption n'en serait pas plus juste, et qu'il faudrait la repousser tout de même. (*Mouvements divers.*)

Seulement, je tiens à bien retenir la substance même des paroles de mon adversaire.

L'honorable rapporteur dit : Nous avons jeté les regards sur les ateliers, c'est à l'ouvrier que avons voulu compatir.

Eh bien, j'ai lu le texte de l'article 23, et cette lecture suffit ; ce serait vous faire injure que d'insister davantage.

Quelques voix à droite et au centre. — Mais non ! mais non !

M. Gambetta. — Vous voulez que j'insiste? Insistons.

Sur plusieurs bancs. — Non! non! — Continuez!

M. Gambetta. — Ainsi donc, il est bien entendu que le paragraphe 2 de l'article 23 ne s'applique pas aux ouvriers.

M. Audren de Kerdrel. — A qui donc, si ce n'est aux ouvriers? Et qu'est-ce que l'ouvrier, si ce n'est l'homme qui travaille?

M. Gambetta. — L'ouvrier, monsieur de Kerdrel, c'est celui qui vit de son salaire, qui travaille pour le compte d'autrui, dans un atelier dont il n'est pas propriétaire. (*Mouvements divers.*)

On a tellement bien voulu créer cette apparence d'application de l'article 23 aux ouvriers, qu'on s'est servi constamment de ce mot: «La nécessité de ne pas interrompre l'apprentissage. » On vous représente ces ouvriers, pour la plupart, comme des artistes, et l'on dit qu'il faut bien se garder de déranger les conditions du perfectionnement de cette suprématie qui leur appartient dans les ateliers.

Eh bien, je réponds deux choses : d'abord qu'il n'y a pas d'apprentis de vingt ans... (*Assentiment sur divers bancs*), ensuite que le texte de votre article établit de la façon la plus claire qu'il s'agit, non pas d'apprentis, non pas d'ouvriers, mais de véritables fils de chefs d'exploitation.

Sur divers bancs. — Il s'agit des uns et des autres!

M. Gambetta. — Messieurs, il ne faut pas produire de confusion dans l'esprit de ceux qui liront le compte-rendu de ces débats : non! vous ne pouvez pas soutenir que, dans l'article 23, vous avez voulu venir en aide à la démocratie ouvrière. (*Protestations sur plusieurs bancs.*)

Je n'incrimine nullement vos intentions, je suis prêt à reconnaître que M. de Chasseloup-Laubat, — il sait que je parle sincèrement, — a obéi, en rédigeant cet

article, aux visées les plus honorables, les plus dignes
de respect ; mais je dis que cet article aura des effets
tout différents de ceux qu'on en attend, c'est-à-dire
qu'au lieu de faire accepter la loi, de mettre la concorde entre les classes, il portera la division dans les
esprits.

A droite. — Grâce à vos commentaires !

M. GAMBETTA... — Parce qu'il deviendra fatalement
un instrument de faveur. (*Très-bien! très-bien! et applaudissements à gauche.* — *Réclamations sur divers bancs
à droite et au centre.*)

Ainsi, Messieurs, il est clair qu'il ne s'agit pas, dans
l'article 23 de l'apprentissage, ni de l'ouvrier apprenti.

M. de Chasseloup-Laubat vous dit : C'est vrai, nous
avons organisé une procédure qui sera bien délicate,
bien difficile ; mais qu'est-ce que vous vouliez que
nous fissions ? Oh ! si nous avions confié l'exécution des
dispositions de l'article 23 aux mains d'un agent du
pouvoir, on aurait dit : Voilà le gouvernement qui va
tout envahir et accorder à quelques privilégiés des
dispenses que nous avons édictées dans l'intérêt de
tous!

Je réponds : Mais nous ne vous avons pas parlé de
transporter ces attributions au gouvernement : nous
vous avons dit de ne pas leur donner naissance. Nous
ne vous avons pas parlé de créer un tribunal pour
apprécier la justice des demandes ; nous vous avons
dit de ne pas leur donner l'occasion de se produire.
Par conséquent, les paroles de M. le rapporteur ne s'a-
dressent pas à nous, mais à ceux qui, voulant la chose,
voudraient la voir fonctionner autrement qu'on le propose dans l'article 23. Quant à nous, nous ne voulons
ni la chose ni le mot.

Il y a autre chose : il y a, à côté des énumérations
qui ont été faites...

Un membre à droite. — Assez ! la clôture ! (*Murmures
à gauche.*)

M. Lepère. — Au *Journal officiel* le nom de l'interrupteur!

M. Gambetta. — Messieurs, nous avons attendu patiemment les travaux consciencieux de la commission, et nous ne sommes pas pressés de voter un article une demi-heure plus tôt ou une demi-heure plus tard; par conséquent, je crois qu'il est de l'intérêt de tous ici d'approfondir, autant que possible, la question avant de passer au vote. (*Oui! oui! — Parlez! parlez!*

Il me reste, Messieurs, une dernière observation à vous présenter, et j'ai fini.

M. le marquis de Chasseloup-Laubat, jetant un regard d'ensemble sur la loi, vous a dit : Nous avons voulu créer trois sortes de catégories de dispensés. Et alors il vous a entretenus, comme l'avait fait déjà l'honorable M. Bethmont, de l'article 17 et de l'article 22; il a fait allusion à un article qui viendra plus tard, relatif aux engagés volontaires d'un an.

Je ne veux pas entrer dans le fond de cette discussion; je désire purement et simplement faire une observation.

Quel est le principe d'une exemption? quel est le principe d'une dispense? Vous vous trouvez ou en en face d'un droit, ou en face d'un intérêt tellement considérable, qu'il prend la couleur et la consistance d'un droit.

Eh bien, je dis que lorsque vous rencontrerez, en effet, non pas un intérêt d'un caractère privé, toujours discutable, variable, aléatoire, mais un intérêt d'un caractère déterminé d'une façon précise, ou bien une classe ou, pour parler plus exactement, une catégorie de jeunes gens qui auront à faire valoir ou un droit ou un intérêt aussi puissant qu'un droit, je comprends alors que vous accordiez une dispense.

Mais ici est-ce le cas? En aucune espèce de manière.

Posons une hypothèse qui résoudra toutes les difficultés.

Voilà des gens qui forment une demande de sursis
d'appel pour le motif énoncé dans l'art. 23 ; ils n'ont
à cela qu'un intérêt privé, entendez-le bien, il ne s'a-
git pas d'un intérêt général ni d'un droit reconnu à
toute une catégorie, comme pour ceux de l'article 17
et de l'article 22 ; et ce qui prouve qu'ils n'ont qu'un
intérêt privé, c'est que ceux qui seront éliminés n'auront aucun droit de se plaindre, ils ne pourront pas
invoquer un intérêt général, pas même quelque chose
approchant du droit accordé aux fonctions de famille
et aux indigents. (*Approbation à gauche.*)

M. MÉPLAIN. — Il s'agit ici d'un intérêt social !

M. GAMBETTA. — En conséquence, — et c'est le dernier mot que je veux dire dans cette discussion, parce
que je le crois à l'abri de toute espèce de réfutation, —
en conséquence, si vous n'avez pour asseoir cette demande ni un droit, ni un intérêt capable d'égaler un
droit, vous n'avez absolument qu'un intérêt individuel ; c'est la faveur, c'est le choix par privilège,
c'est le choix par influence, et vous déshonorez votre
loi. (*Approbation sur divers bancs.* — *Applaudissements
à gauche.*)

De divers côtés. — La clôture ! — Aux voix !

Le discours de M. Gambetta avait produit une vive impression sur l'Assemblée. M. Jean Brunet déposa un amendement ainsi conçu : « En temps de paix seulement il
peut être accordé des sursis d'appel, qui ne seront, en réalité, qu'une transposition de classes. A la fin du sursis d'appel, l'appelé entrera dans la classe annuelle de cette époque
et en suivra complètement les destinées. » Le président de
la commission, M. Jules de Lasteyrie, prit la parole : « Au
nom de la commission, dit M. de Lasteyrie, je demande
que l'amendement de M. Brunet lui soit renvoyé. De cette
façon, elle apportera lundi une rédaction qui, j'espère, pourra
rallier et concilier les diverses opinions qui se sont produites. »

L'Assemblée renvoya à la séance du 3 juin la suite de la

discussion de l'article 23. La commission se réunit. Elle reconnut la justesse des observations qui avaient été présentées par M. Gambetta, et elle adopta l'amendement suivant, qu'elle chargea le général Chareton de présenter à la séance du 3 juin :

« Le sursis d'appel ne confère ni exemption ni dispense.

« Il n'est accordé que pour un an, il peut néanmoins être renouvelé pour une seconde année.

« Le jeune homme qui a obtenu un sursis d'appel conserve le numéro qui lui est échu lors du tirage au sort, et, à l'expiration de son sursis, il est tenu de satisfaire à toutes les obligations que lui imposait la loi en raison de son numéro. »

M. Gambetta répondit au général Chareton :

M. GAMBETTA. — Messieurs, le travail auquel s'est livrée votre commission a abouti à un résultat qui, sauf une légère modification que vous me permettrez de vous présenter, me paraît parfaitement acceptable. (*Ah! ah! à droite.*)

En effet, ce qu'il s'agissait de faire, c'était d'empêcher que les dispositions de l'article 23 constituassent non plus une facilité, mais une faveur. Le caractère arbitraire a disparu par l'insertion dans la nouvelle rédaction de l'obligation de faire le service effectif des cinq ans. En conséquence, au point de vue des inconvénients multiples que nous avions relevés dans l'innovation introduite par l'article 23, la moyenne partie de nos griefs disparaît, et, pour ma part, je serais parfaitement au regret de ne pas donner cette nouvelle preuve de notre esprit de conciliation à la commission. (*Rumeurs à droite. — Assentiment sur plusieurs bancs à gauche.*)

Messieurs, je suis peut-être autorisé à prononcer ces paroles, puisqu'on a cru que, dans l'attaque que j'avais dirigée contre l'article 23, se cachait une tactique plus ou moins déguisée (*Non! non!*) pour arriver à arracher des concessions qui n'étaient ni en question ni en cause.

Eh bien, permettez-moi de vous dire que l'adoption par nous de l'amendement, sauf la réserve que je vais indiquer, n'a rien que de fort naturel. La discussion sur le volontariat viendra à son heure, et je désirerais que la commission se souvînt alors de l'esprit de conciliation dont nous faisons preuve en ce moment. (*Rumeurs à droite. — Mouvements divers.*)

M. LE MARQUIS DE VOGUÉ. — C'est nous qui vous accordons ce que vous demandez.

M. LE GÉNÉRAL CHANZY. — Acceptez-vous le volontariat d'après les principes de la commission?

M. GAMBETTA. — Il est bien certain, Messieurs, que l'on a présenté, comme deux dispositions parallèles l'une à l'autre, l'organisation des sursis d'appel et l'organisation du volontariat. Je ne dis là que des choses parfaitement connues. Il est évident que ceux qui refusaient, à la séance de samedi dernier, de modifier la rédaction de l'article 23, ne montraient une telle répugnance que parce qu'ils redoutaient de voir le volontariat d'un an entamé lui-même.

Eh bien, puisqu'on est arrivé à se mettre d'accord aujourd'hui sur le caractère d'égalité qu'il faut maintenir au sursis d'appel, je demande que sur la question du volontariat on obéisse au même esprit d'égalité... (*Interruptions. — Parlez!*) et qu'en reconnaissant la nécessité temporaire d'organiser ce volontariat, on donne au caractère de cette institution une véritable portée démocratique... (*Nouvelles interruptions*) c'est-à-dire que les volontaires ne formeront pas un corps distinct, à part, dans l'armée et à la garnison. (*Assentiment au banc de la commission.*)

M. GASLONDE. — C'est entendu!

M. GAMBETTA. — Ceci dit, et nous y viendrons plus tard, sous le bénéfice de ces observations, nous n'avons qu'à accepter le principe de l'amendement. Cependant il y a une partie de cet amendement qui peut en être distraite et devenir l'objet d'un vote séparé. Je n'ai d'autre intention pour le moment que de demander à l'Assemblée de voter la nouvelle rédaction en deux parties, la première portant sur le sursis d'appel, dans les conditions nouvelles, organisé pour un an, et de voter séparément sur la faculté du renouvellement du sursis d'appel (*Très bien!*), que je prends la permission de combattre en deux mots.

Un membre. — On y attache trop d'importance.

M. GAMBETTA. — Voici l'importance que j'y attache. Je dis que, quelle que soit l'amélioration dont l'article 23 vient d'être l'objet, il recèle encore une partie vicieuse dont il faut le purger.

Je dis que le sursis d'appel, avec la faculté de renouvellement, constituera presque toujours un précédent en faveur de celui qui l'aura obtenu une première fois. L'inscription dans la loi de cette faculté de doublement du sursis constituera, au bénéfice de l'homme qui en aura été l'objet, une espèce de faveur et non plus de facilité. En effet lorsqu'on sera en temps de guerre, — ce qui n'est pas l'hypothèse de l'article 23, mais ce qui va être l'hypothèse de l'article suivant, — l'homme qui jouira de ce bénéfice d'un sursis d'un an et d'un sursis renouvelé de deux ans, ne pourra pas satisfaire utilement à la disposition finale de l'article 23, qui l'appelle à être versé dans sa classe...

M. LE GÉNÉRAL CHARETON. — Non, pas dans sa classe !

M. GAMBETTA. — Vous allez voir, général. Il est tenu par la disposition finale, de satisfaire à toutes les obligations que lui imposait la loi en raison de son numéro.

Eh bien, quelles sont les obligations que lui imposait la loi en raison de son numéro? C'est évidemment de figurer dans le contingent, dans la classe dont il faisait partie. (*Dénégations sur quelques bancs.*)

M. SARRETTE. — Il devra servir le laps de temps voulu par son numéro !

M. GAMBETTA. — Je dis que l'obligation est telle

Maintenant vous m'interrompez. Ce ne peut pas être pour dire que ce n'était pas là son obligation ; vous ne pouvez m'interrompre que pour me dire : Il ne pourra pas matériellement satisfaire à cette obligation. En effet il est bien certain que si la guerre éclate, s'il y a deux ans qu'il est en état de sursis d'appel, il ne pourra pas aller rejoindre les contemporains de sa classe. Il se trouve donc dans une situation privilégiée, parce que vous avez doublé la faculté du sursis d'appel. (*Interruptions diverses.*)

M. LE BARON VAST-VIMEUX. — Il devra servir jusqu'à vingt-sept ans.

M. GAMBETTA. — Il est impossible de discuter avec ces interruptions constantes. (*Parlez! parlez!*)

La disposition de l'article 23, si elle réduisait purement et simplement à un an le sursis d'appel, donnerait toute la satisfaction nécessaire que l'on a voulu donner aux intérêts qu'on a en vue. Mais immédiatement venir donner le privilège, car c'en est un, de doubler le sursis d'appel, c'est là la faveur, et je crois qu'il y a lieu, pour rester dans les termes d'une transaction équitable, de voter séparément la nouvelle disposition de la commission, adoptant la première partie, repoussant la seconde. (*Approbation à gauche. — Aux voix! aux voix!*)

La division demandée par M. Gambetta était de droit. L'Assemblée alla aux voix. Une cinquantaine de membres votèrent contre le renouvellement du sursis d'appel pour une seconde année. L'ensemble de l'article 23 fut adopté, au scrutin public, par 590 voix contre 86. M. Gambetta, dans ce scrutin, vota avec la majorité.

L'Assemblée adopta ensuite les articles 24, 25, 26 et 27 de la 2ᵉ section, les articles 28, 29, 30, 31, 32 et 33 de la 3ᵉ section (des conseils de révision et des listes de recrutement national), les articles 34, 35 et 36 de la 4ᵉ section (du registre matricule).

Le 4 juin, l'Assemblée passa à la discussion de l'article 37 :

« Tout Français qui n'est pas déclaré impropre à tout service militaire fait partie : de l'armée active pendant cinq ans ;
— de la réserve de l'armée active pendant quatre ans ; —
de l'armée territoriale pendant cinq ans ; — de la réserve
de l'armée territoriale pendant six ans. »

M. Keller proposa l'amendement suivant : « Tout Français qui n'est pas déclaré impropre à tout service militaire
fait partie de l'armée active pendant trois ans, de la réserve
pendant sept ans, de l'armée territoriale pendant dix ans. »

La discussion dura six séances. La première fut occupée
par les discours de MM. Farcy et Keller en faveur du service
de trois ans. La deuxième, celle du 6 juin, fut occupée tout
entière par le général Trochu, dont le discours, contre le service de cinq ans, produisit sur l'Assemblée la plus grande et la
plus légitime impression. Le 7, le général Ducrot et le général Chanzy répondirent au général Trochu, et adjurèrent
l'Assemblée de voter l'article 37 du projet de la commission.
Le 8, M. Thiers prit la parole. Les cinq ans que la commission
présentait comme un maximum réductible à bref délai,
après le vote d'une loi organique bien entendue, M. Thiers
les défendit comme un minimum. L'article 37, pour la commission, constituait une concession de l'esprit de progrès aux
nécessités de la situation. Pour le président de la République, il était une concession extrême de l'esprit du passé,
dont il se constituait le défenseur, aux mêmes nécessités.
M. Thiers parla pendant plusieurs heures, et son discours
modifia du tout au tout les dispositions de l'Assemblée.
Après une courageuse réplique du général Trochu, l'Assemblée alla aux voix sur les divers amendements fixant à
trois ans la durée du service militaire de l'armée active, et les
rejeta par 455 voix contre 227. Le colonel de Chadois, le
général Chareton, le colonel Denfert, M. Dorian, M. Gambetta, M. Langlois, M. Schœlcher et le général Trochu
avaient voté avec la minorité.

Le 9 juin était un dimanche. Le 10, au début de la séance,
M. André, les généraux Guillemaut et Chareton, parlant au
nom de 16 membres de la commission contre 17, et M. Jean
Brunet déposèrent quatre amendements, qui, sauf quelques
différences de détail, se résumaient dans la fixation à quatre
années de service. La discussion commença aussitôt. Le général Chareton, le général Guillemaut, M. Keller et M. de La-

vergne défendent le service de quatre ans, qui est combattu par le général Changarnier et par M. de Chabaud-Latour. L'Assemblée était visiblement ébranlée. M. Thiers intervint et posa la question de gouvernement, déclarant, comme dans la séance du 20 janvier, qu'il se retirerait si l'Assemblée votait les amendements qui lui étaient soumis. « Dieu me garde de vouloir blesser l'Assemblée, de vouloir lui mettre le marché à la main. Mais, Messieurs, je vous le déclare, quant à moi, je sortirais d'ici, si vous ne votiez pas les cinq ans, profondément affligé, et je ne pourrais pas accepter la responsabilité d'appliquer la loi. »

La déclaration de M. Thiers consterna les gauches. Elle portait à la loi militaire l'atteinte la plus funeste. Elle affaiblissait le président de la République. Elle offrait à la droite le prétexte et le moyen de provoquer une nouvelle crise gouvernementale. « Le centre droit, disait la *République française* du lendemain, ne prit même pas la peine de dissimuler sa joie. La gauche, pensait-on, est trop engagée sur cette question pour céder à la menace de M. Thiers, et ces mêmes hommes qui, l'avant-veille, avaient repoussé la durée de trois ans, se préparaient à prendre au mot M. Thiers, à voter contre lui et contre eux-mêmes, pour mettre le gouvernement en minorité et recueillir sa succession... M. de Kerdrel s'élance à la tribune ; il demande qu'on attende au lendemain, pour que, de part et d'autre, on ait le temps de la réflexion, c'est-à-dire que la majorité ait le temps de prendre ses mesures. »

Le discours de M. de Kerdrel avait dépassé le but : il dévoilait l'intrigue orléaniste. M. Thiers insiste pour le vote immédiat, et le général Charcton retire son amendement, qui est aussitôt repris par le général Martin des Pallières. M. de Kerdrel déclare que le Président de la République fait à l'Assemblée une situation impossible, et qu'en conséquence, il maintient sa demande d'ajournement de voter au lendemain.

M. LE PRÉSIDENT. — Je mets aux voix le renvoi à demain...

M. GAMBETTA se présente à la tribune. — (*Bruyantes exclamations au centre et à droite.*)

Voix nombreuses. — Vous n'avez pas la parole ! (*La clôture ! la clôture !*)

M. GAMBETTA. — Messieurs, en présence de la question ainsi posée... (*Aux voix ! aux voix ! Vous n'avez pas la parole !*)

Puisque la question politique prend le pas sur la question militaire...

Voix nombreuses au centre et à droite. Vous ne pouvez pas parler ! — Vous n'avez pas la parole ! — La clôture ! la clôture !

M. GAMBETTA. — Il est évident que ce qu'il y a de plus important à faire connaître, c'est le vote... (*Aux voix ! aux voix ! Bruit général.*)

Or je viens déclarer que, pour notre part, la seule conduite qui nous paraisse patriotique c'est l'abstention... (*Le bruit couvre la voix de l'orateur.*)

Cette déclaration de M. Gambetta change de nouveau la situation. La gauche s'abstenant, l'intrigue orléaniste échouait. Au scrutin public, après un tumulte scandaleux qui se prolongea pendant plus d'une heure, l'amendement du général Martin des Pallières fut rejeté par 477 voix contre 56. Il y eut près de 200 abstentions. Le lendemain, 11 juin, après le rejet de divers amendements présentés par MM. Jean Brunet, de Castellane et Raudot, l'ensemble de l'article 37 était adopté par assis et levé.

Le 12 juin, l'Assemblée revenait à l'article 19 du projet, ainsi conçu :

« Sont à titre conditionnel dispensés du service militaire :

« 1° Les membres de l'instruction publique, les élèves de l'École normale supérieure de Paris, dont l'engagement de se vouer pendant dix ans à la carrière de l'enseignement aura été accepté par le recteur de l'Académie, avant le tirage au sort, et s'ils réalisent cet engagement;

« 2° Les professeurs des institutions nationales des sourds-muets et des institutions nationales des jeunes aveugles, aux mêmes conditions que les membres de l'instruction publique;

« 3° Les élèves pensionnaires de l'École des langues orientales vivantes, et les élèves de l'École des chartes, à condition de passer dix ans, tant dans lesdites écoles que dans un service public;

« 4° Les membres et novices des associations religieuses vouées à l'enseignement, autorisées par la loi ou reconnues comme établissement d'utilité publique, et les directeurs, maîtres adjoints, élèves maîtres des écoles fondées ou entretenues par les associations laïques, lorsqu'elles remplissent les mêmes conditions, pourvu toutefois que les uns et les autres, avant le tirage au sort, aient pris, devant le recteur de l'Académie, l'engagement de se consacrer pendant dix ans à l'enseignement et s'ils réalisent cet engagement;

« 5° Les jeunes gens qui, sans être compris dans les paragraphes précédents, se trouvent dans les cas prévus par l'article 79 de la loi du 15 mars 1850, et par l'article 18 de la loi du 10 avril 1867, et ont, avant l'époque fixée pour le tirage, contracté, devant le recteur, le même engagement et aux mêmes conditions.

« L'engagement de se vouer pendant dix ans à l'enseignement peut être réalisé par les instituteurs et par les instituteurs adjoints, tant dans les écoles publiques que dans les écoles libres désignées à cet effet par le ministre de l'instruction publique, après avis du conseil départemental.

« 6° Les élèves ecclésiastiques désignés à cet effet par les archevêques et par les évêques, et les jeunes gens autorisés à continuer leurs études pour se vouer au ministère dans les cultes salariés par l'État, sous la condition qu'ils seront assujettis au service militaire, s'ils cessent les études en vue desquelles ils auront été dispensés, ou si, à vingt-six ans, les premiers ne sont pas entrés dans les ordres majeurs, et les seconds n'ont pas reçu la consécration. »

M. de Pressensé ouvrit la discussion sur cet article en demandant que les instituteurs laïques et les membres des associations religieuses vouées à l'enseignement, ainsi dispensés du service, fussent néanmoins tenus de passer six mois dans un service auxiliaire de l'armée, tel que celui des hôpitaux, ambulances, etc. MM. Bethmont, de la Bassetière et le général de Cissey combattent l'amendement de M. de Pressensé, qui est défendu par M. Langlois et finalement rejeté.

Les paragraphes 1, 2 et 3 de l'article 19 sont successivement adoptés, ainsi qu'une disposition additionnelle de
M. Beulé, exemptant du service militaire les artistes grands
prix de l'Institut et pensionnaires de Rome.

MM. Chesnelong, Besson, Keller et de Bonald déposent
l'amendement suivant au paragraphe 4 :

« L'engagement peut être réalisé dans les établissements
libres, tenus par les associations ci-dessus désignées, comme
dans les établissements publics. »

M. Bethmont répond à M. Chesnelong que « les expressions proposées ne sont qu'une superfétation dans les termes,
et qu'il n'y a donc pas lieu de les ajouter à l'article qui est
soumis à l'Assemblée ».

M. Gambetta monte à la tribune :

M. GAMBETTA. — Messieurs, la disposition que l'honorable M. Chesnelong vous propose d'insérer dans la
loi, ainsi que la disposition principale que la commission elle-même a insérée dans son projet, me paraît,
en dehors de toute appréciation sur le fond des choses, au point de vue des précédents, au point de vue
d'une doctrine de droit public incontestée jusqu'à ce
jour et pratiquée depuis 1808, par tous les gouvernements et par tous les ministres de l'instruction publique qui se sont succédé, me paraît, dis-je, comporter
quelques observations et quelques critiques.

Je ne pense pas, en effet, malgré la sollicitude parfaitement légitime qu'on peut avoir pour l'enseignement libre, — qu'il soit sorti de l'association religieuse
ou de l'association laïque, — qu'il faille faire profiter, bénéficier de la dispense du service militaire,
les hommes qui se vouent à l'enseignement, mais
qui s'y vouent dans des institutions d'un caractère
privé.

Cette thèse n'est pas neuve : l'honorable M. Chesnelong, après bien d'autres, l'avait reproduite devant
le dernier Corps législatif en 1867.

Il y avait apporté cette parole chaleureuse dont

vous avez aujourd'hui pu mesurer les effets sur une
Assemblée.

Mais, Messieurs, notre honorable collègue sait combien la question est épineuse, et quels arguments tout
à fait sérieux sa prétention peut rencontrer. Et il le
sait d'autant mieux que, lorsqu'il a été appelé devant
une autre Assemblée à soutenir cette même prétention, il l'a vu repousser. (*Rumeurs à droite.*)

Eh quoi, Messieurs, je puis cependant bien rappeler
des faits, afin de bien préciser la question. (*Oui! oui!
— Parlez!*)

Cette prétention a été repoussée, non pas sans discussion, mais après une discussion approfondie, de
laquelle il est sorti une conviction générale pour toute
l'Assemblée et pour tous les auditeurs.

En effet, en réduisant la question à ses plus simples
termes, de quoi s'agit-il? Il s'agit de savoir si cette dispense de service militaire, qui est consentie ou par
la loi ou par l'État, l'est parce qu'il s'agit d'un service
de l'État qu'il faut protéger et garantir, ou, au contraire, peut indistinctement s'appliquer à un service
dont je nenie pas l'influence au point de vue de l'intérêt général, mais qui s'exerce au point de vue et sous
l'influence d'un intérêt privé. (*Nouvelles rumeurs à
droite.*)

Je précise.

Lorsqu'un instituteur, laïque ou religieux, — peu
importe! — exerce l'enseignement dans une commune, dans un département, dans un établissement
payé par les fonds du département, de la commune
ou de l'État, il l'exerce sous le contrôle, par la désignation et en vertu de l'exercice même de la puissance
publique qui contrôle l'enseignement. Or je comprends que vous me disiez : Il s'agit d'un service de
l'État, et l'État met en balance l'utilité de ce service
et l'utilité de l'homme sous les drapeaux ; il se prononce au point de vue de la puissance publique, dont

il est seul détenteur, au point de vue des intérêts d'É-
tat pour donner la préférence à l'exercice de l'ensei-
ment dans une institution publique, sur le service militaire lui-même qui est également un service d'État.

Que si, au contraire, l'instituteur laïque ou religieux,
au lieu de donner cet enseignement dans un lieu public, dans une institution publique et d'intérêt public,
payée avec les deniers publics, avec les deniers com-
munaux... (*Interruptions à droite. — Parlez! parlez!*)...
Si, dis-je, au lieu de ce premier accomplissement qui
est pour moi l'accomplissement régulier du service de
l'État, l'instituteur laïque ou religieux exécute son vœu
dans une institution privée, n'ayant qu'un caractère
privé, recevant des élèves qui y entrent sans aucune
espèce d'intervention de l'État..... (*Murmures à droite.*
— Parlez! parlez!)..... Si toutes les dépenses de cette
institution sont couvertes par des rétributions volontaires privées, d'un caractère absolument passager et
variable... (*Interruptions à droite*).

Sur divers bancs. — Parlez! parlez!

M. GAMBETTA. — Je dis que, dans ce second cas, il
ne s'agit plus du motif principal pour lequel les dispenses militaires sont données; qu'il ne s'agit plus
d'un service public ni d'un intérêt d'État, et que, dès
lors, la question est de savoir si cette innovation que
vous voulez introduire dans la loi actuelle, dans la loi
du service prétendu obligatoire et qui n'existait pas
sous les anciennes lois de recrutement, doit être tolé-
rée et inscrite dans les dispositions qui sont en ce
moment en discussion. Pour ma part, je ne le pense
pas.

Je dis que, dès 1809, la question s'était posée, et si
à cette époque les frères de la Doctrine chrétienne ont
été dispensés du service militaire, M. Chesnelong sait
parfaitement pourquoi : c'est que, sous la législation
impériale, les frères de la Doctrine chrétienne étaient
absolument rattachés à l'Université, et qu'ils n'agis-

saient pas comme des instituteurs d'enseignement
libre. Et la preuve, c'est qu'ils étaient obligés, pour
pouvoir donner l'enseignement, d'être brevetés et
commissionnés par le grand-maître de cette Université
impériale dont ils faisaient partie.

Telle est la raison qui avait poussé Napoléon Ier à
leur accorder la dispense du service militaire : ils rem-
plissaient, comme de véritables fonctionnaires, un service public, un service d'État.

En 1818, sous la Restauration, il se produisit quelques protestations sur l'application de la loi de recrutement du général Gouvion-Saint-Cyr. La même difficulté se posait pour les ministres. Des hommes qui
représentaient la théorie qu'a soutenue l'honorable
M Chesnelong, demandèrent la dispense du service
militaire pour tous les congréganistes qui se vouaient
à l'enseignement et qui réalisaient leur vœu, soit dans
une institution publique, soit dans une institution
privée.

Or, en 1818, comme en 1822, cette théorie fut absolument rejetée, et elle fut rejetée par l'autorité des
ministres et des grands-maîtres de l'Université de la
Restauration.

Les déclarations et l'argumentation invincibles de
M. Royer-Collard et de M. le baron Cuvier établirent
jusqu'à l'évidence qu'il n'était pas possible de conférer
à des instituteurs, — qu'ils fussent laïques ou religieux, et principalement religieux, — qui réalisaient
leur vœu dans des institutions privées, la dispense du
service militaire. Et l'on disait, — c'était, je crois,
M. Royer-Collard, — on disait pour rendre la formule
plus saisissante : « Il s'agit, dans le premier cas, d'un
service public ; dans le second cas, d'un service domes-
tique. » (*Réclamations sur divers bancs.*)

Vous vérifierez, Messieurs !.... (*Parlez!*)

Dans le premier cas, on comprend très bien que
l'État donne la dispense ; dans le second cas, ce ne

serait pas l'État, ce serait le président, le général, le
chef de l'association qui la délivrerait, c'est-à-dire qui
ferait, — ajoutait M. Royer-Collard, — ce que le souverain ne peut pas faire.

A gauche. — Très bien! très bien!

M. MÉPLAIN. — Il n'y avait pas le service obligatoire
alors!

M. GAMBETTA. — On me dit que le service obligatoire n'existait pas alors. Je remercie l'honorable
interrupteur de cette remarque, car elle vous fera
mesurer l'aggravation d'injustice qu'il y aurait à
mettre dans la loi une disposition qu'on repoussait,
alors qu'il s'agissait seulement d'un service restreint
et de conditions limitées de recrutement. (*Vive approbation à gauche.*) Vous ne commettrez pas cette injustice.

Cette interprétation, cette jurisprudence administrative et de droit public fut maintenue après la loi
de recrutement de 1832 d'une façon immuable.

En 1850, — et c'est ici que se place l'argumentation
spécieuse des partisans de la dispense militaire qui
nous occupe, — en 1850, on inséra dans l'article 79
de la loi d'enseignement une disposition dans laquelle
aujourd'hui on cherche une argumentation en équi-
voquant sur la portée des mots : « enseignement public ».

Je rappelle que les dispositions et l'esprit tout entier de cette loi de 1850 étaient le résultat d'une transaction entre les partisans de l'enseignement de l'État,
ceux de l'enseignement libre et ceux de la théorie
intermédiaire qui avait la prétention de les concilier.

De cet esprit de concorde politique, ayant un but
politique, était sortie la loi de 1850, laquelle divisait
très-nettement l'enseignement en enseignement public et en enseignement libre. C'était la part des premiers articles de la loi.

Dans l'article 79 que je rappelle on a exempté du

service militaire, du recrutement immédiat pour l'armée, les jeunes gens qui s'étaient voués à l'enseignement public, et alors on vit, dès 1851, se produire des demandes d'interprétations analogues à celles que l'on vient de proposer d'insérer aujourd'hui dans la loi, à savoir que : fondés sur la loi de 1850, et notamment sur ces deux mots : «enseignement public», de l'article 79, les membres des congrégations religieuses, réalisant le vœu d'enseignement dans un établissement quelconque, avaient le droit d'être dispensés. Cette prétention se fit jour de la part de cet homme de bien dont on vous citait le nom tout à l'heure à la tribune, le père Philippe. Il y fut immédiatement répondu par un ministre de l'instruction publique, dont vous ne contesterez certainement pas les sympathies pour le développement de l'instruction congréganiste, l'honorable M. de Parieu. Dès le mois de janvier 1851, il répondit nettement qu'il ne fallait pas équivoquer sur le texte de l'article 79 de la loi de 1850, qu'il n'y avait pas lieu de dispenser les congréganistes du service militaire, s'ils n'exerçaient pas, s'ils ne réalisaient pas leur engagement dans une institution publique.

Cette disposition et cette interprétation furent maintenues non seulement par la jurisprudence de la Cour de cassation, mais par tous les ministres qui se sont succédé, par M. Fortoul et par M. Duruy; nul n'y a dérogé.

Aujourd'hui il s'agit de savoir si vous voulez continuer cette sage et d'autant plus impérieuse interprétation de la loi, qu'il s'agit, je le répète, du service obligatoire, ou si au contraire vous voulez laisser établir une dispense qui cette fois ne sera pas seulement un privilège, car elle ne s'appliquera pas à un seul individu, elle s'appliquera à des congrégations tout entières. Je dis que ce serait une inégalité de caste. (*Interruptions diverses.*)

Je suis d'autant plus autorisé à dire « de caste »,

que je me rappelle fort bien que la discussion qui eut
lieu au Corps législatif fut close par un mot qui m'est
resté dans l'esprit et qu'il est opportun de reproduire
sur ces interruptions : « Il ne faut pas surtout, disait
le ministre, — et cela est encore plus vrai en présence
du service obligatoire, — il ne faut pas qu'il suffise
de deux ou trois aunes de drap gris ou noir pour
exempter un Français du service militaire. » (*Rumeurs
à droite. — Assentiment à gauche.*)

Un membre. — C'est M. Duruy qui disait cela ?

M. GAMBETTA. — Oui. Messieurs, c'est en effet M. Duruy qui tenait ce langage, et je ne suis pas suspect ;
il s'agit d'un ministre de l'Empire ; mais je dois le dire,
à l'honneur de M. Duruy, que dans le développement
qu'il voulait donner à l'instruction publique, il était
sincère et voulait résolument le bien. Voilà mon sentiment. (*Mouvements divers.*)

M. HAENTJENS. — Ils avaient tous de bonnes intentions !

M. GAMBETTA. — Je dis, Messieurs, qu'il me semble
impossible qu'on vienne soutenir devant vous qu'il
ne s'agit pas d'un service privé, quelque grande que
soit la conséquence de l'enseignement au point de
vue général, qu'il s'agit de l'exécution d'un service
public et par conséquent d'une cause nouvelle de dispense qu'on peut faire pénétrer dans la loi.

En conséquence, vous devez rejeter d'abord l'amendement de M. Chesnelong, parce que cet amendement
ne tend à rien moins qu'à supprimer une barrière de
plus à l'esprit d'influence et d'exemption, c'est-à-dire
l'autorisation du ministre et le choix au moins nécessaire de la commission départementale.

Mais je dis qu'il faut aller plus loin, et que c'est le
système de la commission elle-même qu'il faut condamner, sous peine de commettre une injustice poi-
gnante, que rien n'autorise, surtout en présence des
immenses mutilations que vous avez fait subir au

principe du service militaire obligatoire. (*Vives marques d'adhésion et d'approbation à gauche.*)

M. Jules Simon, ministre de l'instruction publique et des cultes, remplace M. Gambetta à la tribune pour déclarer, aux applaudissements répétés de la droite, qu'il est en parfait accord avec la commission. M. Chesnelong lui demande si les écoles congréganistes libres jouiront de l'exemption sans que les écoles soient désignées par le ministre après l'avis du conseil départemental. M. Jules Simon, revenu au banc des ministres, incline la tête en signe d'assentiment, et M. Chesnelong retire aussitôt son amendement devenu superflu.

L'ensemble de l'article 19 est voté par 524 voix contre 154.

L'article 76 et dernier du projet de loi est adopté le 22 juin.

Le 25 juillet, l'Assemblée passe à la troisième délibération.

La troisième délibération n'occupe que trois séances. L'ensemble du projet est mis aux voix et adopté le 27 juillet. Le président de la République le promulgua le 16 août.

DISCOURS

Prononcé le 24 juin 1872

AU BANQUET COMMÉMORATIF DE LA NAISSANCE
DU GÉNÉRAL HOCHE

A VERSAILLES

———

La *République française* du 26 juin 1872 publiait les lignes suivantes :

« Le banquet commémoratif de la naissance du général Hoche a eu lieu hier, le 24 juin, à Versailles, à l'hôtel des Réservoirs. Deux cents à deux cent cinquante citoyens y assistaient. On remarquait, parmi les personnes présentes, un grand nombre de députés appartenant au groupe de l'Union républicaine, et tous les députés de Seine-et-Oise.

« M. Thiers et M. Barthélemy Saint-Hilaire, tous les deux élus le 8 février dans le département de Seine-et-Oise, s'étaient excusés par une lettre de M. Barthélemy Saint-Hilaire, dont il a été donné lecture et qui a provoqué les plus vifs applaudissements.

« Trois discours ont été prononcés, le premier par M. Rameau, maire de Versailles, qui a bu à la mémoire du général Hoche ; le second par M. Gambetta, qui avait été élu, le 8 février 1871, dans le département de Seine-et-Oise, et qui était invité à ce titre ; le troisième par M. Feray d'Essonnes, député de Seine-et-Oise, qui a porté la santé de M. Thiers, président de la République. »

Voici le discours de M. Gambetta :

Messieurs et chers Concitoyens,

Après les paroles que vous venez d'entendre. on a bien voulu me demander d'ajouter quelques mots. Je serai aussi bref que me le permettra l'émotion que je ressens au souvenir de l'homme illustre que nous venons honorer ensemble.

Et tout d'abord, il faut bien que je me décharge d'une dette que j'ai contractée envers vous depuis longtemps.

Je dois vous remercier d'abord de ce que vous avez bien voulu, dans cette réunion à laquelle assistent tous vos députés, ceux que vous avez nommés le 8 février comme ceux que vous avez nommés depuis, me convier à ce banquet d'union, de concorde, et d'où vous avez exclu tout esprit de système. (*Approbation.*)

Je dois en outre vous remercier, ce que je n'ai pu faire encore personnellement, d'avoir bien voulu, à cette époque funèbre où nous ramènent tous nos souvenirs, au moment où l'on procédait, sous les pas de l'invasion, à l'élection de l'Assemblée, me désigner pour député en face même du quartier général. (*Nouvelle approbation. — Bravos.*)

Je ne veux que passer sur ce fait, et croyez bien que je serais profondément blessé qu'on vît, dans ces paroles, aucune intention personnelle; mais je tiens à saisir l'occasion de dire publiquement, et je voudrais que ma parole allât jusqu'au fond de la France, de proclamer combien a été héroïque, noble et digne de ce fils glorieux dont nous célébrons la mémoire, la ville de Versailles, et les magistrats placés à sa tête, en présence de l'occupation militaire étrangère. (*Très-bien! — Salve d'applaudissements.*)

Je parle ainsi, quoi qu'il puisse en coûter à la modestie de ceux qui m'écoutent et dont le plus grand nombre ont été à la fois témoins et victimes de l'occupation de ces redoutables ennemis, qui, grâce à vous savez quelles criminelles défaillances, ont pu venir camper, en regard de Paris, dans cette ville dont le passé rappelle la gloire de la vieille monarchie déchue, comme aussi la gloire de la première républi-

que qui l'a chassée pour toujours. (*Oui! — Très bien!
— Applaudissements.*)

C'est que j'ai su, Messieurs, c'est que j'ai connu
par le détail le rôle de M. Rameau pendant cette occupation ; j'ai appris, — ce que beaucoup trop de gens
ignorent, — avec quelle ardeur, quelle sagesse, quelle
prudence, avec quels sentiments dignes d'un Français
patriote, avec quelles vertus d'un magistrat intègre et
indépendant, il a lutté pied à pied en face d'un adversaire, — vous savez quel il était ! — il a combattu jusqu'au bout pour votre dignité et pour votre honneur.
(*Approbation unanime. — Bravos.*)

Je n'ai qu'un mot à dire à l'honneur de ceux qui,
groupés autour de lui, associés à son œuvre, composaient le conseil municipal. Ils se sont toujours tenus
fermes devant l'ennemi et ils n'ont pris aucune part,
ni de près ni de loin, à ces capitulations qui, pour
n'être pas militaires, n'en étaient pas moins indignes.
(*Nouvelle approbation générale. — Bravos.*)

Aussi bien est-ce ici un lieu véritablement bien
choisi, une occasion excellente à travers les amertumes et les tristesses de l'heure actuelle, pour se retourner vers le passé, pour évoquer une image chérie
et pour chercher, non pas ce que nous aurait enseigné naguère la satisfaction d'un patriotisme orgueil-
leux, mais les leçons austères qui nous permettront
de fonder enfin notre prospérité intérieure et de reprendre en même temps notre grandeur dans le
monde.

Oui, Hoche fut tout ce que l'on vous disait tout à
l'heure : un grand citoyen, un capitaine d'élite, un
homme d'État, un homme de guerre, un politique,
un administrateur, une grande conscience et un grand
héros. Hoche est une des plus nobles, une des plus
radieuses, une des plus attirantes figures de la Révolution, et l'on ne saurait trop, dans le parti républicain, revenir sans cesse à ce grand modèle, non pas

pour y chercher une imitation que ne comportent
ni notre temps, ni nos mœurs, ni le milieu ambiant
qui nous entoure, mais pour y choisir, avec intelligence, ce qui doit être et rester comme un enseignement permanent et profitable dans nos sociétés
modernes. Car, c'est là le but de cette réunion,
Messieurs, et c'est dans ce seul but qu'il est bon de
l'avoir fondée. C'est afin que tous nous puissions nous
retremper au feu du patriotisme d'un héros comme le
général Hoche ; c'est pour cela aussi qu'il est juste de
lui donner, de lui reconnaître la maîtrise souveraine
et le premier rang dans cette fête.

Eh bien! Messieurs, puisque nous sommes ensemble, recherchons donc sous l'influence de quelles
conditions, avec le concours de quels éléments cette
fortune, qui semble fabuleuse et qui paraît tenir du
roman plus que de l'histoire, est échue à Hoche.

On vous l'a dit : Hoche était le fils d'un homme
attaché au chenil de la monarchie. (*Explosion de bravos
et d'applaudissements.*) Il est bon que cette ville de
Versailles offre ce contraste de réunir à la fois dans
son histoire le passé et l'avenir, ce qu'il y a de plus
haut et de plus illustre dans la monarchie et ce qu'il
y a de plus généreux, de plus spontané et, disons le
mot dans la noble acception qu'il comporte, de plus
noblement révolutionnaire. (*Bravos prolongés.*)

Car, et c'est là l'enseignement que je voudrais surtout retirer de la vie de Hoche, c'est que cet homme,
qui fut à la fois, comme on vous le disait, un grand
capitaine, un diplomate, un administrateur con-
sommé, d'une moralité à toute épreuve, reçut de la
Révolution qui l'avait fait, de ses idées, de ses principes, de ses aspirations qu'il conserva toujours avec
une scrupuleuse fidélité, une autorité, un prestige,
une influence qui, tout à l'heure, si vous me permettez de retracer les grandes lignes de sa vie, en feront
un homme complet.

Fils de la Révolution, enfant du peuple créé par la Révolution, dont il faut savoir débarrasser toutes les merveilles des emportements, des aveuglements momentanés qui ont pu la ternir, par cette Révolution qu'il ne faut voir que dans ses progrès, dans ses grandeurs et dans son immense influence sur l'humanité; — fils de cette Révolution, mère des hommes comme des peuples, Hoche lui resta toujours fidèle, ce qui ne l'empêcha pas d'être le plus modéré des hommes, le diplomate le plus adroit, l'administrateur le plus habile et le plus avisé des capitaines.

Tout jeune, Hoche entre dans les gardes françaises, il assiste et collabore à la prise de la Bastille, la plus grande date révolutionnaire; il ne se dément pas plus tard, et dans toutes les journées on le retrouve. A Thionville, il fait des prodiges; à l'armée des Ardennes, il inaugure le système nouveau et hardi des reconnaissances, qui le fait remarquer par le général Leveneur qui se l'attache; on l'envoie à Dunkerque qu'il débloque; puis il est désigné comme suspect et il vient se constituer prisonnier. Croyez-vous qu'il s'en émeuve? Du tout : il reste le fils de la Révolution. Il comparaît devant ses juges, s'explique, affirme nettement ce qu'il pense, sans rien rejeter de ses idées, on l'acquitte et on le fait brigadier.

On l'envoie immédiatement à l'armée de Moselle.

C'est là qu'il apparaît avec cette figure d'une si étonnante pureté, cette décision d'esprit, cette promptitude de résolution qui en font véritablement un homme nouveau dans des temps nouveaux. (*Vifs applaudissements.*)

En effet, dans quelle situation arrive-t-il prendre le commandement de l'armée de Moselle?

Ce qu'on appelait l'armée de Moselle, c'était une troupe composée de 15 à 20,000 hommes, mal armés, mal équipés, avec l'indiscipline partout. Les chefs n'étaient pas obéis; les soldats mettaient, permettez-moi le mot, le gaspillage jusque dans les vivres qu'on volait; partout enfin on ne voyait que la confusion, le désordre et l'indiscipline.

Hoche arrive, et nous voyons aussitôt apparaître un des symptômes les plus visibles de la grandeur de ce caractère, de la nouveauté de cette méthode révolutionnaire.

Dès son arrivée, il aborde immédiatement les soldats, interroge les officiers, ouvre les rangs, se rend compte de tout et parle sévèrement quand il le faut. C'est là qu'il fit cet admirable choix de lieutenants, parmi lesquels Michel Ney.

Il questionne les hommes, les juge sur un mot, leur donne sa confiance, ou bien il reste impénétrable; il fait sortir tout de suite des rangs ceux dont il apprécie le mérite; il fallait des hommes nouveaux, il les improvise. N'était-il pas lui-même un homme nouveau, un chef improvisé, et il rompt avec les vieux représentants, avec les hommes attardés et les souteneurs des vieilles monarchies. (*Triple salve d'applaudissements.*)

De ces soldats, il fit de jeunes chefs, et ces chefs devinrent, plus tard, les premiers hommes de guerre de leur temps; ils ont sauvé la France luttant contre l'Europe entière coalisée. C'est à l'âme de Hoche qu'ils avaient allumé leur âme pour soutenir cette lutte jusqu'à la mort, jusqu'à l'immolation d'eux-mêmes, et c'est ainsi que Hoche avait fait des armées républicaines. Elles ont commencé par délivrer la France; on les a fait servir à conquérir le monde plus tard; enfin elles ont fini, dénaturées et détériorées par un égoïste ambitieux, par perdre la patrie.

Quand il eut ainsi encadré et formé ses brigades et ses divisions, quand il eut choisi ses généraux, quand il eut passé deux mois à stimuler le zèle de tous, à établir parmi ses soldats la discipline par un travail continuel, il eut l'armée qu'il voulait donner à la République pour sa défense et sa gloire.

Car cet homme, ce fils de la Révolution, ce général républicain qui ne s'est jamais démenti, mettait au-dessus de tout la valeur de la règle et de la discipline, et c'est lui qui a dit ce mot si vrai : Les armées qui n'ont pas de discipline sont toujours battues.

Respectueux des droits de chacun, connaissant la valeur des hommes, il ne se laissait jamais aller ni aux erreurs, ni aux chimères, il savait que les hommes ne valent pas seulement parce qu'on leur a donné un fusil et un équipement, mais encore par leur instruction, par leur abnégation personnelle, par leur cohésion en masses, par leur discipline et par leur esprit militaire. (*Bravos.*)

Et, en effet, après qu'il eut préparé, pendant deux mois, cette armée, que fit-il?

Cent mille Allemands bordaient la frontière. L'armée du Rhin, sous Pichegru, était neutralisée ; Hoche projette de se jeter entre les Prussiens du Palatinat et ceux des Vosges, de les couper, d'enlever les lignes de Wissembourg et de passer au cœur de l'Allemagne.

C'était là un plan hardi, il l'exécute et réussit malgré la mauvaise volonté de quelques-uns et l'attitude de Pichegru.

Il se couvrit, dans cette campagne, d'une gloire immortelle; il fut forcé par les envieux de revenir dans ses cantonnements; on le surveillait, mais, comme on ne pouvait pas le frapper au milieu de son armée, on prit le parti de l'en arracher, on le nomma général à l'armée d'Italie.

S'il eût vécu, le cours de l'histoire du monde eût été changé, car on n'eût pas vu, à la tête de cette armée, l'homme qui s'est précipité sur l'Italie comme sur une proie, mais le plus incorruptible des héros. (*Applaudissements prolongés.*)

Il arrive à Nice, et c'est un général, un frère d'armes qui l'y fait arrêter. — C'est moi que vous faites arrêter, dit-il, vous êtes donc un gendarme? C'était déjà un premier avertissement.

Dès qu'il fût arrêté, il demanda à être conduit à Paris; il y arriva, et c'est ici que je veux reprendre ce que vous disait tout à l'heure mon très-cher ami M. Rameau sur la détention de Hoche à la Conciergerie.

On l'interrogea pour la forme; il ne reste aucune trace de cet interrogatoire.

Malgré ses préoccupations constantes de l'étude, du travail, de la méditation, sa nature véritablement gauloise apparaissait et lui faisait supporter sa situation avec une véritable force d'âme et une grande sérénité; il se donnait à ses amis, s'arrachant à ses occupations, et il savait parfaitement, dans ses relations avec eux, apporter la familiarité et toutes les séductions de l'esprit que pouvaient avoir les gentilshommes de l'ancienne monarchie. A telles enseignes, qu'il avait déjà été distingué pour son esprit, dans les gardes françaises, par des dames qui voulaient le faire passer général. (*Rires et applaudissements.*)

Cet abandon charmant, il le retrouve à la Conciergerie.

Après avoir lu Sénèque, qu'il trouve insuffisant, il se reporte sur Montaigne pour aller bientôt plus loin, je veux parler de Rabelais. Il rasséréna son esprit; et nous avons de lui des observations, des peintures de mœurs, qui donnent de l'esprit de finesse et de l'humeur de Hoche une idée qui ne serait pas indigne d'un moraliste du XVIIIe siècle.

Il était nécessaire de dire comment il supporta cette cruelle captivité. Le 9 thermidor vint le faire sortir de prison. C'est ici que je rencontre les plus nobles qualités de son cœur et la preuve de sa fidélité imperturbable à défendre les hommes de la Révolution.

Après avoir fait partie de ce pâle troupeau dont parle Chénier, un homme vulgaire se fût retourné, l'injure à la bouche, contre la Révolution, dont il fût devenu, de près ou de loin, un ennemi acharné. Ah! que vous connaissez peu cet homme! Un jour que, le faisant revenir sur son passé, on cherchait à l'exciter contre ses persécuteurs, il arrêta rudement son interlocuteur et lui dit : Monsieur, est-ce que vous n'avez pas de patrie? (*Applaudissements prolongés.*)

Eh bien, c'est précisément dans sa prison que Hoche a montré la véritable trempe de son caractère; c'est là qu'il a efficacement médité sur ce qu'il y avait de juste, de sage, d'irrésistiblement vrai dans l'œuvre révolutionnaire, sur ce qu'il fallait en laisser, en dégager, en éliminer; et ce sont ces méditations et ces réflexions qui en ont fait le grand homme de guerre de la Vendée. C'est parce qu'il avait vu de près ce qu'il y avait au fond des passions politiques; c'est parce qu'il avait pu mesurer ces plaies sociales et politiques, et connaître la vérité des accusations des uns, ainsi que l'effronterie des autres, qu'il va tout à l'heure apporter toutes ses grandes qualités dans la guerre civile et que vous allez le voir apparaître là plus grand, plus sublime encore que devant l'étranger. (*Applaudissements.*)

Oui, Messieurs, à ce moment, la France menacée par l'Europe avait des enfants assez dénaturés pour conspirer son démembrement, sous l'œil même de l'ennemi. C'était le moment où la flotte anglaise bordait nos côtes; c'était le moment qu'on avait choisi pour lever le drapeau de la révolte dans une partie de la France; dix généraux en chef, cent cinquante divisionnaires, des commissaires extraordinaires avaient passé dans ce terrible pays de la chouannerie : tous avaient échoué! Les guerriers et les politiques s'étaient déclarés impuissants; la Convention, et plus tard le Directoire, en étaient réduits à traiter de puissance à puissance avec ces rebelles. Bonaparte, entre autres généraux, y alla, mais il craignit de s'engager dans une mauvaise voie, il vit le pays, revint, et il ne fut plus jamais possible de l'y réexpédier. (*Sourires.*)

Hoche est un autre homme, Messieurs; et c'est précisément parce qu'il est mis en présence d'une immense difficulté, d'un terrible problème à résoudre, que, quelles que soient les difficultés à vaincre, les tristesses qu'il faudra surmonter, et probablement, dans sa pensée, la méconnaissance des services rendus à laquelle il faudra se résigner, il voudra se dévouer à cette tâche ingrate. Il faut, dit-il, résoudre le problème ou périr; ce problème, il l'a résolu. Voici comment : il l'a résolu de deux manières, en général et en homme d'État : en général, en sachant opposer à ces chouans, à ces bandes qui apparaissaient au nombre de quinze, de vingt, de cent et de deux cents hommes, qui fuyaient comme le nuage, qui fondaient tout à coup sur les troupes, qui étaient insaisissables, qui apparaissaient partout et qu'on ne rencontrait nulle part; en opposant à ces invisibles ennemis qui sortaient des fossés et faisaient feu derrière les haies, qui avaient recours au pillage et à l'incendie, en leur opposant à la fois l'immobilité et la mobilité, en faisant un grand nombre de camps retranchés et en créant {des colonnes mobiles. Des camps retranchés se reliaient depuis le département de Maine-et-Loire jusqu'à la Normandie, et, en même temps, partaient comme les doigts de la main, des colonnes mobiles chargées d'opérer contre les bandes; et alors, selon une terrible expression, on n'accordait que « la capitulation des baïonnettes ».

Mais voici où son génie apparaît. Il dit : Ces rebelles sont des Français, ce sont des frères, il y a parmi eux deux parts à faire : il y a les pauvres, les paysans et ceux qui les exploitent, et c'est là que l'on constate ce qu'il y avait de sensibilité exquise, de tendresse démocratique, de véritables entrailles plébéiennes dans ce superbe héros; en voyant cette masse de paysans aveuglés, égarés comme un troupeau de bœufs que pousse par derrière un pâtre irrité, il se dit : Non, non, il faut leur faire grâce ; il faut leur faire comprendre qu'on vient les délivrer de la dîme et de la corvée.

A cette politique qui allait au cœur du paysan, il en ajouta une autre bien autrement hardie pour l'époque ; il dit, il écrivit : « Dans ce pays, vous n'aurez la paix, le calme à l'avenir, qu'avec la tolérance religieuse. » Il fit mieux que de le dire et de l'écrire : il mit ce principe en pratique. C'est là, dit-il, le secret de la pacification. (*Applaudissements.*) Vous voyez par là comment cet homme, parfaitement révolutionnaire, véritablement imbu des principes, des sentiments, des aspirations de la Révolution, a pu réussir en joignant la modération à l'inflexibilité. Il n'est pas inutile de feuilleter la vie de tels hommes et de leur rendre cet hommage suprême que Tacite réclamait pour les grands citoyens, non des louanges, mais une fidèle imitation de leur conduite.

Cette vie, on pourrait la retourner dans tous les sens, elle doit devenir le catéchisme des enfants du département de Seine-et-Oise, il faut leur apprendre l'origine, la vie de Hoche, les efforts qu'il a faits pour ne pas rester inférieur aux postes qu'il occupait. Car, à mesure qu'il montait, son cerveau s'agrandissait, s'élargissait, montait aussi, et il finissait par honorer la fonction dont il était revêtu, si élevée qu'elle pût être. (*Applaudissements prolongés.*) Et vous allez voir, Messieurs, à quel point il était un homme supérieur, et combien nous avons besoin de nous instruire à son école ; après avoir dompté en six semaines la révolte et rendu à la République l'Anjou, le Maine, la Bretagne, la Normandie, au moyen de cette force combinée de la répression terrible et de la douceur, après avoir proclamé l'état de siège, le lendemain du jour où il a vaincu, il proclame l'amnistie. (*Bravo! bravo! — Triple salve d'applaudissements prolongés.*)

Messieurs, les règles de la politique sont éternelles,
parce qu'elles reposent sur la morale et qu'il n'y a pas
de politique vraie, efficace, fructueuse, quand la force
viole, même momentanément et passagèrement, les
principes éternels de la justice et de l'humanité. (*Nouveaux applaudissements.*) Cet homme de guerre, qui a
mis son honneur, — c'est là certainement sa plus
grande gloire, — non pas à s'appeler un grand capitaine, mais à être un pacificateur, cet homme mois-
sonné avant la saison, cet homme pouvait rendre à la
France le plus complet, le plus noble de tous les services, oui, il pouvait montrer au monde de quoi la
France est capable dans la paix comme dans la guerre,
quand elle a des enfants dévoués, résolus, que rien
n'ébranle, qui ne veulent pas désespérer. (*Triple salve
d'applaudissements.*) En face de ces Anglais qu'il avait
vus, — admirez la noblesse de cet homme, — qu'il
avait vus à Quiberon canonner les royalistes acculés
à la presqu'île, il avait conçu contre ce peuple une
aversion, une colère qui sont heureusement passées
de mode aujourd'hui ; il rêva, non pas ce rêve insensé
que plus tard voulut réaliser, pour son propre compte,
un aventurier plus heureux, non, un rêve désintéressé
qui n'avait pas pour but d'écraser une nation libre,
mais d'affranchir une population noble et malheureuse, il rêva cette expédition d'Irlande ; on la traitait
de chimérique ; mais que ceux qui en parlent sans avoir
interrogé l'histoire, peut-être, se fassent apporter les
rapports, les travaux qui se rattachent à ce projet.

Ils verront que Hoche, sans éducation première,
par la seule force de sa volonté, s'était trouvé à la
hauteur de la tâche qu'il méditait d'entreprendre.
Cette expédition avorta par la faute de la vieille organisation de la marine ; les anciens officiers de la marine royale ne voulaient pas être commandés par un
général de l'armée de terre ; Hoche voulait tout simplement étouffer la coalition dans l'œuf. Pitt a eu à

ce sujet un mot éloquent et cruel : « L'armée française et Hoche ne nous ont échappé que parce qu'ils
se sont mis à l'abri sous les tempêtes. »

Hoche sentit qu'il n'avait échoué qu'à cause de la
haine, de l'envie de rivaux qui ne le valaient pas.

Plus tard, il alla commander l'armée de Sambre-
et-Meuse ; là, il fut ce vaillant héros qui poussa jusqu'à Vienne, qui, en quatre jours, fit trente-cinq
lieues à partir de la frontière, arriva à Francfort, passa
la rivière, et là fut arrêté après avoir gagné trois ou
quatre batailles dont vous avez les noms sous les yeux
et que je ne rappelle pas, parce qu'il est pénible de
rappeler des souvenirs de gloire, alors que notre devoir, à nous, nous condamne à ne rappeler que les
désastres immérités que nous avons dû subir. (*Vive
émotion dans l'auditoire.*)

Il aurait pu pousser jusque sur le Danube, il fut
arrêté par Berthier, sur un ordre venu d'Italie ; Bonaparte venait de conclure un armistice, et Hoche, ce
grand soldat, était tellement resté civil, patriote, républicain, qu'il n'eut, au sein de son triomphe, qu'une
seule parole : « Ah ! quel bonheur ! nous avons la paix,
et nous la devons à d'autres. »

Vous savez, Messieurs, qu'au retour de cette glorieuse campagne de quatre jours, dans laquelle il
avait enlevé 8,000 prisonniers, des canons, et toutes les
positions de l'ennemi, il fut récompensé par un ordre
du jour qui déclara qu'il avait bien mérité de la patrie.

Il poussa la modestie, qui est une autre qualité du
guerrier républicain, jusqu'à éloigner cette couronne
et à faire un rapport spécial où il établissait que
c'était aux autres qu'il devait tout. Rare exemple,
Messieurs, qui devait se perdre bientôt dans les armées républicaines, car on vit, moins de deux ans
après, toute l'habileté d'un homme s'appliquer, non pas
seulement à gagner des batailles, mais à vouloir les
avoir gagnées tout seul. (*Applaudissements.*)

Mais il ne faut pas parler seulement de Hoche comme
militaire et comme homme de guerre, au point de
vue spécial de l'organisation des armées, de cette sollicitude du général qui veille sur les besoins les plus
humbles du soldat, surveillant tous les services, le
service de santé, le service des vivres, et, par-dessus
tout, gardant le secret le plus absolu sur ses opéra-
rations, dirigeant lui-même cette organisation de l'es-
pionnage qu'on a laissée de côté, comme s'il suffisait
à certains généraux, non pas de vaincre, mais d'être
surpris (*Applaudissements et rires*), il faut encore retenir de cette existence cette qualité dominante, le
civisme. Il considérait la guerre, non seulement comme
un exercice des plus difficiles et des plus nobles facultés de l'homme, il la considérait aussi comme
un état passager, violent, momentané, et il gardait,
aussi loin que le menait la fortune des armes, l'image
de la patrie et du foyer, ne séparant jamais la profes-
sion militaire des droits et des devoirs civiques..

C'est par là surtout que Hoche est digne d'être cité
en exemple à une nation qui, quels que soient les
préjugés, les résistances, les entraves ou les intérêts
qui se croiront froissés, fera de tous ses enfants des
soldats et des citoyens. (*Applaudissements.*)

Je ne vous parlerai pas de sa mort; vous savez,
Messieurs, combien elle fut subite et mystérieuse; il
faut jeter un voile sur les derniers moments de cette
existence, car nous ne sommes pas ici pour résoudre
des problèmes historiques, mais pour nous inspirer
des rares vertus, des nobles qualités et du grand caractère de notre héros, pour nous dire qu'à son exemple
nous pouvons affirmer hautement que la démocratie
qui monte, qui travaille, qui étudie, qui ne demande
que l'ordre, la paix sociale, sent que tous ses intérêts
ne seront satisfaits qu'à la condition que la France
soit grande et indépendante comme nation. (*Applaudissements.*) De là, Messieurs, le devoir de ne jamais

séparer ces deux buts : le relèvement moral et le relèvement matériel de la patrie, de telle sorte que nous
n'ayons d'autre préoccupation que de donner à nos
enfants, à la génération qui vient, — car celle qui
existe, qui a subi le spectacle de tous ces désastres et
le contact de toutes ces défaillances, tout en redou-
blant d'efforts, ne peut plus compter sur elle seule
pour refaire la patrie, — de confier, dis-je, à la génération qui vient après nous, à ceux qui ont l'âme
toute neuve, les germes qui devront s'épanouir plus
tard. C'est à eux qu'il faut adresser ces grandes leçons,
il n'en est pas de plus juste, de plus nécessaire à leur
répéter constamment que la loi du travail, formulée
dans cette devise de Hoche que l'on vous citait tout à
l'heure : *Res non verba.*

Je retiens une autre formule qu'il avait faite sienne
après avoir lu la *Vie d'un président de la République,*
de Witt : « *Ago quod ago* », je fais ce que je fais. Oui,
faisons ce que nous faisons, ne cherchons pas à tout
résoudre, ne pensons pas qu'il existe un moyen de
rendre uniforme le bonheur général, de résoudre tous
les problèmes à la fois, *ago quod ago.* Que tous nos
amis qui sont ici, que ceux qui sont en province nous
donnent cet exemple du travail à tous les degrés, dans
les conseils municipaux, dans les conseils généraux,
dans tous les corps électifs; qu'ils se souviennent de
la grande formule avec laquelle Hoche et d'autres dé-
livrèrent la France, qui enfanta tant de prodiges et
qui nous inspire aujourd'hui la grande formule moderne : « Du travail, toujours du travail, et encore du
travail. »

(Les derniers mots de l'orateur sont couverts de
longs et chaleureux applaudissements.)

DISCOURS

PRONONCÉ AU BANQUET DE LA FERTÉ-SOUS-JOUARRE

Le 14 juillet 1872

————

La *République française* du 16 juillet 1872 publiait les lignes suivantes :

« C'est une excellente et patriotique pensée qui a inspiré les organisateurs du banquet de la Ferté-sous-Jouarre. Ces républicains si dévoués et si intelligents, qui vivent à côté d'une population rurale dont ils connaissent à merveille les véritables sentiments, ont voulu prouver par un exemple que les cœurs et les esprits des habitants des campagnes appartiennent à la démocratie, à la République, et qu'on veut la même chose, ayant le même intérêt et étant de la même race, aux champs et dans les villes. Nos amis savaient bien qu'une réunion de citoyens, composée en immense majorité de cultivateurs, applaudirait les mêmes paroles, accueillerait avec la même conviction passionnée les mêmes idées qui, depuis longtemps déjà, ont conquis toutes nos cités républicaines. Rien n'était plus utile, plus opportun que cette démonstration. Nous avions d'ailleurs pleine confiance en cette expérience. Mais nos amis ont été récompensés, au-delà même de nos espérances, par un succès complet, et de la peine qu'ils s'étaient donnée et de la persévérance avec laquelle ils ont poursuivi leur entreprise, malgré les moyens de toute nature employés pour les décourager par la timidité ou par la malveillance. Toute la démocratie de Seine-et-Marne se souviendra du zèle et du dévouement déployés dans cette circonstance par les citoyens qui ont pris l'initiative du banquet : les citoyens Pierre-Pradines; Roussel, maire de la Ferté; Thoumy, son premier adjoint; Hardouin, secrétaire du comité; par les commissaires et les ordonnateurs de la fête'; par tous ceux enfin qui se sont occupés de tous les détails d'exécution, avec autant d'activité que de désintéressement.

« Un vaste jardin avait été choisi, à l'une des extrémités de la petite ville de la Ferté-sous-Jouarre, et recouvert de plusieurs grandes tentes qui formaient une salle immense, où dix-huit cents personnes environ ont pu trouver place. Des drapeaux tricolores flottaient autour des tentes. L'orchestre de la Société musicale de la Ferté était là prêt à faire entendre les chants nationaux toujours applaudis.

« Mais le ciel semblait être d'accord avec les adversaires du banquet. Il pleuvait à torrents depuis le matin.

« La pluie cependant n'avait découragé personne. A midi, à l'heure précise qui avait été indiquée, chacun avait pris place. Beaucoup des convives venaient de loin, non-seulement de tout le canton de la Ferté, dont presque tous les maires étaient présents, des cantons voisins et de tout le département de Seine-et-Marne, mais des départements voisins, notamment de la Marne, encore occupée par les Prussiens, de l'Oise, de l'Aisne de Château-Thierry, des Ardennes, de Reims, etc. Le plus grand nombre, nous tenons à le redire, se composait d'habitants de la campagne, de petits propriétaires, de fermiers, de simples cultivateurs.

« Le banquet était présidé par M. Roussel, maire de la Ferté-sous-Jouarre, qui a prononcé le discours suivant :

« Chers concitoyens,

« Il y a quatre-vingt trois ans qu'en ce jour a commencé la grande Révolution qui, en abolissant les privilèges et en inscrivant en tête de la Constitution l'égalité devant la loi, a décerné à nos pères, jusque-là roturiers, manants, serfs attachés à la terre qui les avait vus naître, le titre de citoyens libres.

« Célébrons la mémoire de ces républicains héroïques qui, en présence de l'Europe coalisée contre nous, décrétaient la victoire et savaient mourir pour défendre leur patrie et leurs principes.

« Permettez-moi aussi de porter un toast à leur digne suc-

cesseur, à celui qui a voulu défendre jusqu'à la dernière
heure notre sol envahi, au député Gambetta, qui, par sa
présence à ce banquet, nous donne l'occasion de nous réunir et de célébrer tous ensemble l'établissement définitif de
la République ! »

M. Gambetta a pris la parole en ces termes :

En me levant au milieu de vous, chers concitoyens,
ma première pensée est pour nos morts. Elle est pour
ceux qui nous ont permis, par le sacrifice de leur existence, de nous rassembler librement aujourd'hui, ici,
dans le département de Seine-et-Marne, non loin de
ce Paris, qui doit rester, quoi qu'on dise et quoi qu'on
trame contre lui, l'initiateur de la France et la capitale intellectuelle du monde. (*Approbation générale. —
Applaudissements.*)

Oui, c'est une pensée pieuse avant tout qui nous
rassemble, non seulement sous ces fragiles tentes,
mais qui, dans toute l'étendue de la France, réunit
tous les républicains. C'est une pensée pieuse que de
fêter et célébrer la grande date de la Révolution française en recherchant avec calme, avec sang-froid, avec
résolution, ce qui a été commencé par nos pères, ce
qu'ils nous ont légué et ce qu'il nous reste à faire, ce
que nous avons laissé d'incomplet et d'inessayé dans
leur héritage.

Non seulement nous devons rechercher avec patience
quels ont été leurs mérites, mais nous devons encore
nous exciter par la comparaison en voyant combien
nous sommes en retard sur eux et combien nous avons
à faire pour n'avoir pas à subir une comparaison véritablement fâcheuse pour nous.

Trois quarts de siècle se sont écoulés, et nous
sommes encore à disputer, contre les souteneurs du
passé, non seulement l'établissement de la justice
et du droit, non seulement l'émancipation réelle et
virtuelle de tous et de chacun, mais jusqu'au nom

même de la République. (*Applaudissements prolongés.
— Acclamations.*)

Mes amis, il est nécessaire que ces réunions soient
des réunions d'hommes libres, c'est-à-dire d'hommes
sachant contenir leurs sentiments. Aussi, quelle que
soit la sympathie avec laquelle ils veulent bien accueillir leur ami et, je peux bien le dire, leur représentant,
ils doivent, et pour lui et pour eux, lui épargner des
applaudissements ou trop prolongés ou trop précipités.
(*Marques d'approbation.*)

Je tiens à le dire, ce n'est pas une pensée d'orgueil,
ce n'est pas une pensée de joie qui nous a réunis ici;
non, c'est une pensée presque triste. Ce doit être
pour nous, en effet, une cause de véritable tristesse,
qu'au lendemain de nos désastres, qui ont tous leur
origine dans la violation des principes de la Révolution française, qu'au lendemain de ces effroyables
malheurs attirés sur ce pays par trois monarchies successives, nous en soyons encore à disputer sur le
droit de nous réunir, de nous assembler; que nous
soyons encore obligés de répondre à ces accusations
de désordre que nous fait cette presse stipendiée qui
ne poursuit, dans toutes les occasions et par tous les
moyens, qu'un seul but : apeurer la France, en voulant lui faire croire que nous sommes des forcenés ;
cette presse déshonorée qui, toutes les fois que nous
cherchons à nous entretenir de nos intérêts communs,
qui sont les intérêts mêmes de la patrie, ose affirmer
devant le pays que nous ne recherchons que l'agitation et le désordre.

C'est pour cela, Messieurs, que je vous demande le
calme.

S'il était permis à ces oisifs de la presse dite légère
de venir parmi nous et de voir ce que c'est qu'une
réunions de travailleurs qui profitent du dimanche
pour fêter à leur manière celui qui doit rester toujours le dieu du travail et des sociétés modernes,

c'est-à-dire le droit (*Salve d'applaudissements*), si, dis-je, il leur était donné d'être au milieu de vous, ils verraient que ce qui vous a attirés ici, de trente à quarante lieues, ce n'était pas la pensée de faire, au milieu d'un champ, un banquet, dont les restes, qui sont là, témoignent de votre sobriété. Ils verraient que ce n'était pas pour venir faire sous la pluie une réunion tumultueuse et agitée. (*Rires approbatifs. — Très bien! très bien!*)

Aussi, Messieurs, semble-t-il nécessaire d'apprendre, par notre calme, aux ignorants, aux simples, aux indifférents, qu'on abuse et qu'on exploite contre nous, que nous sommes mûrs pour l'exercice de toutes les libertés, et qu'on peut, en France, comme dans la libre Amérique, comme en Suisse, et comme dans l'aristocratique Angleterre, se réunir et discuter sans qu'un chenil immonde d'aboyeurs de la presse vienne jeter le trouble dans le pays. (*Double salve d'applaudissements.*)

Oui, ces réunions sont bonnes, je dis plus, elles sont nécessaires.

Elles sont nécessaires à plusieurs points de vue : d'abord pour rapprocher les deux fractions de la société française que la Révolution de 89 avait associées et réunies et que les trois monarchies successives, épaves du vieux monde, se sont ingéniées, depuis trois quarts de siècle, à diviser, à séparer, à jeter les unes sur les autres, les armes à la main.

En second lieu, ces réunions ne sauraient être trop multipliées, surtout au cœur des campagnes ; car on ne saurait trop souvent visiter face à face celui qui vit sur le sol, qui le féconde de ses sueurs, qui manque de moyens d'informations avec la ville qu'on lui représente comme un foyer de sédition, d'anarchie, cherchant ainsi, par la division de classes semblables, par la division d'intérêts conciliables, à créer un antagonisme qui est le fondement même du despotisme.

Oui, il faut que ces réunions se multiplient, et, à

travers les amertumes du présent, si j'ai une joie, une
espérance et une consolation, c'est de voir qu'au mépris de toutes les entraves, de tous les obstacles, il y
a aujourd'hui, dans tous les départements français,
des assemblées pareilles où l'on est persuadé que c'est
par la rencontre, par la fréquentation, par la conversation, que ces deux frères, le paysan et l'ouvrier,
l'homme de ville et l'homme de campagne, doivent enfin être réunis et associés par leur frère aîné, celui qui
appartient à la bourgeoisie et qui, grâce à une fortune
antérieure ou à des sacrifices immédiats, a obtenu
une éducation qui doit en faire à la fois un initiateur
et un guide. (*Applaudissements prolongés.*)

Je dis que des réunions semblables à celle que nous
avons en ce moment ont lieu, à l'heure qu'il est, sur
tous les points du territoire, à Marseille, à Bordeaux
et à Lille, à l'ouest et au sud, à l'est et au nord. Et si
l'on a tout fait pour les empêcher, si l'on a cherché à
mettre l'administration contre ces réunions, si les timides et les *apeurés* dont on vous parlait tout à l'heure,
ont tenté d'apporter des obstacles à l'éclosion de cette
magnifique fédération morale, savez-vous pourquoi?
C'est parce que, le jour où, après vous être réunis,
vous vous reconnaîtriez, il n'y aurait plus moyen de
prolonger ni le provisoire, ni les équivoques, et, ce
jour-là, le nombre aurait le droit. (*Applaudissements
répétés.*)

Eh bien, au 14 juillet 89, cette unité morale, sociale
et politique existait en France. Elle était le fruit d'intérêts reconnus égaux et qu'il s'agissait de faire triompher, et elle se fit jour à cette date, pour la première
et pour la plus décisive fois, dans ce glorieux Paris,
initiateur du mouvement contre Versailles, qui réclamait, avec ses franchises municipales, des libertés
politiques pour tout le pays, une Constitution nationale et l'expulsion des hordes étrangères. Paris
alors était groupé, entendez-le bien ; Paris formait

comme un faisceau où le bourgeois, l'ouvrier, le peuple, tout le peuple, ce que l'on appelait le Tiers, concouraient sans division, avec une unité d'action admirable, à l'œuvre nationale de la Révolution française, car vous n'avez qu'à compter ceux qui se battent pour prendre la Bastille et ceux qui les mènent dans ce grand jour, vous les trouvez tous réunis, depuis le penseur, le publiciste, l'ouvrier, le garde-française, l'électeur, le marchand jusqu'au simple tâcheron. Ils y sont tous, tous représentent l'unité française réclamant ses droits ; tous assemblent leurs efforts contre le Royal-Allemand, les Suisses et les lansquenets, contre les tyrans, non pas seulement pour renverser une Bastille de pierres, mais pour détruire la véritable Bastille : le moyen âge, le despotisme, l'oligarchie, la royauté ! (*Salve d'applaudissements. — Acclamations !*)

Eh bien ! Messieurs, c'est cette admirable, cette incomparable unité d'action qui a été dissoute, qui l'a été par les efforts associés de l'Église et de l'aristocratie auxquels se joignit, plus tard, un autre élément qui apparut en même temps que le triomphe inespéré, trop complet peut-être, d'une première couche du Tiers-État : les intrigants !

On vit ceux qui avaient été les guides, les initiateurs, les conducteurs de ce grand mouvement révolutionnaire, qui n'était pas seulement la libération du citoyen, du Français, mais qui était l'affranchissement même de tout ce qui respirait dans l'humanité, de tout ce qui portait le nom d'hommes, on les vit un jour s'arrêter sans finir leur œuvre.

Mais il faut voir aussi comment fut accueilli, par l'univers, ce grand fait de la prise de la Bastille. Partout où il y eut des cœurs généreux, coulèrent des larmes de joie en apprenant que la Bastille avait été prise, et que c'était le peuple de Paris qui venait de détruire cette forteresse de la tyrannie, ce sombre et menaçant symbole de l'oppression morale et maté-

rielle des Français, c'était partout l'allégresse; on
s'embrassait dans les rues de Saint-Pétersbourg; en
Allemagne, il n'était pas un écrivain, pas un philoso-
phe qui ne poussât un cri de joie et de satisfaction; en
Italie, c'était un ravissement; de même en Suède, en
Norvège, en Angleterre, et jusqu'au fond de la catholique Espagne, les hommes s'abandonnent aux mêmes
palpitations, aux mêmes effusions de bonheur, à cette
grande nouvelle : la Bastille est tombée.

Pourquoi donc cet amas de pierres disjointes cau-
sait-il tant de joie? C'est que l'on sentait que le vieux
monde était fini et que la chute de la Bastille annonçait un monde nouveau, le monde de la justice, du
droit et de la dignité individuelle ; c'est parce que le
monde civil et la volonté laïque apparaissaient à tous
et faisaient pour la première fois leur entrée définitive.
(*Bravo! bravo! — Applaudissements prolongés.*)

Ah! il fallait à tout prix empêcher une telle victoire
et surtout en réduire les effets, en contenir l'expansion ;
il fallait l'empêcher de gagner de proche en proche,
l'empêcher de passer la frontière et de se répandre
sur toutes les contrées de l'Europe! Et alors une
ligue infâme commença. Les vaincus du dedans, trois
jours après la prise de la Bastille, les d'Artois, les
Conti, les Condé, tous les privilégiés, tous les aris-
tocrates, les nobles, les prêtres, tous quittent la
France et s'en vont chercher l'étranger. (*Explosion de
bravos.*)

Dans ce grand mouvement qui venait de s'accomplir, la République était impliquée; ils l'aperçurent,
car ils étaient clairvoyants; on les a accusés de trahison, et on a eu raison ; on les a accusés de sottise, et
on a eu tort : ils comprenaient bien que c'en était fait
de leurs privilèges et de leur puissance; ils sentaient
qu'on ne ramènerait jamais la France émancipée sous
le joug de la royauté, sous la tutelle des princes et
sous la domination de cette lèpre dévorante du

clergé (*Bravo! bravo!*), si l'on n'y mettait la main de
l'Europe coalisée. (*Sensation.*)

Et voilà comment les faits s'enchaînent, l'un entraî-
nant l'autre ! Il est bien certain, en effet, que le
10 Août, que le 22 Septembre, que les journées les
plus décisives de la Révolution française sont contenues, sont impliquées dans ce premier fait qui les en-
veloppe : le 14 Juillet 1789.

Et voilà pourquoi aussi c'est la vraie date révolutionnaire, celle qui a fait tressaillir la France ; celle
qui l'a fait lever jusque dans la dernière de ses communes ; celle qui a fait surgir, comme par un coup de
baguette magique, un citoyen dans le dernier des serfs,
dans le plus humble, dans le plus infime des travailleurs. C'est pourquoi le 14 Juillet n'est pas une date
monarchique, et vous voyez qu'on ne la revendique
pas de ce côté, quoique ce grand fait ait eu lieu sous
la monarchie ; on comprend que ce jour-là notre nouveau Testament nous a été donné, et que tout doit
en découler. (*Oui! oui! — Applaudissements.*)

Mais, Messieurs, il ne suffit pas de mesurer l'étendue et la profondeur de cet immense évènement ; il
faut nous regarder nous-mêmes et du plus près que
nous le pourrons. Il faut nous expliquer à nous-mêmes
pourquoi cet admirable mouvement s'est égaré en
route, pourquoi il a décrit, à travers notre douloureuse
histoire, un chemin si brisé et si tortueux ; il faut rechercher à qui incombe la responsabilité de tant de
détours et de retards, et si elle ne doit pas être sup-
portée par plusieurs. Il faut, en un mot, que nous
fassions notre propre examen de conscience ; que nous
sachions pour l'avenir quels sont ceux qui ont eu des
défaillances dans le passé, afin que, groupés, unis,
connaissant bien la route à suivre, nous n'ayons plus
ni hésitation ni couardise. (*Oui! — Bravo! — Applaudissements.*)

Eh bien ! que s'est-il passé après l'émancipation légale des citoyens, après ce don magnifique de joyeux avènement de la Révolution française, qui prend dans son sillon, où il croupissait comme une bête de somme, le paysan, qui le redresse et lui fait figure humaine, — que dis-je? qui lui fait figure civile et politique et qui lui dit: Cette terre est à toi; c'est ta passion dominante, tu l'aimes, tu la travailles, tu la fécondes; tu sens là toutes les joies qui appartiennent à l'homme sur son propre fonds; chaque jour tu ornes cette maîtresse, tu la surveilles avec des soins jaloux, ne permettant d'empiétement à personne, mais cherchant toujours à l'agrandir, à l'amplifier, mettant constamment dans chaque pli, dans chaque recoin, l'empreinte de ta personnalité avec celle de ton travail; eh bien, ce travail de chaque jour, ce travail accumulé, ce travail associé à ta personne, c'est ton bien, c'est ta propriété, il est à toi! (*Sensation profonde.* — *Explosion d'applaudissements.*)

Voilà ce qu'a fait la Révolution française pour le travailleur des champs.

Eh bien, le voilà livré à lui-même sur ce morceau de terre. Et ceux qui ont dirigé ce mouvement estiment qu'on a assez fait pour la justice!

Quant à lui assurer la compréhension de ces principes, pour lesquels on vient de verser tant de sang, quant à lui donner l'intelligence de ses droits et de ses devoirs dans cette nouvelle société, quant à faire de cet homme une conscience après en avoir fait un propriétaire, (*Bravo! bravo!*) oh! ce sont là des soucis qui ne montent pas jusqu'à la tête de ces grands égoïstes, ou, s'ils y montent, ils les considèrent comme dangereux et périlleux.

Et alors, depuis le Consulat jusqu'à aujourd'hui, on n'a plus eu qu'une seule préoccupation, barrer le chemin à ces intelligences, refuser de les éclairer; car c'est là, pour ces égoïstes, que réside le véritable péril, c'est là qu'est pour eux l'effroyable danger. (*Adhésion.*)

C'est précisément, Messieurs, parce que vous vivez dans un pays où le nombre est beaucoup, où il peut quelquefois être la force, ce qui importe peu, mais où il peut être la légalité, ce qui est terrible; c'est pour cela que, tour à tour, vous êtes passés de l'oligarchie de quelques-uns au despotisme d'un seul, et que vous avez vu se ranger derrière César toute cette légion de propriétaires qui ne cherchaient que la sécurité, et ils avaient raison; mais qui n'étaient nullement tentés par la dignité personnelle, qui restaient à l'écart de tout mouvement et de tout travail des idées, qui, oublieux de leur honneur civique, ne regardaient pas comme une tache morale de donner leur bulletin à celui qui le sollicitait, et celui-là, vous l'avez bien connu, c'était toujours un agent du maître. (*Vive approbation. — Applaudissements.*)

C'est là, Messieurs, qu'est l'explication de toutes nos décadences, de tous nos désastres; c'est dans l'esprit d'étroitesse, d'exclusion, de diminution oligarchique de quelques-uns et dans l'abandon inintelligent du plus grand nombre dont on exploitait l'ignorance.

Il faut faire cesser cette situation; comment? par la résolution, prise par ceux qui ignorent, de vouloir s'instruire; mais il ne faut pas qu'ils se bornent à une résolution platonique, il faut qu'ils en exigent l'exécution par le meilleur des moyens, en prenant des mandataires avec mandat impératif de l'obtenir. (*Très bien! — Bravos.*)

Car enfin, il faudrait se fixer sur les véritables responsabilités, comme je le disais tout à l'heure. Eh bien, est-il vrai, oui ou non, qu'à l'heure où nous sommes, grâce à la conduite habile, intelligente, patriotique de nos intérêts par le président de la République, on va faire un appel immense, inouï au crédit par l'emprunt? Et cet emprunt si lourd, si effroyable, que cependant il faut couvrir avec empres-

sement, et, pour ainsi dire, avec le même élan viril
que s'il s'agissait de faire une véritable action héroïque, car il s'agit de maintenir le crédit de la France
au-dessus du pair, cet emprunt écrasant n'est-il pas
une des conséquences de la guerre qui a été déclarée
en 1870? Et il n'y aura que de misérables sophistes
qui oseront soutenir le contraire en cherchant à faire
oublier qu'il y a un homme qui, sentant l'opinion qui
le pressait, sentant sa couronne ébranlée sur sa tête,
et voulant à tout prix la transmettre à un mineur
incapable, n'a pas craint de jeter ce pays dans les
aventures. Pour étouffer le cri des réclamations populaires, il déclara la guerre, vous savez dans quelles
conditions; il nous livra désarmés à un peuple qui,
depuis soixante ans, nous guettait, et qui avait pris
ses dispositions, non pas pour éviter d'être surpris,
mais pour nous accabler.

Cet homme a voulu la guerre sans le consentement
de la nation, la guerre a été soutenue et prolongée,
j'ose le dire, avec l'assentiment de l'honneur national.
(*Oui! oui!*) Aujourd'hui il faut payer! Avec quoi faut-
il payer? Il faut payer avec les fruits du travail, avec
l'épargne, avec cet argent que, tous les jours, amassent
péniblement, difficultueusement, ceux devant qui je
parle en ce moment; car vous, qui êtes des travailleurs, vous savez le prix de l'argent, vous savez ce
qu'il coûte à gagner, vous connaissez la peine qu'on
éprouve à en distraire, même une petite partie, sur ce
qui est donné aux besoins de la vie de chaque jour,
et pourtant vous y parvenez quand il faut subvenir à
l'éducation des fils, assurer la dignité ainsi que l'honneur de la famille. (*Salve d'applaudissements.*)

Eh bien, Messieurs, croyez-le, si l'on s'était occupé
de politique, si le peuple, instruit comme il doit l'être,
avait été en état d'en faire, la guerre ne fût pas venue, (*C'est vrai!*) car la guerre et ses conséquences
effroyables, — ne l'oubliez jamais, — ne sont sorties

que d'une chose, d'une chose immonde, qui a été
présentée à la France comme une garantie d'ordre et
de sécurité, et qui n'était qu'un complot perpétuel
contre la moralité publique, du plébiscite! (*C'est cela!
Oui! oui! applaudissements!*

A ce moment, le bruit causé par une pluie torrentielle
couvre la voix de l'orateur.

Le temps ne nous permettant pas de poursuivre,
nous allons attendre qu'il devienne un peu plus clément.

Pour vous rassurer, je vous dirai que ce temps est
traditionnel, malheureusement (*On rit*), et qu'à tous
les anniversaires du 14 Juillet il a toujours plu. Ainsi,
le jour où eut lieu la grande Fédération, la pluie
tomba toute la journée, ce qui n'empêcha pas Paris
tout entier, hommes, femmes, enfants, de toutes
classes et de toutes conditions, de rester impassibles
sous les injures du ciel, parce que, en ce jour, il s'a-
gissait de prêter serment à la Révolution. (*Bravo!
— Vive la République! vive Gambetta!*)

Après une interruption de quelques minutes, M. Gambetta reprend en ces termes :

Messieurs, puisque le courage et la patience que
vous montrez égalent au moins la sympathie dont
vous voulez bien me donner une nouvelle preuve, je
croix que je n'abuserai pas de vous en terminant les
observations que je tiens à vous présenter. (*Non! non!
Parlez!*)

Dans les paroles qui ont été prononcées jusqu'ici,
nous n'avons fait qu'indiquer très sommairement le
dessein général des antagonismes que l'on a créés,
excités, et finalement exaspérés dans la société française.

Ces indications n'ont pas été difficiles à vous donner,
et vous complétiez par vos souvenirs, en m'écoutant,

ce que le temps ne me permet pas de dire; vous sai-
sissiez ce qu'il y avait de nécessairement incomplet
dans les allusions que je faisais soit à l'empire, soit
aux régimes ou aux dynasties qui l'avaient précédé.

Car il est de mode aujourd'hui, et il faut s'en expliquer, puisque l'occasion est bonne (*Sourires*), de considérer qu'il y a deux espèces de monarchies : une
monarchie exécrable, contre laquelle le parti républicain pourtant a été le seul à lutter, c'est l'empire, que
ceux qui se décorent du nom d'esprits raffinés, d'hommes composant le parti des honnêtes gens, veulent
bien regarder aujourd'hui comme une chose brutale,
impossible et indigne de leur fréquentation, oubliant
d'ailleurs qu'ils avaient figuré en grande partie dans
les ministères et dans le Sénat de cet empire. (*Bravo!*
— *Rires et applaudissements.*)

Mais nous ne pouvons pas laisser s'accréditer cette
opinion qu'il y a deux espèces de monarchies : celle-
là, dont je viens de parler, et une autre qui serait de
bon ton, honnête, modérée, qui aurait une véritable
supériorité morale sur tout autre gouvernement et
qui serait de nature à faire excellemment les affaires
du pays sans le pays, ayant d'ailleurs de bonnes raisons pour se défier de l'esprit d'égalité, de l'esprit
d'envie, — car c'est ainsi qu'ils appellent cela, — qui
est le fond de la démocratie. (*Rires.*)

Eh bien, non! il n'y a pas deux espèces de monarchies; il n'y en a qu'une : on a ou on n'a pas un maître. (*Applaudissements.*)

Qu'on le serve sans phrases, comme sous l'empire,
ou qu'on le serve avec des périphrases, comme cela se
passe sous les deux autres régimes, constitutionnel
et traditionnel, c'est toujours la même chose : c'est
la nation asservie au bénéfice d'un seul, lequel veut
bien associer à ses agréables représentations un certain nombre de collaborateurs privilégiés. (*Rires et applaudissements.*)

Nous connaissons les trois formes de monarchie :
la première, la deuxième et la troisième; elles se sont
succédé à des intervalles malheureusement trop rap-
prochés dans notre cher pays.

Nous avons vu la première rentrer à la suite de
l'étranger, quoi qu'elle dise, et vous savez, — puisque
nous sommes ici dans un pays de culture et de travail agricole, — vous savez quels avaient été, dès l'a-
bord, les procédés, les aspirations, les tendances et,
finalement, les moyens d'exécution de ce qu'on a appelé la Restauration; son but était de supprimer la
Révolution, et de replacer les choses en l'état où elles
étaient le 13 juillet 1789. Et il ne s'agissait plus seulement pour elle de reconstruire la Bastille sur son
emplacement, mais son désir, sa volonté était de mettre la France entière dans une Bastille. (*Rires et applaudissements.*)

On peut bien rompre le courant révolutionnaire, le
faire dévier, le perdre dans les sables comme le firent
le Consulat et le premier Empire ; mais on ne supprime
pas, heureusement, la trace et le germe qu'il a laissés
dans la patrie française. (*Vives marques d'approbation.*)

Le génie de la Révolution parfois s'éclipse, il se
voile un moment; mais il reparaît plus éclatant, plus
radieux que jamais, et, en somme, aux heures où la
patrie souffre, où elle est envahie, où elle agonise,
c'est ce génie vers lequel on se tourne pour lui dire :
« Génie réparateur, Génie même de la France, Esprit
de la Révolution! au secours! au secours! car les
monarchies m'ont plongée au fond de l'abîme! »

Et, au milieu de ces cris d'angoisse, en face de ces
exclamations d'un peuple en détresse, savez-vous ce
qui se passe? C'est alors que le parti républicain, le
parti de la Révolution apparaît et se met résolument
à l'œuvre pour arracher le pays au gouffre, à l'abîme
prêt à engloutir ce qui reste de la grandeur et de la
nationalité française! (*Sensation.*)

Ensuite, quand cette œuvre a réussi ou a été entravée, on voit surgir de leurs taupinières et des recoins où ils s'étaient cachés pendant la tempête un tas de mauvais citoyens, de mauvais Français qui viennent dire : « Ces malheurs, ces désastres, c'est la Révolution qui en est la cause! »

De telle : rte que c'est le médecin, que c'est le sauveur qui est accusé d'avoir donné la gangrène et le mal. (*C'est cela! c'est cela! — Applaudissements prolongés.*)

Si je dis ces choses, ce n'est pas seulement pour rétablir la vérité à l'honneur de ce parti républicain outragé, calomnié, décimé, transporté sans trêve ni repos depuis soixante-dix ans, mais si vivace, si plein de ressources, ayant des racines si profondes dans le cœur des peuples qu'il n'a pas disparu de la scène du monde, après des persécutions qui auraient tué même une idée plus féconde, s'il en pouvait exister une! (*Applaudissements.*)

Non! non! ce n'est pas pour lui, ce n'est pas pour revendiquer ce qui fait son plus grand titre de gloire, qui est de se jeter, sans compter, au milieu des périls qui assiègent la France, d'y vouer son existence même, convaincu qu'on peut périr, et que, si l'honneur est sauf, on a au moins devant les hommes et devant l'immuable justice des choses, devant sa conscience et devant la souveraineté de la raison, l'excuse d'avoir succombé et péri en glorifiant ses principes et sa propre conscience! (*Bravos. — Applaudissements répétés.*)

Si je parle ainsi, Messieurs, c'est parce qu'en somme là est le sophisme qu'on ressasse et qu'on exploite depuis tantôt trois quarts de siècle; oui, c'est parce que la vieille monarchie banqueroutière ayant mené la France au déficit... (*Rires. — Salve d'applaudissements. — Mouvement dans une partie de l'auditoire.*)

Oui, Messieurs, car vous ne devez pas oublier que, bien que ces privilégiés, ces familles eussent mis la main sur la France et qu'il n'y eût qu'un cinquième de terres libres et réservées aux citoyens les cultivant de leurs propres mains, — vous ne devez pas oublier, dis-je, que c'est par le déficit et la banqueroute que la monarchie fut acculée à la convocation des États-Généraux. (*Oui!* — *Très-bien!* — *Applaudissements.*)

Donc, je maintiens à la monarchie l'épithète de banqueroutière, (*Oui!* — *Oui!* — *Nouveaux applaudissements.*)

Une interruption se fait entendre au fond de la salle. Cris : A la porte! à la porte! — Mouvements divers.

Non! non! Messieurs, calmez-vous! nous ne serions pas des hommes libres si nous ne restions pas calmes.

Comment! il suffirait d'une interruption, qui est dans le droit de tout le monde, entendez-le bien, pour qu'immédiatement la discussion cessât? Mais, Messieurs, s'il y a, — et c'est précisément ce que je recherche dans les entretiens que nous avons ensemble, — s'il y a des contradicteurs, je suis prêt à leur répondre et à essayer de les convaincre. (*Très bien! très bien!* — *Applaudissements.* — *Nouvelle interruption.*)

Je vous en prie, mes amis, soyez patients! Il faut bien nous habituer à la contradiction, sans elle il n'y aurait aucune utilité à nos réunions; si nous ne nous rassemblions que pour nous entendre de l'oreille et non pas de l'esprit, pour nous applaudir sans supporter aucun dissentiment, nos réunions n'auraient véritablement aucun caractère utile, ni, permettez-moi d'ajouter, digne de citoyens libres. (*Approbation générale.*)

Il faut que nos réunions ne sortent jamais du calme et de la modération, qui sont le véritable attribut de notre parti, car, seul, au milieu des provocations, des violences et des outrages dont on l'accable, il reste impassible sous cette bordée d'injures, résolu qu'il est à ne pas abandonner ce sang-froid qui est la caractéristique de sa force.

Eh bien, réunissons-nous toujours sans perdre de vue cette pensée, restons-y fidèles, et s'il y a des contradicteurs, — et il doit y en avoir, il n'est pas possible qu'il ne s'en présente pas, — qu'ils indiquent les points obscurs, discutables de mes paroles, qu'ils m'arrêtent pour me demander des explications, des éclaircissements, et j'estime qu'il est de mon devoir strict d'y **répondre**. (*Très bien! très bien! — Applaudissements.*)

Je reprends où j'en **étais** resté il y a quelques instants.

Je disais, si je ne me trompe, que **le** procédé dont on avait le plus usé et abusé contre la **Révolution** et le parti républicain, qui en est l'agent **désintéressé** et libre dans notre pays, que ce procédé consistait à mettre perpétuellement, passez-moi l'expression, sur les épaules, sur le dos de la Révolution, les fautes, les crimes et les désastres qui avaient été amenés par le parti adverse.

On tombe ainsi dans le même cercle vicieux que ferait celui qui viendrait soutenir ce raisonnement, à propos d'un homme qui aurait mal fait ses affaires, qui aurait été réduit à déposer son bilan, dont on aurait vendu les biens, expulsé la famille de son toit pour la jeter dans la rue, — qui viendrait, dis-je, soutenir ce raisonnement : la responsabilité de cette situation incombe au syndic qui a réglé les affaires, et non pas à l'homme perdu de dettes, au cœur et à l'intelligences dépravés, dont la conduite vicieuse est la source de ses propres infortunes et de cette triste liquidation. (*Sensation. — Applaudissements prolongés.*)

Eh bien! la Révolution est apparue, — je poursuis cette image familière, mais qui est parfaitement de nature à vous faire saisir le fond même de ce sophisme; — la Révolution est apparue comme le syndic, comme le curateur forcé, nécessaire, qui arrive lorsqu'on a mené la France au bord de l'abîme, lors-

qu'on l'a jetée dans la guerre étrangère. Quand la
patrie est envahie, ses armées confisquées, ses places
livrées ou anéanties, alors la Révolution intervient,
elle lutte et on lui dit : « C'est vous qui avez fait la
guerre, c'est vous qui avez livré nos armées, et c'est
en votre nom qu'on a capitulé. »

Et, s'il y a des milliards à payer, c'est elle encore
qui devra en supporter la responsabilité.

De plus, comme on a bien eu soin, depuis soixante-
dix ans, de ne pas compléter cette institution élé-
mentaire des pays qui veulent non seulement devenir,
mais rester libres, l'instruction nationale, il se trouve
qu'on a ainsi préparé d'avance un champ admirable
pour faire lever et fructifier l'erreur : voilà, Messieurs,
l'intérêt politique qu'il y a, dans un pays où le suffrage universel existe, à maintenir l'ignorance universelle. (*Explosion d'applaudissements. — Sensation prolongée.*)

Ah ! Messieurs, nos adversaires savent bien que,
partout où l'on fait un lecteur, on allume une intelligence et l'on éclaire une conscience ; ils savent bien
que leurs sophismes ne rencontreraient pas deux
heures de crédit si on les présentait à des esprits capables de juger, de concevoir et de réfuter ; et c'est
parce qu'ils le savent qu'ils font de la calomnie un
instrument de domination. (*Approbation.*)

C'est ainsi que, successivement, depuis vingt ans,
on a amené la nation à tout ratifier, à tout accepter,
en dépit des protestations du parti républicain. Et
j'insiste sur ce dernier point, parce que ce n'est pas
seulement une preuve de la clairvoyance de ce parti,
un hommage rendu à sa probité, mais aussi la preuve,
le gage de son patriotisme inaltérable.

Aussi, je ne cesserai de le répéter, du 2 décembre
1851 au 4 septembre 1870, il n'y a eu qu'un parti dans
ce pays qui ait tenu haut et inviolable le drapeau de
la revendication des droits du pays contre l'usurpa-

tion et le crime, et ce parti, c'est le nôtre! (*Oui! oui! — Double salve d'applaudissements.*)

S'il en est ainsi et si, malgré les luttes de ce parti et malgré son désintéressement, il est condamné perpétuellement à être battu et refoulé, par suite de l'écart, de la séparation, de la distance qui existent entre ceux qui ont les mêmes intérêts, mais qui les ignorent, qui ont la même origine, mais qui la méconnaissent, qui ont la même tendance, les mêmes aspirations, mais qui ne s'en rendent pas compte, que nous faut-il faire?

Il nous faut combler cet intervalle, cette séparation, cet écart. Il faut que partout où il y a un républicain, ce républicain sorte de chez lui et aille s'adresser, non pas à un autre républicain comme lui, mais que, soit individuellement, soit collectivement, en s'associant, il se donne cette tâche d'aller visiter, fréquenter ceux qui, épars, disséminés sur tout le territoire, sans lien, sans contact, sans informations, sont la proie désignée des sycophantes et des sophistes qui préparent ouvertement des restaurations. (*C'est cela! — Applaudissements redoublés.*)

Mais il ne suffit pas qu'une élite d'hommes dévoués se donne cette tâche de propager les paroles et les idées républicaines, en se vouant à un prosélytisme incessant; non, cela ne suffirait pas, car le mal est plus haut, et c'est plus haut qu'il faut aller le guérir.

Il faut faire disparaître cet antagonisme dont je parlais tout à l'heure, il faut revenir à la première, à la pensée féconde de 1789, rétablir le faisceau qui a été détruit par des mains scélérates; rapprocher le bourgeois de l'ouvrier, l'ouvrier du paysan. Il ne faut pas qu'il y ait, comme aujourd'hui, des épaves d'aristocratie, des restes de sectes jésuitiques; une haute bourgeoisie oublieuse de ses origines, s'arrogeant toutes les dominations, et s'inspirant de tous les vieux despotismes; une classe moyenne isolée, fermée, timide, peureuse, prête à tout par peur et, par la plus inexplicable des peurs, se bouchant les oreilles, fermant les yeux, redoutant tout contact avec les autres classes, n'ayant pas le souci de descendre vers elles et de voir qu'il y a là des frères dont il faut s'occuper, dont le nombre constitue une force, dont l'ignorance est un péril, et dont l'intelligence éveillée donnerait à la France une carrière de gloire, d'honneur et de prospérité! (*Bravos prolongés.*)

Oui, il faut faire cette fédération des intérêts, il faut rallier, associer dans un pacte d'égalité parfaite ceux qui ont le sentiment de la justice et des vérités politiques, les plus ignorants et les plus humbles, ceux qui ne pensent pas encore comme ceux dont l'esprit s'est nourri de chimères qui se dissiperaient d'elles-mêmes à la pure lumière de la science.

C'est surtout chez ceux-là qu'il faut porter la persuasion, la conviction ; c'est devant eux qu'il faut séparer l'impossible du possible, c'est à eux qu'il faut montrer ce qui n'est pas encore immédiatement réalisable par la pratique, et c'est eux qu'il faut décider à l'ajourner. Mais cette campagne doit être conduite et menée avec intelligence, et elle doit avoir pour auxiliaires, pour coopérateurs, ces deux fractions du peuple : l'homme qui travaille à la ville et l'homme qui travaille aux champs. (*Oui! — C'est cela! — Bravos.*)

Pour atteindre ce but, une première condition est indispensable, sans laquelle toutes les autres ne sont rien ; c'est une question de forme, dit-on ; oui, mais ici la forme emporte le fond ; c'est une forme sans laquelle on ne peut résoudre aucun problème, une forme qui permet de respecter les droits de tous et de chacun : cette forme, c'est la forme républicaine, sincère, loyale, aux mains d'hommes qui aient le souci de ne pas présenter sans cesse une promesse, sans jamais la tenir et la réaliser.

La pluie qui redouble couvre de nouveau la voix de l'orateur.

Je crois qu'il faut encore que nous comptions avec les éléments; nous allons attendre de nouveau que la pluie cesse. (*Oui! oui! — Reposez-vous!*)

Au bout d'un quart d'heure, l'orateur reprend son discours en ces termes :

Mes chers concitoyens, je vais vous soumettre à une troisième épreuve ; ce sera la plus courte, et vous pouvez vous rassurer : vous n'aurez pas besoin de la pluie pour échapper à la prolongation de ces quelques paroles. (*Parlez! parlez!*)

J'éprouve cependant le besoin de conclure, et c'était précisément à cette conclusion que j'étais arrivé lorsque j'ai été forcé de m'interrompre.

Je vous disais que cette conciliation nécessaire avait besoin pour réussir d'une première condition : la République ; et j'ajoutais qu'il ne fallait songer en aucune manière à la solution d'aucun des graves problèmes qui nous occupent, si, tout d'abord, on n'acceptait pas la forme républicaine comme le moyen précis, comme la formule scientifique à l'aide de laquelle on devra les résoudre. (*Approbation générale.*)

La République n'est donc pas pour nous seulement une question d'origine, de sentiment, de tradition, elle est une nécessité intellectuelle, elle s'impose à nous par les besoins mêmes de l'esprit. Nous ne pouvons pas comprendre l'ordre, l'équilibre entre les divers intérêts de la nation, la paix sociale, cette nécessaire et auguste paix après laquelle la France soupire, et que j'appellerai la paix républicaine, pour me servir d'une expression aussi majestueuse que la paix romaine, nous ne pouvons pas comprendre ces choses et l'avènement définitif de ces éléments essentiels de sécurité, de prospérité matérielle, de réparation mo-

rale, de restauration, de grandeur de la patrie sans la
République. (*Adhésion prolongée.*)

Et quand je prononce ces mots de restauration de
la patrie, ah! permettez-moi de le dire, je les prononce avec une douleur et une angoisse profondes.
Cette charge immense qui pèse sur nous, cet emprunt
devenu nécessaire, il faut que l'épargne des champs,
que la ressource du petit, comme le superflu du riche,
comme le luxe des villes, y contribuent au nom même
du salut de la France. (*Oui! oui!*)

Mais, Messieurs, quand on aura payé cette rançon,
notre situation sera, sans doute, allégée, mais on
n'aura pas refait la Patrie..... (*Sensation profonde. —
Interruption*), et c'est ici qu'il nous faut prendre la
résolution ferme de poursuivre cette restauration dans
son intégrité, en commençant d'abord par nous refaire nous-mêmes. (*Nouvelle sensation.*)

Pour cela, il y a trois moyens qu'il faut que la République nous donne, car autrement elle ne serait
qu'un mensonge.

D'abord, une éducation véritablement nationale,
c'est-à-dire une éducation imposée à tous. (*Bravos unanimes.*)

Et qu'on ne vienne pas parler ici de violation de la
liberté du père de famille. Ce n'est là qu'un ridicule
sophisme à la portée de ceux qui ont fait vœu de ne
pas avoir de famille. (*Vive approbation. — Applaudissements redoublés.*)

Donc, l'éducation laïque, — laïque, je le répète, —
c'est-à-dire une éducation faite pour des hommes qui
veulent agir et se conduire en hommes qui vivent,
pensent, commercent, travaillent, luttent, combattent et s'entendent dans le domaine des réalités, c'est-
à-dire dans le contact de l'homme en face de l'homme,
en excluant tout ce qui n'est pas la réalité même des
choses, c'est-à-dire la vie sociale.

Je ne veux rien dire de ce que, suivant eux, il faut

laisser en dehors de l'enseignement national ; ce sont
là des satisfactions que peuvent rechercher certains
esprits et qui peuvent plaire à certaines organisations ;
je respecte infiniment tout cela, mais ce qu'il nous
faut, à nous citoyens libres d'un grand pays libre, c'est
une société composée d'hommes devant vivre dans
des conditions humaines et ayant, par conséquent,
des facultés de développement tirées du respect de
l'homme, de sa dignité, de sa suprématie morale, de
sa conscience humaine.

C'est tout cela, Messieurs, qui constitue cette haute
notion qu'on appelle la Justice, c'est là le dogme moderne de la Justice. Nous pensons que c'est l'homme
qui a fait le droit de l'homme ; aussi disons-nous que
c'est l'homme, le citoyen, le père de famille qui doit
enseigner le droit, parce que c'est lui qui doit l'appliquer. (*Vive approbation.*)

Donc, en première ligne de toutes les réformes,
une éducation nationale pour tous ; mais, entendons-
nous bien, il nous faut non pas seulement cette éducation qu'on appelle primaire, que je veux et que je
réclame aussi ; mais, pensez-y, ayez assez le respect
de cette intelligence que vous allez pénétrer pour la
première fois pour lui donner des vérités et non des
erreurs, pour lui donner un bagage, non pas complet,
non pas définitif, mais un bagage où il y ait l'essentiel au point de vue de la patrie surtout, l'essentiel au
point de vue de la famille, l'essentiel au point de vue
des droits, et aussi l'essentiel au point de vue des devoirs politiques.

Car, Messieurs, le devoir, c'est la face retournée du
droit ; je ne sépare pas le droit du devoir, et je ne sais
pas ce que c'est qu'une nation à laquelle on n'appren-
drait que des droits sans devoirs. Les droits et les devoirs associés entre eux m'apparaissent comme une médaille avec sa face et son revers. Le corrélatif du droit,
c'est le respect du droit d'autrui, c'est-à-dire le devoir.

Cette éducation nationale, il sera nécessaire de l'organiser dans l'esprit que je viens d'indiquer, non pas seulement au premier, mais au deuxième et au troisième degré, car il faut bien comprendre qu'il n'y a qu'une maîtresse dans le monde, qu'une reine, qu'une souveraine, digne véritablement de nos soumissions, de nos zèles, de notre souci et de nos recherches : c'est la science! (*Mouvement prolongé. — Applaudissements.*)

Après avoir fait franchir ce premier degré à l'homme, celui de l'éducation, et quand vous l'aurez ainsi préparé à prendre sa place dans la société, alors, croyez-le bien, il n'aura pas seulement l'intelligence de ses propres droits, mais il connaîtra ceux de ses adversaires, il pourra les discuter et les débattre; et, de ces discussions, de ces débats, il résultera des habitudes, des mœurs nouvelles. Nous acquerrons alors la notion du respect des contrats parmi les hommes, et la loi nous apparaîtra non plus comme un instrument livré aux mains de quelques-uns pour favoriser leur domination sur les autres, mais comme la manifestation écrite, comme la résultante des contrats individuels. (*Vive approbation. — Applaudissements.*)

Puis il faudra armer cet homme, ce citoyen libre et contractant librement avec ses concitoyens. Il faudra faire passer tout le monde sous le joug salutaire de la discipline de la nation armée, car il n'y a pas, il ne saurait y avoir de véritable citoyen, s'il n'est capable, sauf les cas d'infirmité physique, parfaitement et légitimement constatés, de donner non pas seulement son sang, mais en même temps son intelligence pour la défense de la patrie. (*Bravo! bravo! — Applaudissements.*)

A ces deux moyens, il sera nécessaire d'en joindre un troisième qui sera, dans l'État, l'application rigoureuse de la souveraineté nationale, de telle sorte qu'il soit bien entendu qu'on en a fini, soit avec les privi-

lèges, soit avec les usurpations d'un jour, soit avec
les tentatives de conspiration. (*Oui! oui! — Très bien!*)

Je ne veux pas m'expliquer davantage, mais il faut
que la souveraineté nationale soit seule maîtresse.
(*Nouvelles marques d'approbation.*)

Cette souveraineté a le suffrage universel pour moyen
d'expression. Ce suffrage universel doit vous commander l'intelligence, l'entente, l'union, la discipline.
Il doit aussi vous faire condamner la violence, parce
que, tant que le suffrage universel est intact, nul n'a
le droit de faire appel à la violence ni à la sédition,
car celui-là voudrait avoir raison contre tous, et il n'y
a pas, il ne peut pas y avoir de souveraineté individuelle et particulière contre la souveraineté de la
nation.

Que cette souveraineté soit réelle, c'est-à-dire qu'elle
fasse sentir son action partout, dans la commune,
dans le département, dans l'État; qu'elle ait des délégués sortant d'elle, des fonctionnaires, des mandataires responsables dont le changement, la mobilité,
le caractère transitoire soient la garantie même de la
fixité et de la permanence de la volonté de la nation.
Mais tout cela n'est possible que par la conciliation,
que par l'accord des intelligences que j'appelle de
même nature, de même origine; je vous les ai indiquées, ce sont celles de la classe moyenne, de la classe
moyenne vraiment éclairée et renonçant à ses préjugés gothiques et surannés, à ses prétentions et à ses
erreurs embarrassantes, — qui ne sont pas formida-
bles, rassurez-vous à cet égard, — qui retardent la
marche du progrès, mais qui sont impuissantes à l'arrêter. Que ceux qui appartiennent à cette classe et qui
ont véritablement bon cœur, bonne foi et bon jugement, se fassent les éducateurs, les propagateurs des
idées de conciliation et d'organisation républicaines
que je viens d'exposer. Dans cette noble tâche, ils devront procéder par l'oubli des injures, des divisions

et des rancunes; ils devront inaugurer enfin dans
notre malheureux pays, si déchiré, une politique de
concorde et de clémence. A cette magnifique, à cette
admirable fédération qui a été la première pensée de
nos pères et que je vous convie à imiter, donnons un
frontispice, un préambule : l'amnistie de tous par
tous! l'amnistie, qui est le fond même de la sagesse
politique, lorsqu'on a la force et qu'on peut braver la
sédition, d'où qu'elle vienne. (*Bravos et applaudissements prolongés.*)

Voilà, mes chers amis, ce que je puis vous dire aujourd'hui, mais n'allez pas croire que ce ne soit là
qu'une entrevue sans lendemain. Non, je le répète, il
faut les multiplier ici et ailleurs. Partout où il y a un
groupe de républicains, qu'ils fassent la démonstration de leurs principes en plein soleil, en respectant
toutes les lois, en donnant à la cause de l'ordre, à la
cause de la discipline, tous les gages, toutes les garanties qu'on est en droit d'exiger de bons citoyens;
qu'ils se réunissent d'un bout à l'autre du territoire,
qu'ils expliquent leurs doctrines et qu'ils démontrent
combien on vilipende, combien on calomnie cette
Révolution et ce parti révolutionnaire en disant, par
exemple, qu'ils sont les adversaires de la propriété,
quand il est si facile de démontrer que cette propriété
individuelle, telle qu'elle existe aujourd'hui, accessible
à tous, est précisément la création éminente de la
Révolution française.

C'est, Messieurs, redisons-le avant de nous séparer, c'est la Révolution française qui a fait la propriété individuelle, c'est elle qui l'a débarrassée de
toutes ses entraves, de tous les privilèges de la conquête, de tous les vestiges de la féodalité. Depuis le
pigeonnier jusqu'au four banal, depuis l'étang, le
marais et le bois jusqu'au sillon, c'est la Révolution qui a tout émancipé; c'est elle qui a créé non
pas seulement des propriétaires, mais la propriété

elle-même, au sens juridique et profond de cette expression.

Et c'est le parti de la Révolution qu'on voudrait accuser de vouloir entamer la propriété !

Ne l'oubliez pas, il y a deux façons de porter atteinte à la propriété : l'une, qui est corruptrice au plus haut degré, et qui consiste à la laisser soumise à des lois de mainmorte, pour plaire à des maîtres paresseux; l'autre, qui est la violence brutale comme chez les sauvages, et qui consiste à prendre un champ pour en ravager les récoltes. Nous ne voulons ni de l'une ni de l'autre; ce que nous demandons, c'est que la propriété soit accessible à tous, et surtout à ceux qui peuvent la féconder. (*Applaudissements.*)

C'est par une plus équitable répartition des salaires et des charges, problème difficile à résoudre, mais qu'il faut aborder, et dont une partie, on le sent, est déjà mûre, qu'on peut espérer d'arriver à la solution; c'est en rendant possible l'accumulation de l'épargne, et, par suite, l'acquisition du capital-terrain, qu'on augmente le capital-argent, et qu'on rend la propriété accessible au plus grand nombre. Car la Révolution française a fait de l'acquisition de la propriété une condition morale autant que matérielle de la liberté des sociétés et de la dignité du citoyen. (*Bravos et applaudissements.*)

Que nos adversaires ne disent donc pas maintenant que nous sommes les ennemis de la propriété. Je pourrais leur démontrer immédiatement l'inanité de tous leurs autres sophismes et vous en faire apercevoir la méchanceté, mais c'est assez pour un jour et, avant de nous séparer, je vous le répète :

Entendez-vous. Que vos champs, vos veillées, vos réunions, vos marchés, vos foires deviennent pour vous des occasions d'entretien et d'instruction. Quant à moi, je serai largement récompensé quand vous me direz de revenir parmi vous. (*Bravos et applaudisse-*

ments prolongés. — *Cris : Vive la République!* — *Vive Gambetta!*

M. GAMBETTA. — Vive la République!
(*Cris répétés de : Vive la République!*)

Au cours du banquet, M. Roussel, maire de la Ferté-sous-Jouarre, avait donné lecture d'une lettre qui lui était adressée par le président de la commission d'organisation du banquet républicain de la Gironde, M. E. Rousselle. Cette lettre se terminait par ces mots, qui furent chaleureusement applaudis : « Nous sommes avec vous pour arriver, par l'accomplissement de tous nos devoirs, à la conquête de tous nos droits, à ce que notre patriotique ami Gambetta appelle si justement le jubilé de 1889. »

M. Gambetta avait été prié par M. Rousselle d'assister à Bordeaux au banquet commémoratif de la prise de la Bastille. Ayant accepté antérieurement l'invitation du maire de la Ferté-sous-Jouarre, M. Gambetta avait répondu par cette lettre :

Paris, le 10 juillet 1872.

Mes chers concitoyens,

Par suite d'engagements antérieurs avec nos amis de Seine-et-Marne, je me vois forcé de décliner la fraternelle invitation de la démocratie girondine. Mais, réunis à la Ferté-sous-Jouarre et en communion parfaite de sentiments, de doctrines et d'aspirations avec tous les républicains de France, nous célébrerons en même temps que vous l'anniversaire de la première grande journée de la Révolution française, celle d'où sont véritablement sorties la souveraineté nationale et l'irrémédiable condamnation de la monarchie.

Sans tenir aucune espèce de compte des déclamations des prétendus partisans de l'ordre, qui blêmissent rien qu'à l'idée de voir le peuple reprendre les anniversaires de sa Révolution, sans s'arrêter aux prédictions constamment démenties des nouvellistes réactionnaires, réunissons-nous dans le calme qui nous est habituel. Échangeons nos idées avec ce sang-froid dont le parti républicain est jusqu'ici le seul en état d'offrir l'exemple à ses rivaux. Montrons une fois de plus que les démocraties libres et en possession d'elles-mêmes peuvent se livrer à tous les actes de la vie sociale, sans qu'il y ait l'apparence d'un trouble ou d'une émotion dans la cité.

Ces recommandations, d'ailleurs, sont bien superflues dans cette admirable ville de Bordeaux qui, pendant la guerre, a su montrer dans sa conduite la plus grande ardeur patriotique, jointe à la plus grande sagesse ; qui, au lendemain d'une paix qu'elle n'avait pas sollicitée, inaugura, on peut le dire, l'application de cette méthode politique, suivie par toutes les grandes villes de France, d'affirmer en toutes occasions, électorales ou autres, la fermeté de ses convictions républicaines, et en même temps de déjouer ou de mépriser toutes les provocations, d'attendre patiemment l'heure, qui approche tous les jours, où la monarchie et les monarchistes, comparaissant devant le suffrage universel, notre vrai et unique souverain, rentreront à jamais dans le domaine des fantômes.

Donc, mes amis, honorons, sans préoccupation comme sans tumulte, les grandes dates de la Révolution française, et préparons dès à présent le triomphe définitif de tous ses principes pour le jubilé de 1889.

Salut fraternel,

Léon GAMBETTA.

Le lendemain du banquet de la Ferté-sous-Jouarre (15 juillet), l'Assemblée nationale votait, à l'unanimité des voix moins une, la loi autorisant l'emprunt de 3 milliards, prélude de la libération du territoire :

« Art. Ier. Le ministre des finances est autorisé à faire inscrire sur le grand-livre de la dette publique et à aliéner la somme de rentes 5 pour 100 nécessaires pour produire un capital de 3 milliards de francs.

« L'aliénation de ces rentes aura lieu par souscription publique, à l'époque, au taux et aux conditions qui concilieront le mieux les intérêts du Trésor avec la facilité des négociations.

« Art. 2. Le ministre des finances ajoutera à cette somme de rentes 5 pour 100 celle qui sera nécessaire pour faire face au payement des arrérages à échoir en 1872 et 1873, et pour couvrir les dépenses matérielles de l'emprunt ainsi que les frais d'escompte, de change, transports et négociations.

« Art 3. Afin d'assurer aux époques fixées le payement des trois milliards restant dus au gouvernement allemand, et d'accélérer la libération du territoire, le ministre des finances pourra passer avec la Banque de France et autres associations financières des conventions particulières, destinées à rendre plus promptement disponibles les produits à réaliser sur l'emprunt et à faciliter les anticipations du versement.

« Art. 4. Le chiffre des émissions des billets de la Banque de France et de ses succursales, fixé au maximum de 2 milliards 800 millions, est élevé provisoirement à 3 milliards 200 millions. »

Il faut rappeler maintenant que trois semaines auparavant, les droites monarchiques avaient tenté auprès du Président de la République la démarche qui restera à jamais mémorable et ridicule dans l'histoire de l'Assemblée nationale, sous le nom spirituel qui lui fut donné par M. John Lemoinne, dans le *Journal des Débats,* du 23 juin : « la démonstration des Bonnets à poil. » La délégation des droites qui se rendit, le 20 juin, auprès de M. Thiers, était composée de MM. Changarnier, de Broglie, de la Rochefoucauld-Bisaccia, Vitet, de Kerdrel, Saint-Marc-Girardin, d'Audiffret-Pasquier, Batbie, de Cumont et Depeyre. « Il s'agissait, dit M. Ranc (*De Bordeaux à Paris,* page 100), de prier M. Thiers de vouloir bien désormais gouverner avec la majorité conservatrice, en bon français, de prendre un ministre parmi les coalisés. » M. Thiers, qui recevait une députation des membres du synode national protestant, fit attendre assez longtemps les délégués de la droite. Quand ils furent enfin reçus et qu'ils purent exposer leurs griefs, M. Thiers leur répondit par les déclarations les plus nettes : « Ce n'est pas assez de ne rien tenter contre la République leur dit le Président, il faut encore aider à la consolider. Pour moi, je ne suis pas républicain par tempérament, ni par conviction ancienne, mais j'estime qu'actuellement le maintien de la République est la garantie du salut de la France. » Les *Bonnets à poil* se retirèrent fort dépités et communiquèrent aux journaux un compte rendu qui se terminait ainsi : « Regrettant de ne pouvoir s'entendre avec M. le Président de la République sur les véritables conditions de la politique conservatrice, les délégués ont dû se retirer en maintenant leurs opinions et en se réservant toute liberté pour les défendre. » M. John Lemoinne répondit dans les *Débats* : « On a voulu forcer M. Thiers à une déclaration de principes; il en a fait une, et nous ne pouvons que féliciter la députation conservatrice de ce qu'elle a remporté. »

La souscription pour l'emprunt des 3 milliards fut ouverte le 28 juillet. Le 30, le ministre des finances annonçait en ces termes à l'Assemblée nationale le résultat de la souscription : « Nous demandions à la France et à l'Europe 3 milliards et demi environ; la souscription nous a fourni, en rentes, 2 milliards 464 millions, en capital, *plus de* 41 *milliards,* c'est-à-dire douze fois la somme qui était demandée. »

M. Vitet, rapporteur de la commission chargée d'examiner les lois autorisant l'emprunt, avait exposé dans son rapport que la responsabilité de cette immense opération financière ne devait peser que sur le gouvernement, non sur l'Assemblée.

DISCOURS

SUR

LE RAPPORT FAIT AU NOM DE LA COMMISSION DES MARCHÉS

PAR M. RIANT

(Marchés et Commission d'étude des moyens de défense)

Prononcé le 29 juillet 1872

A L'ASSEMBLÉE NATIONALE

―――――――

Le 20 octobre 1870, dix jours après son arrivée à Tours, M. Gambetta avait pris un arrêté qui constituait auprès du département de la guerre une commission chargée d'étudier les moyens de faciliter la Défense nationale. Cette commission était ainsi composée :

MM. Deshorties, lieutenant-colonel d'état-major, président; De Pontlevoye, commandant du génie; Bousquet, chef d'escadron d'artillerie; Naquet, professeur de chimie à la Faculté de médecine; Descombes, ingénieur des ponts et chaussées; Dormoy, ingénieur des mines; et Marqfoy, ancien ingénieur des chemins de fer du Midi.

La commission des marchés, présidée par M. le duc d'Audiffret-Pasquier, avait procédé à un minutieux examen des travaux de la commission instituée à Tours le 1er octobre 1870, et M. Léon Riant en avait fait l'objet d'un volumineux rapport.

Deux marchés surtout étaient critiqués dans le rapport de M. Riant, le marché Maxwell-Lyte et le marché Valentine, Billing et Saint-Laurent, relatifs aux canons Parrott.

M. Riant terminait ce rapport en proposant à l'Assemblée, au nom de la commission, de blâmer le rôle joué par M. Naquet dans l'affaire Saint-Laurent et l'attitude du colonel Deshorties dans la même affaire. Le contrat Maxwell-Lyte avait été résilié sans indemnité.

Voici d'abord la déposition faite par M. Gambetta dans la séance de la commission des marchés, du 12 septembre :

M. LE DUC D'AUDIFFRET-PASQUIER, *président.* — Mon collègue, nous voudrions vous demander de nous éclairer sur quelques faits particuliers. Mais d'abord veuillez nous dire qu'elle était l'organisation que vous aviez donnée à Tours aux bureaux de la guerre, quel était le fonctionnement des différentes commissions.

Ces commissions ont un rôle un peu confus, et vous nous rendriez service en nous indiquant le rôle de chacune, dans quelle sphère elles ont agi et sous quelle responsabilité.

C'est d'abord sur l'organisation générale du ministère de la guerre que nous vous demandons des explications.

M. GAMBETTA. — Voici dans quelle situation se trouvaient les affaires quand je suis arrivé à Tours.

Il y avait au ministère des travaux publics une commission d'armement que nous avions fait instituer à Paris dès le début du gouvernement.

M. Le Cesne fut placé à la tête de cette commission; il lui a donné son temps, il y a mis une activité prodigieuse; il n'en a pas été récompensé par l'opinion publique, qui était excitée contre lui par les spéculateurs qu'il avait évincés.

Cette commission, qui était une commission flottante, qui se rattachait autant à l'intérieur et à la guerre qu'aux travaux publics, était une commission qui fonctionnait à côté du gouvernement. Toutes les fois qu'il s'élevait une discussion dans son sein, non pas au point de vue matériel, nous n'étions pas des spécialistes, mais une discussion sur une question générale, c'était en conseil qu'elle se résolvait.

La commission Le Cesne a fonctionné comme une institution d'État et à côté du pouvoir collectif.

Je dois déclarer que je prends la responsabilité complète. Il faut que je rende cette justice à mes collègues, ou plutôt que je dise impartialement les choses: c'est moi qui ai voulu que les achats de M. Le Cesne prissent un vaste développement.

Nous étions envahis, au milieu de l'émotion populaire, par toute espèce de plans, d'inventions, de projets, de propositions de toute nature qui, colportés par la presse, commentés dans les réunions publiques, devenaient un élément de surexcitation, et alors, pour donner une sorte de satisfaction à ce grand mouvement dont le mobile était des plus heureux, le gouvernement a institué le comité de défense ou plutôt un comité scientifique d'études des moyens d'inventions de guerre. Ce comité était l'intermédiaire entre le ministère de la guerre et le ministère de l'intérieur, il avait un caractère tout spécial; c'était un moyen d'éviter ces questions si embarrassées, si délicates, que tous les jours posaient les inventeurs, plutôt qu'une institution régulière; c'était un expédient dans la situation; moi, j'étais une volonté donnant l'impulsion plutôt que...

Un membre. — Plutôt qu'un administrateur.

M. Gambetta. — Non, je n'accepte pas cette opinion.... plutôt qu'un spécialiste. Je ne pouvais pas tenir état de toutes les variétés d'exécution. Ce comité des moyens de défense a lui-même participé à des marchés.

M. le président. — Oui, pour l'artillerie.

M. Gambetta. — De ce chef, il y a eu des contrats dont nous avons hérité du régime antérieur. Nous nous sommes trouvés, en octobre et novembre, dans une telle pénurie de munitions que, malgré l'existence de la commission Le Cesne, nous avions, au ministère de la guerre, déclaré qu'il fallait des armes et surtout des munitions.

Quand je suis arrivé à Tours, le 11, j'ai fait venir le colonel Thoumas; il n'y avait pas de munitions suffisantes pour engager une bataille, ni en capsules, ni en cartouches.

Le colonel Thoumas a déployé une activité prodigieuse tant au point de vue de son service propre, que de l'impulsion qu'il a donnée à la création des moyens de l'artillerie. Il a rendu des services exceptionnels qui lui ont mérité d'acquérir, avec une très grande légitimité, le titre de général.

Voilà le système général tel qu'il était organisé.

Si vous avez, Messieurs, d'autres renseignements à me demander, je suis à votre disposition.

M. LE PRÉSIDENT. — Vous venez de toucher le point délicat sur lequel nous appelons votre attention.

M. GAMBETTA. — Je demande à ajouter, qu'après ces premiers jours, en octobre et novembre, M. Le Cesne me fit comprendre qu'il serait bon de lui donner un droit de monopole.

Il y a eu à ce sujet un acte collectif du gouvernement.

M. LE PRÉSIDENT. — Oui, c'est le décret du 31 décembre, dans lequel on a déclaré que la commission d'armement seule, à l'avenir, pourrait faire des contrats.

C'est surtout après que vous avez engagé les départements à faire des efforts; chaque département a voulu faire des achats, il y a eu une foule de concurrents.

J'ai tâché d'établir la ligne de démarcation qu'il y avait entre les trois services. Mais mes études ne portent que sur la guerre; négligeons les commissions d'armement, la commission des moyens de défense, et arrivons à la guerre, arrivons à la comptabilité.

Vous n'ignorez pas qu'on a parlé d'une pression d'en haut, nous voulons savoir dans quelle limite vous l'acceptez.

En général, nous avons remarqué que la concurrence des différents fournisseurs avait été fâcheuse. Voici ce qui s'est produit.

La commission d'armement fonctionnait dans des conditions qui sont tellement à son avantage, qu'il suffirait de faire la comparaison de son fonctionnement avec celui des différents agents, pour être convaincu qu'il n'y avait qu'à la laisser faire.

Mais voici ce qui se passa : avant votre arrivée au ministère, il y a eu des habitudes étranges au ministère ; on refuse l'offre directe des fabricants à l'État, on interpose une série d'agents, de pourvoyeurs de la dernière catégorie. Qui les avait amenés au ministère de la guerre et les avait recommandés? Nous ne pouvons pas obtenir de renseignements sur ce point. Nous voyons qu'ils pénètrent dans les bureaux, qu'ils forcent les consignes, arrivent jusqu'au ministre à qui ils demandent un million, reviennent dire au commis qu'ils l'ont obtenu et partent le soir avec leur million.

M. Gambetta. — Cela s'est passé avant moi.

M. le président. — Oui, je vous explique les habitudes du ministère : je vais dire dans quelle proportion vous en avez hérité.

Il s'est trouvé un M. Chollet, — c'est un ancien employé du ministère de la guerre, il fait les légumes, — on en fait un fournisseur général pour onze millions, il fournit des fusils, des cartouches, des souliers, etc. Quand les autres, quand la commission d'armement contractent des marchés à 85 francs, il les obtient à 130, 140 francs.

Nous n'avons pas la prétention de dire que les prix anciens ne devaient pas être dépassés ; il y avait un travail de nuit, les ouvriers étaient payés plus cher.

M. Gambetta. — Et il y avait une concurrence effroyable.

M. le président. — La commission arrive à payer 50 pour 100 de plus que d'habitude, mais les fournisseurs obtiennent 100 pour 100.

Vous allez voir ce qui se passe avec les bureaux. Vous trouvez Chollet qui obtient des prorogations de marché! Pour des cartouches qu'il faut fournir en quinze jours on fait le sacrifice de 750,000 fr., on lui donne trois mois et demi, jamais on ne se sert des délais ni des termes de résiliation, c'est un détail important : toutes les fois qu'il fait une fourniture, il n'y a pas de vérifications.

M. Gambetta. — Il y avait des agents chargés spécialement du contrôle.

M. le président. — Ils n'ont pas fonctionné quand c'était M. Chollet.

M. Gambetta. — Il faut les poursuivre s'ils n'ont pas fait leur devoir.

M. le président. — C'est ce que nous comptons faire, et c'est une enquête que nous faisons sur eux; il faut que la lumière soit complète.

Voilà ce qui s'est passé : vous ne l'avez pas su?

M. Gambetta. — Quand j'ai pris les affaires, je déclare que j'ai considéré et que je considère encore que la question d'argent, quoique grave, était une question secondaire. Ce qui m'importait, c'était d'obtenir des ressources matérielles pour la guerre; c'est pour cela que j'ai donné à l'une et à l'autre de ces directions de la défense une impulsion très active.

Les rouages étaient montés; j'ai demandé s'il y avait des agents pour contrôler, pour surveiller; il en existait, on me les a nommés, je ne rappelle pas leurs noms. S'il n'y a pas eu de vérification, c'est à ces agents qu'il faut en demander compte; mais je prends la responsabilité de tout ce qui est ordre, je ne désavoue absolument rien.

Mais si, dans l'exécution, dans l'organisation des contrats, dans des questions comme celles de tout à l'heure, questions de non-livraisons à la date, faculté de résiliation non exercée, il n'y a pas eu de protection suffisante des droits de l'État, je désavoue complètement toute responsabilité, par cette raison que je ne suis jamais entré dans les détails d'exécution. L'ordre premier, c'est moi qui l'ai donné, je le revendique, j'ai donné l'ordre d'acheter des armes partout.

M. LE PRÉSIDENT. — Nous le savions ; mais pour certains agents nous devions vous demander qui les avait introduits.

M. GAMBETTA. — Je n'ai jamais pris l'initiative d'une affaire, je n'ai jamais vu un des fournisseurs ; je voyais des contrats, voilà tout. Je ne me rappelle pas m'être entretenu avec un fournisseur.

M. LE PRÉSIDENT. — Il y a un M. Bénédic qui a abusé de votre confiance ; il y a un M. Hedley.

M. GAMBETTA. — M. Bénédic n'est-il pas antérieur à moi ? n'a-t-il pas traité avec l'empire ?

M. LE PRÉSIDENT. — Il y avait un projet dès le mois d'août.

M. GAMBETTA. — Il y a eu une clientèle antérieure à moi.

M. LE PRÉSIDENT. — Dont vous avez hérité.

M. GAMBETTA. — Oui, mais sous bénéfice d'inventaire.

M. LE PRÉSIDENT. — Dans le marché Hedley, le ministère donne un prix exorbitant pour les cartouches : Hedley va trouver Norris, agent de la commission d'armement ; il soutire à la commission des cartouches, il en fournit parce qu'il avait embauché l'argent de la commission d'armement qui le fournissait à 125 fr., on lui en avait accordé 190. La commission a cessé d'en fournir, parce que toutes ses cartouches avaient été soutirées par Hedley. C'est pour l'État une perte de 800,000 francs. Mais tout cela ne sont que des détails.

Il y a un fait pour lequel il nous a été dit que votre influence personnelle avait été décisive; c'est tout un roman, c'est l'affaire Mottu.

Mottu vient vous trouver et dit que, par suite de l'insurrection féniane, il y a dans je ne sais quelle caverne un stock d'armes très important. Vous avez des hésitations. M. Thoumas fait un rapport, dans lequel il dit que ce marché ne convient pas. Mottu insiste et M. de Freycinet vient trouver M. Thoumas et lui dit : Que risquons-nous? On dira dans le public qu'on nous a annoncé des armes et que nous n'en avons pas voulu.

On conclut le marché. Vous dites qu'on donnera une garantie et que le marché n'existera que quand on aura reconnu l'existence des armes.

Mottu revient à la charge et on arrête le traité.

M. GAMBETTA. — A quelle époque?

M. LE PRÉSIDENT. — C'est le 19 décembre.

Le service de la guerre devait constater l'existence ou la non-existence des armes. Vous avez été mal servi.

M. GAMBETTA. — Avez-vous ce marché?

M. LE PRÉSIDENT. — Vous envoyez M. Bonamy avec M. Mottu, dont la mission était définie par le laisser-passer délivré par le ministère : « J'autorise M. Mottu, banquier à Genève, à se rendre immédiatement à Londres, accompagné d'un délégué spécialement désigné par le ministère de la guerre, pour acquisition de chassepots, avec 400 cartouches par arme. »

A ce moment-là, si on eût rapidement procédé à une constatation, il n'en serait rien résulté. On n'a pas procédé à cette constatation. Le traité languissant, on vient à le résilier. Aujourd'hui, l'administration a un procès dans lequel on lui demande six millions d'indemnité.

M. GAMBETTA. — Qu'a-t-on fait, quand M. Bonamy a accompagné à Londres?

M. LE PRÉSIDENT. — Rien.

M. GAMBETTA. — Est-ce qu'on n'a pas fait un rapport?

M. LE PRÉSIDENT. — Non, on n'a rien trouvé.

M. GAMBETTA. — C'est un rapport que de dire qu'on n'a rien trouvé; on fait un procès-verbal de carence.

M. LE PRÉSIDENT. — Rien n'a été fait, Mottu est prévenu que le traité est nul.

Le 7 février, M. Mottu offrit la livraison. Le 8, trois contrôleurs se présentèrent à Birmingham pour voir les fusils; mais le prétendu propriétaire refusa de les montrer.

M. GAMBETTA. — Cela arrivait tous les jours, cela n'aboutit à rien.

M. LE PRÉSIDENT. — Cela a abouti à un procès dans lequel on demande six millions d'indemnité.

Ce qu'il y a de bizarre, c'est que Mottu obtient une garantie en bons du Trésor. Quand il arrive à Tours et qu'il fait ce roman, quand vous dites qu'il est nécessaire qu'on constate l'existence des armes, il demande une garantie.

M. GAMBETTA. — Est-ce que cette garantie est dans le traité?

M. LE PRÉSIDENT. — Non, le général s'y oppose. — Mottu revient, il pénètre dans votre bureau et il en sort avec 14 millions de bons du Trésor, il les négocie avec 24 pour 100 de perte.

M. GAMBETTA. — On lui a donné une autorisation?

M. LE PRÉSIDENT. — On a déposé à l'ambassade 14 millions 600 mille francs de garantie.

M. GAMBETTA. — Pour le jour où le marché serait exécuté.

M. LE PRÉSIDENT. — Il les a négociés.

M. GAMBETTA. — Mais le marché n'est pas exécuté, ce n'était qu'une contre-valeur. Le fait de la négociation lui est imputable personnellement, il n'en avait pas le droit, c'est une négociation dolosive.

Un membre. — Elle résultait du marché.

M. GAMBETTA. — Elle ne résultait pas du marché. Il est certain que, du moment où les valeurs étaient en dépôt à l'ambassade, elles étaient dans l'expectative de l'exécution des marchés, et, de même que nous ne pouvions pas toucher aux fusils, Mottu ne pouvait pas, par un acte quelconque, toucher à ce gage. S'il s'est livré à des opérations de bourse, de spéculation, d'agiotage sur ces valeurs, sur lesquelles il n'avait droit qu'à la réalisation du marché, qui ne s'est pas réalisé, il a commis un acte en dehors du contrat. Il les a négociées sans droit, sans justice.

Il était dans la position d'un individu qui aura droit à son prix le jour où il aura exécuté son marché, et les actes auxquels il s'est livré de ce chef ne résultaient pas du contrat et ne peuvent être imputés au gouvernement.

M. LE PRÉSIDENT. — Pourquoi donner cette garantie et faire ce dépôt de 14 millions par le Trésor, quand le marché n'en parle pas?

M. GAMBETTA. — Il est possible qu'à un moment donné on ait cru à la réalisation de ce marché, et qu'on ait pensé que le seul obstacle à sa réalisation et à la remise des 185,000 fusils fût cette absence de garantie à l'ambassade ; ce n'était qu'une signature du ministre des finances : — Apportez les fusils et vous serez payé. Tout le reste est en dehors de nos attributions et de notre responsabilité.

M. LE PRÉSIDENT. — Retrouvez-vous cela dans vos souvenirs?

M. GAMBETTA. — Non, je ne le retrouve pas dans mes souvenirs ; mais, même en admettant votre hypothèse, je réponds d'une façon directe : Il est possible qu'il y ait eu une affirmation ou une allégation de ce monsieur et qu'on ait dit : Si on n'obtient pas ces 185,000 fusils, cela tient à ce qu'il n'y a pas une contre-valeur ; on l'a déposée à l'ambassade et on a dit : Nous allons voir si les fusils arrivent.

M. LE PRÉSIDENT. — Nous voulions faire appel à vos souvenirs et savoir si on ne vous avait pas forcé la main.

M. GAMBETTA. — On ne me force pas la main, on peut me tromper, mais on ne me force pas la main.

Un membre. — Comment peut-il se faire que, ces bons du Trésor étant à l'ambassade, Mottu ait pu les négocier?

M. LE PRÉSIDENT. — Ils ne sont pas sortis de l'ambassade.

M. GAMBETTA. — Il a fait une chose qu'il aurait pu faire, même rien n'étant déposé à l'ambassade. C'est comme si quelqu'un disait : Rothschild me doit 40,000 francs, je vais vous donner une délégation pour 40,000 francs.

M. LE PRÉSIDENT. — Il avait une lettre de l'ambassade énonçant qu'il avait été déposé en son nom une somme de 14 millions. Mottu s'en est allé avec cela sur le marché de Londres, et il a détruit ainsi le crédit de la France.

M. GAMBETTA. — Non, cela n'a nui en rien au crédit de la France.

M. LE PRÉSIDENT. — Il a négocié ces bons à 24 pour 100 de perte.

M. GAMBETTA. — Il ne faut pas se payer de mots; Mottu n'a rien négocié; j'en ai entendu parler par des hommes compétents, par exemple M. Roy.

On a prétendu à un certain moment que sur le marché anglais il y avait eu des agissements, des spéculations de grecs, de véritables grecs, qui avaient frappé d'un tel discrédit la signature et le crédit de la France, en jouant sur ces bons du Trésor, qu'on en était arrivé à quelque chose de scandaleux pour notre crédit.

J'ai voulu savoir la vérité : la vérité vraie est qu'il y a eu une série d'aigrefins qui germent constamment dans les crises comme celles que nous venons de traverser, qui, voulant faire des affaires, allaient trouver quelqu'un qui avait un peu plus de crédit qu'eux et leur disaient : J'ai la promesse du gouvernement français que, sur la réalisation de tel marché, il me payera tant, avancez-moi tant.

Ce qui était déprécié dans ce tête-à-tête, c'était le crédit de celui qui parlait; ce n'était pas le bon du Trésor, il n'était pas en cause; c'était la solvabilité de celui qui faisait cette demande, qui portait une promesse et à qui on disait : Vous avez 24,000 francs, je vous en donne 4,000.

Je vous prie d'observer que la signature de la France n'était pas, comme on dit en droit, réellement engagée.

M. LE PRÉSIDENT. — Ce qui s'est passé depuis est postérieur à votre administration. La commission, je crois, est renseignée à cet égard.

Un membre. — Tout à l'heure, je voulais faire remarquer que la plupart des fournisseurs, quand l'argent manquait, ont été payés avec des bons du Trésor. Ceux qui fournissaient des armes, des munitions, etc., au ministère de la guerre, ont été payés d'après les marchés avec des bons du Trésor à 6 pour 100 d'intérêt, pas davantage; une fois ces bons entre leurs mains, ils les ont négociés à 10, 15, 18, pour 100 de perte.

M. GAMBETTA. — C'est la confirmation de ce que j'ai dit.

Un membre. — Je demanderai qu'il soit donné lecture de la lettre de l'ambassade à M. Mottu, relativement au dépôt de 14 millions.

M. GAMBETTA. — C'est à l'aide de cette lettre que M. Mottu a fait croire à un crédit imaginaire.

M. LE PRÉSIDENT. — Il est évident que le fait existe.

M. GAMBETTA. — Il ne peut être nié.

M. LE PRÉSIDENT. — Nous allons faire rechercher la lettre.

M. Durangel, *directeur au ministère de l'intérieur.*
La Commission m'ayant fait l'honneur de m'appeler
devant elle, je lui fournirai quelques brèves explications.

Le ministère de la guerre a pu, dans certaines opérations, se tromper ou être trompé; mais, quant au
ministère de l'intérieur, auquel j'appartiens, il n'y a
eu jusqu'ici aucun acte qui ait pu être blâmé.

Je sais seulement que, le 8 décembre 1870, une
commission a été nommée pour s'occuper de tous les
marchés; j'étais au nombre des membres de cette
commission; mais elle est morte à peine née.

M. Gambetta. — C'est fâcheux!

M. le président. — C'est pour cela que nous n'en
avons pas eu révélation.

M. Gambetta. — Cela m'était resté dans l'esprit, et
c'est pourquoi je désirais que M. Durangel vînt le
dire devant la commission qui est réunie en ce moment.

M. Durangel. — Pour les armes, il y avait une grande
quantité de marchés. Ce qui préoccupait le ministère
de l'intérieur, c'était l'habillement et les équipements.
On s'était plaint, dans les départements, des agissements de certaines commissions qui avaient été nommées plus ou moins régulièrement; quelques-unes
d'entre elles ont assez bien rempli leur mission.

M. Gambetta. — C'est vrai!

M. Durangel. — Vous vous étiez préoccupé de cet
état de choses. Sur le rapport de M. de Freycinet, une
commission fut nommée; elle se composait d'un directeur au ministère de l'intérieur, moi-même; de
deux conseillers à la cour des comptes, du directeur
de l'administration de la guerre, M. Férand, et de diverses personnes ayant appartenu autrefois aux hautes
fonctions de la magistrature ou de l'administration.

Cette commission s'est réunie un très petit nombre
de fois. Elle a eu beaucoup de peine à obtenir des

préfets les documents qu'elle leur avait demandés : malgré les circulaires autographiées qu'on envoyait, elle n'a reçu que fort peu de marchés. Elle s'est dissoute vers le 25 décembre.

M. Gambetta. — Et elle avait été nommée le 8 !

M. Durangel. — A ce moment, l'attention des préfets se portait presque exclusivement sur les questions de guerre.

Les procès-verbaux des séances ont été tenus avec beaucoup de soin ; ils existent encore; ils donnent la preuve que, si la commission ne marchait pas, c'est parce que les documents ne lui étaient pas arrivés. Dans les derniers jours de cette commission, je lui avais dit que je ne croyais pas qu'elle eût une autorité suffisante pour juger ces marchés, et que je prévoyais que, des élections étant prochaines, il sortirait une assemblée qui nommerait une commission formée de représentants.

Je le répète, des plaintes nombreuses étaient arrivées à M. Gambetta ; elles touchaient à l'administration du ministère de l'intérieur et à l'administration du ministère de la guerre, au ministère de l'intérieur, à cause du service de l'habillement et des équipements, au ministère de la guerre, parce que, parallèlement aux opérations de la commission d'armement, il y avait d'autres opérations assez nombreuses faites par ce ministère pour l'achat d'armes et de munitions. C'est pour répondre à ces plaintes que la commission dont il s'agit a été nommée.

M. Gambetta. — Je tenais, Messieurs, à ce que vous eussiez l'attestation de ce fait.

M. le président. — Vous avez été vous-même préoccupé de la nécessité d'un contrôle pour ces marchés?

M. Gambetta. — Oui, monsieur le président.

M. le président. — La commission vous remercie, Messieurs, des renseignements que vous avez bien voulu lui donner. (*MM. Gambetta et Durangel se retirent.*)

Le 29 juillet, l'ordre du jour de l'Assemblée nationale appelait la discussion des conclusions du rapport de M. Riant. M. Naquet, directement mis en cause par ce rapport, monta le premier à la tribune. Malgré son étendue, nous croyons devoir reproduire *in extenso* le discours de M. Naquet. Il ne laisse rien subsister du rapport de la commission des marchés.

M. NAQUET. — Messieurs, je regrette d'avoir à vous entretenir d'une foule de détails qui, en eux-mêmes, ne présentent aucun intérêt, mais j'ai été attaqué d'une manière assez directe dans le rapport de l'honorable M. Riant, pour que je me trouve obligé de suivre ce rapport pied à pied.

Le premier reproche que m'adresse M. Riant...

Une voix. — La commission !

M. NAQUET. — ... la commission par l'organe de son rapporteur... c'est d'avoir, non pas personnellement, mais avec toute la commission d'étude des moyens de défense, usurpé des fonctions qui n'étaient pas les nôtres, d'avoir voulu passer de l'état de commission consultative à l'état de commission agissant directement, d'avoir voulu contracter des marchés et obtenir des crédits comme la commission d'armement avait des crédits et contractait des marchés. Ceci est dit à la page 3 du rapport :

« Quant à la commission d'études, elle sortait de plus en plus du domaine de l'étude. La commission d'armement avait ses crédits et elle passait des marchés ; la commission d'études voulut avoir ses crédits et passer ses marchés. »

Messieurs, c'est là une inexactitude absolue. La commission d'étude des moyens de défense était une commission consultative, elle est restée commission consultative. Il lui était interdit de conclure des marchés, elle n'en a pas conclu. (*Légères rumeurs sur quelques bancs. — Écoutez !*)

Elle n'a jamais signé de marchés ; elle n'a jamais eu de crédits et elle n'en a jamais demandé.

Seulement, par cela seul que la commission d'étude des moyens de défense était une commission consultative, elle avait le droit, je pense, de donner des conseils ; et, lorsque des inventeurs, offrant toutes sortes de choses, entre autres des armes et des munitions, se présentaient à elle, qu'avait-elle à faire ? Elle avait à examiner si ces offres lui paraissaient justes, sérieuses, ou si elles ne lui semblaient pas sérieuses. Dans le premier cas, elle avait à donner son avis au ministre compétent.

Si, dans les mois de novembre et de décembre 1870, la commission d'armement avait centralisé, comme ce fut le cas plus tard, comme ce fut le cas après le décret du 31 décembre, tous les achats d'armes, il est incontestable que, quand la commission d'étude des moyens de défense aurait reçu des propositions de ce genre, elle aurait dû les renvoyer à la commission d'armement.

Tel n'était pas le cas, Messieurs. La guerre achetait à cette époque : pourquoi? je n'ai pas à vous le dire. Je n'étais pas le gouvernement. Cette tâche incombe à M. Gambetta, qui vous le dira tout à l'heure. Pour mon compte, je ne puis que dire ceci : J'étais attaché directement au ministère de la guerre; quand je recevais des propositions, que devais-je faire? Les transmettre au ministre compétent, les transmettre à mon supérieur hiérarchique. C'est ce que je faisais.

Mais, me dit-on, vous avez préparé des contrats? Sans doute, j'ai préparé des contrats quand on me disait d'en préparer. J'ai préparé des contrats, parce que le moyen le plus simple, le plus net, le plus précis, de montrer exactement au ministre ce qu'on nous proposait, c'était de lui présenter ces propositions libellées sous la forme de contrats. Le ministre décidait dans la plénitude de la souveraineté... (Rumeurs), souveraineté dans la limite de ses attributions bien entendu; il acceptait ou refusait.

Ainsi, Messieurs, relativement au marché dont je parlerai tout à l'heure, et qui est de beaucoup le plus important, le rapport constate parfaitement que, dans une première délibération de la commission d'étude des moyens de défense, nous transmîmes au ministre les propositions qui nous étaient faites en disant que ces propositions nous paraissaient sérieuses.

On nous dit alors, comme on le faisait d'habitude dans ce cas-là : Rédigez un projet de contrat, nous verrons ensuite. Nous rédigeâmes un projet de contrat, et l'on vit ensuite.

Du reste, Messieurs, je n'ai pas besoin de m'étendre plus longuement là-dessus. Il est un point qui nous couvre de la manière la plus complète.

Qui donc était le meilleur juge de la nature et de l'étendue de nos attributions? Évidemment, Messieurs, c'était celui qui nous avait institués, c'était le ministre de la guerre. (*Marques d'assentiment sur quelques bancs.*)

Or, le ministre de la guerre signait nos marchés; il ne supposait donc pas que nous sortions de nos attributions; s'il avait trouvé que nous sortions de nos attributions, il ne les aurait pas signés.

Je dis donc que le seul fait de la signature du ministre de la guerre au bas des marchés, préparés par la commission d'étude des moyens de défense, démontre que, en nous instituant, le ministre de la guerre avait entendu que la préparation des marchés entrât dans nos attributions, et alors nous sommes couverts; ou que, si cela, d'abord, n'était pas dans nos attributions, en signant, il ratifiait ce que nous avions fait, et nous sommes encore couverts.

Par conséquent, le premier reproche qui nous est adressé ne tient pas devant une discussion sérieuse. (*Exclamations à droite.*)

Maintenant, Messieurs, permettez-moi une petite digression qui viendra encore à l'appui de ce que je viens d'établir. Le malheur veut, — notez bien que ce n'est pas un reproche que j'adresse à la commission des marchés, car il est impossible qu'elle fasse une étude complète, générale, d'ensemble, du fonctionnement des administrations ou des commissions qu'elle a à juger; — elle est obligée de prendre parmi les travaux de ces commissions ou de ces administrations, un, deux, trois, quatre faits isolés qu'elle juge en dehors du reste. C'est un tort, mais c'est un tort inévitable, je le répète, — le malheur veut que la commission des marchés ne puisse pas faire des travaux d'ensemble sur toutes les commissions et toutes les administrations qui se sont succédé depuis le commencement de la guerre jusqu'au 8 février, et cependant, pour porter des jugements éclairés sur des administrations et sur des commissions, il est bon de savoir ce que c'étaient que ces administrations et ces commissions.

Il est donc utile que je vous dise d'abord de qui était composée la commission d'étude des moyens de défense. Je trouve dans un journal de ce matin la liste de ses membres; je vais vous la donner. C'était d'abord M. Deshorties, lieutenant-colonel d'état-major, président, puis, M. de Pontlevoy, commandant du génie; M. Bousquet, chef d'escadron d'artillerie; moi; M. Descombes, ingénieur des mines;

M. Dormoy et M. Marqfoy, également ingénieurs des mines.

L'honorable président de la commission des marchés dit que M. Bousquet n'a pas siégé ; c'est une erreur ; il a parfaitement siégé ; seulement, après deux ou trois séances, l'artillerie nous l'a pris pour l'envoyer à l'armée ; il a été remplacé par un autre officier d'artillerie, qui nous a été pris à son tour et envoyé à l'armée ; de sorte que nous sommes restés privés pendant un certain temps d'officiers de cette arme. Mais à la fin on nous en a envoyé un autre, M. Delsol, quand nous étions à Bordeaux.

Quant à M. Marqfoy, il n'a jamais siégé ; je ne l'ai jamais vu ; il était directeur d'une cartoucherie près de Bayonne, et cette autre fonction ne lui permettait pas de prendre part à nos travaux.

Il n'en est pas moins établi que, même dans le moment où nous étions le moins au complet, nous avions avec nous deux ingénieurs, MM. Descombes et Dormoy, un officier supérieur d'état-major, M. Deshorties, et un commandant du génie, M. de Pontlevoy.

Cela posé, je dis que les marchés, dans les actes de la commission d'étude des moyens de défense, n'ont été qu'une exception, une très faible exception parmi les travaux de cette commission. En effet, nous avons examiné 1,761 propositions qui nous ont été soumises ; sur ce nombre, il y a eu 1,333 rejets ; 222 propositions ont été jugées intéressantes, mais inapplicables dans le moment présent, et, enfin, 216 ont été renvoyées au ministre avec avis favorable.

Sur ces 216 renvois, il y a 9 marchés, et 207 propositions de tout autre nature.

Vous voyez que nous n'avons donc pas tout d'un coup quitté notre rôle de commission d'étude pour nous lancer à corps perdu dans les marchés, mais que nous avons continué à nous occuper de tout ce qui intéressait réellement les moyens de défense.

Je ne voudrais pas allonger cette délibération, mais il faut que vous sachiez ce que nous avons fait. Je ne vous donnerai pas la liste de nos travaux, ce serait trop long ; mais je vous dirai que nous avons créé une usine de dynamite, — quand je dis « créé », je veux dire conseillé, proposé, et que le ministre a exécuté, — nous avons créé une usine de dynamite qui fonctionne encore, ou qui, du moins, fonctionnait il y a très peu de temps, et qui aurait certainement pu rendre de très grands services si la guerre avait continué; elle en a même rendu.

Nous avons conseillé, dès le mois de novembre, tout un système pour faire le vide autour de l'ennemi en réquisitionnant les bestiaux et les fourrages. Ce système, appliqué un peu tard, malgré notre insistance, a produit cependant d'excellents résultats et a économisé près de 10 millions à la République, dans l'espace d'un mois, temps pendant lequel il a été appliqué. (*Rumeurs à droite.*)

Nous avons examiné vingt-quatre systèmes de transformation : j'y reviendrai plus loin. Nous avons rédigé des instructions aux troupes, nous avons proposé ces camps d'instruction qui ont été établis et qui fonctionnent encore à l'heure actuelle.

Messieurs, je m'arrête. Je pourrais vous citer encore quatre ou cinq grandes opérations que nous avons conseillées, qui ont été exécutées et qui ont été très utiles, pour vous montrer que la commission d'étude des moyens de défense a travaillé et sérieusement travaillé. Elle a eu quatre-vingts séances, elle a entrepris et mené à bonne fin des expériences nombreuses. Nous avons été obligés, pour ces expériences, de faire des voyages. La commission, Messieurs, avait dans son secrétariat six personnes, tant les écritures étaient considérables. Eh bien, pour ces six personnes qui faisaient partie du secrétariat, pour ces voyages, pour ces expériences, savez-vous combien la commission d'étude des moyens de défense a dépensé? Voici son livre de comptes. Il lui a été donné 1,500 fr. ; elle en a rendu 500, après avoir fonctionné trois mois et demi. Il serait à désirer qu'aucune administration ne dépensât davantage. (*Très bien! très bien! sur plusieurs bancs à gauche.*)

A droite. — Ce n'est pas la question.

M. NAQUET. — Mais enfin la commission d'étude des moyens de défense a contracté des marchés. Dans l'examen de ces marchés, je vais suivre l'ordre qu'a suivi le rapport lui-même, en attachant à chacun d'eux une importance à peu près égale à celle qu'il leur a donnée.

Le premier marché dont parle le rapport est un marché avec la maison Petin-Gaudet et Cᵉ, de Rive-de-Gier. Il s'agissait de canons d'acier, se chargeant par la culasse. Voici, Messieurs, ce que dit le rapport :

« Elle commanda, le 8 novembre, à la maison Petin-Gaudet et Ce, de Rive-de-Gier, 36 canons en acier, système Reffye, et un nombre indéfini de canons bruts d'acier qui devaient être terminés à la fonderie de Nevers. La soumission, signée Petin-Gaudet, ne détermine pas le prix des canons; le soumissionnaire s'engage seulement à ne pas dépasser 800 fr. par 100 kil. Quant aux affûts et aux avant-trains, la soumission porte que le prix sera fixé pour les objets en fer dès que le premier d'entre eux aura été exécuté.

« Le prix était donc abandonné à l'arbitraire du fournisseur. Ce matériel a été livré longtemps après les délais fixés par la soumission. Les 36 canons finis avec les affûts en fer complets, munis de leurs avant-trains et caissons, devaient être fournis, savoir :

    4 canons, fin novembre;
    8 canons, 15 décembre;
    12 canons, fin décembre;
    12 canons, fin janvier;

« Les épreuves étaient laissées à la discrétion du colonel Reffye. »

Le rapport ajoute, — je ne veux pas allonger inutilement en lisant le tout, — que les canons n'ont été livrés qu'à la fin de janvier, c'est-à-dire au moment de l'armistice.

Messieurs, dans quelle situation nous trouvions-nous quand nous avons traité avec MM. Petin-Gaudet et Ce? L'artillerie faisait absolument défaut, le rapport le constate, je n'ai pas besoin d'insister; elle faisait défaut à tel point, que le directeur général de l'artillerie, l'honorable colonel Thoumas, aujourd'hui général, se lamentait quand on lui demandait des batteries pour remplacer celles qui avaient été prises par l'ennemi; il n'y en avait pas, les arsenaux étaient vides! De plus, l'ennemi nous battait avec des pièces d'acier, se chargeant par la culasse et à longue portée. Fallait-il, oui ou non, essayer d'avoir une artillerie à lui opposer? Fallait-il, oui ou non, essayer de fabriquer des canons se chargeant par la culasse et à longue portée, pouvant lutter avec les pièces prussiennes? Je dis : oui, si on voulait continuer à faire la guerre, et tous ceux qui étaient patriotes le voulaient en ce moment-là.

Reste à savoir si réellement nous avons livré l'État pieds
et poings liés aux fournisseurs.

Mais, Messieurs, réfléchissez un instant. Si nous avions
agi autrement, on nous blâmerait, et on aurait raison de nous
blâmer, voici pourquoi ; lorsque nous commandions des canons d'acier à l'industrie privée, — et remarquez que, sur
ce point, je suis couvert, nous avons bien fait de nous adresser à l'industrie privée, puisqu'il y a eu un décret qui organi-
sait l'artillerie départementale, — lorsque nous commandions
des canons d'acier à l'industrie privée, l'industrie privée avait
le droit de nous dire : Mais je n'ai jamais fabriqué de canons,
je n'ai jamais surtout fabriqué de canons d'acier, il n'en existe
pas en France ; je n'ai jamais fabriqué de canons système
Reffye ; c'est la première fois qu'on en fabrique, nous n'en
avons même pas vu encore les modèles.

Il était donc absolument impossible d'établir d'avance le
prix de revient ; pas un fournisseur n'eût voulu traiter à
prix ferme, à moins que ce ne fût à la condition de stipuler
comme prix ferme ce que nous avions stipulé comme prix
maximum.

Nous avons préféré établir un prix maximum qui ne pouvait être dépassé, et laisser à l'État le soin de débattre plus
tard ses conditions avec les fournisseurs, et le droit de diminuer ces prix quand on pourrait évaluer le prix de revient.

Je prétends qu'en agissant ainsi nous avons fait preuve
d'une grande prudence, et que si mon honorable collègue,
M. le duc d'Audiffret-Pasquier, s'était trouvé à notre place,
il n'aurait pas fait autrement. (*Rires et approbations sur plusieurs bancs à gauche.* — *Rumeurs et exclamations à droite.*)

Il est vrai qu'on ajoute : Ces canons sont arrivés tard !

A qui la faute ? C'était un peu le malheur de toutes les
commandes qu'on faisait à cette époque. Les fournisseurs
promettaient plus qu'ils ne pouvaient tenir. Nous avions
commandé ces canons pour qu'ils arrivassent plus tôt. On
nous les a fournis plus tard. Voilà tout. Mais dès le mois de
décembre un certain nombre étaient prêts. Devions-nous
arrêter la fourniture ? Sans doute, si nous avions pu prévoir l'armistice, si nous avions pu prévoir que ces canons
arrivant en janvier ne serviraient plus à rien, nous aurions
arrêté la fabrication. Mais cet armistice que nous avons tous

déploré (*Oh! oh!*), est-ce qu'il nous était permis de le prévoir? Nous croyions que la France se défendrait jusqu'au
bout... (*Exclamations au centre et à droite. — Oui! oui! à
gauche*), et après la campagne d'hiver nous espérions une
campagne d'été... (*Même mouvement*), et si l'armistice, que
nous ne pouvions et que nous ne devions pas prévoir, je le
répète, n'était pas survenu, les canons commandés arrivaient en ligne, à la date de fin janvier.

Voilà ce que j'avais à répondre quant au marché Petin-
Gaudet.

J'ajoute, du reste, que, dans cette circonstance, nous ne
nous sommes pas adressés à un intermédiaire, mais, ainsi
que la commission des marchés reconnaît qu'on doit toujours le faire, à une maison honorable qui avait obtenu une
médaille d'or à l'exposition universelle, à la principale maison de France en ce genre d'industrie, à la seule qui fût en
état de fabriquer des canons d'acier.

Après le marché avec la maison Petin-Gaudet se présente
le marché avec M. Quillacq, autre maison honorable, la
commission des marchés le reconnaît également. Mais, comme
cette maison ne pouvait pas fabriquer des canons d'acier,
la maison Petin-Gaudet seule étant outillée pour cela, elle
s'engageait à fabriquer des canons de bronze se chargeant
par la culasse, système Reffye.

Nous acceptons les propositions de la maison Quillacq, et,
comme cette fois il ne s'agit pas de travailler l'acier, mais
le bronze, et qu'il est beaucoup plus facile d'établir les prix
de revient de canons de bronze que de canons d'acier, même
quand ils se chargent par la culasse, cette fois, dis-je, nous
établissons un prix ferme, et un prix ferme moins élevé que
celui de l'administration de la guerre, car il n'est que de
4,000 fr. par canon. De ce marché je n'ai rien autre chose
à dire que ce que j'ai déjà dit pour le marché Petin-Gaudet.

On a prétendu que les canons fournis par M. Quillacq n'ont
rien valu, que trois d'entre eux ne peuvent même pas servir. Mais, Messieurs, nous n'avons jamais été receveurs de
canons; nous avons traité avec des industriels en stipulant
qu'ils nous feraient de bons canons, et voilà tout. Nous avons
inséré dans nos marchés toutes les conditions qu'exige or-
dinairement l'artillerie, mais c'était à l'artillerie à recevoir
ou à ne pas recevoir. Si l'artillerie a reçu de mauvais ca-

nons, cela ne nous incombe nullement et ne nous touche pas.

Après les canons Quillacq viennent les boulets commandés aux forges de Commentry à M. Mussy, encore une maison honorable, la commission le reconnait toujours.

Mais si nous avions commandé des canons Reffye, et que nous n'eussions pas commandé de boulets, — vous savez que les boulets ordinaires ne peuvent pas servir pour les canons qui se chargent par la culasse, — il est probable que la commission nous dirait aujourd'hui : Vous avez agi avec une singulière négligence, car vous avez commandé des canons, et vous n'avez pas commandé de projectiles ! Eh bien, ayant commandé des canons, nous avons commandé des projectiles, c'était tout naturel.

Enfin vient le marché Caquillat, dont je ne parlerai que très peu, parce qu'il n'est pas incriminé. Il s'agissait d'une misérable commande de 2,000 revolvers. Et qu'en a-t-on dit? Que les armes étaient inutiles. En effet, on ne pouvait pas en dire autre chose, car nous avons traité à des prix inférieurs à ceux de la commission d'armement. Mais, quand on dit que les revolvers étaient inutiles, il faudrait d'abord l'établir. Les prix étaient très bas, inférieurs à ceux de la commission d'armement, et nous avions pris toutes les précautions pour que, si, après la première livraison, le gouvernement n'était pas satisfait, il ne fût pas obligé de prendre les livraisons qui devaient suivre. Du reste, je n'insiste pas, ce marché n'étant pas incriminé.

J'arrive maintenant à une partie plus intéressante du rapport, quoique ce ne soit pas encore la partie principale; je veux parler du marché Maxwell-Lyte.

Je vous ai dit tout à l'heure que, pendant le cours de sa laborieuse existence, la commission d'étude des moyens de défense avait examiné vingt-quatre systèmes de transformation. Vous le savez, on s'occupait beaucoup, alors, de transformer les fusils se chargeant par la bouche en fusils se chargeant par la culasse.

Il y avait là une question très grave. A tort ou à raison, — je crois que c'est à tort, — les militaires improvisés que nous étions obligés de créer ne se croyaient pas armés quand ils avaient des fusils se chargeant par la bouche; il était donc très important de leur donner des armes dans les-

quelles ils eussent confiance, et, par conséquent, de transformer nos armes le plus rapidement possible. Un jour,
dans le courant de novembre, vers le 15, je crois, un Anglais, M. Maxwell-Lyte, établi en France depuis très longtemps, propriétaire ou, plus exactement, principal action-
naire des salines de Dax, se présenta chez nous avec de
bonnes références, entre autres une lettre du maire d'Auch,
qui nous le recommandait d'une manière toute particulière.
(*Mouvement.*) M. Maxwell-Lyte nous apportait un système de
transformation qui avait été découvert par un de ses compatriotes, M. Green, lequel résidait alors à Londres. Nous
fîmes examiner le fusil qu'il nous offrait, par plusieurs personnes, entre autres par le capitaine Simon, et par les militaires qui faisaient partie de la commission d'étude des
moyens de défense, compétents dans cette matière, et qui
donnèrent leur opinion. Il est bien entendu, par conséquent,
que ce que j'ai à vous dire n'est pas une opinion personnelle,
car, ici, je tiens à préciser quel a été mon rôle dans la commission d'étude des moyens de défense. Je ne suis pas un
militaire, un artilleur... (*On rit*), et je vous avoue même, en
toute humilité, qu'au lendemain du 4 septembre, je ne savais pas comment se chargeait le fusil chassepot.

Ce que je suis et ce que j'ai toujours été, c'est un homme
de science. (*Exclamations ironiques sur quelques bancs à
droite.*) J'ai passé ma vie dans les laboratoires. (*Bruit à
droite.*)

A gauche. — Oui! oui! c'est incontestable!

M. ALFRED NAQUET. — J'étais compétent sur toutes les questions qui étaient du ressort de la chimie : c'est à ce titre que
M. le ministre de la guerre m'avait fait entrer dans la commission d'étude des moyens de défense. (*Oui! oui! Très bien!
à gauche.*)

En fait de questions militaires, de questions d'armement,
je pouvais avoir une compétence générale sur le point de
savoir si on avait besoin de canons ou de fusils; tout le
monde était apte à en juger. Mais, quant au point de savoir
si tel ou tel fusil, si tel ou tel canon était bon ou mauvais,
j'étais tout à fait incompétent. Je m'adressais donc aux
hommes compétents, je me retournais vers les militaires
qui m'avaient été adjoints, vers les hommes qui avaient des
connaissances spéciales et je leur disais : Que pensez-vous

de ces armes? Ils me répondaient, et, quand ils ne se trouvaient pas suffisamment éclairés, ils en appelaient au capitaine Simon, qui faisait alors des expériences sur lesquelles
il présentait un rapport; après quoi je suivais la décision
qui avait été prise.

Eh bien, les militaires qui faisaient partie de la commission, et le capitaine Simon qui en a déposé à la commission
des marchés, trouvèrent que la transformation Green était
une bonne transformation. Le capitaine Simon disait :
Bonne pour le moment où nous sommes, excellente pour le
moment où nous sommes. MM. Deshorties et de Pontlevoy
disaient : Bonne d'une manière absolue. Et ils croient aujourd'hui encore que ce système devrait être adopté si on
en revenait à transformer les armes.

En effet, le fusil Green présentait un certain nombre d'a-
vantages que vous apprécierez certainement, car, sans être
spécialiste, j'ai pu les apprécier moi-même.

D'abord la transformation coûtait moins que certaines
autres qui avaient été adoptées par M. Le Cesne. Ainsi M. Le
Cesne en avait accepté une qui revenait au prix de 25 francs,
tandis que la transformation Maxwell-Lyte ne coûtait que 20,
18 et même 16 fr., si l'on opérait sur un nombre de fusils
assez considérable.

Ensuite, le fusil Green permettait d'employer la cartouche
du fusil de munition, dont nous avions un très grand nombre,
qui pouvait être fabriquée facilement partout, et grâce à laquelle on était sûr de ne pas laisser le soldat désarmé, avec
son fusil, devant l'ennemi.

En troisième lieu, en cas de manque absolu de cartouches,
on pouvait le charger à poudre libre comme un fusil de munition ordinaire.

En quatrième lieu, il y avait un petit verrou qui était la
pièce principale de cette transformation, et, dans le cas où
le militaire, par suite d'une déroute, était obligé d'abandonner son arme, rien ne lui était plus facile que de retirer
ce verrou, de le mettre dans sa poche et de ne laisser à l'ennemi qu'un fusil absolument hors de service.

Enfin, un dernier avantage et le plus important de tous,
selon moi : quoique ce fusil se chargeât par la culasse et
qu'il fût une arme à tir rapide, ou au moins considéré
comme tel par le soldat, et qu'à ce point de vue il lui inspi-

rât toute confiance, cependant son tir était beaucoup moins rapide que celui des fusils Chassepot, Snider et Remington. Et dans un moment où nous n'avions plus de vieilles troupes, mais de jeunes soldats qui ne savaient pas ménager leurs munitions devant l'ennemi, cette considération était des plus importantes.

C'est ce qui nous décida à prendre en sérieuse considération l'offre qui nous était faite par M. Maxwell-Lyte. Cette offre ne se bornait d'ailleurs pas à proposer un système de transformation. M. Maxwell-Lyte nous affirmait, en effet, qu'il était parfaitement outillé en Angleterre, et il nous offrait 140,000 fusils Springfield et Enfield qu'il transformerait lui-même dans un très-court délai.

Nous allâmes, ou plutôt j'allai, sur l'autorisation de la commission d'étude des moyens de défense, chez M. Le Cesne pour le consulter sur cette offre.

M. Le Cesne me dit : C'est vrai, cela me paraît une bonne transformation ; nous avons été sur le point de l'adopter, et je ne sais pas pourquoi nous ne l'avons pas fait... on ne peut pas tout faire, mais je réunirai la commission d'armement, on en parlera de nouveau.

Et ici, Messieurs, je tiens à vous dire que M. Le Cesne ne nous avertit nullement qu'il aurait traité à des prix moindres que ceux que nous faisait M. Maxwell-Lyte ; il a pu le dire à d'autres, mais pas à nous, si ce n'est ultérieurement au marché. Je me retirai. La commission d'armement émit, à ce qu'on nous assura le lendemain, un vote favorable. Nous attendîmes. Le marché qui devait être conclu par la commission d'armement ne le fut pas. Nous pensâmes qu'il fallait passer outre, et M. le ministre de la guerre accepta notre proposition. On passa outre et on fit ce marché.

Maintenant, vous nous dites : Ce marché a été résilié. C'est vrai. Et par qui a-t-il été résilié ? Par nous.

M. Maxwell-Lyte croyait, avec le contrat qu'il avait dans la main, qu'il allait se procurer en Angleterre les crédits dont il avait besoin. Il ne put pas payer les armes ; il ne put pas les transformer et encore moins les livrer. Il revint sans armes au bout de quelque temps, nous offrant toutes sortes de combinaisons nouvelles, demandant une indemnité pour frais d'une machine qu'il avait construite. Nous le repoussâmes avec perte. M. Gambetta l'appela auprès de lui. Dans

les dépositions, il est dit que c'était en présence de M. Deshorties et de moi, c'est une erreur ; je n'étais pas présent à
cette réunion. M. Gambetta et M. Le Cesne ont pu commettre
cette erreur, parce que j'étais dans la salle d'attente et qu'ils
m'ont vu en passant et 'en repassant. M. Deshorties seul y
était venu, parce qu'en sa qualité de président, il représentait d'une manière plus directe la commission d'étude des
moyens de défense. Là il fut prouvé que M. Maxwell-Lyte
avait tort, qu'il offrait des transformations à des prix trop
élevés, qu'il ne pouvait pas fournir ce qu'il promettait ; le
marché fut résilié, et je répète que, quand il se présenta de
nouveau devant nous, et pour nous demander une indemnité,
nous le repoussâmes avec perte, comme nous devions le repousser.

Ce marché, par conséquent, il n'y a pas lieu, pour moi,
d'en parler plus longtemps ; de quoi s'agit-il en effet ? D'une
hypothèse de marché, car il n'a pas été exécuté, il n'a pas
coûté un sou à l'État, le gouvernement s'en est retiré in-
demne. Par conséquent on ne peut rien nous reprocher sur
ce fait.

Je veux cependant répondre encore un mot à l'honorable
président de la commission des marchés. Il a dit, pendant
qu'il m'interrogeait sur cette affaire, et ses paroles sont re-
produites dans le rapport, qu'il est heureux que M. Maxwell-
Lyte n'ait pu trouver de crédit, car l'État aurait perdu de
fortes sommes si le marché avait été exécuté. L'honorable
président, M. d'Audiffret-Pasquier, me permettra de n'être
pas de son avis sur ce point. Si M. Maxwell-Lyte avait exécuté son marché ; s'il avait pu l'exécuter complètement, à
une époque rapprochée de novembre, nous aurions eu
140,000 fusils se chargeant par la culasse, nous aurions pu
armer deux corps d'armée...

Et lorsqu'on se rappelle ce fait, qu'au mois de janvier, à
la bataille du Mans, la bataille a été sur le point d'être ga-
gnée, que la défaite a été due à la débandade des mobilisés
bretons, qui occupaient la position des Tuileries... (*Vives
réclamations sur plusieurs bancs à droite et au centre droit.*)

Un membre. — Ne les attaquez pas ! défendez-vous !

M. LE VICOMTE DE LORGERIL. — Nos Bretons n'ont reculé
que parce qu'ils étaient mal armés ! On n'a pas voulu les
armer !

M. René Brice. — Les mobilisés bretons qui ont pris part à la bataille du Mans étaient des mobilisés d'Ille-et-Vilaine. Député d'Ille-et-Vilaine, je tiens à constater, à leur défense, puisque l'occasion s'en présente, qu'ils étaient armés de fusils à pistons dont, pour la plupart, les cheminées n'étaient même pas forées.

M. Alfred Naquet. — C'est ce que j'allais dire.

M. René Brice. — J'espérais bien que l'orateur allait le dire ; mais, n'en étant pas certain, je tenais à constater le fait. Les mobilisés bretons ont été maintes fois attaqués, et à cette tribune et ailleurs, et il importe qu'on sache bien que, victimes d'une insuffisance absolue d'armement, ils n'ont jamais manqué de bravoure. Autrement armés, ils auraient su se conduire aussi bien et aussi vaillamment que se sont conduits leurs frères, les gardes nationaux mobiles de la Bretagne, pendant le siège de Paris.

M. Alfred Naquet. — Messieurs, si l'honorable M. René Brice m'avait permis d'aller jusqu'au bout de ma pensée, j'aurais dit justement ce qu'il vient de dire. Il vient donner une force nouvelle aux considérations que j'avais l'honneur de développer devant vous. (*Bruit à droite. — Assentiment à gauche.*)

Je ne prétends pas jeter le blâme sur les mobilisés bretons ; je dis seulement que, mal armés... (*Interruptions diverses à droite.*)

M. de la Borderie. — On n'a pas voulu les armer !

M. le vicomte de Lorgeril. — Nous avons acheté dans l'Ouest, pour nos mobilisés bretons, des fusils qui étaient bons, et ils ont été envoyés dans le Midi.

M. Alfred Naquet. — Je dis seulement que le défaut de bonnes armes était fatal, car on ne pouvait pas donner de bonnes armes qu'on n'avait pas...

M. le vicomte de Lorgeril. — Les fusils qui avaient été achetés n'ont pas été envoyés sur le théâtre de la lutte.

M. le président. — N'interrompez pas ; vous aurez la parole si vous la demandez.

M. Alfred Naquet. — Je dis donc que si, à une date voisine de novembre, nous avions eu 140,000 bons fusils se chargeant par la culasse ; que si nous avions pu armer ces hommes qui n'avaient pas confiance dans leurs armes, peut-être ce désastre se serait-il changé en victoire, et peut-être, au lieu de perdre 1 million, par suite de la stipulation Maxwell-Lyte, aurions-nous gagné 5 milliards ! (*Mouvements en sens divers.*)

Un membre à gauche. — C'est vrai !

M. Alfred Naquet. — Messieurs, je ne veux rien exagérer aujourd'hui, nous sommes loin de cette époque, mais je tiens à ce que vous compreniez exactement quelles étaient les pensées qui inspiraient alors des hommes qui n'étaient animés par aucun autre sentiment que celui de la défense nationale et du patriotisme. (*Assentiment à gauche.* — *Rumeurs à droite.*) Il est un dernier point auquel je veux répondre, relativement au marché Maxwell-Lyte ; on nous accuse d'avoir accepté des verrous sans fusils, et on nous dit : Vouliez-vous donc armer vos troupes avec des verrous ? Non, Messieurs, mais nous avions des fusils en France : ces fusils, nous pouvions les transformer ; seulement, pour les transformer, il fallait monter un outillage ; cet outillage exigeait du temps ; et, si M. Maxwell-Lyte avait exécuté son marché, s'il nous avait livré les verrous pour lesquels nous avions traité avec lui, nous aurions pu, — car alors il ne fallait plus d'outillage spécial, — nous aurions pu très facilement appliquer ces verrous aux fusils de munition se chargeant par la bouche que nous avions en France, et nous aurions eu des fusils système Green à meilleur marché qu'en les faisant transformer en Angleterre. (*Très bien ! sur quelques bancs à gauche*).

Messieurs, voilà toute la première partie du rapport de la commission des marchés.

Je n'ai pas autre chose à en dire, l'Assemblée appréciera.

Je passe à la grosse affaire, à l'affaire Saint-Laurent et Billing, à l'achat des canons Parrott.

M. Dahirel. — Et la contre-lettre !

M. Alfred Naquet. — L'honorable M. Dahirel me dit : Et la contre-lettre ?

La contre-lettre se rapporte seulement à cette question des verrous dont je viens de parler.

Dans la contre-lettre, effectivement, nous avons déterminé les clauses du contrat, qui ne paraissaient pas suffisamment nettes à M. Maxwell-Lyte, comme nous les avions comprises, à savoir qu'il traitait ferme pour 10,000 transformations, et qu'il ferait son possible pour en livrer 140,000 ; que, dans tous les cas, il livrerait des verrous que nous pourrions appliquer aux fusils français, en achevant les transformations en France.

Mais arrivons à l'affaire des canons Parrott.

Vers le 20 novembre, deux Américains se présentèrent chez nous. L'un s'appelait Saint-Laurent et se disait Canadien; l'autre s'appelait Billing. Ils nous proposèrent :

1° 70,000 fusils Enfield rayés avec leurs baïonnettes, en parfait état de service, — je ne lis pas toutes les stipulations du contrat, — au prix de 43 fr., livrés à quai, à Bordeaux;

2° 2,000 carabines Short-Enfield, neuves, avec sabres-baïonnettes, en parfait état, au prix de 43 francs l'une, livrées comme ci-dessus;

3° Enfin, 25 batteries de six pièces de canon chacune, système Parrott, avec tous les accessoires, prêtes à entrer immédiatement en campagne, à l'exception des chevaux, au prix de 75,000 fr. la batterie.

Les prix des fusils ne nous surprirent pas, parce que, à ce moment, nous avions M. Mottu qui était en Angleterre, et qui nous offrait des fusils à des prix beaucoup plus élevés; au lieu du prix de 43 fr., il nous les offrait à 60 fr. (*Mouvement.*)

C'est à cette époque que la commission d'étude des moyens de défense lui envoyait un télégramme qui a été cité dans le premier rapport de l'honorable M. Riant, et dans lequel il était dit : « Nous ne voulons pas traiter avec vous, parce que vous nous offrez toujours vos armes à des prix plus élevés que ceux que l'on nous fait ici; vous nous parlez du prix de 60 francs pour des articles qui nous sont offerts ici à 43 francs. »

Quant aux batteries de canons, je répète ce que je disais tout à l'heure : je ne savais pas ce que c'était qu'une batterie Parrott; j'ignorais ce que pouvait être le prix d'une de ces batteries; mais il y avait dans la commission d'étude des hommes qui le savaient, des hommes qui avaient étudié la guerre d'Amérique et l'artillerie et qui disaient : « Les canons Parrott sont bons, ce sont des canons qui peuvent faire un bon service et qui peuvent bien valoir 75,000 fr., par batterie, puisque l'État paye une batterie en France 120,000 fr. »

Cette opinion est restée celle de M. Deshorties. (*Rumeurs à droite.*)

M. LE PRÉSIDENT. — Il serait convenable, Messieurs, d'écouter en silence ces explications. (*Très bien!*)

M. ALFRED NAQUET. — M. Deshorties dit, en effet, dans sa déposition : « J'ai suivi et étudié la guerre d'Amérique, et si je me suis adressé aux canons Parrott, c'est que je sais qu'ils sont très bons. »

Eh bien, ce que M. Deshorties dit aujourd'hui, à la commission des marchés, il l'a dit à ses collègues, qui étaient militaires, il l'a dit à la commission d'étude des moyens de défense, et je ne pouvais mieux faire que d'avoir confiance dans les collègues qui m'étaient adjoints pour traiter les questions militaires.

C'est après avoir reçu ces offres que la commission, bien qu'ayant à cette époque des méfiances très injustes, je le reconnais aujourd'hui, mais des méfiances très vives, très accentuées vis-à-vis du président de la commission d'armement, M. Le Cesne, que la commission, dis-je, me délégua auprès de M. Le Cesne, afin qu'on ne pût nous accuser d'agir de parti pris.

Messieurs, ces défiances vis-à-vis M. Le Cesne, je vais en dire un mot pour ne plus y revenir. Tous ceux qui ont habité Tours et Bordeaux, dans le dernier mois de 1870, savent que ces défiances étaient générales. Par qui étaient-elles suscitées? Je n'en sais rien. Mais ce que je sais, c'est que la presse de toutes les nuances excitait le public contre M. Le Cesne. Et je ne crains pas d'être démenti par vous, en disant que beaucoup d'entre vous sont venus à Bordeaux en les partageant. Par conséquent, je ne crois pas avoir été excessivement blâmable pour avoir eu des suspicions que tout le monde partageait à cette époque. Quelles étaient ces suspicions? Croyais-je que M. Le Cesne était un malhonnête homme?

Je ne l'ai jamais cru, il y avait parmi nous, — à tort, — des hommes qui le croyaient : je ne partageais pas ces défiances; ma défiance à moi était une défiance purement patriotique; je pensais que M. Le Cesne ne croyait pas à la possibilité de la défense, qu'il croyait que toutes les dépenses qu'on ferait pour notre pays seraient des dépenses inutiles, et que, par suite, il voulait entraver l'armement. A ce point de vue, j'ai hâte de le dire, je me trompais encore. M. Le Cesne était aussi patriote que nous, mais il avait les défauts de ses qualités, comme nous avions les défauts des nôtres. (*Interruptions à droite.*)

Les défauts de nos qualités, savez-vous quels ils étaient? C'est que nous n'étions pas assez négociants; nous songions avec trop d'ardeur à l'idée de la défense, à la nécessité d'avoir des armes quand même, tout de suite, à tout prix, pour armer le plus grand nombre possible des soldats que nous levions. Mais, quant au prix, nous en faisions une question secondaire.

M. Le Cesne, au contraire, est un négociant émérite; il ne pensait peut-être pas assez à la nécessité d'avoir des armes tout de suite et quand même, et il pensait peut-être trop à acheter à des prix peu élevés, ce qui lui faisait perdre beaucoup de temps.

Que me dit M. Le Cesne? M. Le Cesne me dit : « Non, je ne veux pas faire l'affaire que vous me proposez, je la crois mauvaise : les canons Parrott ne valent rien, ils ne sont pas rayés. »

Le rapport affirme que M. Le Cesne ne peut avoir dit cela, et voici sur quoi il s'appuie : « Jamais M. Le Cesne n'a pu dire que les canons Parrott n'étaient pas rayés, qu'ils n'avaient pas de portée. Nous produirons au dossier les dépêches adressées par lui à M. Remington au sujet de ces batteries. Dans toutes ces dépêches, il appelle les canons Parrott des canons rayés. — Voir l'interrogatoire. »

Ce sont là des arguments de pure logique, et ces arguments de pure logique nous avaient émus nous-mêmes, car, lorsque je rentrai dans la commission et que je fis part à M. Deshorties et à M. de Pontlevoy, mes collègues, de la réponse de M. Le Cesne, ils s'écrièrent : « Comment a-t-il pu dire que ces canons ne sont pas rayés? Il sait bien qu'ils sont rayés. »

Le rapport affirme qu'il ne l'a pas dit. M. Le Cesne prétend qu'il ne l'a pas dit; moi, je déclare à cette tribune qu'il l'a dit : mon affirmation vaut bien la sienne. (*Légères rumeurs à droite.*)

Je revins donc à la commission. Je fis part à mes collègues des observations que m'avait faites M. Le Cesne, et l'on fit introduire de nouveau les offrants. On leur dit : « Vos canons ne valent rien; ils ne sont pas rayés. » Ces messieurs s'indignèrent ou feignirent de s'indigner, et répondirent que leurs canons étaient parfaitement rayés, avec les rayures en bon état, et qu'ils portaient à 4,000 mètres au moins.

Ils avaient même dit 5,000 mètres. Nous ne mîmes que 4,000 mètres sur le contrat, pour être plus certains de la portée. 4,000 mètres de portée, des canons rayés, des rayures en bon état, cela constitue de bonnes armes. D'ailleurs, les contractants s'offraient à déposer un million de garantie chez un banquier américain. Ils s'offraient même d'abord à déposer 1,500,000 fr. de garantie, à la condition que l'État déposerait de son côté aussi 1,500,000 francs.

Cette garantie bilatérale fut transformée ensuite en garantie unilatérale d'un million, parce que cela paraissait plus commode pour les opérations financières. M. Le Cesne nous avait dit très souvent : « Quand vous voudrez vous assurer de ce qu'il y a de sérieux dans les offres qui vous sont faites, demandez des dépôts de garantie. Quand ces dépôts de garantie vous seront donnés, c'est que les offres seront sérieuses. » Nous avons suivi ce précepte. Nous avons demandé 1,500,000 fr. d'abord, ensuite un million de garantie. C'est dans ces conditions que je me présentai chez M. Gambetta pour faire signer le traité. Dans les couloirs, dans la salle d'attente, je rencontrai M. Le Cesne qui me répéta ce qu'il m'avait dit la veille : « Vous allez faire une mauvaise affaire, les canons Parrott ne valent rien ; je puis les avoir pour 40,000 fr. »

Une voix. — 35,000 francs.

M. Alfred Naquet. — Il a dit lui-même qu'il ne savait pas combien ils coûteraient exactement ; qu'il croyait que c'était 37,000 fr. Je répondis à M. Le Cesne ce que vous auriez répondu à ma place : « Vous prétendez que ces canons ne sont pas rayés, mais ce sont d'excellents canons. »

M. Le Cesne reprit : « Il y en a des uns et des autres, je puis les avoir tous au même prix. »

M. Le Cesne était tellement convaincu, à ce moment-là, que ce qui nous faisait agir était une simple question d'amour-propre, — il se trompait complètement en ce qui me concernait, — qu'il me proposa, pour me désarmer, de me livrer tout ce qui avait rapport à la transformation, et de garder pour lui les achats d'armes. Il me dit : « Voulez-vous partager ? Vous êtes une commission consultative, ce n'est pas beaucoup votre affaire de vous occuper d'achats. Eh bien, prenez les transformations, moi je garderai les achats. »

Je n'agissais pas dans un but d'amour-propre, et par conséquent cette proposition de M. Le Cesne ne me toucha en aucune manière; mais je me disais qu'après tout nous traitions pour de bons canons; car, Messieurs, remarquez-le, ce dont nous sommes responsables, je répète ici ce que je disais tout à l'heure des canons Quillacq, c'est des canons hypothétiques portés dans notre contrat, et non pas de ceux qui sont arrivés en Afrique, attendu que nous ne sommes pas receveurs de canons. Si les canons qui sont arrivés en Afrique sont bons, s'ils sont conformes aux stipulations de notre contrat, on a bien fait de les recevoir; s'ils ne le sont pas, on a mal fait. Cela regarde ceux qui les ont reçus, cela ne nous regarde en rien.

Les canons que nous commandions devaient avoir 4,000 mètres de portée et des rayures en bon état; ils devaient être rendus dans l'espace de trente jours : les risques de mer devaient être à la charge des vendeurs. Ces canons, je le répète, s'ils étaient conformes aux stipulations du contrat, devaient être excellents, et de plus devaient être livrés beaucoup plus vite que ceux de M. Le Cesne, puisque vous avez vu les canons achetés par M. Le Cesne parvenir en trois mois seulement, quand vous arriviez à Bordeaux, et que les nôtres devaient être rendus en 30 jours.

Mais vous me direz : Les vôtres ne sont pas arrivés plus tôt! C'est vrai, Messieurs, mais je n'étais responsable que du contrat que je soumettais à la signature de M. Gambetta.

D'ailleurs, pensais-je alors, M. Le Cesne dit qu'il peut avoir ces canons, mais, si cela est vrai, il est grandement coupable. Comment! voilà des canons qui peuvent être d'une utilité incontestable; il est ici depuis le 18 septembre; il peut les avoir depuis deux mois, il peut les obtenir à 40,000 francs, et il ne les a pas! Pourquoi ne les a-t-il pas?

Voilà, Messieurs, sous l'influence de quels sentiments j'entrai dans le cabinet de M. le ministre de la guerre.

On m'a dit au cours des dépositions que je n'avais pas pu consulter la commission, parce que je ne l'avais pas vue entre le moment où j'avais causé avec M. Le Cesne et celui où M. Gambetta a signé le marché, et que par conséquent c'est sur moi seul que pèse toute la responsabilité de cette affaire. Le premier point seul est exact.

Remarquez, en effet, que j'ai fait signer le marché à M. Gambetta quand j'ai pu ; on ne pouvait pas le voir à tous les moments, il avait tout le fardeau du gouvernement sur lui : il fallait profiter des moments où il était visible. (*Légères rumeurs à droite.*) Seulement le contrat restait signé entre mes mains. Il n'était pas encore entre les mains des vendeurs. Je revins à la commission, je discutai encore sur ce qui avait été fait, et, si la commission avait cru qu'il ne fallait pas le remettre, nous serions revenus dire à M. Gambetta : Voilà ce contrat, nous ne le remettons pas au vendeur ; rien n'est fait.

La preuve que la commission a été parfaitement éclairée sur tout ce qui s'est fait, et que, à ce point de vue, ma responsabilité n'est ni moindre ni plus grande que celle de mes collègues, la voici : au cours des dépositions, M. le président demande à M. Verberkmoës : « Une dernière question : à l'époque des marchés, vous ne siégiez pas à ce moment à la commission, vous vous borniez à rédiger des procès-verbaux sur des notes qui vous étaient remises. Cependant, toute la commission a-t-elle su que les canons Parrott étaient, au dire de M. Le Cesne, offerts à 35,000 fr.?

— *Verberkmoes.* — Oui ! »

Ceci est concluant.

Voilà la première phase de ce marché.

Je viens de vous raconter ce qui s'est passé avec une entière loyauté. Je ne dis pas que j'ai bien fait d'avoir des défiances envers M. Le Cesne, je ne dis pas que j'ai conclu un bon marché, je ne veux pas défendre cette opération commerciale. Je vous explique simplement, loyalement, sous l'influence de quels sentiments j'ai donné à M. le ministre de la guerre le conseil de le signer. (*Très bien! très bien! à gauche. — Rumeurs à droite.*) C'est dans cette signature du traité que j'ai une responsabilité ; tout ce qui est porté ensuite dans le rapport est inexact ; ma responsabilité disparaît absolument et complètement à partir de la signature du traité.

D'abord, que se passa-t-il à la suite de la signature de ce traité ? Il se passa ceci : Nous devions envoyer un officier d'artillerie à New-York. L'artillerie nous était très hostile, parce qu'elle n'aimait pas qu'on s'immisçât dans ses affaires. (*Interruption à droite*) ; elle n'achetait pas et ne voulait pas qu'on achetât.

L'artillerie se fit prier longtemps, fit venir l'artilleur d'A-frique, et il y eut près de dix jours de perdus avant que M. Guzman pût s'embarquer pour les États-Unis, où il n'arriva que le 24 décembre.

D'autre part, dans le premier contrat qui, ainsi que je le disais en passant, a été modifié par la commission des finances, en ce qui concerne le mode de payement, dans ce premier contrat, il était dit qu'après l'arrivée des marchandises à Bordeaux, les contractants auraient le droit de tirer, à quarante jours, des traites qui seraient acceptées par la Banque de France; M. Cuvier s'y opposa après coup; il n'était pas à Bordeaux au moment où le marché avait été conclu, et il s'opposa à ce payement, parce que, disait-il, les règlements de la Banque de France ne lui permettaient pas d'accepter les traites en question. Du moins, voici ce que dit à ce sujet M. Roy, directeur de l'enregistrement et des domaines, à la commission des marchés :

« Mes souvenirs ne me servent pas très bien sur cette seconde visite. Je ne me rappelle pas exactement ce dont il a été question. Il a été question d'un mode de payement. Je crois que M. Cuvier, gouverneur de la Banque, qui avait quitté Tours, faisait des difficultés pour accepter les traites ainsi qu'il avait été stipulé dans le marché, et avait offert de supprimer l'intervention de la Banque, d'assurer le payement par M. Morgan, mais en ne faisant ce payement que quarante jours après la réception. »

Ces nouvelles conditions furent acceptées par les contractants ; mais ces nouvelles stipulations financières et le départ tardif de M. le capitaine Guzman entraînèrent un retard de dix jours. Comme il était stipulé au contrat que tout retard occasionné par le gouvernement français, qui ne pourrait pas être mis à la charge des vendeurs, viendrait en augmentation des délais, il en résulta tout naturellement, comme exécution du contrat, que la date de l'embarquement, fixée d'abord au 18 décembre, dut être reculée jusqu'au 28 du même mois.

Après cela, Messieurs, je ne sus plus rien. Nous quittâmes Tours à la suite de la défaite d'Orléans, nous arrivâmes à Bordeaux, et je ne m'occupai plus de ce marché, qui ne me regardait plus ; je croyais que l'embarquement et la réception des armes se faisaient.

Un jour je rencontrai l'honorable M. de Roussy dans la rue du Chapeau-Rouge, à Bordeaux. Il me dit que les contractants avaient fait de nouvelles difficultés, — je n'en savais rien, — qu'ils n'avaient pas d'argent; qu'ils ne pouvaient pas retirer les armes des arsenaux des États-Unis, qu'ils avaient demandé qu'on modifiât encore le traité et qu'on leur livrât des traites sur Morgan, du moment où les armes seraient livrées contre connaissement. Je n'ai pas participé dans cette affaire.

Le gouvernement donna l'ordre formel à Morgan d'envoyer ces trois millions de traites acceptées, et voici ce que je lis à la page 162 des procès-verbaux des séances du conseil des finances, publiés par les soins de MM. Roy et de Roussy :

« Mais, ces communications acceptées, les contractants ont fait connaître qu'à raison de la nécessité d'avoir de l'argent comptant pour prendre livraison des armes, ils ne seraient en état de livrer eux-mêmes que s'il leur était donné, au moment de la remise des armes, remise qui, d'un commun accord, avait été renvoyée au 28 décembre, une acceptation de 3 millions par la maison Morgan. M. Gambetta, ministre de la guerre, jugeant que l'intérêt d'obtenir des batteries devait faire passer sur les risques à courir, ordre a été donné à Londres de consentir cette acceptation. »

C'est là un fait qui est étranger à la commission d'étude des moyens de défense, et dans lequel je n'ai aucune part de responsabilité.

Quelques jours après, je reçois une dépêche de l'envoyé en Amérique, M. le capitaine Guzman, dont voici à peu près le contenu : « Je n'ai rien reçu, je n'ai rien vu, on ne m'a présenté aucune arme. »

Je m'effraye, je pense à ces traites acceptées qui avaient été envoyées; je cours chez M. de Roussy, je lui fais part de ce qui se passe, et M. de Roussy, séance tenante, envoie à M. Morgan l'ordre de suspendre l'acceptation des traites. En même temps, je télégraphie à M. Billing, qui était à Londres : « Que signifie cette dépêche du capitaine Guzman : Il paraît que vous ne présentez aucune arme? » Il répond que toutes les armes sont présentées. Le lendemain, je retourne chez M. de Roussy, et nous défiant tout naturellement d'un vendeur qui prétend qu'il livre alors que notre envoyé aux États-Unis affirme qu'on ne lui livre rien, nous expédions de nouveau, à M. Morgan, l'ordre de suspendre l'acceptation des traites, et au capitaine Guzman, une dépêche pour lui demander des informations précises. Voici encore ce que disent à cet égard les procès-verbaux du conseil des finances, séance du 12 janvier :

« D'après cet exposé et les explications fournies par M. Naquet, le conseil décide qu'une dépêche sera adressée à la maison Morgan pour insister sur l'annulation des traites et le versement immédiat du million de garantie pour la non-exécution du contrat. En même temps, une autre dépêche sera adressée au capitaine Guzman, à New-York, pour le prévenir de ces dispositions et demander si les fournitures et notamment les batteries existent et ont été reçues, soit par lui, soit par ses collègues. »

Ainsi, Messieurs, vous le voyez, depuis la signature du contrat, je n'ai plus rien eu à faire, je n'ai plus eu à intervenir, si ce n'est... pour faire annuler les traites, parce que je crois que les intérêts de l'État sont compromis. Mais voilà que, le 13 janvier, une nouvelle dépêche arrive et remet les choses en l'état où elles étaient auparavant, c'est-à-dire qu'elle déclare que les armes sont bien là, mais que les difficultés financières empêchent de les avoir, parce qu'il n'y a pas d'argent pour les retirer des arsenaux des États-Unis.

Ceci remet la situation absolument dans l'état où elle se trouvait avant que je fusse intervenu pour demander l'annulation des traites. Je reviens chez M. de Roussy, je lui fais part de la dépêche que j'ai reçue, et, comme il n'y avait pas à changer les ordres donnés antérieurement, du moment où aucune nouvelle situation ne s'était produite, on revient sur l'annulation de l'acceptation des traites.

« Le lendemain, 13 janvier, — dit M. de Roussy à M. Verbeckmoës, dans une lettre écrite le 25 février, — le lendemain, 13 janvier, après un nouvel échange de télégrammes explicatifs sur l'assurance : 1° que les armes étaient prêtes; que M. Garrisson donnait à M. Morgan sa garantie personnelle; 2° que M. Morgan retiendrait un million à titre de garantie, je renouvelai à M. Morgan l'autorisation d'accepter des traites jusqu'à concurrence de trois millions.

Et puis, plus rien; je n'entends plus parler du marché Billing et Saint-Laurent.

, L'armistice arrive, je pars pour le département de Vaucluse, afin d'y prendre part aux opérations électorales. Je
reviens le 12 février au soir, et j'assiste à la dernière séance
de la commission d'étude des moyens de défense, qui eut
lieu le 13 ; ce fut la séance de dissolution. Et, ce jour-là, on
m'apprend que l'un des membres de la commission, M. Descombes, lequel avait été toujours hostile à l'idée des canons
Parrott et avait eu des altercations, non pas avec moi, —
nous avions toujours été bien ensemble, — mais avec quelques-uns de nos collègues, comme cela résulte du passage
d'une lettre que j'ai trouvée dans le dossier, lettre que je
vais lire et qui ne figure pas au rapport :

« Au moment des premiers pourparlers, dit M. Descombes, j'avertis les membres de la commission que les canons
américains du système Parrott laissaient beaucoup à désirer, et le commandant de Pontlevoy m'interpella violemment, en m'accusant de faire de l'opposition à la majorité
de la commission. »

Vous le voyez, il existait des sentiments peu bienveillants
entre les divers membres de la commission d'étude des
moyens de défense et M. Descombes; j'étais le seul qui fusse
toujours resté en bons termes avec ce dernier.

M. Descombes, en apprenant le changement de ministère,
avait pris les pièces du dossier Billing et avait demandé à
M. Arago, je crois, ou à M. le général Le Flô, de faire résilier
le contrat.

La commission s'était réunie sans connaître cette résolution prise par M. Descombes, et elle en avait été profondément émue.

, Nous croyions, et la lettre de M. de Roussy que je viens de
vous lire explique cette croyance, qu'il y avait, à ce moment, 3 millions de traites acceptées qui pouvaient être entre
les mains des vendeurs, et nous étions si bien autorisés à le
croire, que, quelque temps après, à la date du 25 février,
lorsque M. Verberckmoës écrivait au ministre des finances
pour lui demander ce qui était advenu de ces traites, le
ministre des finances répondait ce que je vous ai lu et rien
de plus.

De telle sorte que le dernier mot de M. de Roussy était
l'acceptation des traites, et cela est si vrai que M. Verberckmoës écrit, à la date du 9 mars : « L'ordre formel à M. Mor-

gan de ne pas accepter les traites qui pourraient être présentées au nom de ces fournisseurs et de M. Garrison, ordre qui ne paraît pas avoir été donné, doit être la première mesure à solliciter, et j'ai l'honneur, Monsieur le Ministre, d'appeler d'urgence sur ce point l'attention du délégué des finances. »

Voilà ce que disait M. Verbeckmoës, le liquidateur, le 9 mars, c'est-à-dire près de deux mois après que nous avions cessé d'exister. Comment voulez-vous que moi, qui arrivais du département de Vaucluse, qui, depuis douze jours, n'assistais plus aux réunions de la commission, qui n'avais pas vu un document, je pusse savoir que ces traites n'avaient pas été envoyées, alors que le délégué au ministère des finances et que M. Verberckmoës ne le savaient pas au 9 mars?

Il était absolument impossible que je le susse, et je ne le savais pas. Sans doute, nous nous sommes émus de l'acte de M. Descombes. Mais cela ne signifie nullement que nous fussions hostiles à une résiliation. Pour mon compte personnel, je n'étais pas hostile à une résiliation, pourvu qu'elle fût profitable aux intérêts de l'État. Mais j'étais indigné de voir accomplir subrepticement par M. Descombes un acte qui pouvait être préjudiciable à l'État, sans avoir consulté ses collègues, et je voulais qu'on ne résiliât qu'à bon escient, quand on serait certain que les traites n'étaient pas en circulation.

Voilà pourquoi, sur la foi de mes collègues qui me firent part de ce qui s'était passé dans la séance du 10, à laquelle je n'avais pas participé, parce que j'étais dans le département de Vaucluse, j'ai signé le procès-verbal du 13. A partir de ce moment, je suis resté absolument étranger à l'affaire. Ce marché a suivi son cours. M. Verberckmoës a fait un rapport à la fin de mars.

Quant à moi, j'ai fait partie de l'Assemblée pendant un mois, j'ai suivi vos travaux parlementaires, puis, après avoir donné ma démission, je suis revenu dans mon département attendre une élection nouvelle, et je n'ai rien su de ce qui s'est passé, si ce n'est par quelques bruits, jusqu'au jour où je suis arrivé devant la commission des marchés.

Ici, il y a un point important. Une transaction est intervenue le 7 juin; il faut qu'il soit bien établi que, dans cette transaction, je n'ai aucune part de responsabilité.

Je sais bien qu'on me dira : Mais vous l'avez rendue nécessaire, en ne résiliant pas.

Je ne reviens pas sur cette question de la résiliation. Je veux pourtant dire encore à ce sujet que, si nous avions conseillé de résilier et que, par malheur, les traites eussent été expédiées, et que l'État eût perdu de l'argent, il n'y aurait pas d'exclamations qu'on ne lançât ici contre nous.

Quant à la commission de liquidation, a-t-elle traité au mieux des intérêts du trésor ? Nous pouvons nous en rendre compte en examinant la transaction du 7 juin 1871. Qu'arrive-t-il en effet ? Que M. Garrison offre à la commission de liquidation de lui livrer des armes dans des conditions telles que l'État n'ait qu'à débourser 1,430,000 francs, si je ne me trompe ; je n'ai pas sous les yeux les chiffres.

Au contraire, les vendeurs, dont en ce moment on connait parfaitement la moralité, puisqu'on a le rapport du capitaine Guzman, les vendeurs demandent à traiter à 2,600,000 francs. Que fait la commission de liquidation ? Elle traite à 2,600,000 francs. Eh bien ! je puis être responsable du traité qu'a fait cette commission qui m'a succédé, en tant qu'elle aura agi au mieux des intérêts du Trésor. Mais, si elle a traité dans des conditions plus mauvaises et pouvant faire mieux, j'en suis complètement et absolument irresponsable. Et j'ajoute que je m'étonne que la commission des marchés, qui existait déjà à cette époque, et qui devait s'occuper surtout des marchés qui n'étaient pas encore définitivement réglés, dont l'utilité était surtout de faire rentrer les fonds compromis dans les caisses du trésor de l'État... (*Approbation à gauche*), je m'étonne qu'elle ne soit pas intervenue.

Quoi qu'il en soit, cette transaction a eu lieu : elle a été déplorable, et a amené une perte de 1,200,000 francs. Après cela, à la réception des armes, on surprend la bonne foi du colonel ou du capitaine d'artillerie, et on lui fait signer un connaissement qui n'est pas exact. On affirme avoir reçu des marchandises qui manquent, ce qui occasionne une nouvelle perte de 340,000 francs. Je suis encore complètement étranger à tout cela.

Je finis, Messieurs.

Je vous ai exposé loyalement cette affaire. Mais, avant de descendre de la tribune, il me reste un mot à dire.

Je dois rendre cette justice à la commission des marchés et à son honorable rapporteur, M. Riant, que dans le rapport que je viens d'analyser et de combattre en partie, elle ne dirige aucune attaque contre la moralité des membres de la commission d'étude des moyens de défense, et particulièrement contre mon honorabilité personnelle. Son silence sur ce point est d'autant plus significatif, et j'ai d'autant plus le droit de la remercier... (*Rumeurs à droite*), qu'avec une très grande loyauté, elle a publié des pièces qui détruisent complétement les insinuations qui auraient pu naître, pour des esprits malveillants, de certaines paroles qui avaient été dites au cours des dépositions.

Aux pages 107 et 108, c'est l'interrogatoire de M. Deshorties, on lit :

« *M. le président :* — Ces gens déclarent qu'ils ont payé, à beaux deniers comptants, les décisions qui leur sont favorables. Ils font planer sur vous et sur vos collègues les plus odieuses insinuations, ils portent en compte une somme qu'ils vous auraient payée, je ne dis pas à vous personnellement, et ils acceptent cette somme comme ayant payé des complaisances, et M. Garrison tient le même langage, et il se plaint de ce qu'il en coûte si cher, en France, pour obtenir un marché. »

Et à la page 111, M. le président, s'adressant à moi, dit :

« Nous avons vu le compte de liquidation entre les associés ; ces associés débattent leurs intérêts, et l'un d'eux fait entrer en compte une somme qu'il aurait déboursée pour payer votre complaisance ; je ne puis pas vous laisser ignorer cette circonstance, elle vous révèle quels sont les gens à qui vous avez eu affaire, quels fripons vous avez accueillis de confiance. »

Or, Messieurs, la commission des marchés, comme je le disais, a eu la loyauté de publier le compte de liquidation de Morgan, sur lequel s'appuient ces deux phrases que vous venez d'entendre.

Et que dit ce compte ? Il dit : M. Saint-Laurent produit un état sur lequel on trouve un payement de 50,000 dollars ainsi motivé : *Montant payé à MM. Valentine et Billing, qu'ils disent avoir déboursé à Versailles pour obtenir un règlement avec le gouvernement français.*

A *Versailles*, Messieurs, vous entendez bien ! C'est à Ver-

sailles que siégeait la commission de liquidation et non la
commission d'étude des moyens de défense qui, lorsqu'elle
existait, siégeait à Bordeaux.

M. LE DUC D'AUDIFFRET-PASQUIER. — Pardon! il y a une autre
dépêche qui dit « le gouvernement de Gambetta ». (*Ah! ah!*)

M. ALFRED NAQUET. — J'allais la lire, Monsieur.

A côté de ce compte de liquidation, il y a deux lettres,
l'une de M. Saint-Laurent. Cette lettre porte : « M. Valentine,
l'un des contractants dans cette affaire, nous a obligés à lui
donner au-delà de 200,000 fr., avant de nous mettre en possession du second contrat, alléguant qu'il avait donné aux
membres de votre commission de fortes sommes pour consentir au nouvel arrangement de juin. Je n'ai pas besoin de
dire qu'aucun de nous, intéressés, n'y a cru, mais nous avons
été obligés d'accéder à sa demande... »

D'autre part, le gouvernement s'inquiète et écrit à M. Valentine, qui nie qu'aucune somme ait été payée à qui que
ce soit ; mais qui ajoute :

« Je puis dire cependant que M. Saint-Laurent a surtout
obtenu sa part d'intérêt dans le premier contrat, en avan-
çant qu'il avait fait promesse de payer une forte somme à
des employés de haut rang sous le gouvernement de Gambetta. »

Quelle foi peut être mise dans ce qu'il dit, je vous en
laisse juges!....

De telle façon, — car je tiens bien à vous dire ici que je
n'entends nullement accuser les membres très honorables,
j'en suis certain, qui ont fait partie de la commission de
liquidation siégeant à Versailles ; — je ne commettrai pas la
légèreté de faire peser des imputations sur l'honorabilité
d'hommes parfaitement connus, sur la foi de pareilles allégations. (*Très bien! à gauche.*)

Mais enfin voilà deux fripons qui, probablement, se volent
réciproquement et volent M. Garrison, en prétendant qu'ils
ont déboursé des sommes pour payer les complaisances de
quelqu'un. Cela n'a certainement aucune valeur et ne peut
faire planer le moindre soupçon sur personne. Si cependant
il fallait attacher de l'importance à de pareilles pièces, il
faudrait alors rechercher, entre MM. Saint-Laurent et Valentine, lequel des deux a touché la somme qui est censée avoir
servi à corrompre des fonctionnaires publics.

Si c'est M. Saint-Laurent, on pourra admettre que la somme qu'il a reçue a servi à payer le gouvernement de M. Gambetta. Mais si, par hasard, celui qui a touché est M. Valentine, M. Valentine prétend avoir corrompu la commission de Versailles, je ne prétends pas qu'il lui ait donné cet argent, mais je dis qu'il ne faut pas faire dire aux pièces autre chose que ce qu'elles disent, et qu'elles signifieraient alors que ces messieurs déclareraient avoir corrompu la commission de Versailles. Or le compte de liquidation ne dit pas : payé à M. Saint-Laurent, mais il dit : « remis à M. Valentine et à M. Billing, la somme de 50,000 dollars qu'ils disent avoir déboursés à Versailles, pour obtenir un arrangement avec le gouvernement français. »

Voilà la situation nettement exposée.

Un seul mot encore pour terminer. Je n'accuse en aucune manière la commission des marchés de malveillance, mais je dis qu'à la fin de son rapport, dans ses conclusions, il y a une phrase qui laisse une porte ouverte à des équivoques ; par exemple, la commission propose à l'Assemblée de blâmer le rôle joué par M. Naquet dans l'affaire Saint-Laurent. Blâmer le rôle, Messieurs, qu'est-ce que cela veut dire ? Cela veut tout dire et cela ne veut rien dire ; cela ouvre la porte à toutes les insinuations ; cela peut permettre à l'honorable président de la commission des marchés, M. d'Audiffret-Pasquier, de me dire, comme il me l'a dit il y a quelques jours, en me rencontrant dans les couloirs de l'Assemblée : « Je prétends que vous êtes aussi mauvais commerçant que vous êtes bon chimiste ; je ne prétends pas autre chose ! » Mais cela peut permettre à des gens malintentionnés, en dehors de cette Assemblée, de prétendre autre chose ; et, comme mon honneur est en jeu, j'ai le droit de demander à la commission de s'expliquer nettement. Si l'on veut m'infliger un blâme politique, qu'on le dise ; si l'on veut m'infliger un blâme commercial, qu'on le dise ; mais surtout, si l'on veut m'infliger un blâme moral, alors que toutes les présomptions sont en ma faveur, qu'on ait le courage de le porter à la tribune. (*Très bien ! très bien ! à gauche.* — *Applaudissements sur quelques bancs.* — *Réclamations à droite et au centre.* — *L'orateur, en regagnant sa place reçoit des félicitations.* »

M. d'Audiffret-Pasquier répondit à M. Naquet : — « Nous

avons reproché à la commission d'étude de s'être mêlée
des marchés. La responsabilité en doit retomber sur M. Gambetta. Au mois d'octobre, il a rendu un décret pour empêcher les achats qu'il centralise. Et il ne m'est pas démontré
par quelle faiblesse on a laissé ces commissions stipuler
des marchés, alors qu'elles étaient commissions spécula-
tives. On s'adresse à des gens véreux. On livre la commission aux mains des chimistes. M. Naquet est responsable des
marchés dont il est question. Le gouvernement comptait
tous les jours des millions et des millions à M. Le Cesne, il
était très intéressant pour lui de savoir s'il méritait cette
confiance.

M. Gambetta. — Oui, il avait la confiance du gouvernement.

M. d'Audiffret-Pasquier. — Il avait la confiance du gouvernement?

M. Gambetta. — Oui, pleine et entière!...

M. d'Audiffret-Pasquier poursuit en paraphrasant le rapport de M. Riant. Il se permet de dire qu'on a vu « à Lyon,
à Lille et partout ailleurs, sortir, tout à coup, des nuées de
fonctionnaires sans mandat, sans compétence, sans capacité,
qui se grossissaient de la fortune de l'État et en disposaient
au mépris de toutes les lois et de tous les règlements. »
M. Testelin et M. Challemel-Lacour protestent avec indignation contre les allégations calomnieuses de M. d'Audiffret-
Pasquier. La gauche tout entière se joint à eux. M. d'Audiffret baisse le ton. Il annonce que la commission modifie ses
conclusions, c'est-à-dire les conclusions du rapport qui avait
été tiré à l'impression, qui avait été distribué et qui avait été
reproduit dans toute la presse. La commission, dit M. d'Audiffret-Pasquier, retranche de ses conclusions le blâme adressé
à M. Naquet, et se borne à demander le renvoi du rapport
au ministre de la justice, au ministre des finances, au
ministre de la guerre et à ce dernier ministre spécialement,
de la lettre du 17 février, émanée de M. le lieutenant colonel
Deshorties, lettre adressée à M. W. Saint-Laurent et ainsi
conçue : « Sur l'initiative inqualifiable de M. Descombes,
membre de la commission de défense, et à l'insu de la commission, une dépêche annulant votre marché a dû vous
être envoyée avant-hier. Dans la séance de ce jour qui sera
la dernière, la commission réunie sous ma présidence qualifie

sévèrement la dépêche de M. Descombes et prie le ministre
de la guerre d'envoyer une contre-dépêche et de maintenir
le marché. Si, contre mon attente, vous ne recevez pas de
contre-dépêche, maintenez la clause de notre marché et pour-
suivez hardiment le gouvernement de la capitulation nationale; c'est ainsi qu'on l'appelle aujourd'hui... »

Ainsi, M. d'Audiffret-Pasquier ne retenait en fin de compte
de tout le rapport de M. Riant que la dépêche de M. Deshorties! C'était une retraite que toute l'éloquence de l'orateur
ne réussit pas à masquer même à droite. M. Gambetta demande la parole.

M. GAMBETTA. — Messieurs, comme l'honorable et
ardent orateur qui descend de cette tribune, je pense,
moi aussi, que la responsabilité morale baisse sensi-
blement dans notre pays; aussi, qu'il me permette de
lui dire que j'entends répondre à son discours par l'assentiment que je donne aux paroles par lesquelles il
l'a terminé.

Je lui ferai observer aussi qu'il n'a pas été tout à
fait exact lorsqu'il m'a prêté ce rôle puéril, et je dirai
indigne d'un membre de cette Assemblée qui, mis
directement en cause, pour la part qu'il revendique
comme ministre dans les négociations dont il a été
question tout à l'heure, a pu dire : Cela ne me regarde
pas, et, dans un langage presque enfantin : Ce n'est
pas moi! J'ai d'autres habitudes de langage.

M. LE DUC D'AUDIFFRET-PASQUIER. — Je n'ai fait que
citer vos paroles textuelles : je les ai lues. (Ah! ah!
à droite. — Réclamations à gauche.)

M. GAMBETTA. — Vous avez cité, monsieur le duc,
une parole de moi; mais vous n'avez rappelé ni les
paroles qui la précédaient ni celles qui la suivaient,
et c'est pour cela que je relève votre inexactitude.
D'ailleurs, c'est là un détail assez indifférent.

Ce qui importe, ce qui est la question même, c'est
de savoir si le gouvernement dont j'ai fait partie a
bien ou mal agi dans les deux marchés Maxwell-Lyte

et Parrott. Le membre de ce gouvernement qui a l'honneur de parler devant vous doit dire dans quelles limites il a engagé sa responsabilité, et dans quelles limites il revendique pour lui, s'il y a lieu, la plénitude de cette responsabilité. (*Très bien! sur quelques bancs à gauche.*)

Je ne me laisserai pas aller à suivre l'orateur dans le développement des considérations générales auquel il s'est livré; il me semblerait que je méconnaîtrais le caractère même du débat tel qu'il l'avait défini lui-même à une autre époque.

En effet, il vous avait dit il y a deux mois, et je m'étais associé à sa pensée, que nous aurions une discussion d'ensemble sur les affaires de la délégation de Tours et de Bordeaux. Aujourd'hui on a changé de tactique... (*Approbation à gauche. — Réclamations à droite.*)

Un membre à droite. — On n'a pas besoin de tactique devant nous! (*Bruit.*)

M. GAMBETTA. — Un membre m'interrompt pour dire qu'il n'y a pas besoin de tactique devant vous, Messieurs.

J'en prends acte et je désire que cet avertissement serve à ceux qui en font et qui en abusent. (*Très bien! très bien! sur quelques bancs à gauche. — Vives réclamations à droite et au centre.*)

M. DE GAVARDIE. — Nous ne recevrons jamais de leçons de vous!

M. GAMBETTA. — Je dis que l'on a changé de tactique, car, après avoir laissé de côté la discussion générale, on vous présente un fait isolé, et, à propos de ce fait isolé, on institue une discussion générale. Nous vous suivrons dans la discussion générale comme dans la discussion particulière; mais permettez-moi de mettre en lumière votre tactique et ses variations.

Eh bien, je dis qu'on a introduit le rapport sur les marchés de la commission des moyens d'études; on l'a introduit d'une façon isolée, et à ce fait isolé, cependant, on est venu ramifier l'ensemble des opérations du gouvernement de la délégation de province, et on vous a cité et Lyon, et Lille, et Marseille, provoquant ainsi de légitimes réclamations...

A droite. — Allons donc! — Et les jugements des tribunaux?

M. Gambetta. — ... de la part des représentants de ce gouvernement qui suivent l'enquête que vous avez ordonnée et qui demandent qu'on ne jette pas dans le pays, pendant les trois mois de vacances que vous allez avoir, des imputations qu'ils n'auraient pas le moyen de détruire.

M. le marquis de Franclieu. — Et les banquets?

M. Gambetta. — Car, Messieurs, il faut bien le dire, c'est le temps qui est, en pareille matière, le seul auxiliaire des imputations qui circulent dans le pays.

A droite. — Et les jugements des tribunaux?

M. Gambetta. — En effet, vous savez tous dans quel état cette commission d'armement, dont aujourd'hui on fait l'apologie...

Une voix. — Avec raison!

M. Gambetta. — Oui, avec raison, et j'en prends acte. J'ai été le premier à le dire, j'ai été accusé par les journaux qui représentent votre opinion, par une partie des nôtres, par des membres de cette Assemblée, de m'être associé aux monopoleurs, à M. Le Cesne, exploitant tous les marchés du monde pour m'enrichir aux dépens du Trésor. Et c'est cette commission qu'aujourd'hui, grâce à dix-huit mois d'études, vous êtes obligés de prendre comme l'étalon même de l'habileté commerciale, du désintéressement, de la moralité, c'est avec elle que vous jugez les autres.

Plusieurs voix à droite. — Qu'est-ce que cela veut dire?

M. Gambetta. — Vous allez le savoir, et surtout ce

que je vous demande, — car vous savez que le vrai
moyen de m'empêcher de parler devant vous, c'est
de m'interrompre, de me provoquer, de m'irriter, —
ce que je vous demande, c'est de m'écouter en silence,
puisque vous voulez être des juges.

Qu'est-ce que cela veut dire? Cela veut dire, Messieurs, qu'on peut calomnier, dénigrer tout à son aise
des hommes qui ont fait des opérations, des achats,
des marchés, des emprunts sous le gouvernement de
la défense nationale, et que tant que la discussion
n'est pas venue, tant qu'on n'a pas contradictoirement établi à cette tribune, — car vous avez raison de
traiter ces choses devant le pays, — tant qu'on n'a pas
contradictoirement établi de quel côté était la loyauté
et de quel côté l'outrage, le temps profite aux calomniateurs, qui, en semant l'outrage, récoltent l'indignation des honnêtes gens dont ils surprennent la bonne
foi... (*Murmures à droite.* — *Applaudissements à gauche.*)

Et je dis alors que ceux qui ne veulent pas encou-
rir le reproche de s'associer à ces diffamations, ne
doivent pas porter une accusation même sur des coupables, s'il y en a, alors qu'ils viennent ici remplir le
devoir d'accusateurs publics...

Une voix à droite. — Qu'est-ce que cela veut dire?

M. GAMBETTA. — Cela veut dire que vous ne pouvez
pas parler de Lyon avant d'avoir eu connaissance des
affaires de Lyon, que vous ne pouvez pas parler de
Lille avant d'avoir eu connaissance des affaires de
Lille, et que vous ne devez pas parler de Tours et de
Bordeaux tant que vous n'aurez pas connaissance des
affaires de Tours et de Bordeaux. Jusque-là vous êtes
des calomniateurs! (*Violents murmures à droite.* — *Cris :
A l'ordre! à l'ordre!*)

M. LE BARON CHAURAND, *au milieu du bruit.* — Il y a
un jugement du tribunal civil de première instance
de Lyon qui a condamné M. Challemel-Lacour à
189,000 fr. de dommages-intérêts.

M. GAMBETTA. — Messieurs, ce n'est pas moi qui ai introduit les considérations générales et passionnées dans ce débat; mais mon devoir strict était de les relever. (*Très bien! très bien! à gauche.*)

Un membre. — En les passionnant davantage!

M. GAMBETTA. — Je ne sais pas si l'interrupteur a bien mesuré la portée des paroles qui ont été prononcées avant que je monte à cette tribune. Que n'a-t-on pas dit à propos de ce marché, dont tout à l'heure je discuterai hautement les clauses, les phases, l'exécution !

Voix à droite. — Discutez-le !

M. GAMBETTA. — A propos de ce marché, n'a-t-on pas dit que le pays pliait sous le faix des contributions, et n'a-t-on pas voulu associer, — rapprochement indigne de votre éloquence et de votre esprit, monsieur le duc d'Audiffret! — n'a-t-on pas voulu associer l'affaire des canons Parrott au payement des milliards d'indemnité de guerre?

M. LE DUC D'AUDIFFRET-PASQUIER. — Pas d'artifices oratoires ! je n'ai pas dit cela!

M. GAMBETTA. — Vous l'avez dit! (*Bruit.*)

M. LE DUC D'AUDIFFRET-PASQUIER. — Non, je n'ai pas dit cela! Vous le savez bien !

(En ce moment, M. Challemel-Lacour adresse avec animation quelques paroles à M. le duc d'Audiffret-Pasquier.) — (*Vive agitation.*)

M. LE PRÉSIDENT, *s'adressant aux membres qui stationnent devant le banc de la commission.* — Messieurs, veuillez regagner vos places et faire silence, il y a déjà beaucoup trop de passion dans ce débat!

M. GAMBETTA. — Il est un autre point que je crois devoir relever dans les conclusions qui ont terminé le discours de l'honorable M. d'Audiffret-Pasquier; c'est celui qui est relatif au retrait du texte primitif des conclusions de la commission des marchés, et, permettez-moi de le dire, à la permanence de l'esprit et de l'idée qui se cachaient sous la lettre du premier dispositif et qu'on maintient tout de même.

Je dis qu'il faut choisir.

Ou la commission a eu raison de libeller ses conclusions comme elle l'avait fait tout d'abord, et elle les maintient dans le premier cas; ou elle les retire, alors il ne faut plus les mettre aux voix. Il faut trouver une rédaction qui les modifie, car, au point de vue parlementaire, de deux choses l'une : ou vous êtes des juges ou vous ne l'êtes pas.

Si vous êtes des juges, il faut maintenir ces conclusions telles qu'elles ont été formulées d'abord; si vous n'êtes pas des juges, et très évidemment les altercations, la passion qui se dégagent de ce débat prouvent que vous n'en avez, ni les uns ni les autres, le tempérament et le caractère (*Très bien! très bien! à gauche.* — *Mouvements divers*), et cela s'explique, puisque nous sommes une Assemblée politique... (*Oui! oui! c'est vrai! — Bruit*)... et alors je demande que M. le duc d'Audiffret-Pasquier ne conserve pas le commentaire du dispositif en en supprimant le texte. (*Très bien! très bien! à gauche.*)

Cela dit, j'aborde la question du fond. Je le ferai d'autant plus rapidement que le débat est aussi complet que possible sur les points de détail. Il ne me reste qu'à relever ce qui m'est personnel et ce que je rejette.

Je commence par éliminer ce qui ne nous touche pas, comme par exemple la lettre du colonel Deshorties.

Cette lettre, si je l'avais connue, si elle eût été écrite sous mon administration, ce n'est pas à une Assemblée politique que je l'aurais portée : c'est au ministre de la guerre, qui aurait fait justice d'un fonctionnaire quel qu'il soit, sous quelque régime que ce soit, qui se permet de devenir l'avocat et l'organisateur d'une résistance quelconque contre le

gouvernement de son pays. (*Très bien! à gauche.*)
C'est une théorie que je n'admettrai jamais, ni comme
ministre ni comme homme d'opposition.

Voilà le premier point qu'il convient d'écarter, et,
par conséquent, il n'y a pas lieu d'insister plus longtemps sur la lettre inconcevable d'un officier qui,
non seulement comme fonctionnaire, mais comme
militaire, devait savoir à quel degré ces titres l'enga-
geaient à l'égard de l'État. (*Approbation sur divers
bancs.*)

M. Hervé de Saisy. — Voilà un homme jeté à la mer!

M. Gambetta. — Reste le marché Maxwell-Lyte.
Est-il nécessaire d'en parler? Ce marché n'a été
qu'une hypothèse. Dans le détail, il peut être discuté,
être interprété diversement; et il l'a été même au
sein de la commission, comme le prouvent ses procès-verbaux; c'est une heureuse fortune, comme on
l'a dit ironiquement dans le rapport; car on a mis
beaucoup d'esprit dans le rapport, mais pas cet esprit dont parlait tout à l'heure M. le duc d'Audiffret-
Pasquier, l'esprit de la bonne grâce; non, on y a mis,
permettez-moi de le dire, un esprit de perfidie. (*Vives
protestations à droite et au centre.*)

Oui, Messieurs, et je vais vous en donner une
preuve. Ainsi, voilà M. Maxwell-Lyte, un négociant
honorable, qui a trouvé des défenseurs jusque dans
le sein de la commission, des hommes comme M. le
comte de Béthune pour cautionner son honorabilité.
Eh bien, M. Maxwell-Lyte a fait un contrat avec
l'État. Ce contrat, vous le prétendez mauvais, moi je
le prétends bon, bien qu'il n'ait été qu'illusoire. Il
n'a pas existé et vous dites : Heureusement qu'il n'a
pas été exécuté! Au fond vous en êtes fâchés; c'est
un grief qui vous échappe.

Pourquoi n'avoir pas dit par qui il avait été rompu?
Vous aviez sur ce point la déposition de M. Le Cesne :
pourquoi ne l'avez-vous pas mise dans le rapport?

Vous la connaissiez, puisqu'elle est dans les procès-verbaux. Pourquoi n'en avez-vous pas parlé dans votre rapport?

Un membre à gauche. — Parce qu'on a voulu tromper le pays! (*Vives réclamations à droite et cris : A l'ordre! à l'ordre!*)

M. HAENTJENS. — On ne parlait pas ainsi quand il s'agissait des ministres de l'Empire. On applaudissait alors! (*Bruit.*)

M. LE PRÉSIDENT. — Si j'avais pu distinguer quel est le représentant qui a adressé à une commission cette imputation : Vous avez voulu tromper le pays! je l'aurais rappelé sévèrement à l'ordre. (*Très bien! très bien!*)

Voix à droite. — A l'ordre! Qu'il se nomme! qu'il se nomme!

M. LE PRÉSIDENT. — Vous n'avez pas de provocation à adresser à vos collègues; veuillez faire silence. Vous n'avez pas à vous immiscer dans l'exercice du pouvoir disciplinaire du président.

Parlez, monsieur Gambetta.

M. GAMBETTA. — Ce marché, Messieurs, il avait été préparé par la commission de défense, il m'avait été soumis, je l'avais ratifié, M. Le Cesne s'y était opposé. J'avais consulté ces messieurs de la commission d'étude pour savoir pourquoi M. Le Cesne avait résisté, et alors on s'était permis sur M. Le Cesne, je ne dis pas que ce fussent ces messieurs, — mais des personnes s'étaient permis sur M. Le Cesne, et à propos de ce refus de consentir au marché, des imputations tout à fait injurieuses.

J'eus la bonne idée de faire venir sans désemparer M. Le Cesne au milieu de personnes qui s'étaient faites ses dénonciatrices : j'eus le bonheur de constater que c'était lui qui avait raison. Et je brisai le contrat.

Je crois que, dans l'affaire que nous discutons, il eût peut-être été utile, en même temps qu'on se félicitait de la rupture de ce contrat, de dire à qui on devait qu'il eût été brisé et inexécuté. (*Assentiment à gauche.*) Je le regrette d'autant plus que j'aurais répondu par là à cette épigramme que nous a décochée en passant l'honorable orateur, que le gouvernement de Tours était très bizarre, que tout le monde y vivait dans une suspicion rivale, chacun de chacun.

Messieurs, ce gouvernement de Tours était une chose humaine... (*Rires ironiques sur plusieurs bancs à droite.*) Il ne faut pas aller bien loin pour trouver des réunions d'hommes qui ne savent pas vivre sans se jalouser, et surtout sans ce sentiment de méfiance profonde et de suspicion outrageante. Et ce qui se passe aujourd'hui en est un des plus tristes exemples, car, après tout, est-ce qu'il ne serait pas possible que vous vinssiez discuter honnêtement, sans parti pris, nos actes, critiquer nos fautes? Est-ce qu'il ne serait pas impossible qu'à travers toutes ces affaires, que dans plus de 20,000 marchés qui ont été passés, il ne se trouvât pas de fautes lourdes ou légères? Est-ce moi qui aurais la faiblesse de ne pas le reconnaître? Non, je n'ai pas cette prétention ridicule à l'infaillibilité. Mais quand on demande d'introduire la loyauté dans cette discussion, c'est parce que, même entre adversaires qui se détestent, il y a une borne séparative de moralité, d'honnêteté qui commande le respect toujours entre gens qui s'estiment. (*Approbation à gauche.* — *Bruit à droite.*)

M. RAOUL DUVAL. — Je demande la parole.

M. GAMBETTA. — Eh bien, je dis que, dans toute cette affaire, il plane, grâce à votre langage, je ne sais quelles insinuations, quelles allusions, quel esprit de dénigrement. Et, comme le disait tout à l'heure M. Naquet, cette occasion est bonne pour demander qu'il soit fait des désignations directes, des accusations précises, pour qu'il n'y ait plus de demi-mots, de réticences, pour qu'on dise, — non pas pour

vous, Messieurs, car les esprits politiques ne s'y trompent pas, habitués qu'ils sont à toutes les nuances
de langage, — mais pour le pays : il y a dans tout
cela de gros mots ; il est question de 50,000 dollars de
pots-de-vins, de concussions ; tout cela dans le lointain
des départements paraît un outrage qu'on exploite.

Je le dis, puisqu'un travail de régénération s'opère,
puisqu'on voit renaître la moralité, puisqu'on veut
que l'habitude de la responsabilité revive dans le
pays, il faut dire la vérité entière ; on pourra atteindre ce résultat, mais à la condition, entendez-le bien,
que vos jugements, que vos décisions ne soient pas
inspirées par la passion politique. (*Très bien! à
gauche.*)

Un membre de la commission. — Arrivons aux canons.

M. GAMBETTA. — Sur les canons Parrott, je dis deux
choses. Je dis que j'ai donné l'ordre de les acheter ;
que j'ai signé pour qu'on les achetât, pour qu'on les
achetât 75,000 francs ; que ma responsabilité est la
suivante : d'avoir pris la résolution d'avoir des armes,
des canons surtout, qui nous manquaient et qu'on ne
me proposait pas. Et je n'ai pas, entendez-le bien, à
faire un reproche à M. Le Cesne de ne m'avoir pas
offert de canons, alors qu'il était pour ainsi dire con-
venu, et dans les habitudes de M. Le Cesne, de ne me
fournir que des fusils et qu'il n'avait jamais songé à
nous fournir des canons.

Et je dis qu'il était bien naturel que la première
fois que, d'un côté ou d'un autre, on venait m'offrir
des canons, j'aie signé un marché de canons. Rien de
plus naturel.

Maintenant il s'est élevé une discussion, qu'il faut
aborder très-nettement, sur la différence des prix. Je
vous dois toute la vérité ; beaucoup d'entre vous la
connaissent, puisqu'ils ont lu les procès-verbaux de
la commission.

Je n'ai pas su que les canons que j'ai achetés, et

dont j'ai signé l'ordre d'acquisition, valussent moins
de 75,000 francs. (*Mouvement à droite.*) On m'a dit :
Voilà des canons que valent 75,000 francs. On m'a
fait l'éloge de ces canons. Je n'admets pas que nous
n'eussions pas pris toutes les précautions possibles
pour assurer la compétence de la commission. Ces
canons m'ont été présentés comme rayés, portant
à 4,000 mètres, comme étant un modèle qui correspondait à peu près à notre 7 français, canons qui
n'existaient pas encore dans nos arsenaux, puisque
M. Reffye était occupé à les construire. Je ne pouvais
les faire fabriquer en France, tous nos ateliers étant
absorbés par les commandes que nous avions faites,
les ateliers de l'industrie privée comme les ateliers
de l'État.

Je considérais comme une bonne aubaine, au
milieu de la disette qui régnait dans toute notre
armée, alors qu'on voulait revenir aux règles de ba-
listique des Prussiens, et sur lesquelles tablaient nos
généraux, de donner 4 canons par mille hommes; je
considérais, dis-je, comme une bonne aubaine de
faire venir des États-Unis des canons auxquels il ne
manquait absolument que les attelages.

On me dit : M. Le Cesne vous a prévenu. Non! et
si vous voulez savoir mon sentiment, je le regrette;
je vous ai cité un cas dans lequel M. Le Cesne m'avait
prévenu. C'est grâce à l'intervention de M. Le Cesne
qu'on a pu briser le traité Maxwell-Lyte. Si M. Le
Cesne m'avait prévenu, j'aurais peut-être fait quelque chose; je ne dis pas que j'aurais cédé, je ne le
crois pas, je vais vous dire pourquoi. J'aurais dit à
M. Le Cesne : Pourquoi ne vous êtes-vous pas empressé d'acheter les canons qu'on est venu m'offrir?

Je n'ai pas su qu'ils lui avaient été offerts, M. Le
Cesne ne me l'a pas dit, et en cela je le blâme; je
n'ai appris ce qu'avait dit M. Le Cesne que dans votre
rapport.

Eh bien! voilà donc dans quelle disposition d'esprit
j'étais.

M. Le Cesne, pendant deux mois, ne me fournissait
que des armes se chargeant par la bouche et pas de
canons. Lorsqu'il a surgi des propositions de fusils,
entendez-le bien, de fusils chassepot se chargeant
par la culasse, M. Le Cesne, provoqué par cette concurrence, m'a offert de me fournir des canons. Et
vous rappeliez, monsieur le président de la commission des marchés, la circulaire du 14 octobre, et la
confrontiez avec la circulaire ministérielle du 28 décembre.

Rien de plus simple à expliquer.

Le 14 octobre, que fait-on? On envoie une circulaire ministérielle à tous les préfets des départements
pour qu'ils aient à empêcher les municipalités d'acheter des armes à l'étranger. C'est une protection que
le ministre de l'intérieur veut donner à la commission
d'armement sur les fusils, entendez-le bien, et non
pas sur les canons.

Et puis arrive le décret du 28 décembre, au moment où il m'était parfaitement avéré que M. Le Cesne
était digne de la mission qui lui avait été confiée. Car
enfin il faut bien vous donner aussi les motifs qui ont
amené ce décret du 28 décembre. Il est certain, pour
le gouvernement, que M. Le Cesne était parfaitement
à la hauteur de sa tâche; qu'il pouvait remplacer les
bureaux de la guerre et la commission d'étude. Vous
avouerez bien qu'il me fallait ce temps-là, non pour
me faire un jugement personnel sur M. Le Cesne, il
était tout formé, mais pour vaincre les résistances de
toute nature que je trouvais autour de moi, résistances qui s'étaient produites avec une ardeur et avec
une brutalité, permettez-moi le mot, qui avaient fait
que j'avais été obligé de supplier M. Le Cesne de ne
pas donner sa démission.

Il y a dans cette Assemblée, siégeant sur d'autres

bancs que nous, des hommes au courant de-ces guer-
res intestines, et le délégué des finances sait très bien
que toutes les fois qu'il fallait donner de l'argent pour
M. Le Cesne, c'étaient des luttes très vives, de véritables batailles à remporter. Et ces membres aujour-
d'hui voient, apprécient, perdent leurs préventions,
éclairés qu'ils sont par la commission des marchés.

Oh ! Messieurs, il faut bien que l'Assemblée se garde
de juger les opérations qui ont été faites en rivalité
avec M. Le Cesne, par la lumière qu'elle a aujour-
d'hui ; il faut qu'elle se reporte à la pensée qui l'ani-
mait lorsqu'elle s'est réunie. Il faut qu'elle se reporte
par l'imagination aux mille on-dit qui circulaient dans
la presse et étaient accueillis dans cette Assemblée.

Je pourrais nommer un de ses membres accueillant
cette mission de rechercher si M. Le Cesne n'était
pas un voleur.

Pourquoi ne le nommerais-je pas ? C'est votre rapporteur lui-même. Et aujourd'hui vous voulez faire
une critique rationnelle, exacte, en reprochant aux
diverses commissions qui fonctionnaient au ministère
de l'intérieur de n'avoir pas, dès le premier jour, assuré le monopole à M. Le Cesne.

Mais songez donc qu'au mois de décembre, lorsque
j'ai pris cette décision d'assurer le monopole à M. Le
Cesne, il n'y a pas d'infamies qu'on n'ait débitées sur
son compte et sur le mien.

Un membre. — A quoi cela répond-il ?

M. GAMBETTA. — Cela répond à ceci, à la prévention
générale dont la commission Le Cesne était l'objet ;
cela répond parfaitement à la disposition d'esprit dans
laquelle devait se trouver la commission de défense,
ne croyant pas à la sincérité de l'offre de 35,000 francs
pour les canons Parrott. Voilà à quoi cela répond,
voilà ce qu'il faut justifier. On n'a pas cru à l'offre de
M. Le Cesne, de fournir des canons à 35,000 francs, et
on ne pouvait pas y croire. Voilà ce que je veux dire.

J'ajoute ceci. J'ai voulu interroger l'homme, à mon sens, le plus compétent de cette commission, M. le commandant du génie Pontlevoy.

M. RIANT, *rapporteur*. — M. de Pontlevoy a déclaré qu'il répondait de l'honneur de M. le colonel Deshorties comme du sien propre.

M. GAMBETTA. — Je lui ai dit : Comment se fait-il que, songeant qu'on pouvait avoir les batteries de M. Le Cesne à 35,000 francs, vous ayez contracté à 75,000 francs? Et voici la réponse qu'il a faite. Malheureusement cette déposition a eu lieu dans le cabinet particulier de M. Riant, devant M. le Trésor de Laroque ; nous ne l'avons pas ; mais j'affirme la sincérité de la réponse suivante ; j'affirme qu'il m'a été répondu ceci : Les canons Parrott rayés à 75,000 francs, après contestation avec M. Le Cesne, qui disait primitivement qu'ils n'étaient pas rayés, ne sont pas les mêmes et ils ne pouvaient pas être les mêmes dans notre esprit. Ultérieurement ils sont devenus les mêmes. (*Rires ironiques à droite.*)

Messieurs, si vous vouliez recueillir d'abord les dépositions, après nous les commenterions.

M. LE DUC D'AUDIFFRET-PASQUIER. — Voulez-vous me permettre de vous dire qu'elle est au dossier et que le dossier a été communiqué...

M. GAMBETTA. — Je n'ai pas demandé à voir le dossier.

M. LE DUC D'AUDIFFRET-PASQUIER. — Alors ne dites pas qu'elle n'y est pas.

M. GAMBETTA. — Je ne dis pas qu'elle n'est pas au dossier, je dis que vous ne l'avez pas fait connaître à l'Assemblée.

M. LE DUC D'AUDIFFRET-PASQUIER. — Vous dites que vous en êtes privé, parce que la déposition a été faite dans le cabinet de M. Riant en présence de M. Le Trésor de Laroque.

J'affirme devant l'Assemblée que cette déposition

est au dossier et que, non seulement le dossier a été communiqué à M. Naquet, mais à M. Lepère, mais à quiconque l'a demandé. Qu'on ne dise pas que la pièce n'y était pas. (*Très bien ! très bien ! à droite.* — *Applaudissements.*)

M. GAMBETTA. — Mais je n'ai pas dit que la déposition ne fût pas au dossier, je n'ai jamais rien dit de pareil.

Je dis que, pour nous, il n'y avait que les dépositions publiées, distribuées ; et je ne me suis jamais occupé d'autre chose, et je n'ai jamais demandé communication de votre dossier.

M. LE DUC D'AUDIFFRET-PASQUIER. — Pourquoi cela?

M. GAMBETTA. — Parce que le rapport me suffit pour avoir raison de vos allégations. (*Oh! oh! à droite.* — *Très bien! très bien! à gauche.*)

M. LE DUC D'AUDIFFRET-PASQUIER. — Je demande à l'Assemblée s'il était possible de faire imprimer trois ou quatre paquets aussi volumineux que celui que je lui montre.

M. GAMBETTA. — Je dis, Messieurs, que cette déposition n'a pas été imprimée pour l'Assemblée nationale, comme c'était le devoir de la commission, et ne nous a pas été distribuée; et puisqu'on équivoque là-dessus, j'ajoute que ce n'est pas la seule. (*Interruptions.*)

M. LE DUC D'AUDIFFRET-PASQUIER. — C'est vous qui équivoquez!

M. GAMBETTA. — Du tout, c'est vous qui équivoquez, car c'est vous qui dites « dossier » alors que j'ai dit : « distribution ». (*Exclamations à droite.*)

Et puisque nous en sommes sur la publication des dépositions, je dirai que je regrette que la déposition de M. Maurice Lévy, chargé de la direction des batteries départementales, et dont a invoqué le témoignage tout à l'heure pour raconter inexactement... (*Rumeurs à droite.*)

Mais, Messieurs, c'est mon droit de rétablir la vérité, après tout. Qu'en savez-vous, si cela n'est pas vrai? (*Interruptions à droite.*) Mais enfin, une telle intolérance est inouïe!... (*Parlez!*)

Je dis que je regrette que la déposition de M. Maurice Lévy, — et j'entends par là justifier les paroles que j'ai prononcées tout à l'heure, car je tiens que le premier de mes devoirs, dans cette Assemblée, est de n'alléguer que des choses dont je suis sûr, — je regrette, dis-je, que la déposition de M. Maurice Lévy n'ait été ni imprimée, ni distribuée, car vous y auriez lu que ce n'est pas M. Maurice Lévy qui a appris, avant moi, le prix des batteries Parrott proposées par M. Le Cesne à 35,000 francs; vous y auriez appris également que ce n'est pas M. Le Cesne qui a demandé des garanties pour réaliser le marché; vous auriez appris tout l'inverse, à savoir...

Un membre au banc de la commission. — Qu'est-ce que cela veut dire?

M. GAMBETTA. — Cela veut dire, Monsieur, que je relève les inexactitudes du discours de M. le duc d'Audiffret-Pasquier, lorsqu'il a dit que le lendemain du contrat, M. Maurice Lévy, rencontrant dans les rues de Tours M. Naquet et M. Gambetta, leur aurait appris l'histoire des 35,000 francs par batterie, et qu'alors il serait allé... Il y a même autre chose, il y a une troisième inexactitude qui me revient à l'instant... Vous avez raconté que le même Maurice Lévy avait appris directement et avait reçu directement de MM. Billing, Valentine et Saint-Laurent une proposition pour ces mêmes batteries et obtenu une réduction de 10,000 francs.

J'ai la déposition de M. Maurice Lévy. Je ne vous en donnerai pas lecture, puisqu'elle n'a été ni imprimée ni distribuée; mais elle dit tout le contraire.

A droite. — Lisez! lisez!

M. GAMBETTA. — On va me la faire passer.

M. LE DUC D'AUDIFFRET-PASQUIER. — C'est dans la déposition de M. Le Cesne que voilà imprimée. Vous confondez Le Cesne et Lévy.

M. GAMBETTA. — Vous allez voir qu'il n'en est rien. « Mon témoignage, dit M. Maurice Lévy, est cité dans le rapport que l'honorable M. Riant vient de déposer à l'Assemblée nationale, relativement au marché de batteries Parrott, conclu avec le gouvernement de Tours, sur la proposition de la commission des moyens de défense, avec MM. Valentine, Billing et Saint-Laurent.

« J'ai quelques rectifications à faire à la déposition de M. Le Cesne reproduite dans ce rapport, et comme ma propre déposition est résumée en une phrase qui ne me paraît pas la rendre, je vous serai obligé de m'autoriser à reproduire mon opinion telle que je l'ai donnée dès le mois de juin de l'année dernière, toutes les fois qu'officiellement ou officieusement la commission des marchés ou quelques-uns de ses membres m'ont fait l'honneur de me la demander.

« Voici en résumé ce que j'ai dit :

« Pour pouvoir apprécier sainement ce marché, il me paraît de toute nécessité que la commission parlementaire veuille bien se reporter à l'époque où il a été conclu ; il faut qu'elle se rappelle qu'à ce moment les attaques répétées de la presse avaient rendu la commission d'armement et son président, M. Le Cesne, très suspects à l'opinion publique.

« C'est ce manque de confiance dans les opérations de la commission d'armement qui a, en principe, déterminé l'intervention de la commission des moyens de défense dans la conclusion d'un certain nombre de marchés d'armes, et qui explique aussi comment la commission des moyens de défense a pu très sincèrement douter du sérieux de l'offre de M. Le Cesne, d'acquérir les batteries Parrott à 35,000 francs. »

Puisqu'on recueille des témoignages, celui-là a son

mérite, car il émane d'un homme dont on ne dénie
pas la compétence, et dont la commission a pu apprécier la capacité, la loyauté, les services rendus, d'un
homme sur lequel on a préparé les éléments d'un
grand rapport; il en existe un non moins considérable,
émané de M. Durangel, directeur au ministère de l'intérieur, et on a pu voir également quels ont été le
mérite, le zèle, les lumières de M. Lévy. On veut des
dépositions, en voici une qui a encore son mérite, car
elle tombe d'une bouche qui a la garantie de l'honneur et de la compétence. (*Approbation à gauche. —
Réclamations à droite.*)

Je poursuis la lecture de cette déposition :

« Je puis ajouter aussi que les doutes sur la gestion
de la commission d'armement étaient si répandus,
qu'à ma connaissance plusieurs membres de l'Assemblée nationale sont venus à Bordeaux avec de sérieuses
préventions contre l'honorabilité de son président.

« Pour moi, il me parut difficile qu'au prix de
35,000 fr. on pût avoir une batterie d'artillerie en état
de servir. Cependant, comme à cette époque M. le
ministre de la guerre tenait à faire canon de tout, il
m'engagea à aller voir s'il y avait réellement quelque
chose à tirer de cette affaire. »

Vous voyez que ce n'est pas lui qui m'en a appris
l'existence. C'est moi qui lui ai envoyé cette affaire;
et vous avouerez que c'eût été une singulière conduite
de la part d'un ministre de la guerre de faire un premier marché, et puis d'en faire un second qui fût juste
la base d'une critique par comparaison avec le premier.

Évidemment, si quelque chose peut attester sa
loyauté, le besoin dans lequel il s'est trouvé, c'est une
pareille manière de procéder. (*Très bien! à gauche.*)

« Pour bien rendre le sentiment avec lequel j'ai
conclu le marché, qu'on me permette de citer le passage suivant d'un rapport, en date du 2 juin 1871,
que j'ai adressé à la commission des marchés :

« Enfin, pour ne négliger aucun moyen d'avoir des canons, j'allai trouver M. Le Cesne, qui, comme il me le dit, ne crut pas d'abord ma démarche sérieuse. »

Tout cela a été allégué dans les précédents discours en s'appuyant de l'autorité de M. Maurice Lévy. Il est donc nécessaire de remettre les choses sous leur véritable jour.

« Pour lui indiquer qu'elle l'était, je lui déclarai que, si son offre à lui était sérieuse, je lui ferais ouvoir le soir même un crédit de 1,200,000 fr. Mais comme j'étais convaincu que cette offre devait pécher soit par la qualité du matériel, soit par l'exagération du bas prix qu'il annonçait, j'exigeai que M. Le Cesne prît sous son entière responsabilité la qualité de ce matériel.

« Je lui demandai s'il avait en Amérique des hommes spéciaux pour l'examiner et le recevoir; il me répondit affirmativement. Il est donc tout à fait inexact que M. Le Cesne m'ait demandé des garanties, comme il le prétend dans sa déposition. Cela, en effet, eût été très singulier, puisque c'est moi qui le chargeais d'un achat et qui avais par conséquent à lui en demander.

« Maintenant, le matériel livré par M. Le Cesne à 35,000 fr. était-il propre au service? C'est ce que chacun a pu apprécier, ce matériel étant resté pendant plusieurs semaines sur la place des Quinconces, à Bordeaux.

« En résumé, il ressortait de ma déposition :

« 1° Que la commission d'armement était suspecte à l'opinion publique, ce qui fit admettre le principe de l'intervention de la commission des moyens d'étude dans la conclusion d'un certain nombre de marchés d'armes ayant tous trait au service d'artillerie;

« 2° Qu'on a proposé au ministre de l'intérieur et de la guerre un marché de batteries Parrott à 75,000 fr.; que ce prix étant plus modéré que le prix moyen d'une batterie française de même calibre, aucun homme compétent ne l'eût trouvé exorbitant, à condition toutefois que le matériel fût bon. Le ministre a donc dû approuver ce marché;

« 3° Que lorsque, après l'avoir signé, il apprit que M. Le Cesne offrait le même matériel à de meilleures conditions, il s'empressa de m'en informer pour que j'en fisse mon profit pour les batteries départementales. »

Eh bien, je trouve que cette déposition qui émane d'un homme qui n'était membre ni de la commission des moyens d'étude, ni de la commission d'armement, qui cependant était fonctionnaire, qui vivait en contact avec ces diverses commissions, vous traduit fidèlement, impartialement l'esprit qui a présidé à la confection de ces marchés, et vous donne les deux raisons que je retrouvais tout à l'heure dans la bouche du commandant de Pontlevoy, à savoir qu'on n'avait pas pris au sérieux l'offre de M. Le Cesne de vendre des batteries Parrott à 35,000 fr., et qu'en les payant 75,000 fr., on ne pouvait pas croire, au moment du marché, que ce pût être les mêmes. (*Interruptions.*)

Quelques voix. — Il fallait télégraphier !

M. GAMBETTA. — Il ne s'agit pas de télégraphe. (*Exclamations à droite.*)

Si vous croyez qu'il soit commode de discuter au milieu des interruptions !... Il ne s'agissait pas de télégraphier... (*Interruptions diverses.*)

Quelques membres. — Continuez !

M. GAMBETTA. — Je ne puis continuer; j'ai entendu un mot... Quelqu'un a dit...

Voix diverses. — Continuez ! — On n'a rien dit !

M. GAMBETTA. — Quelqu'un a dit : Il y a eu des remises. (*Non! non!*) Je l'ai entendu. (*Non! non!*)

M. MARGAINE. Je vous garantis qu'on n'a pas dit cela.

M. GAMBETTA. — Monsieur Margaine, cette attestation me suffit de votre part.

Eh bien, je dis que cela rend raison de l'acceptation du prix de 75,000 fr.

Et puis, j'attire votre attention sur cette explication
tout à fait technique du commandant qui dit : Nous
ne pouvions pas supposer d'aucune manière, et aucun
homme sérieux n'aurait supposé plus que nous que
les batteries Parrott offertes à 75,000 fr. fussent les
mêmes que les batteries Parrott à 35,000 fr., et voici
pourquoi... (*Bruits et interruptions.*) Écoutez les raisons. Parce qu'il existe dans les arsenaux américains,
comme dans tous les arsenaux du monde, un matériel
qui a des qualités différentes; on peut avoir des batteries dont les unes ont tiré 200 coups, d'autres 500,
d'autres 1,500, et alors, selon le nombre de coups
qu'elles ont tirés, elles sont ou bonnes, ou médiocres,
ou au rebut. (*Interruptions et mouvements divers.*)

Ce n'est pas moi qui invente cela, Messieurs; ce
sont des raisons techniques données par un homme
du métier.

Sur divers bancs. — Parlez! parlez!

M. GAMBETTA. — Si ce n'est pas vrai, un homme
compétent et spécial montera à cette tribune et me
démentira : je n'aime rien mieux que d'être éclairé.

Cette raison m'a frappé; je l'ai trouvée sage; je vous
la mets sous les yeux, je vous l'apporte telle qu'on
me l'a donnée, et rien ne me prouve qu'elle ne soit
point vraie.

Maintenant, que les États-Unis aient voulu vendre
leurs arsenaux, qu'ils aient l'habitude commerciale de
vendre le matériel de l'armée lorsqu'ils sont sortis de
l'état de guerre, je les en félicite, mais je ne voudrais
pas les imiter en cela : la position unique qu'ils occupent leur permet, après la guerre, de vendre tout
ce qui pouvait la soutenir; ils ont même poussé le
fanatisme commercial jusqu'à vendre leurs drapeaux.
(*Exclamations à droite.*)

Plusieurs membres. — Comment! des républicains!

M. Gambetta. — Oui, Messieurs, au lendemain de
la guerre, ils ont vendu les fanions, ils ont vendu les
canons, les fusils, les vaisseaux, ils ont voulu prouver
par là qu'ils étaient un peuple commerçant et non pas
un peuple militaire, et qu'ils voulaient effacer jusqu'aux instruments de la guerre civile. Donc ils ont pu
vendre leurs arsenaux. (*Interruptions et rires.*)

Je déclare qu'il ne m'est pas possible de continuer
puisque je ne puis obtenir le silence. (*A demain! —
Non! non!*)

M. le président. — Il est en effet difficile à l'orateur
de continuer et de suivre un raisonnement au milieu
de ces interruptions incessantes.

Je demande à l'Assemblée de faire silence, autrement je lèverai la séance.

M. Gambetta. — Quand je vous apporte les raisons
d'hommes compétents, d'hommes spéciaux, vous riez;
quand je vous cite l'exemple des États-Unis, vous riez;
de quoi donc voulez-vous que je vous parle pour la
défense des intérêts dont je suis chargé?

Eh bien, je dis que les arsenaux des États-Unis, au
lendemain de la guerre, contenaient des batteries
Parrott, les unes dans un excellent état, les autres
dans un état médiocre, et d'autres à l'état de rebut;
quelqu'un peut-il le nier? Eh bien! ne comprenez-vous
pas que des hommes spéciaux pussent offrir des
batteries Parrott à 75,000 francs, et d'autres à
35,000 francs? C'est là la question.

A gauche. — Oui! oui! — Très bien! (*Mouvements
divers. — Bruit de conversations au fond de la salle.*)

M. Gambetta. — Au moment où l'on faisait le contrat... (*Le bruit continue.*)

M. le président. — Veuillez, Messieurs, faire silence, ou bien je vais vous en prier en vous indiquant
nominativement. (*Très bien! très bien!*)

Dans une discussion de cette nature, lorsque nos
collègues s'expliquent, que leurs raisonnements vous

conviennent ou ne vous conviennent pas, vous devez les écouter en silence. (Oui! oui! — Très bien!)

Continuez, monsieur Gambetta.

M. GAMBETTA. — Je dis qu'au moment où on signait le contrat, les raisons que je rapporte étaient sérieuses et qu'elles le sont encore aujourd'hui.

Je prévois l'objection; elle consiste à dire : « Mais ce sont les mêmes! »

Eh bien, Messieurs, je la prends directement et je dis : Au moment où l'on faisait le contrat, ce n'étaient pas les mêmes. On ne pouvait pas supposer que ce fussent les mêmes; et il n'y avait qu'un moyen d'établir la différence de leur valeur comparative, c'était d'envoyer aux États-Unis des hommes capables de faire cette appréciation et de discerner entre un matériel bon, un matériel médiocre, et un matériel qui est hors de service. C'était à ce contrôleur spécial, que nous avons envoyé pour assurer l'exécution d'un contrat, qu'il appartenait de dire : Vous livrerez les canons dans les conditions suivantes de tir, de calibre, de portée et d'état de conservation, et, quand vous aurez livré ces batteries, nous les payerons 75,000 francs. Je dis que c'est à ce moment-là que l'on peut savoir si l'on a fait un bon marché ou un mauvais marché, si on s'est laissé duper, ou si, au contraire, on a assuré l'exécution loyale du contrat. Voilà ce que je dis.

Eh bien, Messieurs, quand on est arrivé à l'exécution de ce contrat, qu'est-il arrivé? Est-ce que vous vous imaginez que j'ai la prétention de soutenir que l'on n'a pas bien exécuté le contrat et compromis le Trésor? En aucune manière.

Ce qui m'incombe, ce qu'il faut que j'établisse, c'est la signature du contrat, ce sont les circonstances qui l'ont précédée, celles qui l'ont entourée, voilà où est ma responsabilité; et si j'établis que nul à ma place n'aurait pu substituer une mesure, un procédé de prudence que je n'aie pris, je crois que j'aurai

établi que je revendique ma vraie responsabilité tout
en la limitant. (*Assentiment à gauche.*)

Je crois vous avoir fait cette preuve en vous démon-
trant pourquoi la commission d'étude était sortie de
son rôle, quelle était la qualité qui, dans l'esprit des
hommes spéciaux, techniques de cette commission,
tant au calibre et à l'état des canons que sur la portée, impliquait une différence relative et l'écart de
prix entre 75,000 francs et 35,000.

Et puis, plus tard, qu'est-il arrivé? On nous dit, —
car rien ne le prouve encore jusqu'ici, — on nous dit :
Le matériel qu'on vous a livré, qui a été envoyé à Alger, qui est sur le quai d'Alger, ce matériel est exactement le même que celui que vous a livré Le Cesne ;
voilà bien votre argument, et ce qui le prouve, dites-
vous, c'est la facture !

Ah! Messieurs, il y a quelque chose qui le prouve
bien mieux : c'est la note du banquier Garrisson qui,
quand il a voulu transiger avec vous, vous a offert d'en
prendre livraison au prix de 31,000 francs. Et pourquoi ne l'avez-vous pas fait? Est-ce que c'est moi qui
vais être responsable de ce refus de transaction?
Voyons, Messieurs, classons bien les différentes pé-
riodes de ce marché : il y a sa signature, il y a sa conclusion. Je vous ai décrit les rôles différents qu'avaient
joués soit M. Le Cesne, soit la commission d'armement, soit la commission d'étude des moyens de défense, soit le ministre; là, je prends la pleine responsabilité. Puis, plus tard, il y a des différences, des
dépêches contradictoires; on ajourne, on accorde des
délais; tout cela, ce sont des exécutions qui sont arrivées à une date précise, le 13 février, où le gouvernement résilie le traité. Il n'a pas été envoyé de traites, il n'a pas été ouvert de crédits, on n'a rien
compromis.

Le gouvernement qui succède au Gouvernement de
la défense nationale résilie le traité. Il a bien fait ; il

fallait qu'il s'en tînt là. Il ne s'y est pas tenu, et sous
l'influence, très probablement, des mêmes nécessités
par lesquelles nous étions passés nous-mêmes, la nécessité d'avoir du canon, tant contre la Commune
insurgée que contre les Arabes insurgés, il a subi cette
nécessité comme nous-mêmes. Je cherche des raisons ;
ça ne devrait pas être mon rôle ; mais je ne vois pas
pourquoi je n'appliquerais pas aux autres la même
règle de conduite que je revendique pour moi-même.

A gauche. — Très bien !

M. Gambetta. — Je dis que le Gouvernement de
l'Assemblée nationale, — pendant que la commission
des marchés siège, que toute son attention est éveillée,
qu'elle doit tout savoir, que déjà elle a pu interroger
M. Le Cesne, qu'elle a pu découvrir que ce marché
n'est pas ce qu'il devrait être selon elle, — a dû parler aux ministres de l'intérieur, des finances et de la
guerre.

Nullement, et il se passe ce fait, qui n'entache en
rien la responsabilité du gouvernement, mais qui,
dans tous les cas, m'est parfaitement étranger... Voici
ce qui s'était passé. A la suite de l'inexécution des
clauses financières, comme des clauses de livraison
matérielle, le gouvernement français avait résilié le
traité qui le liait avec Saint-Laurent, Billing et Valentine ; il avait résilié ce traité, et il se trouvait face à
face avec un M. Garrison, banquier, qui paraît offrir
une certaine surface à New-York, lequel demandait à
se mettre aux lieu et place des premiers contractants.
Il offrait au gouvernement français le projet de transaction suivant :

1° Prendre livraison des batteries du premier marché au prix coûtant, soit 31,500 francs, c'est-à-dire
que c'était là qu'on acquerrait la preuve que les batteries Le Cesne et les batteries de la commission
étaient bien les mêmes ;

2° Résilier le traité pour le surplus des fournitures,

c'est-à-dire pour la vente des 5 batteries et des 71,000 fusils Enfield;

3° Prendre les lieu et place des premiers contractants, qui s'évanouissaient.

Le gouvernement, qui avait résilié le traité, n'adopta pas cette transaction, et je dis en passant que le gouvernement, qui avait résilié le traité, n'avait pas à craindre un procès quelconque avec MM. Laurent, Billing et Valentine, puisque, à ce moment-là, il était parfaitement détenteur de la correspondance du capitaine Guzman, correspondance qui l'éclairait entièrement sur la moralité et la solvabilité des premiers contractants.

Par conséquent, le procès qu'on pouvait faire luire à ses yeux pour l'intimider et lui faire admettre les prétentions de ces premiers contractants, ce procès était gagné d'avance, c'est-à-dire que les étrangers n'auraient pas payé le *judicatum solvi*.

Le gouvernement ne se tient pas à sa résiliation, il n'accepte même pas la transaction que lui propose M. Garrisson, qui se met aux lieu et place des premiers concessionnaires. Non, il repousse cette transaction et il fait revivre le traité, savez-vous avec qui? Avec les premiers contractants. Il le fait revivre en l'augmentant de quantités et de prix, c'est-à-dire que j'ai le droit de vous dire que je suis en présence d'un nouveau contrat, et que tout cela ne me regarde pas. (*Assentiment à gauche.*)

C'est la vérité.

Mais il est probable, et je prends ici l'argument qui sort de cette nouvelle situation, que le nouveau gouvernement n'a pas trouvé aussi dérisoire que vous vous voulez bien le dire le prix de 75,000 francs appliqué au premier contrat. Ce prix, en effet, il était tenu en suspens, il était vrai ou faux, selon la qualité de la batterie qui arriverait à Alger. On fait la transaction, quand? au mois de juin. On voit les canons, quand? au mois d'août, par conséquent, dans l'esprit des liquidateurs, les batteries que nous avions achetées 75,000 fr. pouvaient les valoir.

Ce n'est qu'après coup, *post factum*, lorsque la livraison tardive a été faite, qu'on a pu constater qu'il ne s'agit que de batteries de 31,500 fr. Voilà la situation. Elle a été reconnue et apurée par trois ministres : le ministre des finances, le ministre de la guerre et le ministre de l'intérieur, et on vous propose aujourd'hui, quoi? non plus de blâmer Naquet et Deshorties, mais de renvoyer cette découverte faite par la commission des marchés sur le comité de liquidation, à qui? aux trois ministres qui l'ont consentie.

Eh bien, je ne m'y oppose pas; et s'il m'était permis de formuler un vœu, savez-vous quel il serait? et ce vœu serait sérieux : c'est que vous fassiez une chose qui devrait être le devoir direct et primitif de la commission des marchés : non pas de venir spéculer sur quelques affaires... (*Interruptions diverses. — Réclamations au banc de la commission.*)

M. DE GAVARDIE. — C'est vous qui êtes un spéculateur en République! (*Exclamations à gauche.*)

M. GAMBETTA — ... mais de déférer à la justice, aux juges d'instruction, à vos parquets, tous ceux que, de près ou de loin, eussent-ils été chefs de gouvernement, vous accusez de n'avoir pas les mains pures.

Voilà comme je comprendrais le devoir de votre commission; mais, que vous veniez ici, où il n'y a pas de juges. où nous avons des passions inconciliables et irréconciliables, agiter sur le dos de tel ou tel parti de véritables brandons de passions politiques, je ne l'admets pas.

Vous disiez tout à l'heure, et c'est un mot qui m'a profondément touché, car seul, s'il était fondé, il serait capable de changer nos convictions; vous nous avez dit un jour que nous demandions la dissolution; et vous avez insinué, selon votre méthode, que nous

voulions la dissolution pour éviter de rendre nos
comptes. Eh bien! je vous propose un moyen expé-
ditif et sûr de savoir la vérité : c'est de nommer une
commission, non pas une commission parlementaire,
mais une commission de juges enquêteurs qui verra
ce que nous avions quand nous avons ramassé le
pouvoir que d'autres désertaient... (*Interruptions*) et
ce que nous avons aujourd'hui.

Quant à moi, j'attendrai avec confiance le jugement
du pays; et j'ai la ferme confiance que ce jugement,
rendu par le seul juge, le seul souverain que je re-
connaisse, le suffrage universel, sera à la fois la réhabilitation de notre conduite et la condamnation de nos
calomniateurs. (*Applaudissements répétés à gauche. —
L'orateur, en descendant de la tribune, est félicité par
plusieurs de ses collègues.*)

Après une courte et violente réplique de M. Raoul Duval,
M. Naquet remonte à la tribune. Il déclare que, puisque la
commission se borne à demander le renvoi de son rapport aux ministres de la guerre, de la justice et des finances, il est prêt, n'ayant rien à redouter de ce renvoi, à voter, ainsi que M. Gambetta, ces nouvelles conclusions de la
commission d'enquête. Cette déclaration provoque à droite
une agitation bruyante. Le parti de la calomnie allait perdre
tout le bénéfice de ses efforts. M. d'Audiffret-Pasquier reprend la parole pour dire que le renvoi aux ministres, tel
que la commission l'avait compris et le maintenait, impliquait
au contraire un blâme. La gauche proteste. « Nous ne pouvons pas nous transformer en juges, s'écrie M. de Pressensé,
nous ne pouvons pas voter un blâme direct ou indirect;
sinon nous deviendrions une convention. » M. Louis Blanc
monte à la tribune. Les clameurs furieuses de la droite l'o-
bligent à en descendre sans qu'il ait pu se faire entendre.
La clôture est prononcée. M. Arago prend la parole : « On
ne peut pas venir dire ici : Le vote, en dehors des paroles
qui constituent ce qui est mis aux voix, a telle ou telle signification. Au nom de mes amis ainsi qu'au mien, je vous
déclare que voter avec l'interprétation qu'on a donnée, nous

ne le pouvons pas. » La gauche tout entière sort de la salle. La droite reste seule pour voter. Pendant le dépouillement du scrutin, M. Grévy se fait remplacer au fauteuil par M. Martel, vice-président.

L'Assemblée, par 371 voix contre une, adopte les conclusions du rapport de M. Riant.

APPENDICE

LETTRE

A UN CONSEILLER GÉNÉRAL

Les élections des 8 et 15 octobre 1871, pour le renouvellement des conseils généraux, avaient confirmé les scrutins du 30 avril et du 2 juillet. Le parti républicain triomphait dans la majorité des départements et, dans les autres, les candidats républicains avaient obtenu presque partout, une minorité imposante. Consulté sur la conduite à tenir par les élus républicains dans les conseils généraux, M. Gambetta avait adressé la lettre suivante à M. Cornil, conseiller général de l'Allier :

Paris, le 16 octobre 1871

A M. Cornil, membre du Conseil général du département de l'Allier.

Mon cher ami,

Au moment d'aller prendre votre place au Conseil général, vous voulez bien me demander mon opinion sur les élections qui viennent d'avoir lieu et sur la conduite que doivent tenir les élus de la démocratie républicaine dans ces nouvelles assemblées. Comme la maladie me fait actuellement des loisirs forcés, je vais m'expliquer librement et complètement avec vous sur cet important sujet. J'ai beaucoup réfléchi aux avis que je vais vous donner, sur votre propre demande ; vous verrez d'ailleurs, à la lecture, que mes

réflexions ont un caractère personnel et qu'elles sont
toutes inspirées de cette pensée : que ferais-je, que
proposerais-je, si j'étais membre d'un Conseil général? C'est donc la règle de ma propre conduite que je
prends la liberté de vous communiquer.

I

Les élections qui viennent d'avoir lieu dans toute
l'étendue de la République doivent être envisagées à
plusieurs points de vue, si l'on veut en bien saisir le
caractère et l'importance.

Le premier, le plus apparent et le plus grave de
ces points de vue, c'est qu'elles ont été des élections
politiques, Le pays, fatigué d'intrigues monarchiques
dont les unes sont audacieuses et impudentes, et les
autres discrètes et perfides, quelque peu irrité, d'ailleurs, de voir l'Assemblée de Versailles rester sourde
aux manifestations de la volonté nationale dans les
scrutins des 30 avril et 2 juillet, a voulu affirmer une
fois encore sa résolution de se rattacher à la République, de mettre un terme au provisoire et à l'équivoque et de confier à des mains républicaines le soin
d'administrer et de relever ses affaires. Ce sentiment
s'est fait jour de deux manières, à la ville et à la campagne, par l'échec que le suffrage universel vient d'infliger non seulement aux monarchistes avérés ou
honteux, mais aux républicains légitimement suspects
de tiédeur et de mollesse. Donc, sans nous laisser aller
à aucun entraînement, nous pouvons conclure que les
élections sont politiques et qu'elles sont républicaines.

Le second point de vue, moins éclatant que le premier, mais à coup sûr aussi consolant et aussi décisif, c'est que ces élections des Conseils généraux qui
étaient souhaitées et préparées par la réaction comme
un moyen sûr et déjà éprouvé de ressaisir la France,

de refouler le parti républicain hors de toute administration publique, d'organiser et de hâter, grâce au
concert des influences locales savamment accouplées,
le renversement même de la forme républicaine, ces
élections ont tourné à la confusion de toutes ces espérances rétrogrades. Désormais, les Conseils généraux, ces assemblées locales qui, depuis trois quarts
de siècle, n'ont servi que de point d'appui à tous les
despotismes, au centre comme aux extrémités du
corps social, vont échapper à la direction exclusive,
soit des agents du pouvoir central, soit des représentants des monarchies déchues. Elles ne seront plus,
comme par le passé, des instruments dociles aux
mains, soit des préfets du gouvernement établi, soit
des fauteurs de restauration. C'est un grand pas, le
plus considérable peut-être qui ait été fait vers l'établissement et l'organisation de la République.

Le troisième point de vue sous lequel je considère
ces élections me paraît pouvoir être indiqué d'un seul
mot : Elles sont profondément démocratiques. Par là,
elles marquent jusqu'à quel point le suffrage universel prend tous les jours une plus grande possession
de lui-même. La lumière se fait dans ses couches les
plus profondes. Il est visible qu'il est résolu à écarter
les vieilles lisières, à rompre avec les traditions inin-
telligentes et serviles du passé, et qu'il s'affranchit des
influences locales que ne légitime pas une supériorité
d'intelligence ou de dévouement. Le peuple, petite
bourgeoisie, ouvriers et paysans, conçoit de jour en
jour plus clairement l'étroite relation de la politique
et de ses affaires ; il veut être représenté pour lui-
même ; il se représentera bientôt lui-même : c'est une
Révolution. Dans un grand nombre de cantons, le
suffrage universel a repoussé le vieux personnel
politique de tous les partis, personnel épuisé dans
sa moralité ou dans son intelligence, et il a porté
ses choix de préférence sur des hommes nouveaux

dont les déclarations sont empreintes de l'esprit démocratique le plus net et le plus novateur. Ce n'est
pas un des moindres enseignements de cette période
électorale que d'observer la différence du langage
tenu par les candidats prétendus conservateurs et par
les candidats républicains. D'un côté tout est équivoque et dissimulation ; sauf de très rares exceptions,
il n'y a pas eu un candidat de la monarchie qui ait
osé l'avouer. De l'autre côté, tout est franchise et
loyauté. Les républicains déclarent hautement leurs
préférences, leur dévouement à la République dont
ils veulent non seulement la proclamation nominale,
mais toutes les conséquences politiques et sociales ;
et ils le disent. Ils entreront dans les Conseils généraux avec l'autorité que donne un mandat publiquement débattu et déterminé. Leur origine leur assure
d'avance, s'ils y restent fidèles, une influence qui ne
fera qu'aller en s'accroissant ; par leur exemple, ils
encourageront le suffrage universel à persévérer et à
s'avancer dans sa nouvelle voie, et le jour n'est pas
éloigné où la démocratie, qui est évidemment le nombre, sera le pouvoir. Il lui suffira de prendre ses représentants à tous les degrés dans ses propres rangs,
et c'est ainsi qu'elle chassera de la politique les oisifs
et les intrigants.

Je ne vous parle pas, mon cher ami, si ce n'est pour
mémoire, de la défaite des députés compromis dans
la Chambre par leur hostilité excentrique aux idées
modernes. La déroute de ces champions du passé n'est
faite ni pour nous émouvoir ni pour nous étonner.
Créatures de la surprise et de la peur, ces pseudo-
mandataires du peuple devaient rentrer dans le néant
d'où le peuple ne les a tirés que par erreur. Leur échec
n'avance pas la question de la dissolution sur les bancs
de l'Assemblée, mais on peut dire que le pays vient
de la prononcer. En face d'un tel arrêt, messieurs les
élus du 8 février n'ont plus que le choix entre une

usurpation et la retraite. Mais je n'insiste pas. Et,
après avoir établi les divers caractères des scrutins
des 8 et 15 octobre, j'ai hâte de vous dire comment je
comprends la conduite des élus de la démocratie dans
les conseils des départements.

II

Tout d'abord, je m'interdirais sévèrement toute ingé-
rence sur le terrain de la politique générale. Et ne
voyez pas de contradiction entre ce ferme propos et
le jugement que je portais tout à l'heure sur le caractère politique des élections. Nommé comme républicain, je ne croirais pas pour cela devoir altérer la nature et la compétence du Conseil. Plus que jamais,
je chercherais à séparer l'administration de la politique. Je me garderais de confondre les attributions et
de transformer les conseils généraux en assemblées
législatives au petit pied. Ce serait à la fois commettre
un empiétement et donner un mauvais exemple. Je
ne réclamerais donc ni la dissolution de l'Assemblée
de Versailles, ni la proclamation de la République, ni
toute autre mesure de politique générale. Je concen-
trerais tous mes efforts sur le terrain de l'administration et des intérêts locaux. Je me considérerais comme
l'homme d'affaires de mes commettants; la tâche est
déjà assez lourde : heureux ceux qui pourront y suffire! En effet, que de questions à étudier! que de détails à connaître! que de solutions à rechercher et à
faire prévaloir! Je voudrais me réunir et m'associer
préalablement avec mes collègues, et arrêter de concert avec eux une méthode de travail. Car le temps est
passé des sessions rapides et stériles, où l'on enregis-
trait à la hâte les projets du préfet, où l'on donnait
lecture de quelques rapports rédigés dans les bureaux,
où le dîner à la préfecture était la grande affaire de

la session ! Ce n'est point ainsi qu'on va procéder. Il ne faudra plus se contenter d'enregistrer les déclarations préfectorales, et l'examen sommaire du budget départemental ne saurait suffire. Je comprends et je me fais en esprit un autre rôle pour les élus et les interprètes du suffrage universel. Il faudra qu'ils portent leurs investigations et leurs études, non seulement sur tous les services établis, mais encore sur tous les éléments économiques, politiques, sociaux, dont la réunion forme le département.

Nos élus doivent demander et faire eux-mêmes des enquêtes approfondies sur l'état de la population, ses divisions, son développement, son hygiène, son bien-être, ses ressources, ses misères ; ils doivent mettre en première ligne de leurs travaux l'enquête sur la situation scolaire, sur le nombre des écoles existantes, l'état des édifices, la qualité des maîtres, la nature des programmes, et indiquer toutes les réformes, tous les progrès que réclame cette question qui, pour le peuple, prime toutes les autres ; ils doivent tracer également un fidèle tableau de la situation agricole du pays, décrire minutieusement la condition des propriétaires de tous rangs et des manouvriers, indiquer quelles améliorations peuvent être apportées par le crédit ou par la science au sort des populations laborieuses qu'ils représentent : ils doivent encore exposer le régime industriel de leur département, et nous donner sur ses intérêts, sur ses besoins, tant au point de vue des ouvriers que des patrons, des renseignements circonstanciés et sûrs ; ils doivent dresser le bilan exact des revenus et des dettes du département, étudier ses forces contributives, analyser les conséquences économiques ou sociales des divers impôts, et rechercher, sans autre préoccupation que celle de la justice, les réformes financières qui, sans porter atteinte aux ressources nécessaires à l'État, permettraient cependant de répartir plus équitablement le fardeau des contributions publiques; ils doivent mettre à l'ordre du jour de leurs plus instants travaux les questions relatives aux indigents, aux invalides, aux abandonnés, reprendre de fond en comble les institutions de secours, hospices d'aliénés, asiles départementaux, etc., et proposer la refonte complète du système actuel d'assistance publique; ils doivent s'enquérir, par des inspections même personnelles, de l'état des routes et des chemins, des rivières et des canaux, et dresser une statistique critique de tous les moyens de communication que le département possède ou réclame : en un mot, et ceci n'étant qu'une ébauche, je voudrais qu'à force de travail et de zèle, nos élus ouvrissent et réalisassent une enquête approfondie sur le département, qui permettrait de voir, dans l'ensemble comme dans les détails, l'état vrai de ses ressources et de ses besoins. Cette étude nécessaire et préalable leur permettrait alors en toute sécurité de proposer, pour ces nombreuses questions, les solutions démocratiques.

Une telle investigation, quelque laborieuse et difficile qu'elle paraisse, s'impose aux nouveaux conseils généraux : premièrement, parce que leurs attributions, par une récente loi, se sont singulièrement accrues; et secondement, parce que le parti républicain entre, pour la première fois, d'une poussée aussi générale dans ces assemblées locales jusqu'ici fermées aux représentants de la classe la plus nombreuse et la plus pauvre, et parce que le parti républicain doit y apporter, avec son goût traditionnel du libre examen, le souci d'intérêts jusqu'à présent relégués au dernier rang des préoccupations administratives. C'est un monde nouveau qui arrive. Il a le droit et le devoir de prendre connaissance, sous bénéfice d'inventaire, de la succession léguée par les régimes antérieurs. Quelle lumière, quels enseignements sortiraient d'une semblable enquête, entreprise et poursuivie par

chaque conseil général, dans tous les départements
de la République! Quelle éducation pratique en reti-
reraient les hommes qui y auraient pris part! Quelle
occasion de se produire pour les intelligences et les
aptitudes de tout ordre, sans compter que la France
n'aurait jamais possédé de plus complets ni de plus
sincères renseignements sur elle-même !

Vous voyez, mon cher ami, que la tâche est rude et
que les sessions dont la durée a été trop parcimo-
nieusement mesurée par la loi nouvelle seraient vite
remplies. Sous la pression de l'opinion publique qui
ne manquerait pas de s'intéresser à un pareil travail,
le Conseil général prendrait vraiment le rôle et l'importance qu'il doit avoir. Il deviendrait la pépinière
des administrateurs et des hommes politiques du pays.
La vie locale reprendrait son éclat et sa fécondité, et
cela au bénéfice commun de la France et de la République.

III

Il va sans dire, mon cher ami, que cette route est
longue et semée d'obstacles. Il faut d'abord que tous
nos amis s'entendent, se disciplinent et se dévouent
au travail ; qu'ils se partagent le fardeau, et se distri-
buent, d'après les goûts et les aptitudes de chacun,
leurs diverses besognes. Et tout ne sera pas fait. Il
faudra faire prévaloir les solutions déjà trouvées, en
proposer de nouvelles. Vous rencontrerez dans les
Conseils des résistances opiniâtres, mais ne vous dé-
couragez pas. Restez surtout en communication incessante avec le suffrage universel ; faites-le constamment votre arbitre ; adressez-lui des communications
imprimées sur les sujets importants ; qu'il sache que
vous agissez, que vous luttez, que vous peinez pour
lui, et chaque jour vous ferez un progrès de plus
dans l'opinion. Les populations au milieu desquelles

se produiront ces efforts se rapprocheront de plus en
plus de vous. En vous voyant laborieux et dévoués,
soucieux de ses affaires, jaloux de ses droits, le peuple saura faire justice des calomnies et des redites
misérables dont le parti républicain est poursuivi par
des adversaires de mauvaise foi.

L'ambition de ce parti est de démontrer, en effet,
par la pratique, en se faisant, à tous les degrés de la
vie sociale comme de la vie publique, le défenseur de
tous les intérêts légitimes, en se préparant à cette
noble tâche par l'étude et le maniement même de ces
intérêts, qu'il ne conçoit la politique que comme un
moyen de protéger, de développer et d'assurer les
droits de tout ce monde du travail, bourgeoisie et
prolétariat, qui fait le fond de la démocratie française.
Cette conception de la politique démocratique est la
tradition même de la Révolution, qui n'a voulu changer l'état politique de la France que pour donner le
sol, le capital et l'outil, à ceux qui, jusqu'à elle, soit
aux champs, soit à l'atelier, ne possédaient rien, n'ac-
quéraient rien et ne comptaient pour rien dans le monde. Nous devons nous maintenir dans cette tradition;
et, quand patiemment, laborieusement, nous aurons
donné de notre activité et de nos aptitudes des preuves réitérées et certaines, le concours assuré de cette
démocratie, pour laquelle nous aurons livré sous ses
yeux tous nos combats, nous sera unanimement acquis. La démocratie haussera les épaules aux paroles
de dénigrement et d'outrecuidance de nos adversaires,
qui sont aussi les siens, et elle se chargera, d'un
coup de scrutin, de remettre toutes choses et toutes
personnes en leur place. Il ne sera plus possible de
retarder bien longtemps son avènement dans les institutions et dans les lois; elle ne voudra plus se contenter d'une façade républicaine; elle voudra élever
de ses propres mains son propre temple. Ainsi s'éva-
nouiront les impertinentes théories politiques qui

parlent de fonder la République sans les républicains.

C'est à cette œuvre, mon cher ami, que vous êtes convié et que vous pouvez apporter un si utile concours; et c'est parce que cette œuvre expérimentale est éminemment politique que je trouve superflu, pour ne pas dire périlleux, d'aborder, au conseil général, les questions de politique pure, même sous la forme la plus indirecte. En faisant ce que je propose, il me semble que nous aurons plus efficacement servi la République que par des discussions passionnées et abstraites. Imitons ce conseil municipal de Paris qui, bien qu'élu sous l'état de siège, au lendemain des plus cruelles épreuves, compte dans ses rangs des citoyens et des politiques ardents. Il a volontairement écarté les incidents de la politique générale et confondu, par la sagesse et l'intelligence de ses actes, toute la tourbe des insulteurs à gages qui avait prédit que l'avènement de pareils hommes serait la consommation de la ruine de Paris. L'enquête qui est sortie de ses études a mis en lumière deux choses dont nous devons profiter, l'excellence de la ligne de conduite adoptée et l'utilité de premier ordre qu'il y a pour des gens qui entrent aux affaires de se rendre compte des besoins et des difficultés avec lequels ils vont se trouver aux prises.

C'est la politique qui se préoccupe surtout et avant tout de l'étude des questions et de leur solution démocratique, qui est la politique du parti radical. En effet, le radicalisme n'est pas un vain mot; ce n'est pas une nuance : c'est un parti et une doctrine. A la différence du parti républicain formaliste qui se contente d'une pure devise, qui a conservé jusqu'ici toutes les institutions monarchiques, et qui s'accommode de compromis et d'alliances souvent coupables, toujours funestes, le parti radical se préoccupe avant tout des institutions organiques qui ne fassent plus de la démocratie un mensonge et de la République un leurre. Donnez donc, dans ces conseils généraux, l'exemple du travail; démontrez votre compétence dans le maniement des affaires publiques; répandez partout vos idées et vos principes, et le pays saura bien vous appeler à les mettre en pratique, le jour où les solutions radicales seront connues de tous ceux qui ont intérêt à les appliquer.

C'est par l'application suivie d'une pareille méthode à l'intérieur que la démocratie parviendra à mettre en œuvre ses admirables ressources et les trésors de force et de puissance que recèle notre grand pays, et qu'il sera donné à la France de reprendre sans précipitation, sans aventures, le rang qui lui appartient dans le monde, de ressaisir les provinces violemment arrachées et de faire de son intégrité restaurée le gage de la paix européenne.

Pardonnez-moi, mon cher ami, ces longs développements. Je crains cependant de n'avoir pas assez dit sur un aussi grave sujet. Pensez-y vous-même et faites-moi connaître vos impressions.

Salut fraternel.

Léon GAMBETTA.

SÉANCES DES 24 ET 26 FÉVRIER 1872

INCIDENTS

Le 24 février 1872, l'Assemblée nationale était appelée à discuter le rapport de M. Clément sur les élections du département du Nord. Le recensement fait à Lille, le 11 janvier, avait donné les résultats suivants :

MM. Dupont. . . . . 82,337 voix.
Deregnaucourt. . . . . 82,136 —
Bergerot . . . . 81,695 —
Soins . . . . 81,373 —

MM. Dupont et Deregnaucourt avaient été proclamés élus. Malgré les protestations formulées distinctement contre chacun des candidats élus, M. Clément, au nom du bureau qui l'avait nommé rapporteur, concluait à leur double admission.

M. Raoul Duval prit aussitôt la parole pour demander l'invalidation de M. Deregnaucourt, sous ce prétexte que le maire de Cambrai s'était, dans une affiche, prononcé en faveur du candidat républicain. M. Goblet répondit à M. Raoul Duval que le maire de Cambrai méritait peut-être d'être blâmé, mais que le maire de Douai était intervenu en faveur de M. Dupont, qu'en conséquence, pour être logique, il était impossible de valider M. Dupont et de frapper M. Deregnaucourt; que l'Assemblée se devait, d'adopter purement et simplement les conclusions du 14e bureau.

Au cours de son discours, M. Goblet fut amené à donner lecture d'une affiche émanée du comité conservateur de Valenciennes :

M. Goblet. — Voici maintenant, Messieurs, l'affiche

émanée du comité conservateur et libéral. Cette fois, nous sommes dans l'arrondissement de Valenciennes.

« Électeurs,

« Les membres du comité conservateur et libéral de l'arrondissement de Valenciennes présentent et recommandent instamment à vos suffrages pour la députation :

« M. Bergerot, membre du conseil général, maire d'Esquelbecq ;

« M. Alfred Dupont, avocat, président de la Société d'agriculture de Douai, président de la régie des mines de Courrières.

« MM. Bergerot et Dupont, ainsi que leurs professions de foi le montrent, sont les partisans éclairés et dévoués de la politique que suit l'homme illustre... » (*Exclamations diverses et rires à gauche.*)

Voix diverses à droite. — Eh bien! Ce ne sont pas là des injures! — Le comité n'insulte personne!

Voix à gauche. — Tout à l'heure ils voulaient le renverser!

M. GOBLET. — « ... de la politique que suit l'homme illustre qui préside aux destinées de la France ; politique d'ordre, de paix, de respect des lois et de la propriété ; politique de véritable liberté dont les membres du comité sont les énergiques défenseurs... (*Mouvements divers.*)

« MM. Bergerot et Dupont sont les ennemis déclarés de la politique de M. Gambetta... »

Sur divers bancs à droite et au centre. — Très bien! — Bravo! bravo!

(Un vif colloque s'établit entre quelques représentants siégeant au centre droit, et produit une certaine émotion dans cette partie de l'Assemblée. — Plusieurs membres de la gauche se lèvent et cherchent à se rendre compte de l'incident. — Le bruit est très intense et ne permet pas de saisir le sens des exclamations et des interpellations qui se produisent et qui partent confusément des divers côtés de la salle.)

M. GAMBETTA. — Monsieur le président, je demande la parole de ma place pour un fait personnel.

M. LE PRÉSIDENT. — Vous ne pouvez pas interrompre l'orateur.

M. GAMBETTA. — On me dit qu'il a été proféré de ce côté (*la droite*) une injure à mon adresse. Je somme celui qui en est l'auteur de dire son nom!

Un membre à droite. — Rien de ce qui vient d'être dit de notre côté ne s'adressait à vous.

M. LE PRÉSIDENT. — Je prie l'orateur de continuer.

M. GOBLET. — Je reprends la lecture de l'affiche du comité conservateur libéral de Valenciennes :

« MM. Bergerot et Dupont sont les ennemis déclarés de la politique de M. Gambetta, que soutiennent nos adversaires, politiques, que M. Thiers lui-même, dans un discours resté célèbre, a qualifiée si justement de « politique de fous furieux ».

Une voix à droite. — Très bien!

M. GOBLET. — Comment! très bien!..... Mais c'est une injure au premier chef!

Un membre à droite. — C'est une citation d'un discours de M. Thiers.

D'autres membres. — Oui! oui! Il avait raison. (*Des applaudissements éclatent sur plusieurs bancs à droite et au centre. — Une certaine agitation se manifeste dans les diverses parties de l'Assemblée.*)

M. GAMBETTA, *s'adressant à la droite.* — Vous avez préféré la paix à l'honneur; vous avez mieux aimé donner, pour avoir la paix, deux provinces et cinq milliards! (*Protestations et réclamations diverses.*)

M. LE PRÉSIDENT. — Messieurs, tous ces incidents sont fâcheux, mais ils sont le résultat inévitable des interruptions qu'on devrait toujours s'épargner, et surtout dans un débat de cette nature.(*C'est vrai! c'est vrai!*)

M. Goblet. — Vous voudrez bien remarquer, Messieurs, que je ne fais absolument rien pour passionner la discussion, et que, personnellement, j'y apporte toute la modération possible.

M. le président. — C'est une justice à rendre à l'orateur.

M. Goblet. — Je continue.

« ... Politique qui, portée à outrance, aurait amené la ruine de la France. »

Sur un grand nombre de bancs. — C'est vrai! c'est vrai!

M. Gambetta. — Le suffrage universel a jugé le contraire. (*Protestations sur plusieurs bancs*). Si vous voulez, faisons appel à la France : elle a déjà prononcé, elle prononcera encore entre vous et moi. (*Exclamations diverses.* — *Applaudissements sur quelques bancs à gauche.* — *Agitation.*)

M. Goblet termine son discours au milieu d'une agitation générale. L'Assemblée valide M. Dupont par assis et levé, et prononce, par 329 voix contre 306, l'invalidation de M. Deregnaucourt.

La lecture du procès-verbal, à la séance du 26 février, donna lieu à l'incident suivant :

M. le président. — Messieurs, dans le compte rendu sténographique de la séance de samedi, inséré au *Journal Officiel* d'hier, je lis les paroles suivantes :
« M. Gambetta, *s'adressant à la droite.* — Vous avez préféré la paix à l'honneur. Vous avez mieux aimé donner, pour avoir la paix, deux provinces et cinq milliards! » (*Protestations et réclamations diverses.*)

M. Bourgeois. — Nous n'avons pas entendu ces paroles. Si elles étaient parvenues jusqu'à nous, nous aurions bien autrement protesté.

M. le président. — Si ces paroles ont été prononcées, le bruit m'a empêché de les entendre; si je les avais entendues, j'aurais rappelé à l'ordre leur auteur, pour avoir attaqué, en termes outrageants, une décision de l'Assemblée nationale. (*Très bien! très bien!*)

M. Gambetta, *de sa place.* — Messieurs.....

Voix nombreuses. — A la tribune ! à la tribune !

M. Gambetta, *à la tribune.* — Messieurs, quand j'ai prononcé les paroles qui viennent d'être rappelées par l'honorable président de cette Assemblée, je l'ai fait en réplique et en riposte à ce que je considérais comme un outrage personnel. En cela, je n'ai pas attaqué et, malheureusement, je ne pouvais pas attaquer la décision de l'Assemblée; je me suis exprimé en citoyen, en représentant du peuple et en patriote pour caractériser le vote de la paix. (*Vives protestations au centre et à droite. — Voix à droite : A l'ordre! à l'ordre! — La censure!*)

M. Depeyre. — C'est une aggravation de l'injure !

M. Dahirel. — Une aggravation énorme !

M. le président. — Au lieu de rétracter des paroles qui étaient une offense pour l'Assemblée nationale et que personne n'a le droit de prononcer contre une de ses décisions, M. Gambetta les confirme par son application; je le rappelle à l'ordre.(*Très bien! très bien! — Applaudissements nombreux. — Murmures à gauche.*)

M. Gambetta. — C'est l'histoire que vous rappelez à l'ordre ! (*Bruit.*)

M. Wallon. — Je demande la parole. (*Assez! assez!*) Je veux dire seulement un mot.

M. le président. — Vous n'avez pas la parole; je ne vous l'accorde pas! C'est au président seul qu'appartient la police de l'Assemblée.

M. Wallon, *descendant de la tribune.* — Ce que je veux dire, c'est que les paroles de M. Gambetta confirment ce que le comité de Valenciennes a dit de sa politique à outrance. (*Bruit.*)

M. le président. — Vous n'avez pas la parole.

Un membre à gauche. — Avant de s'exprimer comme il l'a fait, M. Gambetta avait été injurié.

M. LE COMTE JAUBERT. — Je demande la parole.

M. LE PRÉSIDENT. — Il n'a été adressé à M. Gambetta, ni à ma connaissance, ni d'après le compte rendu des séances, aucune injure ; je ne l'aurais pas toléré. (*Très bien !*)

M. Gambetta a pu prendre pour lui une parole qui ne lui était pas adressée, ainsi d'ailleurs qu'il peut en avoir acquis la conviction après des explications qui lui ont été fournies. (*Interruptions à gauche.*)

Je répète qu'aucune injure n'a été adressée à M. Gambetta, et j'ajoute que, tant que je serai au fauteuil, je ne tolérerai d'injure à l'égard d'aucun membre de l'Assemblée. (*Très bien ! très bien ! — L'ordre du jour !*)

S'il n'y a pas d'observations, le procès-verbal est adopté.

INCIDENT

A la suite de la déposition de M. Pouyer-Quertier, ministre des finances, dans le procès intenté devant la cour d'assises de Rouen à M. Janvier de la Motte, inculpé d'avoir, étant préfet de l'Eure, détourné une somme de 313,861 francs destinés au soulagement des ouvriers sans travail, et d'avoir fabriqué un certain nombre de mandats fictifs, M. Casimir Perier avait annoncé son intention d'interpeller le cabinet sur les déclarations du ministre. M. Pouyer-Quertier avait en effet professé devant la cour d'assises, que les mémoires fictifs et les virements frauduleux dont M. Janvier de la Motte était accusé, étaient des opérations parfaitement régulières, et qui, conformément aux traditions suivies sous l'empire par M. Achille Fonld, ne pouvaient être qu'innocentées par le ministre des finances. Le conseil des ministres avait été saisi, le 3 mars, de cette grave question. MM. Dufaure, Victor Lefranc et de Goulard, y avaient insisté, avec la plus honorable énergie, pour la retraite de M. Pouyer-Quertier, qui n'avait été défendu que par M. Jules Simon. Le 4, M. Thiers avait demandé à M. Pouyer-Quertier de lui remettre sa démission, et le lendemain, 5, M. de Goulard était nommé ministre des finances.

Les droites monarchiques résolurent aussitôt de faire de cet incident l'occasion d'une attaque contre M. Thiers. Dans la séance du 9 mars, M. Léonce de Guiraud interpella le gouvernement sur la démission de M. Pouyer-Quertier. M. de Guiraud, et pour cause, parla fort peu de la théorie des mandats fictifs et de l'indignation générale qu'avait soulevée la déposition de l'ex-ministre. Mais il accusa M. Thiers et ses ministres, il fit le procès de la République, il déclara qu'il était urgent que l'Assemblée ressaisît le gouvernement, etc.

M. Pouyer-Quertier, se jugeant, non à tort, mal défendu, monta à la tribune et chercha à plaider pour lui-même. Il mit en doute la véracité de tous les comptes rendus français et étrangers de sa déposition devant la cour d'assises. Ses paroles avaient été mal rapportées; il n'avait point dit ce qu'on lui faisait dire, il n'avait pas excusé les virements; il ne les avait pas présentés comme la source nécessaire et inévitable des mandats fictifs. Ces dénégations étranges surprirent l'Assemblée. Alors, comme la droite restait obstinément silencieuse, M. Pouyer-Quertier changea de terrain, il se mit à parler du gouvernement de la Défense nationale, il réussit à provoquer les applaudissements de la majorité en dénigrant avec une violence systématique la gestion financière de la délégation de Tours; il osa dire, en vantant son passage au ministère des finances : « Nous avons payé tout ce qui avait été contracté *honorablement ou autrement* au nom de la France. »

M. Casimir Perier répondit à M. Pouyer-Quertier, et quelques paroles, simples et loyales, de l'ancien ministre de l'intérieur, suffirent pour réduire à néant toutes les arguties de l'ancien ministre des finances. Puis, le président Martel donna la parole à M. Gambetta.

M. GAMBETTA. — Messieurs, tout ce qui se dit à cette tribune a une grave et longue portée dans le pays, et c'est pour cela que je vous demande la permission de relever d'un mot deux expressions employées par l'honorable et ancien ministre des finances, M. Pouyer-Quertier.

M. Pouyer-Quertier a dit qu'il a existé sous le gouvernement de la Défense nationale des dilapidations..... (*Interruptions à droite.*) Messieurs, j'attends de votre loyauté, et je serai très-bref, que vous écoutiez patiemment mon explication. (*Oui! oui! — Parlez!*)

M. Pouyer-Quertier a dit qu'il y avait eu des dilapidations. Premier point. Il a dit, se faisant un honneur que, pour ma part, je ne lui conteste pas, car je veux être plus juste qu'il ne l'a été, qu'il avait payé, largement payé les dettes que lui ont laissées les malheurs de la France; seulement, il a ajouté qu'il avait réglé celles qui avaient été contractées honorablement et les autres.

Un membre. — Ou contractées autrement.

M. GAMBETTA. — Cela revient au même.

Eh bien, je dis, Messieurs, que l'on peut supporter les injures et les calomnies du dehors, mais qu'il ne faut pas laisser passer à cette tribune même une parole téméraire.

A gauche. — Très bien!

M. GAMBETTA. — Il y a douze mois que vous êtes réunis, il y a douze mois que, croyant obéir à votre mandat, vous scrutez les actes du gouvernement du 4 septembre. (*Rumeurs à droite.*)

M. DE GAVARDIE. — Les pièces ont disparu sur plusieurs points.

M. GAMBETTA. — L'interruption ne porte pas, comme vous allez le voir.

Vous avez nommé des commissions : une commission des finances, une commission des marchés; elles instruisent, elles enquêtent; eh bien, je vous dis ceci : — car je suis absolument étranger, non pas aux actes politiques de ce gouvernement, mais à des concussions ou à des vols, s'il y en a eu, et permettez-moi de vous dire que depuis douze mois que vous êtes au pouvoir, ce n'est pas de votre indulgence que vous deviez les couvrir, mais c'est de votre sévérité qu'il fallait les poursuivre; — eh bien, je vous dis ceci : que ceux qui applaudissent ces mots « les dilapidations » ou « les dettes déshonorantes », ceux-là ne savent pas la vérité; ceux-là doivent l'attendre, et puisque vous êtes des adversaires, soyez des adversaires loyaux. Nous attendrons les dépositions de vos commissions d'enquête, nous discuterons loyalement, et, ce jour-là, j'ai la conviction que ce qu'il y aura d'éclairé, de loyal, dans les rangs de tous les régimes politiques, reconnaîtra avec moi qu'on peut chercher...

et que ce qu'on trouvera, ce sont des impérialistes et
des bonapartistes concussionnaires. (*Bravos et applaudissements répétés à gauche. — Exclamations sur plusieurs bancs à droite.*)

M. Dufaure remplaça M. Gambetta à la tribune. « Avec
cette dialectique serrée, disait le lendemain la *République
française*, avec cette simplicité terrible, avec cette froide
précision dans le choix des arguments, qui font de M. Dufaure le plus redoutable des adversaires, le garde des sceaux
porta les derniers coups à l'ancien ministre des finances.
M. Dufaure n'a pas craint de dire à M. Pouyer-Quertier
que tous les magistrats de la cour de Rouen avaient unanimement confirmé la relation donnée par les journaux de la
déposition de l'ancien ministre des finances. Il n'a pas hésité davantage à dire que, dans le conseil des ministres,
après la discussion la plus grave, tous les collègues de
M. Pouyer-Quertier avaient été unanimes à conseiller au
président de la République d'accepter la démission du
ministre des finances. »

A la suite d'une courte réplique, très embarrassée, de
M. Pouyer-Quertier, on lit au compte rendu sténographique
du *Journal officiel* :

« *De toutes parts.* — L'ordre du jour! l'ordre du jour!

« M. LE PRÉSIDENT. — L'ordre du jour est demandé, je le
mets aux voix.

« L'ordre du jour est mis aux voix et adopté. »

CONVENTION

en raison du 25 juin 1872

DU 25 JUIN 1872

RELATIVE A LA LIBÉRATION DU TERRITOIRE

Le 1er juillet 1872, M. de Rémusat avait déposé sur le bureau de l'Assemblée nationale un projet de loi qui fixait ainsi les termes de versement des trois derniers milliards :

Un demi-milliard, deux mois après l'échange des ratifications de la convention ;

Un demi-milliard au 1er février 1873 ;

Un milliard au 1er mars 1874 ;

Un milliard au 1er mars 1875.

La faculté de faire des versements anticipés était réservée à la France, à la condition de ne pas verser moins de 100 millions à la fois, et d'avertir le gouvernement allemand un mois à l'avance. L'Allemagne s'engageait à évacuer la Marne et la Haute-Marne, quinze jours après le payement d'un demi-milliard ; les Ardennes et les Vosges, quinze jours après le payement du second milliard ; la Meuse, Meurthe-et-Moselle et Belfort, quinze jours après le payement du troisième milliard et des intérêts qui resteront à solder, à raison de 5 0/0.

Enfin, l'article 6 était ainsi conçu : « Dans le cas où l'effectif des troupes allemandes d'occupation serait diminué, lorsque l'occupation sera successivement restreinte, les frais d'entretien desdites troupes seront réduits proportionnellement à leur nombre. »

L'urgence ayant été votée, le projet de loi fut renvoyé à l'examen des bureaux.

La *République française* du 4 juillet résumait ainsi, d'après le *Soir*, les observations présentées par M. Gambetta dans le 15e bureau :

« M. Gambetta a obtenu 15 voix dans son bureau, contre 15

données à M. de Clercq. Trois tours de scrutin avaient fourni le même résultat. Le président du bureau, M. le marquis de Vogüé, qui s'était abstenu de voter, s'est décidé à voter pour M. de Clercq, qui a été élu.

« Les observations présentées par M. Gambetta avaient une grande importance, et leur portée n'a pas échappé aux membres du bureau, qui n'ont pu lui opposer aucun argument sérieux.

« La convention actuelle, disait M. Gambetta, réalise des avantages considérables : au principe de l'évacuation totale, elle substitue le principe de l'évacuation graduelle ; au principe du payement intégral à une date fixe, elle substitue le payement partiel. Les termes de l'évacuation sont en rapport avec les payements successifs.

« Au point de vue financier, le traité de Francfort stipulait une impossibilité matérielle, le payement des 3 milliards à une date fixe et rapprochée, le 1er mars 1874. Que fait-on ? Par la convention actuelle, on allonge le bénéfice du terme au profit du débiteur.

« On va plus loin, on lui maintient le bénéfice de l'évacuation anticipée. Mais on va plus loin encore. Toute la difficulté de la situation actuelle résidait dans cette exportation, sans compensation, à un moment donné, d'une somme aussi colossale que trois milliards de francs.

« On accepte actuellement 500 millions préparés en vue de cette opération par le gouvernement français, et dont l'exportation, faite de longue main, n'agira plus sur le marché financier.

« Pour le dernier milliard, qui n'est exigible qu'au 1er mars 1875, on accepte ou plutôt on fait accepter des garanties financières. Et dans le premier trimestre de 1875, on peut être assuré que ces garanties, déjà prêtes à l'heure actuelle, ne seront pas refusées.

« L'opération de trois milliards se réduit donc, au point de vue financier, à une opération de 1,500 millions, à un mouvement de capitaux de moitié inférieur au capital primitif.

« Les facilités accordées par l'Allemagne vont même jusqu'à consentir aux versements par 100 millions, somme qu'on peut regarder comme minime, eu égard au chiffre de trois milliards.

« Le troisième avantage que nous procure la convention n'est pas à dédaigner, si l'on s'arrête aux stipulations mal définies des traités de Nikolsbourg et de Prague, stipulations si désastreuses pour la délimitation du Schleswig.

« La convention actuelle porte que Belfort et le territoire entier seront évacués dans les *quinze jours*, chiffre bien précis, qui suivront le payement du dernier milliard.

« Il ne faut pas non plus s'arrêter à ce qu'on trouve d'exorbitant, au premier abord, dans la prétention de maintenir à 50,000 hommes le chiffre de l'armée d'occupation.

« L'article 6 du traité définit une situation et en prépare une autre. Elle définit le droit de porter l'effectif à 50,000 hommes, et réserve le droit d'en modifier le chiffre proportionnellement aux territoires évacués.

« C'est une situation qui sera réglée ultérieurement et dont le *modus tractandi* est admis. Pour obvier à ces difficultés, d'ailleurs, il suffira au gouvernement français de faire construire sans retard, à ses frais, les baraquements nécessaires pour loger dans les derniers départements occupés les troupes des premiers départements évacués. »

Le 6 juillet, l'Assemblée vota sans discussion la loi proposée par le gouvernement. Le rapport du duc de Broglie mentionnait, avec une brièveté voulue, les avantages du traité, développait longuement les *desiderata* de la convention, et ne renfermait pas une parole de reconnaissance à l'adresse de M. Thiers. La *République française* écrivait le lendemain : « Le gouvernement de M. le président de la République est heureusement au-dessus de ces mesquines attaques, dont tous les moyens se réduisent à de prétendues finesses de style et à des sous-entendus quintessenciés qui sont fort déplacés à la tribune nationale. »

Le projet, portant ratification de la convention avec l'Allemagne, fut voté par assis et levé, à l'unanimité moins trois voix.

TABLE DES MATIÈRES

Paris. — Typ. G. Chamerot, rue des Saints-Pères, 19. — 10661.